本书是 2009 年度国家社会科学基金项目
《现代视域下公共道德及其基础的研究（批准号：09BZX052）》
（结题证编号：20141342）的最终成果

湖南科技大学学术著作出版基金资助出版

国家社科基金项目(09BZX052)

XIANDAI SHIYUXIA
GONGGONG DAODE JIQI
JICHU DE YANJIU

现代视域下公共道德及其基础的研究

廖加林 ◎ 著

GONGGONG DAODE

本书从宏观的角度为当代中国道德生活的变迁和道德建设的努力方向提供了一种合理的解释和有价值的思考。既从公共性的理论谱系去研究了现代社会公共生活道德的价值诉求及社会结构基础，又从公共性的实践谱系去探究了当今社会道德实践的新模式。

中国社会科学出版社

图书在版编目(CIP)数据

现代视域下公共道德及其基础的研究 / 廖加林著. —北京：中国社会科学出版社，2015.6
ISBN 978 – 7 – 5161 – 6274 – 3

Ⅰ.①现… Ⅱ.①廖… Ⅲ.①社会公德 – 研究 – 中国 – 现代 Ⅳ.①D648.3

中国版本图书馆 CIP 数据核字(2015)第 123655 号

出 版 人	赵剑英
责任编辑	任 明
责任校对	张依婧
责任印制	何 艳

出 版	中国社会科学出版社
社 址	北京鼓楼西大街甲 158 号
邮 编	100720
网 址	http：//www.csspw.cn
发 行 部	010 – 84083685
门 市 部	010 – 84029450
经 销	新华书店及其他书店

印刷装订	北京市兴怀印刷厂
版 次	2015 年 6 月第 1 版
印 次	2015 年 6 月第 1 次印刷

开 本	710×1000 1/16
印 张	20.25
插 页	2
字 数	353 千字
定 价	68.00 元

凡购买中国社会科学出版社图书，如有质量问题请与本社营销中心联系调换
电话：010 – 84083683
版权所有　侵权必究

序　言

廖加林教授的《现代视域下公共道德及其基础的研究》一书即将付梓问世，他邀我为之作序，我对这个领域缺乏专门研究，又不好谢绝，只好本着学习的态度，站在一个读者的立场写一点读后感，权以充序。

加林教授大学本科即在湖南师范大学就读。记得当年我在上伦理学这门课程时，一百多人的大课堂他经常坐在前排，毕业时我也是他的学士论文指导教师，他对伦理学的兴趣和执着令我印象深刻。2004年他重返母校攻读伦理学专业博士学位，有幸进一步续延着我们之间的师生缘分。现在他的博士论文《现代视域下公共道德及其基础的研究》在博士毕业6年多的沉淀和修缮之后，终于定稿，即将由中国社会科学出版社公开出版，这是一件喜事，也足见他治学的严谨。我认为这是一部很合时宜且有相当学术水平的好书。

道德不仅是一种规范的存在，同时也是一种价值的存在，一种体现生命意义的存在。作为规范，道德源于人类社会生活的必要性之中，我们应该从社会共同体的架构中去认识一种社会秩序和它的道德价值基础的关系；作为个体生命意义的存在，道德体现着个体对真善美幸福生活追求的崇高性，我们应该关注人们道德成长所需要的主客观条件和社会生活基础如何的问题。加林教授的《现代视域下公共道德及其基础的研究》一书以20世纪初梁启超等学者对公德私德问题的探讨为切入口，认为应该把国人公德心缺失这一问题置于现代性的问题域中予以考察，强调这不仅是所有国家在现代化过程中都要遇到的外在的科学技术层面、社会制度层面的现代化同内在心灵层面人的观念的现代化相协调的普遍性问题，而且也是中国作为后发国家其道德文化传统能否适应现代化进程及如何转型的特殊性问题。基于这样一种理解，该书一方面探讨了现代性道德价值是什么，其哲学价值基础、经济基础、政治基础和社会基础是什么的问题；另一方面也阐发了对个体道德的生成与实现条件的思考。从这种双重维度来思考公共道德及其基础问题，我以为立论坚实，值得肯定。纵览全书，亮点不少，我认为主要有如下几点：

首先，借鉴了当代社会哲学研究的最新成果。近代以来，市场经济的发展造成了社会生活的经济、政治、文化三大领域从以往的统合状态向相对分离状态的转变。作者在这一社会哲学最新成果的基础上进一步认为，正是这种相对分离的状态，意味着道德的生活基础和人伦关系结构发生了重大变化，也使伦理学理论范式从德性伦理学转向了规范伦理学，其中心视域也从注重个人的内在生活和自我与他人的关系向社会的公共生活转移，从而把握住了伦理学理论范式、中心视域和它的生活基础三者的内在关联，并以此为基础探讨了现代社会公共生活的道德诉求，认为现代社会作为自由、平等的公民的一个广泛的互惠合作体系，作为多元差异主体间不断进行的对话与交往的合作实践，需要提倡的是尊重、宽容、信任和积极参与等体现公共精神的道德价值，并进而分析论证了人们的价值系统和行为模式因此而调整的哲学基础和价值基础。作者还特别提倡和推崇公共参与、公共精神以及当今世界志愿组织的活动，认为这是一种走向未来的社会维度的公共道德行为模式。我以为这是很有见地的。

其次，揭示了现代社会公民在公共生活中主要面临的两重关系。作者认为这两重关系，一是个人通过制度与共同体发生的纵向关系；二是个人与普遍性人格他者（陌生人）的横向交往关系。作者指出，对现代社会的公民来说，公共道德也就因此而包括对制度规则应该承担的道德责任和对他者（陌生人）应该持有的态度与行为这两个基本的维度——公共道德的政治维度和社会维度。社会公德即从社会维度去理解的公共道德。作者认为应从政治维度和社会维度去把握公共生活的道德诉求，我以为这是该书的一个重要创新点，它有利于厘清建国以来人们常常混同使用的"公德"与"社会公德"这两个既相互联系又有所区别的概念。

第三，论证了公共道德人格乃是现代社会的价值范式与伦理精神在公民个体身上的内化与展示。作者认为，它包括两个层面的"应然"要求：一是公民必须遵守"生活的道德"，自觉履行与享有的权利相对应的完全责任义务；二是公民个体在基本的生存问题解决之后，在较自由的制度环境中，他能够自主地筹划个人生活，关注个人以外的世界，追求"道德的生活"，自觉选择履行不完全责任义务（行善的义务），以成就一种理想而高尚的精神境界。事实上，市场经济为人的活动提供了更大的可能性空间，极大的丰富了人的社会属性。而宪政体制和由它提供的切实保护的公民权利，也为个体提供了足够的自由空间去追求来自日常生活的幸福。另一方面则同时要求公民必须自觉地承担起应尽的社会责任，从而在公私领域中把个人对物质生活的满足与对自由的热爱同对公共事务的关心结合起来，以实现其肉体享受的改善与心灵境界的提升的双重目标的统一。这就不难看出，作者试图将规范伦理与德性伦理的诉求融合起来，并从一种德性的生成论视角论证了现代人从正当到崇高的道德追求的可行性。我以为，作者的这种理论立场和价值追求是值得重视，很有启发的。

上述三点只是我读加林教授的著作感受比较鲜明的心得。应该指出，该书还有不少地方只要仔细玩味，也都是富有启发的。例如，该著在采取综合性、多学科相结合的研究方法的同时，选择了从社会现实基础和条件出发，去研究公民的公共人格、公共精神的形成和新道德实践模式形成的思路，既从公共性的理论谱系研究了现代社会公共道德的价值诉求及社会结构基础，又从公共性的实践谱系探讨了当今社会道德实践的新模式，这种尝试是有益的，它能够为我们从宏观的角度为当代中国道德生活的变迁原理和道德建设的努力方向提供一种合理解释和有价值思考的参照系。

当然，无须讳言，加林教授的著作也存在一些不足或欠缺之处。例如，对当今时代中国社会展现的公共性特征着墨不多，对公共生活中制度伦理维度的研究只是作为一个次要的方面有所涉及，对公共道德的性质和特征只是在公共道德人格特征的研究中作了初步阐发，对私人道德的研究及其与公共道德关系的研究更待具体深入，等等。我想这些可以留待作者以后做进一步研究和思考。我相信，作者在今后的教学科研实践中会把自己的论题引向深入，推出更多更高层次的研究成果。

是为序。

唐凯麟
二〇一五年春节
于长沙岳麓山下

目 录

导论 公共道德的研究视域 (1)
    一 现代性问题域中的公德心问题 (1)
    二 公共道德研究的理论范式与视域转换 (3)
    三 本书的基本思路与研究方法 (17)

第一章 公共道德观念的历史源流与理论维度 (22)
  第一节 公私观念与公共道德观念的历史源流 (22)
    一 中国文化中公私观念的历史演变 (23)
    二 西方文化中的公私观念及公共哲学 (26)
    三 近代"公德"观念的出现及含义 (32)
  第二节 公共领域及其伦理意义 (38)
    一 公共领域的界限 (39)
    二 公共领域的性质与结构 (41)
    三 公共领域的伦理意义 (48)
  第三节 公共道德的理论维度 (53)
    一 公共道德研究的理论维度 (54)
    二 公民道德的政治维度与社会维度 (57)
    三 公民道德行为的消极性与积极性 (62)

第二章 公共道德的价值基础与价值诉求 (68)
  第一节 公共道德的哲学基础——从主体性到主体间性 (68)
    一 近代哲学与人的主体性 (69)
    二 从主体性到主体间性 (73)
    三 主体间性与公共道德 (76)
  第二节 公共道德的价值基础——自由与平等 (81)
    一 市场经济关系是自由与平等价值的载体 (82)

二　政治哲学中的自由与平等 …………………………………（84）
　　三　自由与平等是公共道德的价值基石 ……………………（92）
　第三节　公共道德的价值诉求——尊重、宽容、信任和参与 ……（95）
　　一　尊重 ………………………………………………………（96）
　　二　宽容 ………………………………………………………（101）
　　三　信任 ………………………………………………………（107）
　　四　参与 ………………………………………………………（111）

第三章　市场经济：公共道德的经济基础 ………………………（117）
　第一节　社会结构的变迁及其道德影响 ……………………………（117）
　　一　马克思的社会结构理论及其道德蕴含 …………………（118）
　　二　社会转型与道德转型 ……………………………………（121）
　　三　中国社会转型及面临的道德问题 ………………………（127）
　第二节　公共道德的人伦关系结构基础 ……………………………（132）
　　一　市场经济的基本特征及对人的影响 ……………………（132）
　　二　市场经济与公共性组织的发展 …………………………（136）
　　三　从私人性交往到公共性交往 ……………………………（140）
　第三节　市场经济的公共道德维度 …………………………………（144）
　　一　市场秩序的自发演进及其规则基础 ……………………（145）
　　二　市场经济的伦理特质 ……………………………………（149）
　　三　市场经济道德基础的公共性 ……………………………（156）

第四章　民主政治：公共道德的政治基础 ………………………（163）
　第一节　民主政治的道德意蕴 ………………………………………（164）
　　一　政治的合法性基础及其道德性质 ………………………（164）
　　二　民主政治的道德合理性 …………………………………（170）
　　三　中国传统政治的合法性问题及其现代重构 ……………（175）
　第二节　公共道德的政治权力基础 …………………………………（179）
　　一　公共权力的公共性 ………………………………………（179）
　　二　政府公共性的理想与现实 ………………………………（184）
　　三　行政人员的自主性与德性 ………………………………（188）
　第三节　公民责任与政治参与的道德影响 …………………………（193）

一　国家与社会中的个人及自由 …………………………（194）
　　二　公民责任及其合理性基础 …………………………（198）
　　三　公民政治参与的道德影响 …………………………（203）

第五章　公民社会：公共道德的社会基础 ……………………（209）
第一节　公民社会与公民身份 …………………………………（210）
　　一　公民社会的概念与理论 ……………………………（210）
　　二　公民与公民身份 ……………………………………（217）
第二节　市场、政府和公民社会的有效互动 …………………（223）
　　一　市场经济改革与中国公民社会现状 ………………（224）
　　二　中国公民社会的生成及其政治意蕴 ………………（228）
　　三　协同市场与政府的公民社会 ………………………（233）
第三节　公民社会与公共道德的培育 …………………………（239）
　　一　公民社会是公共道德培育的真正场域 ……………（239）
　　二　社会各领域的相对分离与人性设定 ………………（246）
　　三　公民社会与人的自由全面发展 ……………………（252）

第六章　志愿者行为：社会维度的公共道德行为模式 ………（261）
第一节　中国传统道德人格的理论缺陷与实践困境 …………（262）
　　一　人格与道德人格 ……………………………………（262）
　　二　中国传统道德人格及其依附性质 …………………（264）
　　三　中国传统道德人格的理论缺陷及对实践的影响 …（267）
第二节　现代社会公共道德人格的基本特征 …………………（272）
　　一　以公共理性为基础的特征 …………………………（273）
　　二　基于契约精神的权利与义务相统一的特征 ………（280）
　　三　个人道德自我实现的公共性特征 …………………（285）
第三节　志愿者行为模式的公共性道德特质 …………………（288）
　　一　追求社会正义——非营利组织使命的道德理想性 ……（290）
　　二　自愿奉献——志愿者利他行为彰显人格的高尚性 ……（293）
　　三　组织化——志愿者道德实践有效性的保障 …………（297）

主要参考文献 ……………………………………………………（301）

后记 ………………………………………………………………（309）

导 论

公共道德的研究视域

一 现代性问题域中的公德心问题

自近代以来，国人公共道德意识（公德心）的缺失曾留给来华外国人普遍深刻的印象。① 中国早期的外交使节和留学生以自己在西方社会的亲身经历也感叹中国人的公德确实与西方人存在很大差距。1905年《大公报》刊发的《中国人之性质谈》一文则对这种差距作了如下的揭示："人之所以能立于人群者，岂有他哉！亦曰赖有公共思想以维持之而已。是以欧美诸国，虽三尺之童，于公家器物绝不肯有所摧残，于公共建筑绝不肯任意污秽，彼岂有严刑峻法以威赫之乎？盖其固有之性质，固知夫公共所有之物，人人皆有保护之责也。我中国人之性质，不遇公共之事物则已，如其遇之，于钱财则随意挥霍，于什物则必任情毁坏，盖以为此等之物，其保存与否，绝无与于吾一身一家之事，吾何为而代为之护持也哉。"② 总之，在20世纪初，国人公德心的缺失已成为当时大众媒介关注的一个焦点，也成为当时先进知识分子所揭示的国民性的最主要的弱点。

近代学者梁启超曾最早使用公德、私德范畴对这一现象进行过理性的思考。他认为国人公德心的薄弱，原因在于中国传统伦理偏重于个人的修身养性（束身寡过）和个人与个人尤其是家庭成员之间的道德关系——

---

① 最早主要是来华的传教士。如美国传教士亚瑟·亨·史密斯（中文名明恩溥）1872年来中国传教，熟悉中国各阶层尤其是农民的生活，一生出版著作十多本，每一本都与中国有关。如《中国的格言与谚语》、《中国文化》、《中国的农村生活》、《骚动中的中国》、《今日的中国与美国》等。其中《中国人的德行》于1890年在上海英文报纸《华北每日新闻》连载，轰动一时。文中有"缺乏公共精神"一节，所述之现象，如对政治的冷漠、公共道路无人维护、街道随意侵占、公共财物据为己有等，国人至今仍然是熟视无睹，见怪不怪。见《中国人的德行》，张梦阳、王丽娟译，新世界出版社2005年版。

② 《中国人之性质谈》，载《大公报》1905年1月7日。

私德，忽视了个人对社会与国家的道德关系——公德，"私德居十之九，而公德不及其一焉"，并认识到了私德与公德功能上的不同。私德的功能是"人人独善其身"，公德的功能是"人人相善其群"。[①] 所以在民族存亡之际，他大力提倡公德，认为国民最应有的是爱国心、公共心与公益心。一时间，"救中国，必先培养国民的公德"，几乎成了当时知识分子的共识。

同样的话题几十年后再次出现，只不过其背景已不大相同。20世纪80年代的台湾地区，经济正处于高速增长和繁荣时期，但思想界和学术界在分析台湾地区30余年来工业化变迁中遭遇到的种种困难后，认识到"一个国家不可能长期保有进步的经济和落后的国民"，提出了"第六伦"说。[②] 所谓"第六伦"是指个人与社会大众（陌生人）的关系。它是针对君臣、父子、夫妻、长幼、朋友等传统五伦的不足而倡立的。认为五伦属于私德的范围，第六伦则属于公德的范围。一个社会如果普遍缺乏公德心，直接后果是败坏社会和谐与安宁的秩序，使生活素质降低，间接的后果是损伤社会作为一个促进个人福利的工具的有效性，最后终将妨碍经济的发展。差不多在10年后（90年代）的中国大陆，当市场经济的大潮给社会快速带来看得见的财富和人们富裕的生活时，人们的道德世界却感到沉重的精神失落。市场的失范、官场的腐败与社会治安的混乱勾连交错，公共秩序与人们的心灵秩序携手"滑坡"。看来我们遇到的是与台湾社会同样的问题，但我们该作出怎样的思考呢？

一百年前国人遇到的问题不仅在百余年后的今天未见多少改观，而且因随市场经济发展所引起的社会与文化后果，更呈进一步放大和蔓延之势，已成为严重影响人们生活质量和直接阻碍现代化进程的问题因素。如果我们将它置于现代性的问题域中予以考察，这不仅是所有国家在现代化过程中将遇到的外在的科学技术层面、社会制度层面的现代化与内在心灵层面人的观念的现代化相协调的普遍性问题，而且也是中国作为后发国家其道德文化传统能否适应现代化进程及如何转型的特殊性问题。我们需要弄清楚的是，中国传统道德是否如梁启超所认为的那样重私德、轻公德？如果是，原因何在？对现代社会来说，公共生活的道

---

① 梁启超：《论公德》，参见《饮冰室合集·专集四》，中华书局1989年版，第12页。
② 韦政通：《伦理思想的突破》，四川人民出版社1988年版，第226页。

德价值诉求应该是什么？什么样的制度环境与社会基础才有利于公德心的培育与成长？我们的价值系统和行为模式因此要作怎样的调整呢？就道德哲学来说，对这些问题的思考，是我们当前乃至今后一段时期必须认真面对的课题。

二 公共道德研究的理论范式与视域转换

公共道德我们可以很简单地理解为公共生活领域中应该追求与遵守的道德价值和行为规范。它是相对于私人生活领域中的私人道德而言的。自传统社会进入近现代以来，一方面个人的"私人生活"从社会的整体生活中分离出来，获得了相对独立的存在空间；另一方面公共空间也在飞速拓展，从而自由的个体如何去建构丰富、复杂、多层面的公共生活的公共性问题日趋凸显。对公共生活中道德问题的研究是持普遍理性主义立场的规范伦理学的中心视域。就西方的历史来说，自中世纪进入近现代，由于道德生活基础及人伦关系结构的变化，伦理学理论范式从德性伦理学转向了规范伦理学。伦理学理论范式的转换，内含着其研究视域的变化，即从道德生活的两个集中点之一的个人内在生活向另一个集中点——维持人类社会生活的必要性的转移。德性伦理学更注重个人的内在生活和自我与他人的关系，采取的是一种特殊性立场，着眼于从个人行为者出发来构建个人与个人相互对待之理，探索着作为追寻美好生活的合乎德性的行为以及美德诸方面。而规范伦理学则更关注公共生活，主张社会是一个依靠制度和规则可以不断扩展的合作体系。它采取一种"非个人性"的普遍性立场，探究以维护、促进社会合作体系为目的而人人都必须遵守的普遍规则及原理，以及它所导致的权利和责任。规范伦理学试图解决的是逐渐走出古代小型共同体和熟人关系而进入一种抽象、普遍关系的现代社会中，基于平等、自由的权利个体去建构复杂而又多层面的公共生活如何可能的公共性问题。它着力于外在制度等规范体系的合理性论证，但也因一定程度上忽视了德性人格和生存意义这种人的存在性需要而遇到了秉持亚里士多德主义传统的德性伦理学的挑战。基于一种与亚里士多德德性传统不同的儒家道德文化传统的背景，同时借鉴西方规范伦理学、德性伦理学和后现代主义伦理学等的理论成果研究当代中国公共生活中的道德问题，这不仅是现代化进程中的中国社会道德转型的需要，而且在一定意义上也将拓宽当代西方道德哲学研究的理论视野，为人类走出生存的孤独感和无意义感这一现代性道德困境提供有价值的思考。

1. 西方学术界对公共道德研究的视域转换

在西方，对公共道德的研究首先始于使社会道德与个人道德分离的马丁·路德和约翰·加尔文领导的宗教改革，后来在马基雅维里那里，政治公共生活更是明确地纳入与个人家庭生活不同的道德视域。路德和加尔文等人几乎完全抛弃了托马斯·阿奎那关于自然与超自然、理性与道德合而为一的思想，认为人的理性与意志已经过于堕落，因此无法相信他们能识别或遵守自然法。他们一方面相信在基督教社会里，信奉圣灵的存在与启示可以指导个体的道德行为；另一方面，他们相信在公共的、社会的环境（如国家）中，必须用法律威胁、惩罚的约束力来抑制人的罪恶。"对于路德而言，社会仅仅是一出永久的灵魂拯救剧的背景而已；世俗事务是在王公贵族和行政长官的治理之下，我们应当服从他们的统治。但我们灵魂的拯救所系之物与那属于恺撒的东西是完全不同的。"① 加尔文也与路德一样把道德分成了两部分，一边是与理性和欲望相关的绝对不容置疑的戒律，既专横又武断；另一边是政治和经济秩序方面的可自我证明为正当的准则。个人作为这两个领域的主体，既与创造了他的上帝相对立，也与他所隶属的政治和经济秩序相对立。因此，R. T. 诺兰认为："宗教改革家的道德假设所造成的影响最大、时间最长的后果，也许是他们区分了个人道德与社会道德。"②

马基雅维里分辨出了"基督教的道德"与"世俗的道德"分属两种不同的生活秩序，两者各有理据，但却无法并容。他第一次明确地确立政治对于道德的优先性，更准确地说是将公共道德与私人道德截然分离，并试图剔除国家生活中君主的那种个人道德考虑，从而将政治处事逻辑建立在以成败论英雄、为了目的不择手段的极端功利主义基础上。他认为国家是以安全、秩序和存续为目的的，为了有效地达到这一目的，君主可以采取任何手段，在特定情况下，他治理国家的行为可以不受道德和法律的约束。他说："一个君主如要保持自己的地位，就必须知道怎样做不良好的事情，并且必须知道视情况的需要与否使用这一手或者不使用这一手。"③

---

① [美] 麦金太尔：《伦理学简史》，龚群译，商务印书馆2003年版，第171页。
② [美] R. T. 诺兰：《伦理学与现实生活》，姚新中等译，华夏人民出版社1988年版，第68页。
③ [意] 尼科洛·马基雅维里：《君主论》，潘汉典译，商务印书馆1985年版，第74页。

"他也不必要因为对这些恶行的责备而感到不安，因为如果好好地考虑一下每一件事情，就会察觉某些事情看来好像是好事，可是如果君主照着办就会自取灭亡，而另一些事情看来是恶行，可是如果照办了却会给他带来安全与福祉。"[①] 马基雅维里认为，一个优良的统治者必须懂得善于运用野兽的方法，应当同时效法狐狸和狮子。当遵守信义反而对自己（国家）不利的时候，或者原来使自己许下诺言的理由现在不存在的时候，一位英明的统治者绝不能够，也不应当据守信义。一段时间以来，人们对此存在相当大的误解，认为马基雅维里在政治生活领域提倡非道德主义，或者如德国历史学家梅涅克所说的那样——有意地摧毁政治生活的道德基础。但我们更有理由认为，是马基雅维里已经认识到了政治公共领域应该有属于自己的道德，而且这种道德是不同于规范私人领域与私人关系的道德的。至于他尝试提出的这种政治公共领域道德的内容是不是合理，那是另一回事。

进入近代以后，日常生活正处于从传统向现代的嬗变之中，即从身份向契约的转变过程之中，此阶段的道德哲学主要关注最能有效地赋予现代社会以秩序的制度规则的基础问题，他们的论域主要在国家的政治生活等领域，已不对个人的道德省思能力、所达到的境界问题予以太多关注。在这一点上，无论是康德的道德哲学还是功利主义伦理学都不例外。康德与休谟、洛克、卢梭等为主要代表的契约论者都把社会道德准则和制度规则看作原初人们基于理性协议的产物，都从斯多亚学派和中世纪基督教那里继承了把道德看作是对律法及准则的遵守的看法。特别是在康德那里，理性的本质就在于制定普遍的、无条件的、内在一致的原则，认为理性完全可以找到既能够又应当被所有的人持有的行为原则或原理，并且独立于环境和条件之外，使得每一个理性行动者在每一个情景当中都能坚定不移地服从。功利主义在其流行时期作为最具感召力的道德和政治学说，其基本倾向是认为一切立法、政府政策和道德原则的最终判定标准是其实行之后可能达到的功利效果，相信快乐的愉悦性大小是判定伦理准则和制度完善的最终标准。其实功利主义影响最大处并不在于其作为伦理判断的基础，而在于它对这些伦理观的政治运用。社会的政治经济领域一直是古典

---

① ［意］尼科洛·马基雅维里：《君主论》，潘汉典译，商务印书馆1985年版，第75页。

功利主义者主要关注的领域。① 从马基雅维里那里开始，一直有这么一种倾向，道德哲学家们大多相信具有永恒不变的人类本性，它成为衡量和解释社会制度的逻辑出发点，并且其理论往往是道德与政治结合在一起的。他们感兴趣的已不再是个人的完善、道德行为对其行为者灵魂的影响，而是个人行为对他人和社会结构的影响，以及现代社会赖以建立的那些基本价值原则。正是在17和18世纪，道德才开始普遍地被理解为是对社会制度规则的遵守，德性是一个人按照普遍律法而践行其责任的道德力量，是为了消除人的利己主义所带来的各种问题，而道德的内容也开始在很大程度上被等同于利他主义。②

启蒙运动以来，理性化的现代性以其工具理性建构了一个高效的生产体系和制度体系。这种社会结构类型，不仅是一种制度体制，更重要的是渗透在这种制度体制中的社会伦理关系及其秩序。人的日常生活已分为经济、政治、社会等不同领域。人在这些领域中的任何具体活动，都具有两个方面的内容：一方面是这些具体领域中的内在规律法则等实证自然性内容；另一方面则是存在于这些领域中的自由、平等、公正等伦理性内容。伦理秩序就存在于这些具体活动领域的具体秩序之中。伦理道德规范并不直接具体调节这些领域，而是对社会生活中这些具体领域的调节规范承担价值批判、并提供价值合法性基础的责任。在这里，伦理秩序所内含的基

---

① 功利主义原则的最简单的表述形式是这样的：能够为社会成员创造最大幸福的行为或政策就是道德上正当的。虽然这种观点有时被当作一种综合的道德理论，但它显然更适用于罗尔斯所说的社会的"基本结构"，而不适用于个体的私人行为。参见［加拿大］威尔·金里卡《当代政治哲学》（上），刘莘译，三联书店2004年版，第20页。

② 古希腊哲学家都把道德理解为个人由以达到幸福和自我完善的方式，注重的是善的体认与德性的培养。正如福柯所指出的，在古希腊人的视野中，性的各种禁忌服从于人成为自己主人的需要，道德意味着为此在其情欲活动中主动实行自我约束。从罗马帝国开始，道德中规则的因素增强，个人自我与外部对他的评价标准相比显得越来越弱，古希腊道德中被容忍的个人伦理行为的自由，最终为基督教的更绝对的禁止和服从观念所代替。在中世纪，只要教会向人们宣示上帝的意志，或者说什么是符合上帝的意志，道德意义上的正当就已经不再是问题。近代哲学家之所以强调人类理性的原因，是当近代人"谋杀"了上帝以后，已经再也没有什么东西能够向人们提供普遍有效的道德法则，客观上要求人们必须为普遍道德法则找到一个可靠来源，于是，思想家发现了人的理性。也就是从这个时候起，人们才终于明白了，人类社会生活的法则与目的是人们自己为自己规定的。参见陈嘉明等《现代性与后现代性》，人民出版社2001年版，第310页。

本伦理价值精神渗透并转化成为各具体领域的秩序要求。① 由于具体的经济、政治领域中制度②成为其秩序的根本基础，制度中的权利、责任也就成了近现代道德的首要概念，德性也就被等同于对制度规则的遵守。但它蕴涵着其制度规则是合乎正义伦理原则的前提，于是社会制度规则的（正义）合理性问题就成为道德哲学家们进一步思考的问题。

从康德开始，普遍理性主义道德哲学家的一个共同问题是，规则（范）成了道德生活的基本概念，道德哲学家要做的就是寻找其道德规则的普遍性和客观性的基础。在康德那里，道德不可能在我们的欲望中找到任何基础，它也不可能在我们的宗教信仰中找到任何基础，只有通过理性去制定普遍的、无条件的、内在一致的行为原则。但他的理性概念是含混的，主要是基于有无限理性能力的个人理性，未能区分个人理性与公共理性，当然他也就未能区分作为个人道德的良心与道义感的"道德"领域，与作为社会"公共善"（如社会公正、权利与机会等）的公共伦理领域的不同，从而把个人道德领域中"无私"的道德理想作为他的先验道德法则在现实生活中起作用的力量之源而不免流于空谈。③ 罗尔斯则明确区分了个人理性与公共理性。在罗尔斯那里，公共理性关涉的是事关政治社会之"宪法根本"和基本正义的那些问题，如选举权、宗教宽容问题、财产权、机会均等的保障等。这类问题才是公共理性的特殊主题，因此，它们往往通过民主社会的宪法来加以规定的。所以罗尔斯的"公共理性"不是一种社会的道德理性，而是一种社会的政治理性。实际上，罗尔斯始终遵循着自由主义的传统，其研究的注意力始终集中在政治公共生活领域的制度合理性（正义）问题上。在《正义论》中，他虽然注意到了制度正义与个人德性的关系，但是他显然是以正义价值和制度安排的要求塑造人们德性的。在他那里，德性只是具有实现正义的工具性价值，对社会来说，除了与正义的普遍的社会秩序相适应的品质是值得提倡并应该着力塑

---

① 参见高兆明、李萍《现代化进程中伦理秩序研究》，人民出版社2007年版，第30页。

② 广义的制度包括法律、纪律、道德、习俗等。在制度的各种类型中，法律制度最纯粹地表现着制度作为规则或规范的存在，法律是制度发展的最高形式。参见邹吉忠《自由与秩序》，北京师范大学出版社2003年版，第68页。但我们不应指望任何国家的法律被制定得如同道德训诫一样。无论民事的还是行政的法，都是调整各方权利，适应各种特殊环境，确保社会安定的权宜之计。参见［美］麦金太尔《追寻美德》，宋继杰译，译林出版社2003年版，第323页。

③ 参见陈嘉明《现代性与后现代性》，人民出版社2001年版，第81页。

造的美德以外，其他美德似乎都无关紧要。

正是在这里，我们可以看出麦金太尔对罗尔斯等自由主义者批判的深刻性和合理性。麦金太尔认为，现代个人生活已不成整体，个人生活已被分割成不同的碎片，自我被消解成一系列分离领域角色扮演者，不同的生活片段有不同的品性要求，作为生活整体的德性已经没有了存在的余地。所以麦金太尔不像罗尔斯他们一样满怀信心地去重建现代性道德，而是非常悲观地审视现代性道德问题。他的基本判断是：无论在社会生活中还是在哲学理论上，现代性都陷入了深刻的道德文化危机之中。从社会现实原因来说，"在许多前现代的传统社会中，个体通过他在各种各样的社会团体中的成员资格来确定自己的身份并被他人所确认。我可以同时是哥哥、堂兄和孙子，可以既是家庭成员，又是村庄成员，还是部落成员。这些并不是偶然属于人们的特性，不是为了发现'真实的自我'而须剥离的东西，作为我的实体的一部分，它们至少部分地，有时甚至是完全地限定了我的责任和义务"。[①] 现代性道德危机的最深刻根源就是现代自我的出现。已从所有那些过了时的社会组织形式中解放出来的自我，在争取自身权利的同时，也丧失了由社会身份和既定的人生目标所提供的种种规定性，从而这种自我不具有任何必然的社会内容和必然的社会身份，成为什么目的也没有的情感主义的自我。从理论上的原因来看，麦金太尔认为，现代伦理学丢弃了古典传统中的目的因素，只剩下了普遍的道德戒律和自然而然的人性这两个因素。现代道德哲学家们只用自然而然的人性去证明普遍的道德戒律的权威性，这种论证是必然要失败的，"因为在他们所共有的道德规则与戒律的概念和他们的人性概念共有的东西（尽管他们的人性概念也有较大的差别）之间，存在着一种根深蒂固的不一致"。[②] 也就是说，在普遍的道德戒律和特殊的个人境况之间形成了一条无法弥合的鸿沟。为此，麦金太尔主张回归亚里士多德的道德传统，在亚里士多德那里，"正是作为一物种的人的 telos（目的）决定了什么样的人类品质是美德"[③]，因此，伦理学绝不是一门纯粹制定规则或行为标准的学问，相反，它的首要任务是告诉人们如何认识自己的生活目的，并为一种善的生活的内在目

---

① [美]麦金太尔：《追寻美德》，宋继杰译，译林出版社2003年版，第42页。
② 同上书，第66页。
③ 同上书，第233页。

的而培植自我的内在品格和美德①,而道德的这种首要含义在现代道德理论中被忽视了:"对于那些独特的现代道德学说而言,……首要的问题只涉及规则:我们应当遵循什么规则?我们为什么应当服从这些规则?"② 这样,规则成了道德生活的基本概念,现代道德理论就成了某种寻找"非人格的"、普遍的、客观的道德准则的论证学说。麦金太尔因此认为,必须把个人看成是共同体的一个成员,用共同体的集体伦理权威和至善目的观念,使孤立的个体从自我欲望中解脱出来,在共同体的同一性和伦理秩序中,重新恢复为具有好的生活观念的行动者,成为具有价值追求的社会人,才能摆脱自然欲望和偶然性的束缚,真正解决道德相对主义的问题。麦金太尔始终关注的是人的整个生活和整体的善,虽然他从道德权威危机的现实而否定现代社会普遍性规范准则为一种有着痛苦后果的错觉的结论是错误的,但他认为人的德性或品格是普遍性的规则或戒律能够得以维持和发挥作用的基础,这种将规范的有效性置于德性人格基础之上的思考,应该说是非常有价值的。

哈贝马斯的交往理性和商谈伦理的建构,对麦金太尔等为代表的社群主义理论以及罗尔斯为代表的新自由主义的理论、甚至后现代主义理论进行了充分的反思和借鉴,表现出综合性的理论特征。与罗尔斯一样,哈贝马斯宣称自己的理论是继承康德的道德理论而来。他试图以"交往理性"这一概念来替换传统的理性概念,借此走出自我意识为标志的主体哲学的困境,为现代性规范重建它的理性基础。哈贝马斯认为,康德、罗尔斯等虽然主张可以采用理性对人类的价值取向进行批判,但他们对理性概念的了解过于狭隘。这种理性概念把人类的理性限制在演绎论证这个能力上。在其实践运用中,这个理性的概念只把理性的作用限制在有效手段的选择上。在面对自然时,它是一种技术性理性,而在面对别的主题时,这种手段——目的的理性是一种战略性的理性。为此,他提出一个较为广义或丰富的理性概念,即交往理性,其基础就是人类的沟通行为。沟通行为的最终目标是参与者们达成一种了解或同意。在这种人与人之间的互动行为中,我们显然没有把别的参与者只视为一种达成自己既定目的的工具。而

---

① 参见万俊人《比照与透析——中西伦理学的现代视野》,广东人民出版社1998年版,第101页。

② [美]麦金太尔:《追寻美德》,宋继杰译,译林出版社2003年版,第150页。

且，哈贝马斯认为，对人类历史发展而言，沟通行为的重要性绝不亚于战略行为。道德行为本身就是一种沟通行为，只有透过参与者们实际的对话，才能确定道德原则的普遍性。如果某一道德原则的有效性受到挑战时，也只有通过实际的交谈或对话，我们才能重新取回对这个道德原则的有效性声明。但在康德的道德哲学中，一个准则是否能够被普遍化并不需要经过交谈或对话这种沟通的程序就可以达成。由于人类所具有的实践理性的结构是相同的，因此一个单独的存在，可以通过自我的理性活动独自建立起一个道德原则，或者替一个道德原则找到基础。正如麦金太尔所揭示的，"康德一手紧握一套准则，另一手紧握关于什么是检验准则的合理标准的概念"[①]。而罗尔斯则清楚地指出他自己所接受的理性概念是工具理性的概念。他在导出公正原则的过程中，并没有任何对话的存在，立约者之所以订立契约这个活动是因为每个人的心中都有自己的既定目标，订立契约的目的是希望能够尽量地实现自己的目标，所以采取的必然是一种战略性行为。[②]

与康德、罗尔斯在保证道德原则的普遍性必须排除掉个人的爱好、兴趣等不同，也与麦金太尔否定道德原则的普遍性不一样，哈贝马斯认为道德本身必须具有普遍性的规范内容，同时这种规范的普遍实施及其所能预见到的结果，必须值得为所有的人认可、接受。哈贝马斯写道："普遍主义——意味着在认同别的生活方式乃合法要求的同时，人们将自己的生活方式对比；意味着对陌生者及其他所有人的容让，包括他们的自卑心和无法理解的行动，并将此视作与自己相同的权利；意味着人们并不孤意固执地将自己的特性普遍化；意味着包容的范围比今天更为广泛。道德普遍主义意味着这一切。"[③] 正是在话语交往模式中，个体间获得了真理共识，并在商谈原则的基础上，以真理为核心，建立起个体间自愿一致的道德规范和政治规范（法律），从而在真正意义上实现了自己管理自己的政治自主性，也就实现了真正意义上的自由。根据哈贝马斯的观点，道德权威既不存在于既定的传统伦理，也不在于某一组织或团体，而是产生于非中心化、非组织化的公共领域的公共辩论、交往过程之中。在这种理性交往过

---

① [美]麦金太尔：《追寻美德》，宋继杰译，译林出版社2003年版，第56页。
② 参见石元康《罗尔斯》，广西师范大学出版社2004年版，第170页。
③ 包亚明：《现代性的地平线——哈贝马斯访谈录》，上海人民出版社1997年版，第137页。

程中，各种观点和意见都经过合理性的反思，其最终达成的合理性共识就是共同体所具有的同一性，也就是正义的体现。在逻辑上它表现为从实用性、伦理—政治性到道德性的递进式的合理化过程，在具体的社会中则表现为个体社会化与社会个体化的互动。虽然哈贝马斯的正义原则只是各种多元价值在共存中所必须遵循的规范，而不是麦金太尔所坚持的具有目的论内容的伦理目标，但这种正义原则为多元价值的现实提供了解决途径和可能性。很明显，哈贝马斯商谈伦理学理论的目的就是如何在现实社会实践中寻求社会正义这种真理性的知识，并同时又将它运用于具体的社会实践。正是在交往实践中，他将原子式的个体意志和共同体主义的先验伦理目标有效地整合起来，使它们在对话的反思结构中实现合理化，从而将现代社会的多元主义悖论和个体与共同体的对立这些矛盾，在新的基础上得以消解并实现融合和统一。

如果说近代以来的康德道德哲学、功利主义等关注的是作为一种建构公正秩序的规则（制度）的基础问题（理性的抑或经验的），那么当代的罗尔斯则着力探讨了一种以公平为核心的社会公正价值体系的制度构想，而麦金太尔、哈贝马斯等学者关注的则是现代社会道德多元主义背景下所应遵循规范共识（公义理念）何以可能的问题。他们三人加上阿伦特、泰勒等作为当代西方公共哲学的领军人物，担负着21世纪"新全球化时代"反思并探求全球化背景下人类生存的理念问题与"统合"长期以来被各门社会科学分割探讨的公共性问题的使命。具体来说，以提倡"公的存在"、"私的存在"、"公共的存在"进行相关把握的三元论，取代原来的"公的领域"与"私的领域"分开对待的"公私二元论"，将是他们共同的致思方向。几十年来，现代公共哲学的主题论域与旨趣所向，几乎涉及了社会生活的各个领域。……哲学领域内则以哈贝马斯为中坚，致力于以普遍语用学为基础建立一种崭新的真理观和交往理性概念，以重建普遍性道德原则与规范的基础。[①] 实际上，在全球化的大潮面前，如何从哲学的角度（或者高度）洞察人类生存的根本基础的变化，前瞻性地揭示人类生存的本质以及该如何生存的行为理念，乃我们当今时代东西方文明所面对的共同课题。

---

① 参见袁祖社《"公共哲学"与当代中国的公共性社会实践》，《中国社会科学》2007年第3期。

2. 国内学术界对公共道德问题的研究进展

改革开放以来，国内对公共生活中道德问题的研究肇始于学术界对市场经济的道德合理性论证与反思。与市场经济体制改革相伴随，国内伦理学界开始了对经济伦理、政治伦理、生态伦理的研究，对制度伦理、公共管理伦理、公共行政伦理的研究，以及对公民道德的研究，实际上我们已涉足公共生活道德研究的绝大部分领域。下面按理论研究发展的逻辑进行简要的归述：

市场经济催生社会结构的调整和交往生活的公共性转变。最早对市场经济的这种影响进行哲学思考的是王南湜教授。他认为市场经济的出现将意味着社会生活的经济、政治、文化三大领域将从以往非市场经济的诸领域合一状态向诸领域相对分离状态的转变。社会生活的各个基本领域从政治领域的强制性统合中分离出来，具有了"自成目的"和"自成体系"的自主性和独立性。社会整合主要通过各领域彼此的分化和功能上的相互依存和相互补充来实现，而不再依赖于某种共同道德信仰和情感的皈依。即社会生活的诸领域不再束缚某种统一的、强制性的道德价值，而是要求从自身中内生出与各自领域相适应的独立的道德价值和规范，从而逐渐形成了"领域性"的道德，表现为道德的"领域分化"。[①] 三大领域的相对分离还进一步意味着，市场社会中一个人的生活亦将由相对分离的几个部分构成，在进入不同的活动领域时，他将不可避免地要在经济人、政治人、道德人等领域角色中不停地转换和选择。而且个人的私人生活获得了前所未有的承认，并将真正成为一个不受公共权力干涉的思想和行为的领域。

转型中国的伦理困境催生人们对市场经济的诚信道德和制度正义的思考。对市场经济道德维度问题的思考是 20 世纪八九十年代持续的研究主题。这一主题至少包括两个相互关联的方面：首先是市场经济本身的合道德性，即市场经济的内在价值尺度或道德考量。其次是对市场经济生活的价值评价和道德规范。市场经济的合道德性就是对市场经济的正当性、合法性的辩护，人们往往重视不够，但对市场经济的道德要求却非常关注。[②] 认识到市场是一种高度非人格化的复杂交换系统，参与交易者互不

---

① 参见王南湜《从领域合一到领域分离》，山西教育出版社1998年版。
② 参见万俊人《道德之维——现代经济伦理导论》，广东人民出版社2000年版。

相识，目的各异，它需要严格的规则系统规约交易行为。维护市场秩序的道德是一种规则优先的、普遍主义的社会道德，它主要由一些抽象性、否定性、互惠性的行为规则所组成。但这些规则主要地不是由市场领域自发形成，它更多地来自政治公共领域的立法与管理。

市场秩序虽然具有某种"自生"、"演进"的性质，但它始终依赖现代法治秩序基本制度的完善。人们对政治伦理与制度伦理的关注是与对罗尔斯《正义论》的翻译与研究同步的。现代社会政治生活的道德需求表现在国家如何对待公民和公民如何对待国家这两个向度中。前者是国家政治制度的道德维度。即政治生活的法律制度、政治组织的结构和体制设置、公共权力的运行机制都必须贯彻正义的原则，称为制度正义。自罗尔斯把制度的正义问题纳入道德研究的中心视野之后，从20世纪90年代到现在，正义问题、制度伦理问题一直是国内伦理学界的热门论域。学者们认识到，制度伦理是构建当代社会公共秩序的优先课题，有相当多的学者在具体研究公共行政、公共管理的伦理问题。他们或者探讨公共行政体系所应包含的伦理价值因素，寻找权力制约的伦理化途径[1]；或者在准确把握现代公共领域的基本结构和基本特征的基础上，即政府只是现代社会之公共生活领域的主要管理者，一些非政府组织或机构已成为或将成为现代公共管理的主要参与者的基础上，探寻公共管理的基本伦理维度、伦理规范和公共伦理精神。[2]

第二个向度是公民道德的养成，这是制度正义实现的德性基础，也是良好的公共秩序的个体道德基础。所谓公民道德，顾名思义，就是公民作为政治共同体成员、也作为道德主体在社会公共生活中实现其自主性与自律性所应具备的道德品质和责任心。"公民"作为个体在公共生活中的角色特征，"公民身份"的现代性意义主要通过非现代的"臣民"身份比照烘托出来。臣民是君主专制制度下人的无主体性、不自由、不平等的社会存在状态，它所体现的是依附型人格、身份差别、人群对立、政治歧视、消极盲从权威等前现代性特征。而公民的社会角色作为它的对立面，通过对臣民角色属性的颠覆与否定，在相反向度上呈现与发展它的现代性本质特征，这就是公民身份在人格上的独立、自由与平等以及在权利与义务关

---

[1] 参见张康之《寻找公共行政的伦理视角》，中国人民大学出版社2002年版。
[2] 参见万俊人主编《现代公共管理伦理导论》，人民出版社2005年版。

系上的对等性。① 现代化是一个契约化、世俗化的过程，市场经济的发展和宪政民主的产生，使道德开始从一种重内在的德性修养走向重制度化、契约化的规范约束。它不在于个体道德追求的高尚性，而在于全体公民履行义务的普遍性。现代公民道德，它既是基于市场经济、民主政治而在道德上进行理性选择的结果，也必须合乎现代社会发展逻辑的必然要求。由于它与现代社会的自由、民主等理念相适应，是在最低限度上旨在保护个人自由权利的一种道德设计，因而它是只规定了以保护人权为底线的一种道德范式，而不向人们提出最好、最高道德选择的强制性要求，更不规定只有那种达到高尚道德水准的人才是好公民的硬性规则。即它不是以自己投射于极少数人身上的人格完美体现其特质的，而是以对于大众的起码尊严的保障上吁求底线道德的。它的着眼点在可行性与现实性。此一向度还包括公务人员的德性。公务人员是较特殊的一类公民，一方面他们代表人民行使职权，必须体现公共权力为公众服务的无私性；另一方面他们作为个人又有着自身利益的追求，这样公共理性与个人理性的冲突就不可避免地更为经常地凸显在公务人员的身上。在他的公职行为中优先突出他的个人利益还是优先突出公共利益，决定了他的公共行为的道德价值，同时也势必会影响到制度正义的价值实现。②

如果说公民道德是从公民这一道德主体的社会性与现代性去把握现代社会道德的特征，那"公民社会"、"公共领域"等概念则有利于我们从现代社会生活的结构性特征去把握现代性道德的生成与实现条件。20世纪80年代以来，公民社会理论在西方的政治科学和政治哲学界，再度流行并时髦起来。中国大陆对公民社会理论的兴趣是从20世纪90年代开始的。现代化进程中的中国社会，如何借鉴像"公民社会"、"公共领域"等西方的范畴和话语，在中国的文化语境中，研究中国现代化进程中的公共道德主题，是我们必须要做和一些学者正在做的工作。

作为一种理论范式，公民社会理论自西方近代以来便开始出现，但是，作为一个具有系统话语体系的理论范式，可以说还在形成之中。不过，它已基本上有了一套自己的概念和范畴体系，③ 如公民社会与国家、

---

① 参见曾盛聪《论中国现代化进程中的公民伦理》，《社会科学（上海）》2005年第2期。
② 参见李春成《行政人员的德性与实践》，复旦大学出版社2003年版。
③ 参见王新生《市民社会论》，广西人民出版社2003年版，第10页。

私人领域与公共领域、自治与他治、政治制度与社会伦理等。它也一直在试图解释如下的问题：个人以怎样的方式构成了一个自主的社会整体？个人与社会之间的互动是在怎样的领域中实现的？这一领域与国家所代表的公共权力之间具有怎样的关系？在强大的公共权力面前，怎样才能保障个人的自由？由于超越了个人与社会互动的微观模式，将互动延展到公民社会与国家之间的宏观层面，也由于对现代社会内部横断面结构的认识，公民社会的理论范式将对现代社会的理解型构了一个新的视角，激发了社会哲学、政治哲学、政治学、社会学、经济学、法学、伦理学等富有价值的一系列创新思考。

"公共领域"概念与公民社会具有内在相关性。它是汉娜·阿伦特最早涉及并做了富有原创性、开拓性的研究，后由哈贝马斯所复活的一个富有价值的概念，在公共哲学、公共道德研究中发挥着很大作用，并得到了广泛的讨论但尚未达成共识。在阿伦特那里，人们因劳动分工而组织起来的公共空间和在人际关系之网中通过"言语"和"言行"展示自我个性与品质的空间都属于公共领域。在哈贝马斯的使用中，其意义有一种特定限制，把公共领域理解为介于公共权力领域与私人领域之间的一块中间地带，它的具体存在形态是由报纸、新闻、电视、广播、期刊、社团等所构成的大众传媒与公共舆论领域。在我们看来，公共领域这个概念所指涉的领域多种多样，大致可以说，一个生活领域如果是公开的、并且有着某种可共享性和可进入性，就是公共领域。公共领域的存在和发展，是建立在划分了明晰的私人领域的基础上的，其最终目的不仅是为了使私人利益得到保障和促进，更是为了让人们获得某种"公共人格"，超越"私"与"公"的对立存在，达致"活私开公"的社会效果。人们在公共领域生活中所涉及的最本质的关系，就是公共利益的创造及其作用的发挥。由于公共利益直接或间接地为所有公民所共享，所以，公共利益为一个"好社会"所必需。在创造公共利益的过程中，在"制度世界"里如何体现其真正的公共性理念，是罗尔斯等所致思的方向，而哈贝马斯等则主要集中于思考在"生活世界"中"自己—他者—公共世界"的公共性问题的这一社会维度，这是我们必须分辨清楚的。

我国目前就公共道德这一主题的研究论域，实际上是沿着两个方向在拓展。一个是应用伦理学的研究取向。从先前的混合形态向相对独立的具体领域扩展，诸如经济伦理、政治伦理、科技伦理、生态伦理、公民伦理的研究，等等。它的特点是不再满足于如何给定伦理规则以及简单地要求人们如何为，而是要积极地面对诸多生活难题，指明伦理学解决难题的可能方式与路径。这一方向的研究是比较活跃的。另一个是以公共哲学为基础的综合研究取向。这一方向的研究则较为冷清。目前在国外，公共哲学作为一种"新理性主义哲学"，它正努力探寻一种全球化时代人类所共同需要的、旨在维系人类社会公共生活秩序的新的公共性。在这个问题上，罗尔斯和哈贝马斯等当代理性主义哲学家们做出了显著的努力。他们的目的在于对西方传统的社会政治哲学进行根本的重构，以保证"公共哲学"自身应有的对社会政治等问题的公正合法的解释能力。国内学者虽然对"公共哲学"的理解和规定不一，但他们也敏锐地觉察到市场经济、全球化过程中的中国社会需要大规模、高质量、深层次的社会"公共生活"，也正呼唤与新全球化时代相适应的"公共理性"、"公共价值"发挥更大的规范和引导作用。就伦理学研究来说，对公共性、制度的体系性存在及其正义价值等的哲学探讨，主要是对客观的人伦关系的制度性构成、性质及其构建所依赖的伦理价值进行研究，这是我国当前伦理学研究必须予以特别关注的。当然这只是问题的一方面，即我们需要的是什么样的公共生活和公共秩序，作为其支撑的制度的伦理价值是什么，作为公民和公务员必须具备什么样的品德和承担什么样的责任。

其实上面所说的只是一个理论谱系的公共性问题，我们还可以选择这样一条路径去研究，即从社会现实基础和条件出发去研究公民的公共人格、公共精神的形成和新道德实践模式的推广等问题，这实际上是一个实践谱系的公共性问题。由于正义制度是对人们由于普遍交往而必然产生的权利与义务关系进行合理而公正的分配和划分，所以公民因享有权利而必须履行相应的完全责任义务，这是制度正常运行的前提，是公共秩序得以形成的正义基础。但我们应同时看到，正义制度确立和保障了公民在人伦关系上的独立性、自主性地位，具体来说，宪政体制和由它提供了切实保护的公民权利给人以力量感，日常生活中的公民在行使这些权利的过程中获得的训练，使自豪、从容、理性、成熟的精神状态和自律、负责及团结、合作、尊重规则的公共精神和品质等得以可能普遍产生。而且，公民在基本的生存问题解决之后，在民主自由的制度环境中，就能自主地筹划个人生活，关注个人以外的世界，完全可能从遵守"生活的道德"向追求"道德的生活"过渡，不仅自觉履行与享有的权利对应的完全责任义务，而且能自觉选择履行不完全责任义务（行善的义务）。当今世界"愈演愈烈"的志愿者组织在诸如扶贫、环保、教育、维权、慈善、文化、中介等许多领域奉献着他们的爱与道德理想就是一个有力的实践证明。不是由国家和行政机构主导来建设社会，而是社区用自己的力量形成和提供必要的服务，这对社会来说是一种社会自组织的道德倡导、感召与示范，也是我们完全可以期待的一种全新的道德实践模式。这种公民道德主体的积极参与，属于社会维度的公共道德内容，是我们对未来道德生活的期待和希望。

三 本书的基本思路与研究方法

本书以马克思主义的唯物史观为基本的理论指针，服务于当前我国道德建设的现实需要，主要吸收了公民社会理论研究的积极成果，特别是借鉴了哈贝马斯、阿伦特、托马斯·雅诺斯基等人的观点，将现代社会从结构上分为政治公共领域、社会公共领域、市场领域和私人领域四个领域，并认为社会秩序的形成有赖于各相对独立领域的秩序整合及领域之间的良性互动。这种对道德的生活基础的全新理解，与以往将社会划分为婚姻家庭生活、职业生活和社会公共生活三大领域的见解不完全相同。除私人领域外，前三者均因具有公共性特征成为一广义的公共领域而与私人领域相区别。一方面，政治公共领域、社会公共领域、市场领域因各具特质因而其道德基础存有差异，从而表现为道德的"领域性"特征；另一方面，三者的互动结构作为一个整体以维持人类社会生活的必要性对人们的行为提出正当的要求，即必须培养一种与这种公共生活的伦理秩序的普遍正当性相适应的情感和精神气质，如尊重、宽容、信任和积极参与等，这些公共生活的道德价值，是我们这个时代的基本道德诉求。

本书主要是从公民这一道德主体的维度来研究公共道德，认为公共道德就是指公民在公共生活领域中在正确理解个人利益的基础上，尊重他人、关心公共事务、维护公共价值、承担公共责任的观念意识和行为方式。公共生活中的制度伦理维度，不是本书研究的重点，但将从公民公共责任的背景角度即公民对正义理想的追求、对正义制度规则的遵循和对非正义的抗争这一角度予以关注。同时本书也主要不是对公共生活中其他道德主体行为（如政府、企业等公共组织）的道德分析，只是在它们作为公民德性养成的环境背景时才予以涉及。因为公民公德心的养成不仅是公民个人主观修养的结果，它还与其现代社会民主的政治制度、市场经济方式等制度环境以及公民社会的公共交往方式密切相关。

相对于自然经济和计划经济而言，市场经济为人的活动提供了更大的可能性空间，提高了人的社会属性。资源的自由流动性及与之相伴随的各种发展机会增加了，民间社会组织化程度也增强了。但其市场秩序也需要作为"经济人"的公民正确理解个人利益、遵守契约规则、承担起作为生产者或消费者的社会责任。政治公共生活中对制度运行正义的保障、对公共权力的制约除了近代以来的"权力制约权力"的思路与实践以外，"以社会制约权力"将是另一种与之并存的新思路与实践方式。这需要公民积极参与政治公共生活，承担起公民的政治责任。我们可以欣喜地看到，宪政体制和由它提供了切实保护的公民权利为个体提供自由空间来追求他们免受干涉的私人利益，同时也为个体参与塑造政府的公共性提供了基本的保证，公民在行使这些权利的过程中需要从容、理性、成熟的精神状态和自律、负责及团结、合作、尊重规则等精神品质，而公民社会则是培育这种品质与公共精神的实践场域。公民社会是民众进行社会交往、参与政治决策的广阔平台，它是公民的意愿与理念得以直接表达的一种合宜的空间。同时公民社会的非营利组织，它作为人类社会发展史上重大的组织制度创新，是社会共同价值的捍卫者、公共服务的提供者和社会资本的建设者，以此弥补政府与市场的双重失灵。它既能面对公共权力表达自己的要求，又能提供人际情感、公共精神等市场无力提供的非物质价值。通过爱、责任与道德理想，人们超越自我，寻求合作，弥补政府与市场的正义缺陷。

如果我们再从公共道德与私人道德的关系来看，任何人都必须在家庭等私人领域中接受道德的教化，情感的培育和心灵境界的提升，这在任何时代都是一样的。不同的是如上所说，现代社会的公共领域给公民个人德性的培育与实现将提供更有利的物质条件和实践场域。对现代人来说，他在现代伦理的支持下有足够的理由去追逐他们所理解的来自日常生活中的幸福，但他的独立性必须依靠法律来保护，才能避免自身不受他人和公共权力的侵扰，同时必须自觉接受法律和公共道德的约束，不应该妨碍和损害他人的利益，而且积极参与社会公共生活、政治公共生活，承担起公民的责任。一方面拥有对法律、制度和组织机构的道德反思与选择能力，认识到自己有义务在正义尚不存在的地方去进行创造，在正义价值受到威胁的时候去捍卫；另一方面通过在公共领域中同他人的合作，获得公共责任的基本知识，实现由自利的个人到以公益为重的人格转变，从而在公私领域中把人们对物质生活享乐的爱好与对自由的热爱和对公共事务的关心结合起来，实现肉体享受的改善与心灵境界的提升双重目标的统一。这是社会生活秩序得以维持的必要条件，是制度正义与社会和谐实现的基础。而且在正义的制度环境下，个人的意志自由将获得一种现实的存在，个人的道德追求完全有可能不仅仅停留在遵守生活规则的道德层次，他完全有能力自主地选择过一种道德上高尚的生活，像当今世界正日益增多的志愿者一样。这才是真正康德意义上的道德自由，即道德主体作为自由平等的理性存在物的自由、自觉的选择。

在研究方法上，本书首先主要以马克思主义的辩证唯物主义和历史唯物主义为指导，同时采取综合性的、多学科相结合的研究方法。公共道德概念，它可以通过借助诸如政治学、经济学、法学、社会学、管理学等人文社会科学的基本方法，获取必要的理论资源和信息资源，丰富其学科的知识构成和研究方法，从而推动伦理学进入现代社会的公共生活领域，得以解释和影响现代社会条件下人们的专业化或组织化的实践行为。近代以来，自经济学等社会科学从道德哲学独立以后，道德哲学变得与政治的、经济的、社会制度的历史变化毫无关联，伦理学仍然被认为主要是一门论述道德的起源和本质，制定道德规范体系，培养人们的道德习惯（即美德）的学科，而美德培养的社会条件和道德实践的社会场域却一直为我们所忽视。公共道德作为道德的下位概念，它研究公共领域的道德问题和政治学关联密切。政治事物的本质在于它是一种全面决定人的生存方式或者说人的命运的力量。政治经济制度不一样，公共生活领域就不一样。道德生活的基础与环境不一样，社会的道德需求就不一样。由于近代以来的政治科学偏向于政治制度的运作和决策的实施，所以公共道德视域必须关注制度正义价值的实现。至于法学中公法、私法的划分，通过法律程序正义达成共识以及依靠宪法和法律确定道德基本价值，同时通过对公共管理主体、人们交往生活的公共性转变及公共空间的拓展的道德分析，理解和把握时代的道德特征，都意味着公共道德研究无法离开法学、公共管理学和社会学等多学科的视角。

其次，是立足于现实，采用历史与逻辑相结合的方法。本书既从历史发展的角度分析公共生活的发育和成熟与市场社会演化的同步性，以及与之相伴的公民道德作为一种文化与社会精神气质的复杂而艰难的演化过程，逻辑地揭示出交往生活的公共性转变、公共空间拓展与人们的生活态度、行为方式变化的内在关联。至于改革开放以来中国社会道德观念的剧烈变化和转型，也必须从中国社会的历史转型和全球化过程中进行纵向与横向的分析和考察。

再次，宏观和微观相结合的方法。作为伦理的评价对象，应区别行为、制度、存在三方面。"行为"是人们采取的个别行为，而"制度"是指规制人们行为的社会法则与规则，而"存在"指人类的性格与资质和能力。对这些对象的研究必须把握好宏观和微观相结合的方法。一方面对德性伦理学到规范伦理学从一种历史发展中进行宏观把握，对公共道德问题研究取一种跨学科的宏观视野，在一种双向互动过程中把握道德变迁的趋向：一边是从德性到伦理的变迁，即道德的规范方面朝着非道德化的方向（即现代法律）变化，沿着非人格化、非人情化、普遍化的理性法律之轨迹不断演化；一边是规范到德性的变迁，体现为道德的私人化过程。它不断将传统道德中的强制因素从道德领域中排除出去，使道德真正关怀、提升、凸显和成就着人，使个人不仅在法律上，而且在道德上成为自由的人。另一方面对同属规范伦理学范畴的康德普遍性规则、罗尔斯的制度正义原则和哈贝马斯的交往理性与商谈伦理的内在关联进行细致的梳理，对我国转型期人际交往的公共性转变引起的人们观念、心理、情感及行为方式的变化的具体把握，以证实其宏观的分析与深化对它的理解。

最后，科学的比较方法。公共道德概念既要与私人道德概念相比较，凸显其特征，但研究公共道德的基础性概念——公共领域、公民社会等也是从西方文化语境中借取的范畴和话语，它又必须通过中西文化语境中的比较小心地使用，不能简单地拿来。公共道德问题的凸显虽然同属市场经济的领域分离的后果之一，但对中国社会而言，市场社会属于"诱致性变迁"（描述的是一种制度的生成是在外在条件的推动下发生的）过程，而西方社会的市场经济的发展过程属于"内生性变迁"（一种制度得以生成是由于自身的强烈需求），至今已经历了二百多年的历史。它早期阶段出现的公共交往、公共伦理等问题，是在较为从容的历史时空中加以解决的，是自然而然的，而且有其相应的社会设置与文化基础（如韦伯所述的新教的禁欲主义与资本主义精神的契合），相比之下，当代中国的社会变迁快速而剧烈，道德转型所依托的传统文化资源是否充分，我们无法轻易断言。但我们可以通过对公共道德的基础的研究为公共道德的理论研究和实践研究提供前期成果，为建构颇具中国特色的社会主义道德体系做些准备性工作，以服务于当前我国的道德建设和社会主义制度创新。总之，这种比较的方法，在本书的研究中将贯穿始终。

第一章

公共道德观念的历史源流与理论维度

公共道德、私人道德的区分源于近代以来西方公共领域与私人领域的分立。公共领域与私人领域以及公共利益与私人利益的划分又是以对公私关系以及个人与社会之间的关系的时代理解为前提的。在西方，公、私及与公私相关联的概念一般属于社会——政治哲学（公共哲学）范畴。如公权、私权；公共利益、私人利益和公共领域、私人领域等。公共生活中的公共法则设定了私的边界，确认了个人之私的合法性，于是，作为每一社会成员的私便可成为建构公共领域的基础。公与私非但不是截然对立的，而且两者往往在私的基础上统一起来。传统中国的公私观念则既属于政治哲学范畴，又属于道德哲学范畴，公与私那种道义上的对立性质是古代中国传统的伦理政治文化所特有的。私的合法性得不到认可，公、私的界限也异常模糊或被扭曲，它没有、也无法或不能发展出一种适度合理的公共理性。这一切都源于传统中国的专制制度和自然经济的社会结构。作为个体的现代人，一方面在现代伦理的支持下有足够的理由去追逐他们所理解的来自日常生活中的幸福；另一方面，现代社会非常需要公民对社会公共生活、政治公共生活的积极参与，承担起公民的责任。了解了这一点，才能有对公共利益与私人利益、公共领域与私人领域以及公共道德与私人道德的正确理解，才能明白我国当前道德建设的重心在于公共道德的培育。

第一节 公私观念与公共道德观念的历史源流

道德观念不仅存在于社会生活方式中，而且是社会生活方式的构成元素。社会的变化不仅使曾经是社会所接受的一定类型的行为成了问题，而且也使那种在特定社会结构中得到清晰界定的道德观念发生变化。[①] 我们对现代社会公共道德的理解不仅要从现代社会结构和生活方式中去把握，而且还要从公私观念的历史流变中，从与公共领域、私人领域等概念的相互关联中去理解。

一　中国文化中公私观念的历史演变

公私观念在中国自传统社会以来的集体意识中就是一对非常根本性的观念，使用极为频繁，用法则变化多端，择其典型性分析，其含义可以归纳为如下五种基本类型[②]：

类型一的"公"，基本含义是朝廷、政府或政府事务。这个含义渊源于"公"字的"国君"义，到春秋中晚期已有区别于封建主的政府、政务含义，是五个类型中形成最早的；与它相对应的"私"，意思是民间或私人。这基本上是描述性的概念，但在涉及公私之分的问题时，也有伦理上的关联。类型二的"公"，基本含义是普遍、全体，尤其意指普遍的人间福祉或普遍的平等的心态。这种含义似乎萌芽于战国初期，大盛于战国晚期，它的描述功能少，规范性极强，经常被定义为"无私"，与它相对应的"私"，基本性格就是负面的了，代表的是妨碍普遍利益实现的私利行为或特殊关心，是要被压抑和去除的事物。这种"公"观念所带有的公私对立、以公为善以私为恶的意念，根深蒂固地埋藏在中国人的心灵中。类型三的"公"是从类型二演变而来，发达于宋明理学，影响至今。这个类型的特色是，"公"直接代表"善或世界的根本原理——如义、正、天理，涵盖儒家鼓励的一切德行"。"公"的内涵不必然是普遍的福祉或普遍平等的心态，只要是正确的道理，就可以是"公"。这个类型的"公"的另一特色，就是强调"公"的心理层面，认为"公"的主要精义是在动心处无私欲之杂，与之相对的"私"，并不是指错误的行为或事物，而是指错误的来源——私心、私意、人欲之私，它同样站在"公"的对立面，是要被去除的。类型四的"公"，是对类型二、三的反动。其大致含义仍然是普遍、全体，但它承认"私"的正当性，甚至认为理想的"公"，就是全天下的"私"

[①] 参见〔美〕麦金太尔《伦理学简史》，商务印书馆2003年版，第28页。
[②] 陈弱水：《公共意识与中国文化》，新星出版社2006年版，第69—117页。

都得到合理实现的境界。这个类型的"公"萌芽于明末重视"私"、"情"、"人欲"的思潮，与它相关的"私"，具有无可置疑的正当性，是"公"的基础。类型五的"公"，基本意涵是"共"，包括共同、共有、众人等义，指涉政治、宗族、社会生活等场域中许多层次的公共事务和公共行为。这个类型的"公"主要是描述性的，但也有理想的内涵，特别是在政治领域。在传统中国"公"的主要观念类型中，它是唯一涉及社会生活（指国家与家庭或家族之间的场域）的一个。与它对应的"私"也蕴涵贬义，意思是少数人的、私心的。

由上分析可知，中国传统文化中的"公"、"私"主要是属于道德哲学和政治哲学的范畴。把国家或政治共同体及其所属之物视为"公"，把个人（家庭）及其相关之物视为"私"，公私由"存在物"的描述性意义层面后来转向了道德意义层面，这在宋明理学中达到了高潮。而且，公私的道德意义，也首先是从政治生活中角色身份的差异，进一步走向了普遍意义上的善恶，从而凸显出中国传统文化中特有的"公"、"私"那种道义上的对立性质。"公"受到普遍的推崇，"私"则遭到恒久的贬抑。"崇公抑私"，成为中国政治文化和道德文化的一个重要特征。

在传统中国，政治对诸如经济、文化等诸多领域具有高度的统摄性，所以传统的伦理政治文化中，"崇公抑私"作为对君权"道义制衡"的手段其合理性价值不容否认。因为传统文化中的天下观念是在国家之上、超越并包括国家且渗透着天的公正的道义观念。从国家的观点看，朝廷、国家、政府、爵位是"公"，臣僚和民间区域、民间事物等是私；然而改变视角，站在天、天下的观点看，转而变成以民众为基础的"公义"，朝廷、国家虽是"公器"却可能借"公义"之名求"私利"之实了。而且从历史上看，世代士人不乏以天下为己任者，也证明"崇公抑私"的价值取向也的确在一定程度上促进了社会关怀的普遍性。但由于历史上笼罩一切的君主专制权力不是由人民授予的一种公共权力，且缺乏自下而上的制衡而具有无限扩张的特性，因此，"道义制衡"的合理性往往被专制权力的独占性、垄断性所侵蚀或扭曲。君主之"大私"与官僚之"营私"难以公然以"私"的面目出现，于是就以"公"的面目来欺世盗名，结果导致的只能是现代意义上公共生活和私人生活两无的格局。在社会日常生活领域，由于将人的私欲完全排斥在道德生活领域的边界之外，但事实上却又不可能使人绝对无私，同样个体之"私"的满足便只能以道德伪善的面目来实现。这种公私矛盾,它实际上源于传统社会道德理想与政治现实的矛盾,源于中国传统专制政治中国家机器与社会的对立,群体(国家)与个体的对立。

明末清初,一批思想家对"私"给予了充分的肯定和张扬,公私观念也开始被赋予新的含义。李贽认为人的"私欲"、"物欲"是"自然之理",并提出"夫私者,人之心也",从自然人性论角度肯定"人必有私"(《藏书》卷三十二)。顾炎武在《日知录》中依中国历史的演变轨迹论证"私"存在的必然性,要求"合天下之私,以成天下之公"(《日知录》卷三)。王夫之则宣扬"公私合一"论,"私欲之中,天理所寓","人欲之各得,即天理之大同"(《读四书大全说》中册,《论语·里仁》),强调公即是私欲的满足。这样,不但"治私"成为经济伦理的新趋向,而且其公私关系也出现兼容化多样化的特征。特别是清朝末年,随着西方的"个性"、"人权"、"自由"、"民主"、"科学"等近代价值观念的传入,清末知识分子接过其理论武器,公开强调对"人"的尊重和对个性的张扬。康有为的"天之生物,人为最贵,有物有则,天赋定理,人人得之,人人皆可平等自立"[①]。梁启超的每个人都应具有权利意识,应具有自主、自立、自治的精神和能力的新"国民"主张[②],陈独秀的"脱离乎奴隶之羁绊,以完其自主自由之人格"[③],等等。不难看出,他们的立论都已不再局限于道德的范畴,而是开始从政治学说的层面探讨个人与国家的关系,即"私"与"公"的关系,使传统的"公"、"私"观念在政治学说的层面上第一次具备了近代形态,但也仅止于思想观念层面,而且还不是一个完整的价值观念系统。如康有为的自由平等并不是私之自由、个体之平等,而是一味地无私无分别,因而也无个体。他的自由平等之公,即整齐划一的无私,仍严守传统文化中否定偏私与个私的传统。严复、梁启超、孙中山等思想先驱在向西方寻求真理的过程中,也将自由、个人权利等作为走向现代的旗帜使用过,但严复在讨论群体自由和个体自由命题时,并未真正看到个体自由对群体发展的价值。梁启超则明确界说,他的所谓自由,是指团体的自由,而非个人的自由。孙中山也明确主

[①] 康有为:《孟子微》卷一,中华书局1987年版,第7页。
[②] 梁启超:《新民说》,《饮冰室合集·专集四》,中华书局1989年版,第36页。
[③] 陈独秀:《敬告青年》,《青年杂志》第1卷,第1号。

张,要使国家获得完全自由,成为强盛国家,大家就要牺牲个人的自由。① 总之,清末之公,主流上是无个私的天下普遍之公,它在观念上虽然进行了中国式的近代化,使之成为反个私等于反专制的国民"自由平等之公"。但公既然和经济上限制个人之私相衔接,公的内容,虽有经济与政治之别,就仍然是传统的。

20世纪20年代以后,在中国共产党领导的革命和社会主义建设过程中,"公"、"私"观念又经历了一番重新定位。无论在政治领域、经济领域,还是在道德领域,都不约而同地向"公"的一面明显倾斜,"公而忘私"、"大公无私"、"狠斗'私'字一闪念",一切与"私"有关的制度、思想、观念、行为,都被压缩到不能再小的空间,甚至被完全否定。只是自改革开放以来,随着市场经济体制的建立,人伦结构的变化,公私观念才超越简单的对立状态。人们从亚当·斯密的市场经济理论中认识到,市场经济中"经济人"的自利行为借助于"无形之手"却可以促进社会经济的发展和繁荣,此即所谓"私恶即公益"。在政治领域则通过民主公正的制度可以把个人权利与义务统一起来,并不要求以义务来否定权利。可以说,在当前中国社会,健全的公私关系、公私观念价值系统及其合理性的制度建构正在形成之中。

由上可知,自古以来,中国文化一直有强调"公"、"群"本位的意识和情感的传统,"公"是把"私"向整体的存续和统合的方向收敛的理念和原理,但由于"公"过分抑制了作为个体化原理而能动的"私",其结局也往往事与愿违,不仅"私"得不到健全地发展,而且"公"的价值理想也总是难以实现。从明末清初到近代虽出现了一种与"公本位"相对抗的价值观念,即以"私"为本位,大力肯定"私"的合理性和正当性,但它并未发展出一种健全的观念形态,而且由于一直未曾进入操作层面,所以直到今天,国人的个人、自我、自由、权利的观念意识并不强,这不得不影响到我们对现代意义上的公共性、公共利益、公共道德等观念的理解,以及容纳现代性理念的交往关系和生活方式的形成。

二 西方文化中的公私观念及公共哲学

西方文化中与中国的"公"与"私"相对应的,人们一般认为是英

---

① 参见王中江等《活力与秩序的理性基础——关于公共领域与私人领域互动的对话》,《文化中国》1999年第6期。

语中的"public"和"private"。"public"指的是"公"和"公共"那种未分开的混同状态，作为"公"理解，是指集聚于国家等实体组织的东西，主要是指国家、政府、官员以及接近于这一类意味着领域（空间）和组织（制度）的东西；而作为"公共"理解，则是以每个人生活世界的现场为基础的，是指人们更广泛的共存、共生和参与的问题，而且西方文化中的"public"，历史地看有一种要求从所谓的集聚于国家之"公"的状态，向作为属于现场创造、发生的"公共性"甚至是跨越国境的"公共性"（主要是从国家、民族性的公共性向全球性的公共性）转换和发展的趋势。[①] 一般认为，西方文化中"public"其规范性意味不强，中国文化的"公私"概念中那种强调规范性的意涵，就只能与"just"、"unjust"相对应了。

要了解近代以来西方文化中的公私观念，首先必须知晓——构成其知识前提的是古希腊时代的"城邦"和"家庭经济"的区别以及罗马文明的共和理性与制度建构。根据古希腊人的思想，人类的政治组织（城邦）不仅不同于以家和家庭为轴心的自然血缘关系，而且还直接地与之相对立。城邦的兴起意味着，每个公民除了他自己的家庭（私人）生活以外，还隶属于第二种生活秩序，即政治（公共）生活之中。而且这两种生活之间存在着明显的区分。城邦是一个自由的领域，仅仅是由一些"平等"的人组成，他们是一家之主，即家庭的统治者。一家之主才有权离开家庭，进入人人平等的政治领域，出席并参与公共讨论，他被认为是自由的。而在私人领域的家庭，一家之主则凭借强力和暴力来统治他的家庭和奴隶。虽然家庭和这种家庭经济隐藏在城邦政治生活之后而似乎看不见，但它却是城邦政治发挥正常功能的基础和不可缺少的支撑。在公民平等参与的城邦政治生活中，"公"和"公共"是合一的，然而城邦的兴起很显然是以牺牲家庭这一私人领域为代价的。在吸收、模仿希腊文明的基础上发展起来的罗马文明，则以其高超的睿智贡献出了共和制度、法律制度和共和理性，它以肯定私权和承认私人领域的正当性为基础对私人领域和公共领域进行了严格界分并加以法律化、制度化建设，从而在一定程度上克服了希腊城邦公私结构的缺陷，而且构成了近现代公私领域观念的真正历

---

① 参见［日］佐佐木毅、［韩］金泰昌主编《欧美的公与私》（《公共哲学》卷四），林美茂、徐滔译，人民出版社2009年6月版，第4页。

史源头。但在随后的王权或帝制及中世纪历史中，一切活动都被逐步吸纳进家庭私人领域，并依照家庭的模型确立起人与人之间的一切关系，从而走向只有国家和统治者有关的事情属于"公"（此时它表明的只是一种社会地位和道德象征而不是一个政治交往领域），其他一切都属于"私"的公私含混结构。

近代以来，西方自由主义的公私观成为主流，笔者在这里选择从霍布斯对公与私的划分开始讨论，因为他的思想学说虽说是为维护君主专制而论，但其内容内涵，仍可视为自由主义公私观的重要源起。

霍布斯认为，人们在"自然状态"中，人人因"自我保存"而相互为敌，人和人之间的关系向掠夺、战争方向发展成为不可避免的事情。但人们的理性也将意识到，"没有共同权力的地方就没有法律，而没有法律的地方就无所谓不公正"。然而，如果要建立这样一种能抵御外来侵略和制止相互侵害的共同权力，以便保障大家都能通过自己的辛劳和土地的丰产而生活得很满意，那只有一条路——把大家所有的权力和力量托付给某一个人，或一个能通过多数的意见把大家的意志化为一个意志的多人组成的集体。霍布斯认为，人类这种感情动物如果没有权力的威慑，就不会有规范自我、维持和平的天性，所以在霍布斯的政治理论中，他赋予了主权权力（国家权力）权威的、支配的地位，任何对之削弱或侵犯的事物，皆不被允许、宽恕。但在霍布斯这里，国家这一工具，其合法性来源在于确保、保障个人的生命财产，它关注的是个人私利、私欲的总和，而非专注于共同善。人民之所以尊重、遵守国家的主权与法律，是因它界定着、保障着人民的权利，而不再是代表着某些超越性的价值。

霍布斯的国家虽然具备了作为近代的国民国家的资格，但他对主权者委以绝对不可分割权力的认识是很危险的，他的思想中也找不到抑制主权者走向独裁的办法，所以公共性只是掌握在绝对主权手中，社会层面的、市民的公共性并没有被敞开。但不可否认，他理论上公、私领域的区隔、划分已基本成形：政治权力弥漫在公共生活中，同时也支配、处理着私人的利益活动。霍布斯对个人私利、私欲的承认，似乎已透露出政治观现代性的曙光，但是，在他的著作中，找不到任何明显有关非政治之公共活动领域的思想。只有当自主、自行的非政治领域（如市场经济领域）出现后，一个能够既与国家区隔开、又能促进每个人私利、私欲满足的现代社会，理论上、实际上才得以出现。这个工作，有待于洛克与斯密的努力。

在1690年发表的《政府论》中，洛克强调两个主张：第一，国家或政府的目的是保护私有财产；其次，最好的政府形式是议会至上并具有最高主权的制度。在洛克的自然状态中，人人都是平等的和独立的，人们的生命、健康、自由或财产受自然法的约束和保护。然而自然状态中人人各有其私见，缺乏公共的、公平的裁判者，容易导致争执和暴力横行。于是，国家的建立，乃是人们订立契约，人人放弃自保和惩罚犯罪的权力的结果。设置国家这样一个明确的权威，当社会的成员受到任何损害或发生争执的时候，可以向它申诉，当然社会的每一成员也必须对它服从。这里与霍布斯不同的是，在君主与他治下的人民之间的这个裁判者，洛克诉诸于立法权的建立，"立法权不仅是国家的最高权力，而且当共同体一旦把它交给某些人时，它便是神圣的和不可变更的；如果没有得到公众所选举和委派的立法机关的批准，任何人的任何命令，无论采取什么形式或以任何权力做后盾，都不能具有法律效力和强制性"①，在这里，洛克遵循的是"王权有限，法律至上"的原则，市民把自己的代表送进议会，议会作为国家的最高权力机构行使主权，这一先驱性的近代代议制度构想，很明显地显示出了传统政治之"公"的近代转变。

而且比起霍布斯依约而立的主权当局（利维坦）来，洛克的法治与宽大的国家仅仅是对来自人们转让的一部分权利的监督和管理。权利受到保护的个人遂可以与相同的他人竞逐私利、私益，同时不必担心因此而彼此互相残杀。在洛克的思想中，个人利益的重要性凸显，共同利益的价值与关注退为次要的、派生的。市民首先是作为生产、产业活动的主体从事活动、经营生活的。市民作为所有者有权保存、活用其财产。增加财富，既是个人生存的基础，同时也是国家富裕的基础，私的正当性已不容置疑。这些见解、观点明显超越了霍布斯。在霍布斯的《利维坦》中，现代个人主义的雏形已经出现：理性的个人要求在国家管辖内享有一定的自主权。但在洛克这里，（私人）财产不仅等同于自由，且成为所有自然权利的基础，这才可以说真正开启了由传统整体论过渡到现代个体论的划时代意义。但在洛克的理论中，政治权力并未清楚地和经济利益、社会权势区隔开来，因此，一个以市场机制来运行、调节的现代（商业）社会的理论，仍有待于来者的清理与建立，只是在相隔近百年后，亚当·斯密的

---

① [英] 洛克：《政府论》，关文运译，商务印书馆1996年版，第85页。

《国富论》才初步完成了该项工作。

不同于霍布斯、洛克的是，斯密因创立了具有划时代意义的市场经济理论而闻名于世。在《国富论》中，斯密想表达的是这样一种新的社会秩序：社会因分工而相互需要，而市场推动着、领导着、组织着市民社会，人人在其中竞逐私利并且互动、互利。霍布斯与洛克的政治理论中，为了克服孤立、相争的个人，或是因个人利益矛盾冲突得不到公允仲裁所造成的麻烦与不便，乃诉诸于社会契约其上的一种强制性力量与权威。但斯密却是从经济活动的视野来考量个人与社会，于是他无须依靠契约论，而是从社会分工，人的自立、自爱的自然倾向与欲望之说，为个人追求自利的活动，建立起道德上与经济上的理论论证。斯密时代，商业文明已经初现，商业抓住了人追求财富、享受的欲望得到了发展，随着商业发展的是进一步的各种手工业的发展，从而商业发展造就了互相依赖、互相满足的近距离共同体。这个时候，职业也因分工更细而更多样化了，反过来又促进交换范围和规模的进一步扩大。这样，等价交换原则与正义的观念一起得到普及，也就促使了一种新的社会秩序维度——横向社会秩序的出现和形成。与此相伴随的，是社会本身从政治中心社会向经济中心社会的转变。

斯密之前，西方传统主要是以责任或义务的学说立场来处理公与私的问题，其中，神学、伦理、政治和自然法皆充当划分或连接公私领域的主流标准。斯密则试图在众人追求私利、实现私欲的经济领域中，通过市场机制来解决公与私的对立和界限问题，正是在他对商业时代人们的思想与行动进行缜密的分析后，才完成了经济学的独立。对斯密来说，在社会分工的条件下，劳动者的劳动虽然是为了自己的生活，但同时劳动这一行为本身却是公共性的。因此，进行这种劳动的个人，不只是个人行为而且是一种公共性的存在。这样，在经济社会已初具规模的18世纪的英国，公共空间已经不只是政治空间，更是作为经济空间、国民经济来理解的思想已经成为社会思想的主流。

很明显，在私利与公益之间，在社会与国家之间，斯密倾向于重视私利与社会，但是在他的自然自由制度下，国家仍有三项应尽的义务：第一，保护社会，使其不受其他独立社会的侵犯；第二，尽可能保护社会上各个人，使不受社会上任何其他人的侵害或压迫，这就是说要设立严正的司法机关；第三，建设并维持某些公共事业及某些公共设施（其建设与维持绝不是为任何个人或任何少数人的利益)。① 明显地，斯密所理解的国家在形式上已经与经济活动分隔开，国家已成为服务市场社会的工具，而且自我调节的市场根据所需所能，限制着国家的行动范围与权限。其社会自行调节运行的观念取代了社会依靠国家护持、支撑和保持稳定的信念。在此基础上，才真正确立起了哈贝马斯后来所称为的所谓市民的公共性，它指的是在与国家相区别的市民社会中，以经济生活为基础的市民之间的交流、社会性的生活以及公共性的言论相互交错的空间。在这一社会性的公共空间里，少数拥有独立言论的公众、知识分子，到中产阶级、绅士等所形成的舆论界，他们的言论能够对政府展开激烈的批判，这一点对自由社会的确立具有划时代的意义。也正是在这种公共性文化的基础上，才确立起了以议会为中心的近代英国政治。

如果说斯密成功地着力于经济的、横向的社会公共性理论的阐述，那么传统的纵向的政治公共性在新的历史时代将以何种面貌出现呢？而且这种政治的、社会的公共性将以什么样的关系结构存在呢？这就是近代以来西方的公共哲学所要继续探讨的问题。综上所述我们也可以明显看出，中国传统文化中"公"、"私"的关系与意义，其与近代以来西方的公领域、私领域之"公"与"私"的名称虽然相同，但其内涵与指涉则相距甚远，这也是晚清以来中西文化碰撞中各种争论的来源与失焦的原因所在。

斯密以后，在某种意义上，卢梭和康德为后来的思想者探讨公共性提供了两个基本的路向。卢梭意识到现代社会的人的两重性：既在心态上都是"资产者"、渴望不断增长的经济利益，满足不断增长的物欲；同时又是即将到来的广泛民主社会的"公民"，他强调对公共利益、公共意志的追求，认为公意代表了全体公民的普遍的、最高的公共利益，它既是政治权威的合法性来源，也是社会整合与道德——政治认同的基础，公民必须承担起自己的义务（即泯灭私意或个人意志）。康德则强调一种可以面向公众、公开运用的"理性"，强调一种普遍的、然而也是基本的遵守法则或"绝对命令"的观念，故此他也特别强调一种以权利和义务的结合为核心内容的宪政和法治。全体公民都有资格享受他们的普遍权利，任何国家的法规都必须无条件地维护公民的权利。国家政治权力及其成员必须忍受来自"理性的公共运用"而带来的"批评和怀疑"，这是"公共性"

---

① [英]亚当·斯密：《国富论》（下），商务印书馆1974年版，第27页。

本身的要求，无疑也是对卢梭式"灭私奉公"的超越。但现代意义的公共哲学出现在第二次世界大战以后，美国著名思想家、政治评论作家沃尔特·李普曼（Walter Lippman）在1956年出版的《公共哲学》中从西方自由民主制度下的自由公民的责任问题出发，提出了构建一种公共哲学的必要性。与此同时，哲学家汉娜·阿伦特和哈贝马斯开始了关于公共性问题的系统思考，不过，这些研究在欧美并没有发展成大规模的学术潮流，到了20世纪90年代，却在日本学术界一批学者掀起了公共哲学的研究热，呈现出了一种堪称前沿性哲学探索的学术运动。思想界的这一系列变化，究其原因在于：伴随着经济发展和网络技术的迅速普及，世界一体化成为不可抗拒的潮流，人类几千年以来所形成的生存基础发生了根本性的改变。在全球化的大潮面前，无论个人还是国家，都面临着作为私的存在和公的存在的全新的挑战。为此，人们希望从哲学的高度来阐明"公共性"问题的内在性质和结构，为解决现实问题提供崭新的生存理念。如果对哲学的历史发展做一简单的分类的话，可以说作为个体的人的存在状态是传统哲学研究关注的问题；国家的存在状态是国家论或政治哲学的问题，则是近代哲学探讨的公共性这一主题；而从多角度、多层面讨论广泛存在于国家与个人之间的各种生活活动空间中涉及的公私关系的组织、运动、职能、作用的事实和当为的行为，则是当今时代公共哲学探讨的问题。[①] 当下中国正处在社会转型期，几十年经济腾飞但带来了价值观的严重失衡，过去传统的"公共性"较西方更急剧地崩溃或丧失，但中国哲学界仍停留在对西方公共哲学的介绍性层面，大多数学者甚至仍在把公共哲学作为管理哲学或者行政学来把握，所以学术界如何迅速参与全球化背景下公共性问题的探索，借鉴当代西方公共哲学所开拓的学术新视野，重新梳理和构筑能适应新时代的生存理念，探究当下中国最需要的核心价值理念和行为规范，已成为时代赋予我们的不可回避的责任。

三 近代"公德"观念的出现及含义

"公德"这一发源于日本的观念，在19、20世纪之交流行于日本和中国，显然与西方文明的冲击有密切关系，也与中国传统公私观念有着密

[①] 参见［日］佐佐木毅、［韩］金泰昌主编《公与私的思想史》（《公共哲学》卷一），刘文柱译，人民出版社2009年版，第2页。

切关系。根据我国台湾学者陈弱水的研究,"公德"一词最早出现在日本思想家福泽谕吉1875年出版的《文明论概略》中,是日本明治维新后的新生事物,在西方政治社会思想中并无严格对应的概念。"公德"一词虽是福泽谕吉的发明,但他并未明确加以界定,其含义非常宽泛,可指一切显露在社会生活中的德行。福泽谕吉认为,传统东亚的道德观念基本上只是私德,这个观点间接标示,公德可能是"文明开化"(我们称为现代化)过程中的一个重要问题。也因此,公德一词后来发展成日本社会伦理思想的重要概念。[①]

在近代中国,梁启超首先使用公德概念并对公德问题进行过深入思考。他对公德与私德的划分很明显深受福泽谕吉思想的影响。福泽谕吉认为,"凡属于内心活动的,如笃实、纯洁、谦逊、严肃等叫做私德";"与外界接触而表现于社交行为的,如廉耻、公平、正直、勇敢等叫做公德"。[②] 他认为,这种存于内而不形于外的私德,是一种被动的道德,是教人忍耐屈从的道德。在文明社会中,公德比私德重要,用私德去教化人是未开化社会维持社会秩序的一种手段,文明社会交往越来越频繁,思想活动越来越复杂,仅靠私德就难以应付了。梁启超可以说完全接受了福泽谕吉的观点并作了进一步的发挥。他认为中国传统伦理偏重于个人的修身养性(束身寡过)和个人与个人尤其是家庭成员之间的道德关系——私德,忽视了个人对社会与国家的道德关系——公德,"私德居十之九,而公德不及其一焉",并认识到了私德与公德功能上的不同。私德的功能是"人人独善其身",公德的功能是"人人相善其群"。[③] 在20世纪初与梁启超同时代的许多对西方多少有些了解的中国知识分子都持有基本相同的认识。如马君武1903年在《论公德》一文中揭示了中国人在爱护公物、保护环境、遵纪守法、诚实守信、维护社会公正、保护弱者等社会公德方面与西方人的差距,并进一步指出:"中国所谓私德者,以之养成驯厚谨愿之奴隶则有余,以之养成活泼进取之国民则不足矣。"[④] 他们在公德问题上普遍进行中西方的对比,西方人成了讲公德的典范,而中国人则不知公德为何物。这实际上是当时的先进知识分子在西学东渐过程中对中国人的

[①] 陈弱水:《公共意识与中国文化》,新星出版社2006年版,第9页。
[②] [日]福泽谕吉:《文明论概略》,商务印书馆1982年版,第73页。
[③] 梁启超:《新民说》,《饮冰室合集·专集四》,中华书局1989年版,第12页。
[④] 马君武:《论公德》,《政法学报》1903年第1期。

道德意识与西方文明差距的敏锐意识。

更为可贵的是，他们从政治、经济等层面对中国人不讲公德的原因进行了深入剖析，归纳起来有如下几个方面①：（1）专制制度的摧残。严复、梁启超认为，享受自由、平等权利的西方人能把国家的事当作自己的事；而中国的统治者把民看作奴隶，不仅不鼓励人民关心国事，而且想方设法禁止人民关心国事，于是，人民自然只关心自己的私事，而淡漠公共事务、国家事务。（2）道德教育体系不健全。梁启超指出："吾中国数千年来，束身寡过主义，实为德育之中心点。范围既日缩日小，其间有言行论事，出此范围外，欲为本群本国之公利公益有所尽力者，彼曲士贱儒动辄援不在其位，不谋其政等偏义，以非笑之，排挤之。谬种流传，习非胜是，而国民益不复知公德为何物。"②（3）政治思想落后。马君武认为，有没有公共思想是区分文明人与野蛮人的标志。尽管中华民族不是野蛮的民族，但只有家族观念而无国家思想、自治意识，人们自然就不会关心公共利益。"公德与政治思想二者最有密切之关系也，无政治思想之国民，乌知有公德哉！"③（4）科学知识缺乏。"中国素不讲卫生之学，而于公众卫生之法尤所未闻。"④ 不懂得卫生与健康的关系，自然对随地吐痰、乱丢垃圾的陋习习以为常。（5）以家庭为主的自给自足的小农经济是其深层次的根本原因。对此费孝通先生在他的《乡土中国》中有相当深刻的分析。认为西方社会是团体的结构，他们常常是由若干人组成一个个的团体。团体是有一定界限的，谁是团体里的人，谁是团体外的人，不能模糊，一定得分清楚。国家这个团体是一个明显的也是唯一特殊的群体界线。而中国的传统社会的基层结构是一种"差序格局"，是一个由一根根私人联系所构成的网络。在一个安居的乡土社会，每个人可以在土地上自食其力地生活时，只在偶然的和临时的非常状态中才感觉到伙伴的需要。在他们，和别人发生关系是后起的和次要的，而且他们在不同的场合下需要不同程度的结合，并不显著地需要一个经常的和广被的团体。因之传统社会呈现的是"差序格局"⑤，其政治思想的落后、科学知识的匮乏和道

---

① 参见陈永森《告别臣民的尝试》，中国人民大学出版社2004年版，第111—113页。
② 梁启超：《新民说》，《饮冰室合集·专集四》，中华书局1989年版，第12页。
③ 马君武：《论公德》，《政法学报》1903年第1期。
④ 《论国人宜注意于公共事业》，《东方杂志》1907年第4期。
⑤ 费孝通：《乡土中国·生育制度》，北京大学出版社1998年版，第24页。

德教育的片面皆源于此。即使在今天看来，这些近代以来的知识精英对其原因的分析应该说已经是相当全面和深刻了。

从内容上看，明治维新以后至20世纪初，流行于日本的"公德"观念大体包含三层意思：不伤害他人或公众利益；协助他人并为公众创造利益；为国家效力。前两个层面内容属于"社会道德"，重点涉及个人与不确定他人之间的伦理关系，可以理解为社会日常生活中应有的道德。最后一层面指国民的政治义务，属于"政治道德"。台湾学者陈弱水特别强调此一时期，公德在日本主要是一个社会性的概念，有两个主要的方面：一是个人在公共场所和对集体利益应有之行为，二是个人对社会生活中的其他人——主要是陌生人——应有的态度与举止。至于与政治有关的内容，则为边缘性的。[1] 而且在社会伦理方面，也主要强调的是其消极性的意涵，即个人行为应避免造成对他人或公众的损害。违反这类公德的行为包括：不守时、聚会无故缺席、攀折公园花卉、在公共场所涂鸦、不注意公共卫生、污染环境，在公共场合独占利益不顾及他人。这种对消极性公德的强调，实际上是对一种现代精神的弘扬，即对权利的不尊重，因为一个人这种消极的不作为，实际上就是对他人权利的不尊重。至于积极性的公德行为显然是指个人应当对他人、社会、国家的利益有所主动贡献。这一类的行为包括：养成自治精神、改善不良风俗、社区居民互相帮助、救助贫困与残疾者、积极参与政治公共事务等。当时的日本对这种积极性的公德的强调就不如前者，不过也有学者认为要强调公德的积极性内涵，认为一般人对公德的了解太过狭隘，谈起公德问题，只会说在公共场合举止如何如何，在公园里对待草木如何如何，对待公共财物的行为又如何如何，而公德的核心意义应该是参与公共事务者——如官吏、议员、社会领袖——应有的德行，但这并不是主流。可以看出当时的日本对公德的理解也并不是完全一致的。

公德观念在日本流行的同时，立即被梁启超等学者介绍进入中国。而梁启超阐发的"公德"内涵主要有两个层面，用他自己的话来说，一是"爱国心"，二是"公共心"或"公益心"；即一是政治伦理，二是社会伦理，而以前者为重。在其《新民说》中，梁启超论"公德"的基本主旨是，中国若要成为有力量的民族国家，必须先有为其献身的人民，所以

---

[1] 陈弱水：《公共意识与中国文化》，新星出版社2006年版，第12页。

他的"公德",主要是指有利于国家总体利益的行为,当务之急是培育国民的爱国心和国家意识。至于社会伦理品质的培养问题,比较而言是其次的。而几乎与梁启超同时的马君武等学者所持的公德观念则几乎完全是社会性的,其内容主要是爱护公物、保护环境、遵纪守法、诚实守信、维护社会公正、保护弱者等。① 刘师培1906年出版的《伦理学教科书》也主要是在社会伦理层面使用公德一词。所以当时中国人所领受的公德的义涵,一是贡献国家、合群重团体的心态和行为,二是个人在社会生活中所应遵守的规范。这两方面并没有清楚的分界,经常混在一起,但一般认为个人在社会生活中伦理意识的培养,有助于国家社会集体意识的凝成。公德观念内容方面的含混是因为传统公德观念此时有了新的发展,公的含义已开始涵盖国家之外的地方社群共同事务,公德和公益是这一时期重要的新型公观念,但地方社群作为社会领域与国家的界限和关系却并不清晰所致。梁启超推崇公德,强调国家意识和人民献身的义务,显然是近代中国救亡图存的时局需要,这一价值取向后来为新民主主义革命、社会主义革命和建设过程中的意识形态直接继承并强化。

梁启超等清末先进知识分子敏锐地感觉到的中国人与西方人在公德方面的差异,实际上是基于农业文明与工业文明两种社会生活方式的不同,他们借用公德与私德这对范畴诠释中国的道德文化,寻找道德文化变革的进路,应该说是非常有意义的。但由于近代中国传统的社会结构并未发生根本性变革,现代性的公共生活尚待发育,他们也就无法真正看清楚传统公私观念、传统道德与现代社会对平等、权利、功利等价值的追求根本上不相容,所以他们对公德、私德的理解是不准确的,对当务之急是先培养国民公德还是先培养个人私德的主张是有所抵牾的。

新中国成立以来,因我们在经济领域中对私有制的全面否定和对公有制的盲目崇拜,在政治和道德文化中当然也就难以容忍个性的存在,某些时候甚至全然不顾个人的正当权益了。道德生活中,我党一贯提倡的"大公无私"、"公而忘私"的共产主义精神向全国人民推广,把它作为对全国人民,当然首先是对共产党员和一切国家机构、军队和群众团体的工作人员倡导的价值精神。而且由于共产主义道德体系的集体主义原则也对公私关系、个人与集体关系做了较为片面的理解,从而使得传统文化中

---

① 马君武:《论公德》,《政法学报》1903年第1期。

"崇公抑私"价值取向不仅没有得到合理纠正，而且更明显向"公"的一面倾斜。梁启超等清末知识分子的"公德"观念也很明显被继承了下来。我们一般将"公德"、"社会公德"概念混同使用，但"社会公德"概念使用最为频繁。大多数伦理教科书几乎一致地将社会划分为婚姻家庭生活、职业生活和社会公共生活三大领域，相应的具体道德要求也就分为家庭道德、职业道德和社会公德三大类型。对公共生活的狭窄理解，使对社会公德的理解基本停留在它是人们在日常公共生活中所形成的和应当遵守的起码的行为准则意义上，如文明礼貌、遵守秩序、爱护公物、诚实守信、帮助弱者、保护环境等。

社会公德成为一种习惯用法，涉及的主要是全体公民社会层面的义务，主要是指"全体公民在社会交往和公共生活中应该遵循的行为准则，涵盖了人与人、人与社会、人与自然之间的关系"，其主要内容是"文明礼貌、助人为乐、爱护公物、保护环境、遵纪守法"[①]，但如果要强调和鼓励积极性的公民行为，注重公民政治层面的义务，在政治文献中就往往使用"公德"概念，如新中国成立时期具有宪法性质的人民政协《共同纲领》规定，"爱祖国、爱人民、爱劳动、爱科学、爱护公共财物为中华人民共和国全体国民的公德"，1982年通过的《中华人民共和国宪法》规定，"国家提倡爱祖国、爱人民、爱劳动、爱科学、爱社会主义的公德"。不过这种区分并不固定或很明显，有的学者干脆将公德、社会公德概念等同使用，或者用广义和狭义区分其政治层面与社会层面的义务要求，如罗国杰教授主编的《伦理学》是从广义和狭义两方面来界定社会公德的，"从广义来说，凡是与个人私生活中处理爱情、婚姻、家庭问题的道德，以及与个人品德、作风相对的反映阶级和民族共同利益的道德，通称为公德。从狭义上说，社会公德就是人类在长期社会生活实践中逐渐积累起来的最简单、最起码的公共生活准则"[②]。

将社会划分为婚姻家庭生活、职业生活和社会公共生活三大领域，对道德的生活基础的这种理解当然影响到对生活中的道德价值体系的理解。社会公共生活领域相对于婚姻家庭生活、职业生活独立存在，那职业生活具不具有公共性，政治生活这种人类最典型的公共生活与职业生活、社会

---

① 参见2001年9月中共中央印发的《公民道德建设实施纲要》。
② 罗国杰主编：《伦理学》，人民出版社1989年版，第217页。

公共生活的界线在哪里？看来我们对公共生活必须有更深层次理解，对公共生活中国家与社会的关系、国家之"公"与社会之"公"，以及"公"、"公共性"的内涵必须有更进一步的研究。

改革开放以来，我国传统的社会结构、人伦关系发生了根本性的变化，公共生活领域在不断拓展，《公民道德建设实施纲要》对此也有所阐述，"在现代社会，公共生活领域不断扩大，人们相互交往日益频繁，社会公德在维护公众利益、公共秩序，保持社会稳定方面的作用更加突出，成为公民个人道德修养和社会文明程度的重要表现。要大力倡导以文明礼貌、助人为乐、爱护公物、保护环境、遵纪守法为主要内容的社会公德，鼓励人们在社会上做一个好公民"。罗国杰、唐凯麟等主持编写的《思想道德修养与法律基础》更是明确了"公共生活是相对于私人生活而言的，两者既相互区别，又相互联系。私人生活往往以家庭内部活动和个人活动为主要领域，具有一定的封闭性和隐秘性。在公共生活中，一个人的行为，必定与他人发生直接和间接的关系。公共生活超越了私人生活的局限，具有鲜明的开放性和透明性，对他人和社会的影响更为直接和广泛"[①]。对于这种不断扩大的公共生活所要求的道德，如果还是使用那种狭义上的"社会公德"概念，显然是不合适了，如果使用"公共道德"概念，或者依习惯简称为"公德"，它涵盖政治与社会两个维度的公共性，与个人道德或私德的概念相对应，显得要适宜一些。但这种公共道德的时代诉求又是什么呢？值得我们深入地研究。

第二节　公共领域及其伦理意义

传统中国的"公"观念时常带有强烈的道德色彩，而西方文化中公共领域的"公"，乃一描述性概念，并不带有明显的价值判断意味，多指一个特定的生活空间或领域。大多数国人缺失公共领域（场域）的观念，对于公共性交往中行为规范和共识形成机制的认识甚为薄弱，遵守这些规范、调整自我行为的意愿和能力也很低，公共参与的积极性和意愿也不

---

① 罗国杰、唐凯麟等主编：《思想道德修养与法律基础》，高等教育出版社2006年版，第83页。

强,这是传统社会达成现代转换的大敌。所以引进公共领域观念,构建在私的行为中发现公共性契机的理论,对于转型中国社会秩序的稳定和道德文化的建设也许是一项不可或缺的工作。

一　公共领域的界限

公共领域在西方首先是作为政治哲学范畴被使用的,以其为核心范畴的政治理论往往被用来描述现代社会生活中的政治与社会及其关系的状态。"公共领域"一词在不同语境或不同的思想家那里有着不同的含义,我们这里先从公私领域划界的标准去把握公共领域的边界与含义。

公共领域与私人领域的二分是当代西方社会的主流思想——自由主义理论的前提。自霍布斯特别是自洛克以来,自由主义把国家应当捍卫个人的公民权利放在首位并作为它的基本原则,国家不能是什么都管的全能国家或政府,它必须认清私人领域与公共领域的区别,限制自身的权威不必涉入私人领域。至于公私领域划分的标准有两个不同的来源:第一种划分标准源于洛克,公共领域与私人领域的区分就是指政治领域与社会领域的区分,也就是国家与市民(公民)社会的区分;第二种划分标准源于受浪漫主义影响的自由主义,是指社会领域与个人领域的区分,也就是把个人隐私从(社会)公共领域中分离出来。当自由主义者把社会与国家分离的时候,意味着对社会的赞美,看重市民(公民)社会这一私人领域,认为由个人自由地形成和维持的(非国家)私人联合体比政治团体的强制性团结更有意义和更令人满意。而浪漫主义者[①]却反对自由主义对社会的赞美,认为不仅政治强制会威胁个性,而且似乎无所不在的社会期望的压力也会对个性构成威胁。因此,浪漫主义者把社会生活当作公共领域,只把像友谊与爱恋这类亲密关系才放在私人领域。这种观点后来被现代自由主义所吸收,所以现代自由主义关注和保护着的社会生活,它对应于国家政治生活是私域,现在又要在社会生活中开辟一块可以安放个人隐私的

[①] 浪漫主义(Romanticism)是18世纪晚期至19世纪前半期盛行于法国、波及全欧洲,内容广泛的思想文化运动,直到20世纪仍余韵不散。主要体现在绘画、音乐、小说和诗歌等文学艺术领域。初期跟哲学并不相干,不过很快就在政治上和哲学上产生了影响。浪漫主义者追求有朝气而热情的个人生活。他们赞赏强烈的炽情,不管是哪一类的,也不问它的社会后果如何。浪漫主义从本质上讲目的在于把人的人格从社会习俗和社会道德的束缚中解放出来。参见〔英〕以赛亚·伯林《浪漫主义的根源》,吕梁等译,译林出版社2008年版。

领域，这样社会领域（相对于个人私域来说）又成了公域。这样，对自由主义者而言，私人生活现在就有了双重含义：既可以像古典自由主义所强调的那样，积极地加入社会的各种组织；又可像浪漫主义者所强调的那样，从有秩序的社会生活中退隐，去沉思与实验各种异类观念，去养精蓄锐，去培养各种亲密关系。①

可以看出，自由主义对公私领域的理解是变化着的，但他们强调个人自由的优先性和基本性的理念却不曾发生变化。自由主义者认为对个人自由的最大威胁往往来自政府，因而需要随时对政府权力保持警惕，随时需要以社会制约政府，不能让政府成为社会的主宰。个人自由中个人信仰和生活方式的选择必须得到尊重，同时也不应该以社会或集体的名义加以强制。公共领域不仅保护着公众整体的政治自由，也把个体的自由当作重要目标，"在自由的统治下，一切未被一般性法律所明确限制的行动，均属于个人的自由领域"②。严格地说，自由主义对私人领域的理解要具体、清晰一些，认为自由和优良生活主要体现在我们的私人生活中，是对自己个人事业和情感的追求，谈论私人世界的理想，就往往是在谈论理想的家庭，家庭成了私人领域的核心部分。而对公共领域的理解却要抽象、模糊得多。国家公共权力领域一直属于"公"的或"公共"领域，至于后来，社会不仅是与国家相对应的私人领域，也成为与个人隐私相对应的公共领域后，因政治维度和社会维度的混乱，公共领域的含义就变得模糊不清了。而且自由主义在维护个人自由和权利的同时，也相对忽略了对公共利益、公共美德、政治认同、社会整合和价值共识的重视与追求，难免导致公民的政治冷漠和政治的合法性危机。而我们在前面谈到过的以卢梭为代表的近代共和主义理论针对自由主义的这一问题试图以建立共识为前提来解决，但卢梭的公意说却又缺乏对个人自由和权利的制度化维护，因而导致的可能结果是以公意取代私意、以道德认同取代利益认同，甚至以极权取代民主。所以当代西方关于"公共领域"的讨论，它既是西方学者试图解决现代社会危机的一种理论诉求，也是为适应社会变迁而寻求创新的一种学术探索。它以汉娜·阿伦特和哈贝马斯的理论为最重要的源泉，而

---

① 参见［加］威尔·金里卡《当代政治哲学》（下），刘莘译，三联书店2004年版，第693—703页。

② ［英］哈耶克：《自由秩序原理》（上），邓正来译，三联书店1997年版，第273页。

且他们两人在"公共领域"这一概念的理解上又有一定的关联性。他们都从社会思想史的角度追溯了公私领域的渊源。公私领域，特别是公共领域的社会维度含义由此变得更为丰富，公共领域观念才真正流行起来。

二 公共领域的性质与结构

汉娜·阿伦特所说的"公共领域"，其基本性质是指由人的行动与实践所开创的公共空间。她的"公共领域"概念首先是以古希腊城邦的政治经验作为理论资源。由于她认识到现代自由国家公共生活的萎缩是民主制度脆弱的根本原因之所在，所以她对人类优秀品质得到了充分尊崇的希腊城邦制度这一人类公共生活典范深为向往。她把人的活动分为三种：劳动、工作、行动。认为劳动的目的是维持生命，生命是劳动的动物的最高价值，劳动控制着人的整个生命历程。工作营造了一个与自然界截然不同的"人工"世界，它表现了人对自然生命的超越和创造性本质。但劳动和工作都是人类在自然环境中采取的活动模式，只有行动实际上是唯一不需要借助任何中介而直接在人与人之间展开的活动，它表现了人的独特本质。前两种一般是为求生而生产物质产品的活动基本属于私人领域的活动，后一种类似于古希腊城邦的公民所从事的政治活动，则属于公共领域的活动。在古希腊，家庭领域的一个显著特征在于，人们是在匮乏和需要的驱使下才共同生活在一起的，受着必然性的制约，"这一领域的内部结构一直都是隐蔽的，不具备公共的意义"[①]。相反，城邦则是一个自由的领域，公民从劳役和工作中解脱了出来，驾驭了单纯生活的种种必然性，从而通过"幸福的生活"超越了生活本身。不过，对家庭内部的生活需要的驾驭乃是城邦自由的先决条件。城邦公共领域是专供人施展个性的，这是一个人证明自己的真实和不可替代的价值的唯一场所。但希腊人把公共领域等同于政治领域，因此他们没有赋予它使个人生活摆脱人为的主要是国家羁绊，也包括来自社会的外在束缚的近代意义。他们也不认为在私人生活（家庭生活）与政治生活之间存在一个中介性的并能实现两者互相交流的场所，他们使私人生活与政治生活直接接壤并通过政治生活鄙视私人生活。"一个人如果仅仅过着一种个人生活（像奴隶一样，不让进入

[①] 汪晖、陈燕谷主编：《文化与公共性》，生活·读书·新知三联书店2005年版，第90、93页。

公共领域，或者像野蛮人一样不愿建立这样一个领域），那么他就不能算是一个完整的人。"① 由于公共领域使人获得只有人而非动物才具有的"卓越"性质，使得一个人最大限度地表现了自己的个性和实现自己的最高本质，所以他们"每天必须跨越家庭这一狭隘的领域并'升'入政治领域"②。

阿伦特根据对古希腊政治生活的考察，提出了"政治不是生存的结果，而是生存的条件"这一独特的政治本质论。政治这一公共领域的实践活动有着内在的目的，是人之为人的存在条件。但自从近代以来，社会的兴起，家庭和家政活动都被纳入社会领域，新的社会领域在一个较短的时期内便将一切近代共同体都转变成了劳动者和固定职业者的社会。换句话说，它们立刻便围绕着一种为维持生命所必需的活动而聚集在一起。这样，为生存目的而建立起来的相互依赖关系已具有公共的意义，一切与单纯的生存相关的活动都被允许公开地表现出来。很显然，公共领域的性质肯定会伴随着允许进入公共领域的活动而有所改变。然而，在很大程度上，活动本身也会改变自身的性质。新的社会领域是人们因劳动分工而组织起来的公共空间，在这个空间中，人们的劳动、工作能够超越诸如家庭等私人领域的限制而取得更大的成就。新领域表现出一种不可抗拒的发展趋势，它不仅吞噬了较晚建立起来的隐私领域，而且还吞噬了较为古老的政治和私人领域。

在汉娜·阿伦特那里，私人领域与公共领域有着不同的功能，它们的区分相当于应该显现出来的东西与应该隐藏起来的东西之间的区分。家庭私人领域是一个诞生与死亡的领域，是一个人主观性的隐私领域，这个领域必须避开公共领域，将自身藏匿起来。不仅躲避公共世界里所进行的一切，而且也躲避公共性本身。而公共领域重要的特质是：（1）公共领域是行动者通过言行展现自我、与他人协力行动的领域；（2）公共领域是一个以意见取代真理、从意见中掌握真理的领域。阿伦特认为，通过言谈与行动，人们可以把自己的人格特质完全展露出来。一方面，言行会使一个人的特性以他自己不完全意识得到，或控制得住的方式流露给他人。另一方面，它也可以帮助一个人有意识地去与人沟通，使人与人之间的互动

---

① ［德］汉娜·阿伦特：《人的条件》，竺乾威等译，上海人民出版社1999年，第29页。
② 同上书，第26页。

共同构成一个公共空间，实现"政治"这个概念最原始同时也最可贵的含义——如果不是想要直接动用暴力，那么，言谈所具有的措辞和劝说便是政治方式本身。公共领域作为一个公共空间概念，首先是指出现于公共场合能够为每个人所看见和听见，其次是指作为一个共同的世界，将我们聚集在一起。共同世界乃是一切人的会聚之地，那些在场的人是处在不同位置上的，每个人都是站在一个不同的位置来看和听的。虽然每个人都是站在一个不同的立场上，持有不同的观点，然而他们却总是关注着同一个对象。这就是公共生活的意义。阿伦特用了一个形象的比喻：人们共同生活在世界上，就如同一张桌子的四周坐着许多人一样，桌子将人们联系起来的同时，又将人们彼此分离开来。[①] 阿伦特把公共领域与言行显现、理性沟通以及世界的同一性结合起来，这是她的理论的特殊贡献。

如果说阿伦特主要是从政治哲学层面探讨公共领域问题，关注的重点是公共领域的本质，那哈贝马斯则多了一层社会学的分析，同时关注着公共领域的性质与结构。哈贝马斯将公共领域理解为一种大众文化批判领域，它是从资本主义历史进程当中抽象出来的一种理想型的"公共领域"，同时又把这个理想范畴当作规范，对资本主义社会福利国家中的公共生活方式加以批判。哈贝马斯认为前资本主义的中世纪出现的是一种代表型公共领域，其目的是展示王权、宫廷和贵族的地位和权势。这一公共领域主要存在于下列场合：权贵们的出行、庆典、对人犯的判决和行刑等。国王和贵族试图通过这些场域，象征并且事实上也有助于营造王权与贵族的尊严和权势气氛。它最突出的特征在于它不允许社会具备可以展开言说的公共性，同时也缺乏公开言说的场所。其主要原因在于，与其说在中世纪存在着社会的话，毋宁说不仅社会以审视的眼光评判政治的想法得不到认可，而且政治也根本无视独立社会的存在。作为政治，它至少在理念上认为自己是涵盖了除自己以外的其他经济文化和社会的因素的。但随着资本主义时代的到来，一直局限于家庭的经济活动冲破了家庭的藩篱，进入了社会领域，从此，私人的经济活动成为交往的活动并具有了新的性质和公共意义。[②] 同时这种私人经济的公共

---

① ［德］汉娜·阿伦特：《人的条件》，竺乾威等译，上海人民出版社1999年版，第40页。
② ［德］哈贝马斯：《公共领域的结构转型》，曹卫东等译，学林出版社1999年版，第18页。

性质使私人,主要是其男性家长获得了同公共性事务有关的私人经验,交流这种经验的需要开始在家庭中开辟出一个空间——沙龙,用于同家庭成员以及各种各样的人交谈和公开讨论,交流关于公共性事务的私人经验和批评性的文学阅读。在这类交流讨论中,非自律的经验被当作不完善的粗鄙的东西被滤掉,一个批评性的公共领域便产生出来。[1] 这种近代以来的资产阶级公共领域的特征主要在于:首先,它是介于公共权力领域与私人领域之间的一块中间地带。一方面它作为公共权力的批判空间与其针锋相对。公共领域作为公共舆论领域进行批判的依据来源于私人领域,它意在摆脱公共权力的控制,成为具有与公共权力领域相抗衡的力量的阵地。从另一方面看,公共领域是从私人领域中分离出来,但又并不直接受公共权力管辖的领域,它是私人领域中关注公共事务的那一部分。市民在生活过程中跨越个人和家庭的局限,留心其公共事务。其次,公共领域主要代表资本主义私人关系检验评价公共事务,所以公共权力管理与私人自主自律就形成了紧张状况,这种紧张关系和由此产生的批判精神是公共领域得以存在的社会心理根据。再次,公共领域的批判性是在个人之间的商讨交流的理性交往过程中形成的。总之,在哈贝马斯那里,公共领域的精髓是它的批判性。公共领域一方面是针对国家政治权力的批判空间,与国家政治权力相对立;另一方面,它又跨越了个人和家庭的藩篱,致力于公共事务,又与私人领域相对立。所以,它是介于国家政治权力领域与私人领域之间的一块中间地带,既界分了国家与社会为不同的区域,更主要的是又将国家与社会联系起来,充当了中间桥梁的作用。[2] 这就表现出与阿伦特公共性思想的显著不同。

但19世纪以来自由主义一百多年的鼎盛时期,同时也是资产阶级公共领域公共性的丧失时期,它失去了其最初意义上的让事实公开接受公众监督和批判的政治功能。一方面,由于垄断的形成和国家干预私人经济领

---

[1] [德]哈贝马斯:《公共领域的结构转型》,曹卫东等译,学林出版社1999年版,第51页。

[2] 在哈贝马斯的后期理论中,主要出现的是以"系统世界"、"生活世界"等概念为基础的分析框架,"公共领域"、"市民社会"和"生活世界"这三个概念占据着一个"相近的理论空间",甚至可以相互取代,但其批判性特质未变,不过已从理性批判走向理性重建,恢复生活世界的交往理性,重建自主的公共领域,摆脱生活世界的殖民化处境,重新发现生活的意义和价值。

域活动的增强，国家与社会由分离重新合一，这使得在私人和国家之间具有中立和独立性质的资产阶级公共领域消失了。另一方面，家庭这一私人领域也严重萎缩。私人自律不再具有支配社会和公共权力的功能，它只是在消费功能中保存了下来。家庭不仅失去了以往的经济职能，而且还失去了家庭在爱的共同体中所培育出的资产阶级人性意味。过去以私人自律为前提的尽管狭小但却独立、丰富的内心世界，也让位于家庭以外的各种力量对内心世界的主宰，尤其是传媒这一类公共力量在起着支配作用。现在公共（权力）领域与私人领域的关系被颠倒了过来：公共（权力）领域控制了私人领域。这一切导致了哈贝马斯所谓公共领域的"重新封建化"。

阿伦特把对近代以来的西方政治现实的不满归结为一点，那就是：资本主义的经济扩张导致私人领域在取代和吞噬（政治）公共领域，（政治）公共领域在萎缩，只有劳动、工作而无行动，只有行政而无政治，公共领域的毁灭最终只能是极权主义统治的畅通无阻。所以"她重新阐释了政治活动，强调营建一个经常进行辩论的公众空间是多么重要，那也是对付舆论操纵的唯一解药"[①]。而哈贝马斯则把公共领域公共性的丧失称为"重新封建化"。他立足于信息时代，揭示的是日益壮大的高科技发展给人类生活带来的负面影响以及经济与国家机器又完全整合在一起后公共领域的消失。他认为要解决公共领域的公共性丧失这一问题，必须把国家权力从公共领域中剥离开来，以形成公共权力的合理化，重新发挥文化批判公共领域的中介功能，而不是继续由国家权力笼罩其公共领域。所以他企望重建以"交往理性"为基础的公共领域，通过民主达成共识，使不同利益之间根据具有普遍约束力的标准尽可能地整合从而建立在普遍利益基础上的合理性。而且哈贝马斯后来还认识到，新出现的网络传媒对公共领域的发展提供了极大的可能性，他并由此对公共领域的发展表示出了一定程度的乐观。从公共领域技术基础的发展来看，纸张传媒到电子传媒再到网络传媒的发展，不仅扩大了公共领域的影响范围，提高了公共领域的影响力度，也改变了公共领域本身，最为重要的一点是在全球化的过程中公共领域逐渐开拓了跨越国家的新空间——从传统的国际间非正式组织

---

① [美]约翰·基恩：《公共生活与晚期资本主义》，马音等译，社会科学文献出版社1999年版，第114页。

到全球网络自由交往空间的出现。

总之,在阿伦特与哈贝马斯那里,"公共领域"虽然有明确的"公共空间"的意义,但显然是属于政治哲学或公共哲学的,而不完全属于社会学的。美国学者托马斯·雅诺斯基则尝试给我们一种社会学的分析。他依照哈贝马斯对公共领域的见解以及科恩和阿拉托对公民社会的结构分析,立足于现代文明社会,突破了国家与社会的二元对立格局,把现代社会分为国家、私人、市场和公众四个相互起作用的领域:①国家领域,包括立法、行政和司法的组织;②私人领域,包括家庭生活、亲友关系及个人财产的处理;③市场领域,包括那些通过商品生产和服务而实际创造收入和财富的私营组织及若干公营组织;④公众(共)领域(Public sphere)。这是最难说清楚的一个领域,至少有五种类型的志愿联合组织活动于这一领域,包括政党、利益集团、福利协会、社会运动及宗教团体,其中福利协会本身就是一个复杂的类别,包括慈善组织、救援组织、自助组织和社会各种福利机构等各种志愿联合组织。以上各领域之间既相对分立又相互交叉重叠、相互抑制与平衡。公众领域能与市场领域一起对国家的权力起重要抑制作用,当然它也可能对民主构成威胁。公众领域和国家领域都会试图对失去约束力的市场权力加以抑制等。[①] 托马斯·雅诺斯基的观点很有综合性和代表性,对我们理解现代社会的结构和人际交往方式是非常有益的。

可以说,当代西方对私人领域范围的理解上已基本达成共识,主要是指个人本身及其所拥有的东西和活动空间,如个人的财产、婚姻、家庭、隐私、人际关系等,但对公共领域的理解就很不一致了。人们一般以为公共领域与私人领域的区分必定有一种空间上的划分依据,但实际上公私领域的区分不是物理空间上的区分,而是就不同目标和责任所作的区分。公共领域与私人领域并不是截然分离的,私人领域中的某些事情,如果很重要,涉及社会秩序、涉及公共利益和公共价值,已成为人们共同的关注对象,就可能转化为公共领域中的事情,转化为公共事务。按阿伦特和哈贝马斯的理解,公共领域作为公共空间是由人的行动所开创与塑造,它是一动态的而非静态或实质性的空间。而且公共领域是公共性的实践场域,公

[①] [美]托马斯·雅诺斯基:《公民与文明社会》,柯雄译,辽宁教育出版社2000年版,第16—23页。

共性则是公共领域的核心概念，它表示为我们大家所关注的议题与事务，而且这些议题与事务可以透过人际的语言来交谈、沟通、论议。公共（性）行为是指对每个个人利益的差异性存在的不偏不倚的关注，它承担着促进共同利益的责任。所以公共领域概念的价值集中体现在它对公共性的高扬和彰显，而公共性不仅以批判与开放为特征，更重要的是它以自由、民主、正义等价值为其基石。如果以公共性为依据，则以上托马斯·雅诺斯基划分的四个领域除私人领域外的其他三个都可以属于公共领域，它包括了市场的、政治的、公众组织的领域。这样的划分综合了社会结构两方面的含义：一是从社会基本构成要素的角度，公共领域指政治、经济和文化这三个基本社会生活领域之间的结构关系；二是从个人与社会的关系的角度，指个人的"私人生活领域"与"公共生活领域"这两大领域之间的结构关系。在西方的政治传统上，国家领域一直属于公共领域，因为"国家是公共权力机关，它之所以具有公共性，是因为它担负着为全体公民谋幸福这样一种使命"[①]。虽然哈贝马斯和一些新自由主义者把公共权力驱逐出公共领域，或者在梳理两者关系时只是把它看成公共领域批判的对象，但并不意味着公共权力总是公共领域的批判对象。事实上，公共权力在资产阶级公共领域产生过程中曾经发挥过十分关键的作用。国家政治的公共性主要涉及两个维度。在共时维度，公共权力的公共性就是公共权力在一定社会中的普适性。这种普适性或者表现为国家主权至上，或者是它试图代表社会普遍利益。对于公共权力的这一理解必须与代表型公共领域区别开来，因为公共权力并不像贵族政治那样企图囊括所有私人利益，它只是表明社会普遍利益。在历时维度，公共权力是民族国家出现和贵族政治式微的结果，只是在专制王权逐渐建立起军事官僚体制之后，政治权力才获得了公共性。王权为了维持和巩固自己的地位，不得不开始关注市民社会，以期从中获得金钱，政治权力的注意力从居民中的贵族扩大至市民阶级。[②]而且在中国的传统文化中，作为一个政治性的概念，"公"最初的含义是统治者或政府之事。这个意义的"公"似乎是在中国最早出现的与公共领域有关的概念。至于雅诺斯基所说的公众领域（public

---

① [德]哈贝马斯：《公共领域的结构转型》，曹卫东等译，学林出版社1999年版，第2页。

② [美]沃勒斯坦：《现代世界体系》（卷一），罗荣渠译，高等教育出版社1998年版，第176—186页。

sphere）我们可以称为社会公共领域，实际上包括了哈贝马斯所说的公共领域，因为"public"本身有"公共"、"公开"和"公众"之意，不过雅诺斯基的公众领域更强调公共领域的主体的复杂性方面。公众作为公共领域的主体就是在这一领域对公共权威及其政策和其他共同关心的问题作出评判。市场领域由于市场的公共性，拥有其作为社会公共领域的基本特性，虽然相当一部分学者往往把它放在私人领域，但本人认为在思考公共生活的道德问题时，更适宜放在公共领域。虽然市场主体的动机、目标等是私人性质的，契约关系下的经济交往活动的动力是个人对自己特殊利益的追求，但市场经济的发展过程，是由于商品经济不断冲破家庭经济的藩篱而将整个社会连为一个"需要的体系"的过程。这一过程实际上也是独立的个人冲破传统家庭中"人的依附关系"而建构公共领域和公共意义的过程。在市场领域，相互的需要是使人们联结为社会的内在纽带。个人的需要必须通过他人才能得到实现，当然他也就不能仅仅依照自己的任性去行事，他必须考虑和听取他人的意见和观点，也必须向他人表达自己的观点和想法。市场领域实际上是实现私人性，催生公共性的一个关键领域。同时，市场机制本身的运行也需要足够的公共服务（国家的、社团的）来支撑。市场的、公众的社会公共领域和国家的政治公共领域，它们之间其实存在着一种需要和满足需要的互动关系，可以称为广义的公共领域（哈贝马斯的文化批判领域可以称为狭义的公共领域），是各个个体、社会团体和政治组织等其政治、经济、道德实践的公共场域，与个人的私人领域又存在着另一层面的互动。总之，公共领域作为一个公共哲学范畴，笔者在本书思考公共生活中的道德问题时，主要是从广义上使用的。

三 公共领域的伦理意义

公共领域这个概念它首先标注的一个最重要的事实是不同主体的"共在"，是由具有诸如利益、目的、要求和价值观念等不同的人们在交往实践中构筑起来的共同的生活世界。所有的人类活动都取决于这样一个事实，即人是一种社会性存在，人们只有在共同体中才能获得自己发展的手段，也只有在共同体中才能获得一种自我认同。正是基于人们的"共在"这一基本事实，与个人利益相对的公共利益或普遍利益就不仅存在于人们的观念之中，"而首先是作为彼此有了分工的个人之间的相互依存关系存在于现实之中"①。人离开了社会性，也就失去了具体性，成为一种单纯的生命存在，就不再是现实的人。同时个人需求及其实现方式的社会性特点，正是公共利益得以产生、存在的前提。人类在社会生活中，必然会产生需要共同面对的公共问题，这些问题往往与特定共同体的生存、发展密切相关。所以公共哲学的公共领域概念既关注现代社会的政治公共领域、社会公共领域（包括市场领域）的公共秩序的形成，同时更关注着公共领域的公共性的实现，即它对作为人之为人的存在条件来说的价值和意义。

社会共同体理论上只能由公共利益来维系。任何一个社会共同体的存续都离不开公正、安全、秩序等，这些基本价值所反映的内容就是公共利益。"如果说个别利益的对立使得社会的建立成为必要，那么，就正是这些个别利益的一致才使得社会的建立成为可能。"② 人与人之间的利益实现是相互关联的，每个人利益的实现都直接或间接地依赖于他人和社会，这就意味着人们之间的利益需求不仅仅只是对立和冲突，同时也会有相互的合作与一致，而公共利益正存在于人与人、人与社会之间这种相互依存、相互作用的关系之中。不可否认，公共利益具有客观性，是现实的存在，实际上，人们争论重点与其说是公共利益是否存在的问题，还不如说是公共利益如何界定、如何实现以及实现到什么程度的问题。由于人们利益需求的变动性、复杂性，不同群体利益取向的多样化，利益立场的不同，以及人性的弱点，很难保证人们在公共利益的具体内容方面达成一致，人类也无法一劳永逸地建立保证公共利益得以完全实现的机制，但这并不足以证明公共利益就是一种虚幻的存在。

从伦理的角度说，公共领域是公共利益存在之所。公共利益作为一个异常复杂的概念，传统上，人们对公共利益的理解更多的是停留在价值层面。首先，公共利益作为政治价值理念，是人类政治生活、政府过程的价值目标和依据。能否以公共利益为行为的价值取向，是衡量政府是否具有合法性的根本标尺。早在古希腊，亚里士多德就提出了一个重要观点，"政治学上的善就是'正义'，正义以公共利益为依归"③。并且他把能否

---

① 《马克思恩格斯选集》第 1 卷，人民出版社 1995 年版，第 84 页。
② [法] 卢梭：《社会契约论》，何兆武译，商务印书馆 2003 年版，第 31 页。
③ [古希腊] 亚里士多德：《政治学》，吴寿彭译，商务印书馆 1965 年版，第 148 页。

实现城邦的公共利益作为衡量政体是否优良的基本原则。近代启蒙思想家卢梭则认为"公意永远是公正的，而且永远以公共利益为依归"①。可见，从一开始，人们就认为，公共利益是一个与公正、正义之类的价值紧密相连的价值，公共利益应当体现公正或正义的要求，这是公共利益"公共性"的内在规定。政府只有追求公共利益，政府的存在才具有合法性。

在经济领域，根据经济学家们的定义，不能排他地使用的利益就是公共利益，换言之，公共利益能为所有公民共同分享。这里"公共"的关键在于其共享性与开放性。市场经济理论的创始人亚当·斯密认为，在市场交换中，人们不仅能通过交换各自的产品实现自己的私人利益；而且，市场可以通过"看不见的手"调节来达到公共利益的增进。于是，在他们看来，任何公共利益都可以还原为私人利益。这种过于乐观的观点往往忽视了许多市场本身无法解决的难题，如贫困问题、教育问题、失业问题、福利问题、环境问题，等等。人们在对私人利益的追求中实际上也在创造着一种公共性的需求，如包括制度的确立和实施、改革和完善，宏观经济目标和社会政策的制定与执行，基础设施及公共工程的建设与管理，教育、国防、医疗卫生、社会保障、生态和环境保护，等等，这些需求的满足就是相对于私人利益而言的公共利益，它为所有人所需要和共享。所以公共利益与私人利益是相对应的，一个正确定义的公共利益可以包含私人利益，但它并不是私人利益简单相加之和，私人利益也不应该消溶于公共利益之中。一方面公共利益对私人利益毕竟有价值上的优先性，它存在于规范个体寻求其私人利益的努力之中；另一方面，公共利益又可被用来为私人利益的追求提供基本的保障条件和普遍分享的价值。②

从最基本的意义上说，公共利益的公共性具体体现在基本的公共性制度中，这些制度构成了我们社会生活的制度环境，是社会关系最重要的组合方式和公共秩序最重要的整合方式。制度是社会互动的公共规则体系，成为多元化条件下社会整合的基本力量，并构成社会中最具公共性的领域。作为规则或规范体系，制度内含着基本的道德价值结构，体现着最起码的形式正义，在其社会宏观结构的意义上表达着对社会公共利益、共同价值观和基本善的追求。从制度所关涉的主体的角度，制度对社会公共利

---

① [法]卢梭：《社会契约论》，何兆武译，商务印书馆2003年版，第43页。
② 参见詹世友《公义与公器》，人民出版社2006年版，第75页。

益的追求和维护，是通过公共组织去落实的。也就是说，主张和实现公共利益才是政府等公共组织存在和运行的首要理由。从这一点看，公共利益对政府的公共决策无疑说就是一种道德标准。公共利益对约束和引导公共权力、组织和公务员的行为有实质性的规范力量。但官僚政治一旦组织起来，就有自身的运动逻辑，并不必然自觉地把公共性或公共利益作为自己的价值目标。同时，现代国家政治的合法性也不是先验的、一劳永逸的，只能在其动态中不断获得。因此，社会需要有从为政治国家提供合法性基础的角度对公共权力进行的批判和监督。既要警惕公共权力的膨胀与滥用，也要警惕某些个人利益、部门利益、阶层利益以假借的公共利益面目出现。所以，民主政治条件下的公民参与对公共利益目标的实现具有非常重要的意义。公共利益只有通过民意的充分表达才能赋予其现实内涵，同时政府对民众的利益诉求作出及时回应，提供优质高效的公共物品和公共服务，才意味着公共利益得到了一定的实现。值得注意的是，在当今世界，社会公共领域中的非政府组织等公共团体如何与政府一道追求公共利益的目标及其有效实现，成为打破政府的公共性垄断、实现公共性的社会回归，优化公共领域结构的引人注目的道德性力量。

公共领域的伦理意义还表现在，公共领域是一个公民的公共理性和公共责任的形成和实现的动态过程。卢梭对公意与众意的区分使人们对个人利益与普遍（公共）利益的关系问题的探讨发生了方法论的转变，那就是将个人利益与普遍（公共）利益的关系问题转变为如何才能真实表达、揭示普遍（公共）利益的问题。在康德那里，一种公共批判的维度被引入公意、普遍意志实现问题的思考。康德认为，公开运用理性，在具有批判意识的公众相互之间达成共识，这才是对普遍意志的接近。也就是说，普遍（公共）利益的揭示、实现是个过程，不是先验的，需要通过公开论辩才能澄明。哈贝马斯也继承和表述了康德的上述思想，"合法的决定并不代表所有人的意愿，而是所有人讨论的结果。赋予结果以合法性的，是意愿的形成过程，而不是已经形成的意愿的总和"[①]。在阿伦特、哈贝马斯等现代思想家看来，真正的公共利益只有在主体平等的公开论辩、批判中才能澄明，但这需要一个没有先定条件，对所有公民开放的，能自由论辩、批判的公共空间即狭义上的公共领域。在很多西方学者看来，公共

---

① ［德］哈贝马斯：《公共领域的结构转型》，学林出版社1999年版，第23页。

领域以私人领域为前提,表达了对国家(公共权力)代表普遍(公共)利益的怀疑与批判。

但如果说公众舆论是公众关注公共事务的重要方式,那么自由则是公众舆论存在的重要前提。对此英国自由主义思想家伯克说得非常明白:"在一个自由的国度里,每一个人都认为他和一切公共事务有着利害关系;有权形成并表达自己的意见。对于公共事务,他们反复探究、认真讨论。他们充满好奇、渴望、专注和猜忌;通过使这些事务成为他们的思想和发现的日常话题,大量的成员获得了一种相当不错的知识,有些还获得了一种相当重要的知识……而在其他国度里,只有那些具有职位的人才被迫关注和思考公共事务,而且不敢彼此交流意见,在任何生活阶段中,这种能力都是极其欠缺的。在自由的国度里,人们在商店和工厂里比在其他国家由贵族组成的内阁中更能够发现真正的公众舆论和智慧,因为在那些国家里,一个人只有进入了内阁,才敢于发表意见。"[1] 正是自由的舆论环境使人们在公共交往中表达自己的特殊性,他们表达了自己的意志和观点,公民之间的差异得到了展示。在这种公共讨论和交流中,他们同时拓宽了视界,淬砺了判断力,培育着公共理性,这正是共同生活价值和普遍性规范形成的基础。并且在积极参与的公共实践中,他们相互理解和合作,评价着公共制度的道德价值、影响着公共政策的制定和落实。事实上,这是一个良性互动的过程,一方面,见多识广、充满活力的公民是有效的政府管理的基础所在;另一方面,民主制度保证的自由,使公共领域能展示其公共性、开放性特征,延展出一个公民可以广泛参与的广阔的公共空间,塑造着公民的品性和人格。人们在交往中相互之间直接的体验,产生感情的共鸣,体验到人们之间是相互依赖的,不需要政府律法的调节的时候,社会(区)层面的真正的公共生活也就形成了。公园、广场、咖啡屋、博物馆、画廊等都是公共生活的领域,陌生人在此相遇,在相互的寒暄中消磨时间,分享共同的兴趣、爱好。集会、论坛、听证、辩论、志愿行动等活动使得人们相互交往的机会成倍增加,在此过程中,便出现了陌生人之间更为正式的互动。换句话说,健康的公共生活是围绕着人们在无数次分离聚散的场合,与进进出出的人们不断地互动而进行的。这种公共生活是自发的真正的公共生活,是人类体验的一种有效方式,和其他

---

[1] 转引自〔德〕哈贝马斯《公共领域的结构转型》,学林出版社1999年版,第112页。

更为亲密的人类互动方式一样，这种公共生活能够证明共同的、共享的生活是有效的。① 这种相互依存的意识和经常性的互动交往将激发和培育着普遍的公共（利益）意识和集体责任感，将对他们的生活、人格和道德意愿造成深刻的影响，即那种可期待的关心共同利益、崇尚公共精神、追求正义理想、承担公共责任的道德品质和道德氛围的形成。此时的公共既是一种理念也是一种能力。作为一种理念，公共意味着所有的人们，为了公共的利益，而不是出于个人的或者家庭的目的才走到一起来。作为一种能力，公共意味着为了公共的利益而在一起工作的一种积极的、获取充分信息、承担公共责任和实现公共目标的能力。我们必须培育和保护政府组织、非政府组织和公民彼此相互之间的这些良性互动方式，尽可能地建立和保护一个健全的公共领域，让公民的公共理性得以形成，公民的公共精神得以弘扬。

第三节　公共道德的理论维度

世界进入近现代以来，社会生活的进展呈现出公共领域与私人领域相分化的特征。在价值多元的背景下，私人生活领域中的个人持何种道德信念，执着于何种人生追求，属于他的私人事务，私人生活获得了前所未有的自由空间。尽管每一个人的人生理想的实现都必须借助于现实的社会条件，但个人如何善待自己、承担对家庭成员的道义责任、追求自我的道德完善这种私人道德仍是个人追求人生意义与心灵秩序的德性基础；在公共生活领域，人们通常认为，市场经济方式，政治民主制度，以个人的自由、平等、尊严为核心的道德价值观是社会现代化或现代性的三个基本元素②。相应于现代市场经济的普遍合理性追求和现代民主政治的普遍合法性追求的现代社会公共道德的普遍正当性，寻求它的普遍规范形式，只能通过某种公平合理化的选择程序而形成的道德制度体系，即全体（或绝大多数）社会公民基于公共理性与平等对话所共同选择的一种合理的道

---

① 参见［美］乔治·弗雷德里克森《公共行政的精神》，张成福等译，中国人民大学出版社2003年版，第44页。

② 万俊人：《现代性的伦理话语》，黑龙江人民出版社2002年版，第182页。

德秩序的原则性表达。① 这种社会实践交往层面外在约束个人行为的普遍性的理性规则或规范的道德合理性问题是康德、罗尔斯等为代表的普遍理性主义规范伦理学的中心视域。但美德伦理学的代表人物麦金太尔则提醒罗尔斯及其同道们说："美德和法律（则）还有另一种至关重要的联系，因为只有那些拥有正义美德的人才有可能知道如何运用法律（则）。"② 的确，美德与规范，实在难以截然分割。公共生活中的公共道德不仅仅是通过制度规则表达的社会规范要求，它也同时必须作为一种自由主体之间的公共价值观、基本共识和起码的共同感等精神品质存在于公民个人的观念意识和行为之中。所以，现代社会公共生活中的公共道德问题除了制度伦理这一重要理论维度外，公民道德则成为其理论研究的另一基本维度。后者也正是笔者在本书研究中所特别关照的。

一 公共道德研究的理论维度

对公共生活中道德问题的研究，在西方是持普遍理性主义立场的规范伦理学的中心视域。从历时态看，美德伦理学到规范伦理学，其理论范式的转换，内含着研究视域的变化，即从道德生活的两个集中点之一的个人内在生活向另一个集中点——维持人类社会生活的必要性的转移。从共时态看，麦金太尔与罗尔斯之争，是秉持亚里士多德传统的美德伦理学对强势规范伦理学的抗争。美德伦理学作为传统伦理学的基本理论形态，其理论的视域是各种特殊的道德文化共同体，同现代社会结构的公共化转型趋势对普遍性规范体系的实际需求的确不相适应。但麦金太尔对启蒙运动以来伦理学实践效果的诘问，对现代性已陷入深刻的道德文化危机之中的基本判断却不是危言耸听。麦金太尔等社群主义者深刻认识到，游离于共同体的孤立自我是不利于公共性的实现，最终也不利于个体自我实现的，现代性道德危机的最深刻根源就是现代性自我的出现。托克维尔也早就说过："利己主义可使一切美德的幼芽枯死，而个人主义首先会使公德的源泉干涸。"③ 美国学者萨利文等则主张重建"公共哲学"以矫正自由主义过于重视个人与国家关系中的权利而忽视社会团结纽带的倾向。如果说罗

---

① 万俊人主编：《现代公共管理伦理导论》，人民出版社2005年版，第25页。
② [美]麦金太尔：《追寻美德》，宋继杰译，译林出版社2003年，第192页。
③ [法]托克维尔：《论美国的民主》（下），商务印书馆1996年版，第625页。

尔斯等新老自由主义思想家关注着政治、经济制度等社会条件对人们生活前景的限制和影响，主张通过正义原则去规范调节主要的社会制度是值得充分肯定的话，那么麦金太尔等社群主义者始终关注人的整体生活和整体的善，将规范的有效性置于德性、人格基础之上的思考，重视个人美德的现代价值和意义，倡导公民对公共事务的参与和公共福祉的奉献，同样是非常有价值的。特别是哈贝马斯从社会结构的意义上通过阐发一种积极意义的社会维度的"公共领域"观念，希望构建一种社会成员可能影响国家权力、决定集体命运的机制和阿伦特的由人的行动与实践去开创公共空间的积极性的、参与性的"公共领域"理论以及政治哲学中的公民社会理论对现代社会结构及互动的思考，尤其值得我们关注。

公共道德这一主题的研究就国内来说，在20世纪初就以国人公德心缺失这一问题出现而成为当时大众媒介关注的一个焦点，其时以梁启超、马君武等为代表的先进知识分子初识农业文明与工业文明下两种生活方式的差异，把公德心缺失作为国民性的最主要弱点并对其产生的原因做过较为深入的探讨。20世纪80年代，台湾地区的"第六伦"说实际上也是关涉同样的主题。国内近些年来就这一主题的研究论域，主要是以制度伦理、公民伦理、公民道德等概念出现探讨现代社会的道德诉求。制度伦理是构建当代社会公共秩序的优先课题，在我国是伦理学研究的一个新视域。公共生活的道德价值和理念主要是通过制度的安排和个人行为的实践两种方式去实现的。正是制度伦理与公民道德构成了公共道德理论研究的两个基本维度。

首先，现代社会个人与共同体的关系通常是以法律规章为载体的制度规范的。制度是连接社会中个体成员之间、个体与组织或共同体的中介，是社会得以组织化的主要形式。通过组织的形式，制度实现了社会的结构化。制度可理解为一个公开的规范体系，它是社会对职务和地位及它们的权利、义务、权力、豁免等的确定。制度的正义与否，深深影响着生活于其中的人们的生活前景即他们可能希望达到的状态和成就。所以，制度正义问题就成为我们研究公共道德的第一个理论维度。值得注意的是，我们在对制度或政府机构、组织作道德评价时，已不能沿用评价个体行为的思维方式。政府、企业等组织作为实体性道德主体的确立，除需要组织成员具备其组织角色所要求承担的道德责任外，组织本身作为集体行为的决策者、执行者，社会任务的承担者，不仅作为工具性的存在以实现其组织目标，同时也必须作为价值性的存在追求一定的伦理目标，承担一定的道德责任，以实现社会总体的价值需求。组织通过制度整合集体行动，其伦理精神的确立，组织目标的实现，需要通过理性的制度化安排才能达成。所以对制度和组织机构的道德评价，并不仅仅是对组织角色承担者的道德评价。传统的德性伦理学难以适应现代公共生活，原因正是在这里。因为它注重的是个人的内在生活和自我与他人的关系，而把个人行为背后的制度和社会背景视作当然的、属于那种既定的东西的一部分。中国传统伦理思想的主要缺陷，也正是在于它十分强调个体的道德境界提升，却忽视了研究保障个体道德实践的制度完善问题。

实际上在现代社会的公共生活中，对于构建现代社会秩序的主导形式的制度规则体系来说，它服从正义原则，指的是社会或国家作为主体，在处理权利与义务的关系时实现平衡，或者说对社会成员之间的权利与义务实行对等性的分配。罗尔斯对制度正义的研究正是对这种制度伦理原则的揭示，它为我们为什么接受一种特定的政府形式或经济制度提供一种道德合理性的证明。社会正义实际上是社会制度安排的道德原则，个人正义则是这种公共制度安排对个人行为的道德要求。对于现代社会的公共道德来说，制度正义是其核心内容，它对于个人正义具有优先性；但公民个人能否履行与他所享受的权利相对应的义务，却是制度正常运行、制度正义实现的前提。这样我们就进入公共道德研究的第二个理论维度，即公民道德研究。"公民"作为个体在公共生活中的角色特征，就是公民身份在人格上的独立、自由与平等以及在权利与义务关系上的对等性。17和18世纪以来西方的现代化过程是一个契约化、世俗化的过程，市场经济的发展和宪政民主的确立，使道德开始从一种重内在的德性修养走向重制度化、契约化的规范约束。道德观念发生变化，其普遍性、一般性或共通性的规则意识增强，德性成为一个人按照普遍律法而践履其责任的道德力量。它不重个体道德追求的高尚性，而关注于全体公民履行义务的普遍性。当代中国伦理学界"底线伦理"的说法正是对这一内涵的重视。也意味着在道德文化建设方面我们必须补上制度正义和公共规则意识这一课。

对于现代社会来说，其核心特征是它的制度化；另一个重要特征就是公共交往领域的极度扩大。公民在公共生活中除了通过制度规则与共同体发生的纵向关系外，同时是通过制度规则与普遍人格他者的横向交往关系。所以在公共道德的研究中我们必须注意如下两点：首先，从纵向看，现代社会的政府等公共机构是制定和执行有利于大多数人的公共政策的行为主体，他们的行为具有普遍性的影响。面对承担公共性的国家权力机构，我们作为个人之"私"虽然是渺小的，但我们是能够参与的。虽然我们并不与每一社会成员发生直接的联系，但我们对制度（特别是对其组织机构的行为）的态度能够间接地影响到他们，所以，我们作为"公众"的个人对公共利益和共同体中所有人负有的那种不同程度的道德责任，也就具体体现在对制度安排的公共选择责任及其政策效果的评价责任上了。总之，制度是否正义，我们作为公民必须承担起相应的道德责任。在罗尔斯那里区分了担任公职者的"职责"和普通一般人的"自然义务"，而阿伦特所揭示的那种"平庸的恶"正是公民（包括担任公职者和普通一般人）对这种责任的放弃，它成为极权主义危害世界的重要根源之一。其次，从横向看，现代社会的公共空间急剧扩大，公共事务远比以往繁多而复杂，一般人在日常生活中也必须时常与和自己无特殊关系的陌生人接触。尤其在都市生活中，对公共生活空间的依赖，人与人互动的频繁，而且由于密集的居住状态，即使在家中、在私人空间中的行为，都很可能影响到他人的利益，可以说，当今时代人们的活动很少有不必顾及公共后果的。这种交往关系及带来的问题在传统生活中并不重要或明显，因而传统的道德文化也少有应对的观念与规则。在公共空间不断扩大的今天，培养"尊重他人"、"善待陌生人"的道德情感，以及如何培育相互信任、合作，解决共同面对的问题时需要的交往理性和公共精神显然成了现代公民道德的重要内容。所以，对现代社会的公民来说，从德性角度看公共道德也就是公民道德，它包括对制度规则应承担的道德责任以及对他者（陌生人）应有的态度、行为两个基本的层面。

二　公民道德的政治维度与社会维度

现代社会的公民在公共生活中主要面临两重关系：一是个人通过制度与共同体的纵向关系；二是个人与普遍性人格他者（陌生人）的横向交往关系。所以，如果我们只从公民作为行为主体这一维度去理解公共道德，那么也可称为公民道德（公德是其简称），实际上它包含两个最基本的维度，即政治维度和社会维度。政治维度体现在公民与政治共同体国家这种纵向关系中，又可分国家如何对待公民和公民如何对待国家这两个向度；社会维度是指公民之间横向交往关系的维度。

当年梁启超在借用公德与私德这对范畴来诠释中国道德文化，寻找道德变革进路的时候，其实他的视野是非常开阔的，他已敏锐地感觉到中国人与西方人在道德方面的差异，实际上是基于农业文明与工业文明这两种社会生活方式在道德诉求上的不同，自觉意识到了创生于后发国家现代化过程中道德转型的"公德"概念，有表达时代价值诉求的功能，并且将中国旧伦理与当时的西方伦理即"泰西新伦理"作了如下的比较：

"旧伦理之分类，曰君臣，曰父子，曰兄弟，曰夫妇，曰朋友；新伦理之分类，曰家族伦理，曰社会伦理，曰国家伦理。旧伦理所重者，则一私人对于一私人之事也；新伦理所重者，则一私人对于一团体之事也。以新伦理之分类归纳旧伦理，则关于家族伦理者三：父子也，兄弟也，夫妇也；关于社会伦理者一：朋友也；关于国家伦理者一：君臣也。然朋友一伦决不足以尽社会伦理，君臣一伦尤不足以尽国家伦理。……若中国之五伦则惟于家族伦理稍为完整，至社会国家伦理不备滋多，此缺憾之当补者也，皆由重私德轻公德所生之结果也。"①

在这里，我们除了注意到梁启超指出的中西方伦理之差别的一个重要方面，即中国伦理是重私德而轻公德，而西方伦理则更看重社会伦理和国家伦理，亦即公德重于私德的观点外，我们还必须注意到他所理解的公德是分国家（政治）和社会两个维度的。由于梁启超所处时代中国传统的社会结构并未发生根本性变革，现代性的公共生活尚未发育，所以他的公私观念和对公德私德的理解虽不是很准确的，对当务之急是培养国民公德还是先培养个人私德的主张是有所抵牾的，但他从国家（政治）和社会两个维度来理解公德的思路却是很明显的，这是我们在理解和研究现代社会公共生活中的道德问题时可以直接借鉴的。

政治生活是本源意义上的公共生活。政治活动往往围绕着国家权力而展开，其本质在于它是一种公共事务的处理方式，同时它也是一种全面影响和决定个体的生存方式或者说决定个体命运的力量。但"'政府、政治和经济'这些词常常被人们认为是与道德研究无关的，至少只是处于道德研究的边缘地带……其实，我们有许多日常的道德选择，都是在既定的政治的、政府的和经济的结构范围内进行的，并且是以它们暗含的价值为

---

① 梁启超：《新民说》，《饮冰室合集·专集四》，中华书局1989年版，第12页。

前提的"。① 我们也似乎忘记了亚里士多德早已留给我们的智慧：他的《伦理学》告诉我们，什么样的生活方式和形式是幸福所必需的，他的《政治学》则告诉我们，必须要有什么样的具体政体形式和怎样一套制度，才能产生并且保护这种生活方式。政治制度不一样，人们生活的公共空间就不一样，从而道德生活的基础与环境就不一样，当然社会生活的道德诉求也就不一样。

从道德的角度看，政治（公共）生活可分为国家如何对待公民和公民如何对待国家这两个向度。前者指国家如何通过制度安排善待个人，保障每一个公民的基本权利和自由，即政治生活的法律制度、政治组织的结构和体制设置、公共权力的运行机制都必须贯彻正义的原则，称为制度正义。当代自由主义哲学家罗尔斯把制度的正义问题纳入道德研究的中心视野，他清楚地知道，人们的不同生活前景受到政治体制和一般的经济、社会条件的限制和影响，也受到人们出生伊始所具有的不平等的社会地位和自然禀赋的深刻而持久的影响。尽管这种不平等的社会地位和自然禀赋是个人无法自我选择的，但正义原则却可以通过调节主要的社会制度，从全社会的角度来处理这种出发点方面的不平等，尽量排除社会历史和自然方面的偶然因素对于人们生活前景的影响。正是对制度的伦理研究才使我们真正认识到赋予"公民"这一行为主体其身份或资格的真正内涵。

国家如何对待公民这一向度的研究是罗尔斯以后才被重视起来，但公民如何对待国家这一向度却被自古以来的伦理思想所强调。离开前者谈后者只能是片面的。罗尔斯在研究了制度的正义原则之后告诉我们，一般公民虽没有政治家的那种政治职责但负有支持和促进正义制度的自然义务。罗尔斯对这种公民政治义务的论述实际上就是在现代民主政治生活条件下思考公民如何对待国家的问题。在一般情况下，公民对国家的爱包括两个不同的原则，首先是对宪法或已经建立的政府的敬畏，而不是拒绝服从政府的管理；其次是竭尽所能全力促进全社会的共同福利，使自己的同胞过上安全的、体面的和幸福生活的强烈愿望。与此同时它还应包括质疑政治权威的能力和愿望、从事与公共政策所涉及事务相关的公共讨论的能力和愿望等，这与前者并不必然矛盾。也就是说每个公民都应该公平地承担创造和维系正义制度的义务。这种义务主要是通过政治参与途径去履行，而

---

① [美] R. T. 诺兰：《伦理学与现实生活》，华夏出版社1988年版，第295页。

且我们强调的公民政治参与所指向的对象并非只有政府的决策，还应包括政府的建立和政府执行政策的活动。就政府的建立而言，公民的政治参与就是选举和投票活动；就政府执行政策而言，公民的政治参与就是监督和检举活动。按照美国学者威廉姆·甘斯通的看法，维系民主政治的持续繁荣要求公民具备四个方面的品德：第一，一般品德：勇气、守法、诚信；第二，社会品德：独立、思想开通；第三，经济品德：工作伦理、要有能力约束自我满足、要有能力适应经济和技术的变迁；第四，政治品德：要有能力弄清和尊重他人的权利、要有提出适度要求的意愿、要有能力评价官员的表现、要有从事公共讨论的意愿，等等。而在政治品德中，质疑政治权威的能力和愿望、从事与公共政策所涉及事务相关的公共讨论的能力和愿望，也许是民主政治最具特色的素质要求。[①]

此一向度还包括公务人员的德性，前面我们已有交代，这里不再赘述。

社会维度即日常生活的维度，也就是指公民之间横向交往关系的维度。日本当年以明治二十三年（1890）的《教育敕语》为转折点，文化界把社会伦理规范作为新价值提倡，重点关注个人在社会生活中的日常交往关系，较少涉及臣民大义或民族国家问题，是因为当时的知识界已根据西方文化对"国家"和"社会"作了明显的区分："国家"是由法律、制度、权力等所构筑的政治共同体，"社会"则为从历史自然演进而成的风俗、信仰、礼仪等日常生活世界。现代意义上的"社会"观念，意指在国家与家庭之外的人世活动的各种部分和总体，它与西方市民社会（civil society）观念的产生密切相关。在西方，斯密成功地开辟出经济的、横向的社会公共性理论维度，黑格尔则首次在理论上明确地界分了国家与市民社会。他把市民社会规定为"满足需要的体系"，并指出它是整体性社会存在中的一个确定领域，即由商品经济关系联结起来的"社会"领域，它作为个人利益之间的竞争和合作体系自发运行而相对分立于国家。马克思肯定了黑格尔对市民社会的规定同时也纠正了黑格尔对国家与社会的关系的理解，"实际上，家庭和市民社会是国家的前提，他们才是真正的活动者；……政治国家没有家庭的天然基础和市民社会的人为基础就不

[①] 参见［加］威尔·金里卡《当代政治哲学》（下），三联书店2004年版，第519页。

可能存在。他们是国家的必要条件"①。20世纪80年代以来,"civil society"的内涵已悄然发生变化,它已超越黑格尔的规定拓展到了文化批判领域,主要指建构公共理性和公共精神的社会空间,哈贝马斯是主要的代表。他认为,在现代民主社会,政治公共领域是现代资产阶级公共权力的基本问题域,相应地,个人自由地理性地形成的公众舆论的批判性则是社会公共领域的精髓。公共生活的政治维度和社会维度的区分到此已经非常清晰。

当代中国社会的生活实践也表明,在社会转型的时代背景下,民众"公共生活"的概念已经超出了"国家政治生活"这样一种唯一的、毋庸置疑的界定。在政治国家仍支配大部分资源的同时,市场社会也具备了相当程度的资源支配能力,国家不再是民众唯一可能的身份来源,民众可以在更为广阔的"社会"空间中确定自己的人生位置,即在自上而下的公共权力领域之外,也开始形成自下而上和横向发展的社会公共生活领域,政府公共性有向社会转移的趋势。在许多公共活动中已经出现非政府公共组织活跃的身影。这类社会自治型的公共管理组织担负着属于国家和政府机构之外的公共管理职能,它所追求的公共目标,或是为了解决人类所共同面临的某些问题(如环保等);或是建立一个行业的公共秩序,增进人际联系,切实培养人们的道德能力等;或是建立各种基金会、慈善机构等非营利组织,服务于现实社会中的某些特定需要,应付公共生活中的种种急难等。它们存在于社会之中,与政治公共权力机构不同,属于非政府组织;也区别于本质上致力于追求利润的企业或私人组织,具有非营利性质。它们表现出来的强大的参与能力,使过度膨胀的政府公共权力有可能开始向第三部门转移,成为一种连接国家、政府与社会的纽带,成为抑制政治公共领域集权行为和集权话语的有效调节因素,从而打开了政府管理社会垄断化的缺口,造成了社会管理结构的变化,导致社会管理模式的更新。一方面,它扩大了政府与社会沟通的途径,拓宽了表达公众利益诉求的通道;另一方面,它在全社会中培养起一种主体意识,进一步激发出社会成员直接参与公共事务的热情,从而有效地监督公共权力的行使过程,在一定程度上将有效保证和促进公共利益的实现。②

---

① 《马克思恩格斯全集》第1卷,人民出版社1956年版,第250页。
② 张康之:《公共管理伦理学》,中国人民大学出版社2003年版,第35页。

事实上，这是一个良性互动的过程，一方面，见多识广、充满活力的公民是有效的政府管理的基础所在；另一方面，民主制度保证的自由，使公共领域能展示其公共性、开放性特征，延展出一个公民可以广泛参与的广阔的公共空间，塑造着公民的品格和人格。中国传统的道德观念异常重视国家、社会的整体大利，现代的公共道德则似乎特别关注个人在日常生活中所遭遇的公共利益。这种利益无所不在，几乎渗入生活的每一层面，是需要社会成员随时处理、随时与个人利益相连接的。也就是说，对于现代公民来说，只关心抽象的国家利益、人民福祉是不够的。公共事务不只是政府之事，各层次的公共事务和公益事业（具体如社区事务）都应该成为我们关注的目标和道德实践的场域。现代社会的一个特征就是，我们需要找到方法，使得人们能够在"多层次、多维度的忠诚"中生活——有些可能是相对普世的认同感（如对民族主义、人类共同体的责任感等），有些可能是相对狭窄的（如对家庭的认同、对语言共同体的认同、地方主义等不同层次的认同感）；那么就存在更高和更低层次的认同感的竞争。这样，在我们提倡的公共（民）道德中，有必要就其政治内涵和社会内涵作适当的区分。如果没有公民所表现出来的居于底线之上的某些政治品德，民主制度就不能正常运转；同样，如果没有公民所表现出来的居于底线之上的社会品德，社会也不可能正常地维系。

三 公民道德行为的消极性与积极性

传入中国前日本的公德观念是偏重其社会义的，但民族国家危亡背景下的梁启超的公德内涵一方面指有利于国家总体利益的行为，另一方面则指有利于一般社会公益的行为，即兼具政治义和社会义，而且充满了个人小我为社会、国家大我奉献努力的意志与情感。但此观念后来的演变方向，则是其民族主义和政治伦理意味的退减。刘师培在1906年出版的《伦理学教科书》是一个例子。新中国成立后大陆虽然重视公民的政治忠诚义务，但公德概念使用少、社会公德概念流行，也说明了这一点。据台湾学者陈弱水分析，20世纪60年代台湾的公德观念也基本上是个社会伦理观念，而且他概括出两大特性："第一，它大多用来指称不作为或消极性的公民行为。绝大多数的所谓公德都不涉及公共利益的创造或公共事务的参与，公德基本上是要求公民不要破坏公共利益，或不要妨碍在公共领域中活动的他人。公德的这个特性尤其明显地表现在最常被提出的有关要求上,如不要插队、不要随地扔垃圾、不要随意停车、不要制造噪声,等等。公德的另一项特性是,它常与法律或公共场所的规则有关。如上面所列的常被提出的行为要求触及了许多法规,实际上公德行为与守法行为有很大的重叠,这一点也彰显了它的不作为性。公德并不要求个人的特殊贡献或牺牲,它通常只意味着对社会成员遵守与公共秩序有关的法规的期望"①。陈弱水先生显然接受了自由主义的政治哲学思想,如伯林对积极自由和消极自由的区分——强调消极的、非干涉的自由,很认可台湾"公德"观念的用法,即公德主要指的是消极性、不作为性的公民行为,即不破坏公共利益或在公共场域遵守规范的表现,基本上不涉及积极性的公民行为——如参与公共事务、从事公益活动或特殊的爱国行动。他把作为主要表现了高度的公民责任感与社会关怀的积极性公民行为不纳入公德内涵,主要理由是他认为,消极性与积极性的公民行为这两者在行为上有高度的分离性,积极性的公民行为并不一定能导致消极性公民行为的改善。② 对此实在难以苟同。

细观近代以来的西方自由主义流派,他们对消极性的公民行为的极力肯定,与他们的思想系统中对私人领域的维护及对个人价值和尊严的高扬密切相关。在洛克等为代表的古典自由主义那里,个人权利是天赋的和前政治的,国家存在的目的就是为了保障个人的这些权利。强调个人权利及其保护,就是为了保障生活中的个人能自我决定,即私人自主性,这正是古典自由主义政治哲学的根本精神所在。他们推崇个人的选择和行动自由,主张最大限度地降低来自他人、群体尤其是公共权力组织的种种不合理的外在干预,对政府权力从根本上持一种怀疑和不信任的态度。洛克、密尔等古典自由主义者反复强调,在不触犯法律和不危害他人的前提下,每个人都有权选择自己的生活道路,自由地从事经济活动、政治活动、社会活动以及其他各类活动,这是每个人免于外在强迫的私人领域和自由空间。一种组织良好的社会政治秩序应当对这一领域和空间提供合法保护。毫无疑问,对身处政治社会的个人来说,拥有这样一个防御性领域是非常重要的,它不仅是个人生存的空间,而且是个人内在心灵生长的空间,健康人格发展的前提条件。所以在反君主专制的政治革命时期,自由主义关

---

① 陈弱水:《公共意识与中国文化》,新星出版社2006年版,第16页。
② 同上书,第21页。

于"免于无理强制"就成为优先的价值诉求,革命后也一直努力将一个对个人最少无理限制或强制的社会政治理想蓝图,转化为现实的制度安排和政治实践,无疑具有历史和道德的双重价值。

对应于自由主义的消极的、非干涉的自由,自由主义的政治与道德哲学特别强调的是国家保障个人权利的责任。与此同时,在社会维度上,自由主义的道德对每一社会成员个体也课以相同的责任,要求每一个人能真正尊重其他同胞的权利与尊严,这被视为自由主义提倡的一项基本美德,但这只是一种消极的德行,"它仅仅阻止我们去伤害周围的邻人。一个仅仅不去侵犯邻居的人身、财产或名誉的人,确实只具有一丁点实际优点。然而,他却履行了特别称为正义的全部法规,并做到了地位同他相等的人们可能适当地强迫他去做,或者他们因为他不去做而可能给予惩罚的一切事情。我们经常可以通过静坐不动和无所事事的方法来遵守有关正义的全部法规"。[①] 显然,古典自由主义将价值的重心放在私人领域,它所保护的是一种私人的自主性,其道德重心在于制度的伦理构建,落实于社会公共生活正当化的最低保障条件上,因而对社会成员的道德要求只是着意于对公共规则的遵守,对公民个人之间及个人与群体之间是否应有更深的联结,则难见其主张,这种消极性的德行显然缺少公共性的维度,正是在这一点上遭到了麦金太尔等共和主义或社群主义者的深刻批判。

但对于正处在转型之中的中国社会来说,国家如何通过制度安排善待个人,保障每一位公民的基本权利和自由,即呼吁制度的正义成为公共生活中伦理的优先课题的同时,消极性公民道德的提倡的确具有非常重要的价值。传统中国虽然有若干道德意味相当强的公私观念,但缺乏清楚的公私场域概念和法律、制度的落实安排,其后果是,社会上对何物为公,何事为私以及关于自己和他人的权利意识,认识相当模糊,即使法律上作了规定,也常得不到严肃认真地对待。说到底,还是归于一个原因,即人际交往中公共性伦理价值观念的缺失。传统道德文化,如"五伦"中的"君臣""朋友"两伦及"忠""信"价值等作为传统道德资源应对复杂的现代公共生活,已显得远远不够。一方面当然完全有必要从传统的道德文化资源中去发掘具有现代价值的内容,整合到现代社会所需要的价值体系中来。另一方面由于现代社会公共生活的广阔与复杂,显然还需要许多

---

① [英]亚当·斯密:《道德情操论》,商务印书馆1997年版,第100页。

其他的价值,如尊重、理性、自制、宽容、礼貌、守法、诚实、正直、公平、正义、效益等,组合成一个能应对现代生活的价值系统。特别是如"尊重"等这种传统社会所缺失或忽视的价值,是现代生活中需要特别重视和提倡的。在现代社会,尊重他人有着特别的价值。"现代的民主宪政体制奠基于基本人权的理念,这种体制的首要原理是,社会对于集体福祉的追求,应以确保个人自由为前提。要使民主宪政的体制持续发展,精神得以维系,个人权益必须成为生活中重要价值。尊重他人的社会意涵,其实就是不侵犯他人之权益,如果这种态度普遍化,大多数人的权益就容易获得稳固的保障。简单地说,尊重他人的意志与现代社会中自由之维系是息息相关的。"① 我们注意到,具有儒家文化传统背景的东邻日本在明治维新后的几十年一直在做这种价值改造工作,即对消极性公民行为的提倡。20世纪60年代台湾地区的公德观念也表现出明显的消极性。在向现代社会转型的过程中,它们提倡的公德观念重在不作为或消极性的公民行为,但一方面,我们注意到,这些所谓消极性的公民行为,其实是公共生活秩序得以维持的最基础、最重要的道德要求;另一方面,我们也不得不产生疑问,对于提升当代公共生活的品质来说,单一面相的消极性公民行为的提倡是否足够呢?

如果说曾经在日本和中国台湾流行的公德观念重在不作为或消极性公民行为的提倡是深受当时西方自由主义这一主流意识形态的影响的话,那么20世纪60年代以来强势复兴的所谓"新共和主义"对公民参与政治决策过程的强调和公共精神的提倡也许不仅回应了当代人追求自由的愿望与梦想的时代诉求,更是符合了全球化时代的公共性的客观需要。

17、18世纪以来,自由主义将目光由公共生活转向私人领域后,消极自由成为其政治设计首要考虑的目标。哈贝马斯对照自由主义和共和主义的自由观后说得很清楚:"自由主义者强调'现代自由',主要就是信仰自由和信念自由,以及保护生命、个人自由和财产自由——总之,自由主义强调的是主体私有权利的核心内容。相反,共和主义者则捍卫'古代自由',也就是政治参与和政治交往的权利,这些权利使得公民能够履行自决实践。"② 也就是说,共和主义认为自由是一种与公民身份联系在

---

① 陈弱水:《公共意识与中国文化》,新星出版社2006年版,第44页。
② [德]哈贝马斯:《包容他者》,上海人民出版社2002年版,第81页。

一起的、政治生活中的自由,它是在政治参与中才能存在和实现的,而不仅仅是通过参与政治来保护和捍卫的,它指向的是政治意义上的自治。对倾向共和主义的人而言,消极性的公民行为缺少维护共同善的能力,远不足以作为建构良好公民文化的充分条件,必须同时提倡积极性的公民行为才能对社群的凝聚与福祉有正面贡献。贡斯当在比较古今自由的时候寓意深刻地说:"放弃政治自由将是愚蠢的,正如一个人仅仅因为居住在一层楼上,便不管整座房子是否建立在沙滩上。"① 同样,托克维尔在讨论美国民主的时候也曾多次警示世人,如果人人都只专注于自己个人的事情,而不愿操心公共事务,那么他们离被奴役的状况就不远了。一旦被奴役就意味着政治自主性与私人自主性的双重丧失。贝尔也精辟地指出:"个人主义的精神气质,其好的一面是维护个人自由的观念,其坏的一面是要逃避群体社会规定的个人应负的社会责任和个人为社会应做的牺牲。"②

很明显,与自由主义重视私人自主性不同,共和主义强调的是政治自主性。政治自主性与公民的积极参与、公民美德联系在一起。在沉寂了一个世纪后,承继共和主义传统的新共和主义强调政治参与、提倡公共精神。特别是思想家阿伦特复活了积极性的、参与性的公共领域概念,其基本的意义就是由人的行动去开创政治公共生活的共同世界。哈贝马斯则在阿伦特公共领域概念的积极意义上作了进一步发挥。通过公共领域中的自由商谈,人们可以把意见影响到或转化为立法行为和行政行为,从而实现政治自主性。这种自主性并不需要体现为公民直接进行统治,而是对国家权力提供外在的合法性约束,实际上是希望建立一种社会成员可能影响国家权力、决定集体命运的机制。而且哈贝马斯强调,他的商谈理论同时吸收了自由主义与共和主义的元素,并把它们整合到了一种理想的慎议与决策制定程序的概念当中。他的商议民主模式中的公民参与,已不是像共和主义所说的那样,是所有的公民集体行动和共同参与,是所有的人都直接或者潜在地成为政策的制定者,而是把商谈过程程序化,并且使议会中的立法过程、行政权力的行使受到公共领域的舆论引导。实际上,这是对民主政治模式和公民政治参与的一种新的探索思路。

而且除了与民主的历史进程相应的公民积极参与政治公共事务之外,

---

① [法]贡斯当:《古代人的自由与现代人的自由》,商务印书馆1999年版,第45页。
② [美]丹尼尔·贝尔:《资本主义文化矛盾》,三联书店1989年版,第308页。

当今世界在全球范围内，公民正有组织地广泛参与社会公共事务。与在政治公共领域中直接参与民主的可能性相比，公民在社区和非营利组织等社会公共领域中，间接政治参与和道德参与的可能性将会大大增加，公民参与的社会公共空间将更为广阔。在公共系统越来越开放的现代社会中，公共参与无疑是值得提倡的一项积极的公共道德价值。也就是说我们的公共道德观念，消极性与积极性的公民行为必须同时提倡，关键是作为两个不同层面、不同境界的行为要求如何处理好其相互关系。特别是在制度设计上，处理好如何以公民的消极性行为立基，但又能容纳积极性公民行为的问题。其实，亚里士多德在他的《政治学》中勾勒理想的公民图像时，就认为一个理想的公民是指，他既是好的统治者，又是好的被统治者——他应同时具备统治者与被统治者的能力与意愿。[①] 换言之，好公民要有两个面向，一是积极的，即有所为；二是消极的，即有所守。有所为，指公民热心于政治与社会的公共参与；有所守，指尊重他人的人格尊严与权益，遵守公共生活中的法律和规则。我们所处的时代要求每个公民：在最低水平上，他要尽守法义务，不能对其他公民无端干预和伤害；进一步，当发生冲突时，要按"公共理性"的协商规则来解决争端；而从一种更高的水准来考量，则要求公民之间表现出相互间的同情与关爱及信任、合作的行为和公共精神，去面对共同的难题和开创新的公共空间与未来。

[①] [古希腊]亚里士多德：《政治学》，中国人民大学出版社2003年版，第78页。

第二章

公共道德的价值基础与价值诉求

自由和平等是主体人存在、发展的应然状态，它们是现代社会中每一主体的自我发展和自我实现的价值基础。从人的发展是人类一切活动的目的而言，自由和平等统一于人的自由而全面发展的最高价值目标之中。现代社会的制度内含着一种权利规范体系，权利规范是对人的主体性或者说对人的主体地位的肯定方式。自由既是主体性之有无、大小的标志，又是主体性的表现形式，它立足于主体自身。作为权利的自由，它从道德上和法律上保证了个人追求自己的利益和价值的正当性和合法性。它通过对自由主体进行最低度、最一般、最起码的限制和约束，通过使强制的空间最小化实现了个体自由行动空间的最大化，为个人潜能、个性和多样性最大可能的充分发挥预留出最大可能的机会空间。而平等是一个关系范畴，它指涉的是社会中主体与主体之间的关系性质即主体间性。制度作为人类对自身社会关系的控制和管理方式，它诉求的平等是建立在人的种属平等基础上的社会平等，最主要的是权利平等、机会平等和分配尺度平等。所以，自由与平等作为制度的目的性价值，体现在尽可能使其人民同时获得更多的自由和最多的平等的现代民主制度的理想之中。正是作为政治制度的民主所搭建起的现代性交往的基础平台，成为孕育政治资格平等和道德人格平等的公民意识，培育和塑造真正意义上的公共道德的根本基础。

第一节 公共道德的哲学基础——
从主体性到主体间性

公共道德的"公共"的基本含义是"共同的"，哲学上对"公共"的最好诠释莫过于主体间性理论。自笛卡儿以来的近代哲学实质上是意识哲学，它基于主体、"自我"与认识对象的关系的主客二分的思维模式和主体中心理性，遭到了后结构主义等后现代哲学的解构和否定，但哈贝马斯却主张以交往理性取代主体中心理性重建现代哲学，这不仅意味着他在创建一种全新范式的公共哲学，而且也意味着伦理学研究范式的转换。从主体间的对话与交流中，从人们的交往实践中去论证普遍性道德原则的形成和应用，思考人们行为的内在价值动力和人格基础，这一道德建构基点的转换，是一种与社会结构变迁相适应的伦理理论建构的新尝试。

一 近代哲学与人的主体性

主体和主体性的问题是哲学研究的最核心问题之一。主体"subject"源于拉丁语"subjectum"是希腊语"hypokeimenon"（根据、主体）的意译，其大意是指眼前现成的东西，它作为基础把一切聚集到自身那里。亚里士多德用主体作为表示一切性质、变化或状况的范畴，实际上是基础或实体的意思。对于亚里士多德来说，不仅人是一个主体，一只猫、一块石头也可以成为一个主体。直到笛卡儿，才把主体作为人的专门范畴从一般实体范畴中独立出来。至于"主体性"（Subjectivity），目前尚无一致的界定，一般认为是人作为活动主体的质的规定性，是在与客体相互作用的实践中得到发展的人的自觉、自主、能动和创造的特性。[1] 在古希腊哲学中，没有专门指谓人的能动性、创造性的主体性概念，主体和主体性的关系被实体和属性的关系所涵盖。人的主体性是一种现代性观念。明确的主体性观念开始形成于近代，是近代哲学对人、人的思维和存在加以反思的产物。人的主体性的发展过程，与作为主体的人及其外部环境的发展是同一过程，因而对人作为主体以及人的主体性的认识，就因具体的历史条件的不同而不同。

古代社会是人的主体性发生和发展的最初阶段，处在人的依赖关系中的主体还不具有人的独立性，群体主体的活动方式使社会呈现为主体活动的无主体状态，个人在人的依赖关系中成为某种主体的组成部分，而他自身还未成为真正意义上的主体，这就使古希腊哲学得出了人、物同源同性的结论。其实，人作为主体并不在于他是一个实体性的人，而在于他在与作为客体的世界的关系中处于一种能动性的地位，如果失去

---

[1] 郭湛：《主体性哲学——人的存在及其意义》，云南人民出版社2002年版，第290页。

了能动性的地位和对世界的积极主动的关系，人尽管还是人，但却不会是主体。由此可见，主体并不是一个实体性的范畴，而是价值关系的范畴。但在古代哲学时期，无论是就社会历史条件，还是对人自身的认识，都不可能达到对主体性的自觉澄明，古代哲学只是主体性理论的潜在和萌芽的时期。

当代流行的主体性观念其实只是近代历史和近代哲学发展的产物。从社会历史的发展看，西方近代的大工业和科学技术的发展，提高了人类改造自然的能力，使人类从自然的隶属关系中解脱出来，自然对象于是被看作是完全可以按照人的目的加以利用的物。当人类以自然界为客体时，人类自身事实上也就成了主体，成为类主体或人类主体。而商品经济的平等、自由的本性，否定了自然经济条件下人的依赖关系，使人日益独立、自主，促使了个体和类的分化。在这样的历史条件下，人类的思想、理论、文学、艺术等观念形态的一个中心内容就是对于人在现实生活中的这种主体性的揭示和宣扬，从而个体的人被赋予了主体的内涵，并出现了专用于表达人的能动创造性的主体性范畴。

近代哲学虽然把人作为主体且把主体或者自我放在中心地位，但由于是从认识论角度探讨主体性问题，所以映入近代哲学家眼帘的主体性是意识、思维或理性的认识。把意识、思维或理性的认识设定为主体性，是近代西方哲学的重要特点之一。这种主体哲学的一个根本特征在于主体与客体的二分式思维，即把主、客二分作为本体论的前提。应该说，主客二分，继而建立起对象化的语言逻辑思维模式，这是人类思维方式一次巨大的飞跃。我们所说的理性，即科学思维理性，工具理性，都是这种语言逻辑思维模式的展现。这种思维方式的重要性和对人类各方面发展的重要意义，自不必说。但是，我们看到，这种由主体所创造出来的思维方式，却不适合于回过头来把握主体自身，从而显示出它的局限性。近代西方哲学的"主体性"，主要就是把意识主体自我放在中心地位，以主体取代先验理性、超验的主体或上帝。从笛卡儿的"我思故我在"的著名命题，到黑格尔所说的德国古典唯心论所展现的"自我意识运动的过程"是其典型范式。很明显，笛卡儿是在认识论的意义上界定主体和主体性的，在他那里，"我"是主体，而"思维"或"理性"则是主体的根本特性。康德则把笛卡儿的"我思"改造为"综合的先验统觉"，把理性自我提高到先验自我的地位，突出地强调了主体的理性认识功能,在哲学史上第一次系统地论证了主体的认识能动性。黑格尔把近代哲学的主体性思想推向了极端,他把主要是一种获得知识的认识功能的"我思",作为"绝对精神"被赋予了本体属性和现实力量。但不管黑格尔如何强调自我的绝对性和至上性,但他的自我仍然是一种主要执行认识功能的理性精神。

德国古典唯心论,确实发挥了主体能动性,展现了主体性的丰富内涵。但是,康德、黑格尔所说的主体性首先是一种精神的主体性,也就是主体对自己的独立和自由的认识。它偏重于认识论层面,而且缺乏对认识的真正根基的把握,所以它没有也不可能穷尽主体性的内涵。事实上,主体性积淀和涵盖着全部人性。正是在这种意义上,后现代主义看到了问题之所在。他们似乎更重视人的本能、欲望、意志和无意识等非理性的方面,认为以僵化的外在化的理性来压抑甚至否定内在的充盈着人的生命的非理性,乃是对主体和主体性的根本否定。由此可见,主体性问题,主体自身的把握,必须超出德国古典哲学以来的意识哲学,需要一种新思维方式来代替。也就是说,人的能动的创造性和对自由的追求,是不能用泯灭价值的认知过程来说明的。因此,回归人的生存,弘扬价值理性,就成为主体性理论进一步发展的必然。

人类的主体性不仅表现在人类与外部世界的关系中,而且表现在人类与自身的关系中。现代哲学发展的一个基本倾向就是返回人类自身,回归人的生活世界,去寻求人生存的价值和意义。在当代社会中,主体性不仅是与人的思维相关联的认识论观念,还是与人的存在相关联的存在论观念。在这一过程中,人本主义流派用"生命主体性"的概念说明了现代哲学主体性理论的特征,进一步深化了对主体性的认识。生命主体性指的是人不仅是有意识的个体,而且还包括信念、欲望、记忆、情感生活及自主地去追求自己的价值目标等一系列特征,从而强调了一个人生存的内在价值性。生命主体性蕴意的是对工具理性和自然主义的一种反抗,认为严酷的工具理性和因果决定论是对个性、人格和自由的否定,因而应从生命和生存出发去讲宇宙人生,用意志、情感和活动去充实理性的作用。这标示出现代性问题根本在于人本身的转变亦即人的身体、欲望、心灵和精神内在构造本身的转变;不仅是人的实际生存的转变,更是人的生存标尺的转变。从生命主体性理论的发展过程来看,叔本华、尼采的唯意志主义、柏格森的生命哲学和克尔凯郭尔的存在主义起到了开拓方向,奠定基础的作用,而海德格尔的生存论转向则标志着生命主体性理论的最终确立。从认知到生存、从意识到人本身、从实体主体到人的生命活动,就是现代人本哲学不同于近代的认知主体哲学之处,正是在这新的成长点上萌发了个体自由、创造超越、历史过程等对主体性的更加深入的理解,从而为生存论转向提供了直接的理论素材,增添了人现实生存的内容,奠定了现代人学理论理解人、主体、生命等现象的基础。

从古希腊的实体主体到近代的认知主体,再到现代的生命主体,构成了主体性理论发展的历史过程,体现了哲学从本体论到认识论,再到人本学的转向。这一过程的逻辑是,理论由对外在物的探讨,经过意识的中介,最后向人本身的回归,逐渐显示出哲学的人学性质,以及它关于人生存的价值、意义和根据的内容。在这一点上,马克思主义哲学也不例外。马克思非常重视人的生命活动及其意义,但与费尔巴哈的人本学和尼采、柏格森一类生命哲学不同的是,马克思更注重的是人作为社会存在物,认为生命存在主要表现为人的社会生活过程,因而人在社会生活中意义的丧失也就只能通过社会的方式——社会生产力的发展和社会制度的革命——才能解决。其实,人的生命既具有社会性,但又具有个体性,其生命及其意义的问题并不能完全归结为社会问题,因为这里既有属于每个人的心理和精神问题,还有个人超越现存社会的独立的生存取向。所以,现代西方哲学进一步深化、完善和发展生命主体性理论是有其合理价值的。在当代,对生命主体性理论的深化和修正的过程是同语言学转向密切关联在一起。在主体性理论与语言学转向结合的过程中,存在着两种基本的倾向:一种是后现代的立场,主张差异和多元,反对霸权话语,消解作者的中心地位,从而根本否定人本学思维和中心性主体,在他们的理论中意蕴着一种对主体性的同以往完全不同的理解,即离散的主体性。但我们必须看到,后现代对主体的解构是要还人以真正的自由和社会公正,以反对文化霸权对社会的统治和操纵。所以,他们并不是真正要否定人和人的主体性,只是要否定那种体现统治关系的占有性主体和以自我为中心的专横性主体。"主体终结"并不意味着主体性理论的消解,而只是主体性理论地平线的移动,蕴意着主体性理论将以一种新的非控制的多元离散的主体性形式而出现。另一种是立足于现代性,从历史过程和主体间关系来削弱和修正中心性主体,以重建人本学的主体性理论,即超越主体性的主体间性理论。①

二 从主体性到主体间性

上面我们谈到了西方哲学的第一次大的转向：即近代哲学的主体性的转向。欧洲近代哲学尤其是德国古典哲学，从康德肇始经费希特、谢林到黑格尔乃至费尔巴哈，便是此种主体性哲学的典范。主体性的转向是从古老的本体论向近现代科学认识论的转向，是从客体论向人本论的转向。西方哲学正在发生的第二次大的转向，是主体性向主体间性的转向。这一转向与语言学的转向相伴随，表现为现象学、解释学、存在主义和交往理论的兴起。之所以有主体性向主体间性的转向，是由于传统主体性哲学是在主、客二元对立的前提下立论的，以追求效率和实用为唯一宗旨，在个体主义和自由竞争大行其道的背景下，滑向了单一主体性，狭隘的、走极端的不成熟主体性，从而产生自我中心主义和人类中心主义的不解情结，导致了社会关系的异化和生态环境的恶化，已威胁到人类自身的生存。

所谓主体间性（Intersubjectivity），简单地说，就是主体之间的性质，它涉及两个或两个以上的主体的关系，因而超出了单一主体的窠臼。其实早在德国古典哲学那里，例如，在费希特那里它就提出来了，但这个问题成为时尚潮流，却是从胡塞尔开始的。胡塞尔所创立的现象学构成了近代哲学走向当代哲学的中间环节，一方面胡塞尔也认为哲学研究的根本目的是探讨知识的根源，为科学知识奠定终极的稳定基础，所以胡塞尔试图通过所谓"现象学还原"，对认识本身进行批判性思考，以回溯到一个绝对确定的阿基米德点，即"纯粹的先验自我"。另一方面胡塞尔的现象学又试图推进和超越近代哲学。胡塞尔力图超出单独的自我意识，承认他人意识的存在，肯定外部世界的实在性和客观性，试图走出传统主体哲学的唯我论困境而提出了主体间性的理论。在胡塞尔的主体间性理论中，他我的存在通过移情和共现的方法被先验地构造出来，进而通过对客观存在和历史理论采取悬搁的方法，我们最终所能面对的将是一个与人的自然本性较为切近的"生活世界"。"生活世界"是我们各人或各个社会团体生活于其中的现实而又具体的环境，是我们直向地面对的现实世界。它的存在是

---

① 参见李楠明《价值主体性——主体性研究的新视域》，社会科学文献出版社2005年版，导言部分。

一个毋庸置疑的、不言自明的事实，是被主体所能体验到的世界，因而是科学唯一可能的起点。"生活世界"的提出使胡塞尔能够从更加开阔的视野审视人类所面临的精神危机和社会危机。但可以说胡塞尔只是提出了问题，并没有真正解决问题。他的主体间性还不具有本体论的意义，而只具有认识论的含义，旨在解决认识论上的先验"我们"如何可能的问题。他对他人意识的论证是从自我意识出发的，他所谓世界的实在性和客观性，归根到底不过是先验自我构造出来的而已。很明显，在这样的基础上不可能建立真正的主体间性。从海德格尔开始，主体间性具有了哲学本体论的意义。他认为主体间性的根据在于生存本身。生存不是在主客二分的基础上进行的主体构造和客体征服，而是主体间的共在，是自我主体与对象主体间的交往、对话。可以说胡塞尔提出"生活世界"和海德格尔本体论意义上的"主体间性"思想，成为了哈贝马斯交往理论的思想渊源。哈贝马斯在他的交往理论中，更注重"实践"和"有效性"，更注重语言学转向中"语用学"的语境意义。这两方面都使哈贝马斯的"生活世界"更加贴近本真，使他的"主体间性"更富于真实的互动意义。如他所指出的："把理论活动放到其实际的发生和应用语境当中，这就唤醒了人们注重行为和交往的日常语境意识。"[①] 并且"只有从交往参与者的行事立场中才能找到进入历史——文化世界的途径"[②]。

海德格尔后期的思想、哈贝马斯的交往理论和伽达默尔的哲学诠释学，都特别重视语言的对话和交流的性质，认为人类最基本的存在方式就是以语言为媒介的实践。语言学的转向使哲学从语言的角度研究哲学问题，为解决主体间性问题提供了一种新的思路和切入点。与意识相比，语言具有不可比拟的优越性，因为语言是客观的、公共的，可以彼此间进行交流的，所以语言学哲学以语言代替意识，试图从语言层面上揭示一种真正的主体间性。海德格尔认为"语言是存在的家。人以语言之家为家"[③]。哈贝马斯认为在语言的结构中所包含的各种规则就是生活世界的内在结构的反映。人只有在以语言为媒介的交往实践中，才能认识生活世界的内在结构，也只有通过语言交往才能达到相互理解和承认。同时又正是生活世

---

① [德] 哈贝马斯：《后形而上学思想》，曹卫东等，译林出版社2001年版，第33页。
② 同上书，第35页。
③ [德] 海德格尔：《海德格尔选集》，孙周兴等译，三联书店1996年版，第358页。

界的背景才使语言交流具有了达成共识的条件。生活世界作为人类存在的前理解的总体性的存在，它是个体存在的前提，也是个体间共同存在的基础。个体性的获得首先在于个体将生活世界的结构内在化于个人的人格结构之中，而个体间的对话交往包含的各种论题和观念也来自这一生活背景。在伽达默尔看来，世界就是我们通过语言交流和合作而生存于其中的构架，实践就是一种"参与和分享"，一种与他人有关并依据活动共同决定和创造着共同利益的过程。这些思想的意义在于：使哲学的出发点由作为个体主体的人转向了超越个体主体的具有某种"客观"结构的语言关系和交往关系，对人的"在世"和"共在"，由个体主体的内在本性分析转向了主—客之间和主—主之间的交互作用的分析，这就突破了对生命主体性的研究只囿于个体主体的阈限，不但丰富了生命主体性的内容，而且使对主体性的理解日益向关系、过程和历史发展的方向转化。[1] 对于哈贝马斯来说，特别重要的还在于他强调"以言行事"的原则，就是说，在主体间经过语用而达到沟通和共识，即构造出真实有效的"客观世界"，还不是最终目的。最终目的是"行事"，即在实践中完成共识的计划。在这一点上，可以看到哈贝马斯对马克思实践学说的继承和发挥。[2] 其实，在西方现代哲学中，无论是生命主体性的理论，还是语言学转向对主体性的理解，都贯穿着回归生活世界的倾向，本质上都是从生活的价值和意义上去理解主体。

应当说，提出主体间性或交互主体这个问题本身，就是对主体性的一种超越。但是，这种超越并不是完全抛弃主体性，主体间性实际上是人的主体性在主体间的延伸，是一种交互主体性。交互主体性，既包含了"主体性"的基本含义，同时又强调其"交互"的特征，即主体与主体相互承认、相互沟通、相互影响。哈贝马斯的交往行为理论是对西方文明病症的一种会诊，是对主体间性成果的一种综合。他在分析交往行为的基本关系、异化原因到具体措施方面都有独到之处，但是哈贝马斯认为生产的合理性导致交往的非合理性，用交往取代生产在历史理论中的核心地位，并把实现交往行为合理化的希望寄托在语言对话和商谈

---

[1] 参见李楠明《价值主体性——主体性研究的新视域》，社会科学文献出版社2005年版，导言部分。

[2] ［德］哈贝马斯：《后形而上学思想》，曹卫东等译，译林出版社2001年版，第56—59页。

伦理上面，这就使他的交往理论仍然徘徊于马克思主义唯物史观的大门之外。生产合理化导致交往非合理化，只是从技术层面来说的；从制度层面来看，资本主义的科层制、私有制正是导致交往关系异化的深层原因，商谈与对话是理解的基础，但并不能从根本上挽救资本主义社会的合法性危机。

主体间性的发展同主体性的发展，在历史和逻辑上基本是一致的。按照马克思的看法，主体的发展经过了三个历史阶段：在人的依赖关系时期，人在对自然的关系上和对社会的关系上都不是真正意义的主体，个人在人的依赖中只是成为群体主体的组成部分；在人的独立性时期，由于个体和类的分化，出现了对自然关系的真正意义的自觉主体，但在社会关系上，人还被物所左右，这是一种异化的主体性，是人作为自然关系的主体却作为社会关系的客体的矛盾所造成的。人们越是追求自己的主体性，就越发现自己对物的依赖，人的社会关系和能力也越来越物化。由此，人的主体意识越强，就越是陷于主体性的困惑之中。究其原因，其实在人与自然关系的背后隐含的是人与社会的关系，而人与社会的关系内蕴的又是人自身发展的关系。所以，只有在个性自由全面发展的时期，个人和社会的抽象对立才能真正解决，人才能真正作为自主活动的主体而存在。但这不是主体性发展的终结，而是人作为主体活动的真正开始。所以，一部人类的历史就是人的主体性不断跃升的历史，是由片面的、狭隘的、不成熟的主体性而不断走向更健康、更成熟的主体性的历史。

三 主体间性与公共道德

主体间性理论揭示了现代生活的"公共"本质，表达了多元共生的整体理念。它集中反映了现代社会人类生活特别是在公共生活世界中，不同主体间的关联性和依赖性以及关联方式和作用方式等特征。主体间性的最重要的特征就是它的交互主体性、可沟通性和可理解性。而且主体间性是在主体性基础之上的主体间性，主体性和主体间性是辩证统一的关系。所以用主体间性的概念来反映和诠释公共生活，强调的是由主体间交往构成的公共生活，体现了主体间的现实联系，体现了作为公共生活主体的都是鲜活的、具体的、有生命的个人。这种主体间性作为重建伦理学的基础，在于把话语内在包含着的交互主体结构直接看成是公共性的交往基点，它突破了主体性哲学的局限性，是伦理视域基础的一种根本改变。传统伦理学注重的是道德人格的理想，它依靠的是"自我约束性"道德力量，取一种"自我完善"型的内在的价值取向。但以理想的道德人格——圣人作为标准的道德观点和知识具有极大的主观性和不确定性，对于人们的实际生活所起的作用也有限，往往仅成为一种理想的道德主义激情。与传统伦理学相比，现代伦理学关注的是社会基本层面的伦理规范和公共伦理秩序，甚至是某种形式的可普遍化"底线伦理"。它追求伦理知识的客观性和普适性，努力构建一种同质化或齐一化的理性法则或普遍道德规范。传统伦理研究视域被突破的同时，将孕育着的是一种新视域下的伦理秩序的建立。哈贝马斯对此有着清醒的认识，他说，经典的伦理学，像现代伦理理论，不可避免地把它自己放在个人所迫切需要面对的问题上，即它是以那种个人在具体的环境中所面对的困惑的实践任务开始的：我应该怎样行动？我应该做什么？而只要相关性问题和那些与问题相关的方面没有得到清楚地阐明，"应该"仍然是不确定的。……而一旦理论突破了第一人称单数的研究领域，它遭遇到一个异己性的意志，就将产生一种不同的秩序问题。

现代伦理学以公共生活为中心视域。公共生活的首要特征是它的共在性。主体间性不是把自我看作原子式的个体，而是看作与其他主体的共在。胡塞尔已明确意识到了这一点，"我把自身看作具有身体和灵魂的人，我这个人在被我意识的世界中与他人共存，并与他们一起在此世上延存，被他们所吸引或排斥，在行动中或理论思考中对待他们"。[①] 处于主体与主体关系中的人的存在是自我与他人的共同存在，但不是孤立存在的"二人世界"或多人世界，而是以他们共有的客体世界为前提的。海德格尔指出："由于这种有共同性的在世之故，世界向来已经总是我和他人共同分有的世界。此在的世界是共同世界。'在之中'就是与他人共同存在。他人的世界之内的自在存在就是共同此在。"[②] 但海德格尔认为有两种共在，一种是处于沉沦状态的异化的共在，这种存在状态是个体被群体吞没；另一种是超越性的本真的共在，个体与其他个体间存在着自由的关系。可以明显看出，只有后一种共在，即主体既以主体间的方式存在，但

---

① [德] 胡塞尔：《纯粹现象学通论》，李幼蒸译，商务印书馆1992年版，第456页。
② [德] 海德格尔：《存在与时间》，陈嘉映等译，生活·读书·新知三联书店1987年版，第146页。

其本质又是个体性的，才可以说主体间性就是个性间的共在。公共生活的另一重要特征是它的共识性。在个性间共在的世界中，自我主体与对象主体间的交往、对话，共同分享着经验，这是一切人们所说的"意义"的基础，由此形成了主体之间相互理解和交流的信息平台。在此基础上，人们得以形成普遍的尺度和共同视野。当代诠释学对理解的重新解释，揭示了这样一种实在：主体彼此在互动行为中，服从于维持和扩展主体间的相互理解和可能行动的一般性规则，以及它们所内含的意义和价值。在这一过程中，意义理解的方向是根据来自传统的自我理解的框架，去实现行动者之间的可能的一致。在哈贝马斯看来，现代社会是一个高度复杂的社会，在这样一个社会中，诸多行动者的行动的协调或整合需要离不开社会规则体系。规则依赖于共识，也集中体现着共识。他的理论告诉我们：离开了主体间性，就无法知道他人是不是也在遵守着规则，而且既不能形成"规则意识"，更无法为规则的正当性提供辩护。[1]哈贝马斯之所以要从主体间性的角度来研究行动者的规则意识的形成和发展、分化，一方面是为了从概念上把握现代社会主体被规则盲目支配的这种现象，另一方面是为了在分析理解这种现象的基础上克服这种现象。他批评康德的实践理性，代之以交往理性，就是因为近代以来主体哲学的主体不过是自我意识，所谓的对真理的揭示不过是自我意识的内心独白，而他的普遍语用学则是从理论上重建交往活动，在交往活动基础上重建主体间性。交往活动是以语言为媒介的理解活动，活动者通过语言交流达到相互理解，达成共识，取得活动的一致。也就是说，只有在超越了主体性的主体间性的基础上，我们对现代社会的这种普遍性的道德规则的理解才变得容易，对传统伦理学的局限才认识得清楚。

首先，主体间的交往实践使普遍性的道德原则与规范的建构和生成能够得到合理论证。英国哲学家彼得·文奇（Peter Winch）在1958年发表的《社会科学这个观念》这篇文章中，首次提出遵守规则的问题应该成为社会科学方法论的基本问题。文奇认为，社会现象与自然现象不同的地方，就在于构成社会现象的人的行动的特点是遵守规则，我们不论是要了解规则的意义，还是进而了解行动的意义，当然不能像认识

---

[1] 参见童世骏《没有"主体间性"就没有"规则"——论哈贝马斯的规则观》，《复旦大学学报》（社会科学版）2002年第5期。

自然运动那样采取客观观察的态度，而只能采取主体间交往参与者的意义理解的态度。主体间性通过主体间的交往来实现。在交往实践过程中，多元的价值观念被独立、自由的个体作为商谈辩论的主题，在好的理由的"弱"强制性的推动下达成合理性的共识（真理的有效性）。这种共识既源自实践过程，同时又在实践过程中被内化于各个个体行动者的人格结构之中，进而转换成具有约束性的行动原则和道德律令。现代社会相信，在宗教的权威动摇以后，可以把约束全人类（所有身份、民族、种族的人）的道德置于一个不可动摇的根基之上，这个根基就是理性。于是全社会应该遵循着统一的伦理法典，并且在这种信念的激励下，以立法的方式炮制出了普遍的、统一的伦理规则。哈贝马斯把社会中的规则区分为道德规则、法律规则和技术规则三种类型，而且认为道德规则的有效性与主体间性的关系最大。在道德生活中，特别是职业伦理生活中，规则意识不仅仅是一个对规则之内容的了解的问题，也不仅仅是懂得遵守规则意味着什么的问题，而是把规则当作自己行动的理由和动机的问题。哈贝马斯把普遍性的道德原则与规范建构在交往理性的基础上，他批判康德的可普遍化原则是从孤立的主体出发，似乎只要道德法则在我看来是普遍的，那它们就必须被认为是对一切理性的生物都有效。在哈贝马斯看来，行为准则的普遍性不能由这样独白式的理性来决定，而应该是通过对话和讨论达成的理性的一致。这样既克服了"独白式"主体中心理性中的"暴力"成分，纠正了理性化过程中那种狭义目的理性和抽象价值理性的扭曲，通过主体间的合作性努力，从而保证道德原则和规范具有可论证性和实践的有效性。因此，主体间性思想不仅对现代社会中的人们正确理解和有效参与公共生活具有重要的方法论意义，而且它试图引导人们去建立一种新的社会关系，在这种社会关系中，主体之间的横向交往及相互共存占统治地位。

其次，主体性基础上的主体间性，既是构成普遍性道德规范及要求的前提，又保证了个体的道德自主性。主体间性实际上是人的主体性在主体间的延伸，它在本质上仍然是一种主体性。现代（规范）伦理学虽然力求知识的客观性，但是却以美德的丧失和人格的退场为代价。正是在主体间相互依赖的这一客观前提下，列维纳斯强调"对他者的无条件责任"。对列维纳斯来说，"与他人相处"这种人类存在最基本和不可撼动的特征首先意味着责任……我的责任是他人对我而言的一种，也是唯一的一种存在形式。① 这种责任是无条件的，是不受任何非道德因素影响的，它成为社会人际交往中不可缺少的道德纽带。鲍曼则细微区分了"与他者共在"（beingwith）和"为他者而存在"（beingfor）之不同。鲍曼指出，"与他者共在"是对称的，而"为他者而存在"却很明显是不对称的。我在为他者，而不管他者是否在为我，突出的是主体的道德自主性。哈贝马斯也很明显意识到了这一点，在他的商谈伦理学中，以个体的行动者为主体的交往行动构成了前道德、前理解的条件，个体的能动性使个体在交往中创造了自身和共同体的同一性。个体自身就是创造共同体的道德观念与共识的参与者，所以交往行动这一实践本身构成了道德形成的社会条件和结构，道德意识和道德共识的形成源自交往实践过程。这种立场既突出了个体性的不可替代性，又保证了在交往理性基础上寻求一种多元共存的正义规范的可行性，避免了那种孤立主体的诉求方式中，自主性的个体与公共性道德规范之间的矛盾与对立。在哈贝马斯眼里，交往行为的根本特征就是追求达成一致，非此就不能算交往行为。所以在现代生活中，主体个人一方面必须承担起做出他自己的涉及他人利益的道德决定的责任，对规则、共识有着清楚的了解，另一方面也必须靠自己来形成一种产生于他自己的伦理自我理解的个人生活方案。哈贝马斯从主体间性的角度讨论规则意识及自我认同的形成和发展，既是思考和回答道德规范的形成和有效性问题，同时也是为了批判回答现代性理论的这样一个问题：现代社会中真正自由的人格何以可能？

我们注意到，哈贝马斯在提出并论证其普遍性的道德规范权威的基础时，强调道德规范的权威是通过人们对其接受和认同体现出来的，它存在于主体之间而为人们所接受和践行，其普遍意义来自交互主体性的认同。这种普遍性认同的基础在于所有旨在满足每一个人的规范，它的普遍遵守所产生的结果与附带效果，都能为一切有关的人所接受。因此，哈贝马斯的道德理论的探究路径为我们现代社会道德建构提供了一个新的维度——主体之间在交往互动中积淀着理性的道德原则、并自觉服从由此而获得的公共性权威。按照哈贝马斯的观点，为了避免交往中出现的"系统扭曲"，我们可以在现实交往的情境条件之上重组理想的交往情境条件，并可以就这种一般的普遍的可能的诸前提展开讨论，从而实现对公共领域的

---

① Zygmunt Bauman, *Modernity and Holoeaust*, Cambridge: Polity Press, 1989, p. 182.

重构，哈贝马斯从而以"理想的交往共同体"的形式返回到了前期的"公共领域"理论。哈贝马斯的公共领域问题也只有放到主体间语言交往的界面上讨论，才是可理解的。不能从私人性（包括个人的权利、自由和尊严）出发来构造公共性，而是相反，只有从主体间性出发，才能理解每个人在游戏中的地位和角色。总之，运用主体间性理论可以合理诠释道德理想与社会现实之间的张力，因为理想的东西并非存在于现实的彼岸，而是存在于现实的交往行为之中，并在其中发挥着作用。而在此基础上的伦理学会使人们既有寄希望于美好的道德理想的指引，同时也能通过主体间的交往合作更好地处理现实的社会关系。当然，哈贝马斯的基于交往合理性和理想交往共同体的理论设计，既启示了我们从交往互动的现实生活中累积理性的道德原则的进路，但又在一定程度上过分简化甚至低估了交往的复杂性。人们基于价值共识的道德原则的获得并非只是通过语言的中介就可以顺利达至的。作为一个社会实践问题，似乎还需要通过更多的制度和文化的机制，来为获得道德共识培育理性及资源。从这里我们可以看到，就其思想实质而言，哈贝马斯的"交往理性"与罗尔斯的公共理性概念有其共同之处，都在于论述通过人们之间的交往来达成对公共事务的共识。但罗尔斯的论题立足于多元文化的社会背景，以争取求得超越性的共同价值规范及其在制度层面的落实而达到社会长治久安的目的，与没有任何"具体价值取向内容"的哈贝马斯的形式主义伦理学相比更具有现实针对性[①]。

第二节 公共道德的价值基础——自由与平等

现代社会公共领域的前提是承认主体的多元化和差异性。公共领域实际上就是以多元价值为基础和前提通过交往与对话将多元化的异识整合成具有共识的共同体结构。按哈贝马斯的观点，公共领域中共识的达成，必须假定参与对话的主体都是具备理性能力的，足以判断真实性、正当性与

[①] 德国法哲学家考夫曼曾指出，哈贝马斯的话语伦理学"只能证明一种形式上正确地产生的合意观点，但它却不能够声称获得了诸如规范这种有内容的东西的真实性（正当性）"。参见阿图尔·考夫曼《后现代法哲学》，米健译，法律出版社2000年版，第49页。

真诚性的人。除此之外，哈贝马斯还假定我们可以进入一种理想的言说情境，这其中包含着若干原则：第一，任何具有言说及行动能力的人都可自由参加此一对话；第二，所有人都有平等的权利提出任何他想讨论的问题，对别人的论点加以质疑，并表达自己的欲望与需求；第三，每一个人都必须真诚表达自己的主张，既不刻意欺骗别人，也不受外在的权力或意识形态所影响；第四，对话的进行只在意谁能提出"较好的论证"，我们应该理性地接受这些具有说服力的论证，而不是任何别的外在考虑。哈贝马斯也知道这些条件十分理想，甚至可以说是"不太可能的条件"。不过他认为任何现实中实际进行的对话，都必然（或必须）预设某种类似理想言说情境的条件，否则人们根本不可能展开对话。因此，这些条件虽然理想，却不空泛，它们是我们追求道德共识或甚至真理的必要条件，也是整个交往理性所据以建立的基础。很显然，哈贝马斯努力想说明的是这样一个问题，在公共领域的交往与对话中，最基本的条件是行为主体应当为独立自主、自由平等的人。这是形成真正共识的前提，也是公共道德存在的绝对基石。

一　市场经济关系是自由与平等价值的载体

从历史上看，以机器工业为生产动力的现代市场经济作为一种全新的经济生活的协作方式或交往方式，它强制性地要求把每个劳动者从封建的自然经济束缚下解放出来，成为独立的经济主体参与平等的市场交换。因此，自由个性的解放既是这场经济革命的首要成果，又是它得以形成和发展的先决的社会条件。一方面，市场不仅给每一个参与市场经济活动的主体提供了一个开放的公共空间，人们能够在其中自由地进行各种经济活动；另一方面，市场也对人们提出了自己的要求，只有获得自由人身资格的人，才能进入市场。意味着行为主体需要自主选择、自由决定、自己承担，同时承认人际平等并服从于平等交换之经济法则的人，才能进入市场，意味着门第与特权在市场法则面前都失去了价值。换句话说，只有市场经济才需要具有自由和平等意识的主体，也只有在市场经济中人们才能获得真正的自由和平等意识。所以恩格斯说："创造这种'自由'而'平等'的人们，正是资本主义生产的主要工作之一。"[①] 马克思也指出："平

[①] 《马克思恩格斯选集》第4卷，人民出版社1995年版，第78页。

第二章　公共道德的价值基础与价值诉求

等和自由不仅在以交换价值为基础的交换中受到尊重，而且交换价值的交换是一切平等和自由生产的、现实的基础。"[①] 正是这种经济关系上的平等与自由，为人们政治上的权利平等提供了基础性的物质条件，也使人的精神和思想解放成为可能，促进了人类道德生活理想的重建。当然马克思也明确指出："商品表现为价格以及商品的流通等，只是表面的过程，而在这一过程的背后，在深处，进行的完全是不同的另一些过程，在这些过程中个人之间表面上的平等和自由就消失了。"[②] 因为在资本主义的普遍商品交换中，不仅一切劳动产品都成为商品，而且劳动者的劳动能力本身也变为商品。在市场上，工人和资本家之间的交换看上去也是遵循等价交换原则的，好像交换双方是"价值相等的人"，好像资本赢利是完全符合等价交换原则的，这样，资本主义社会的不公正性就被完全遮蔽了。

但市场经济作为一种经济活动方式对人类交往方式和生活方式的影响是不容全面否定的。自由竞争和等价交换是市场经济的两大运行法则。不同的经济主体都必须通过竞争参与经济活动，求得自身的生存和发展。市场经济不仅承认个体之间在能力上的差异，而且肯定个体凭借自己的能力获取回报的正当性，并为个体能力的提高与充分发挥创造了事实上的条件。竞争的自由意味着人的行为自由，市场给每一个人打开了一个广阔而自由的新世界，为劳动者提供了具有多种可能的劳动机会和自由选择权利，使劳动者个人的经济解放成为可能，也就从根本上为劳动者的个人解放（自由）开辟了道路；等价交换是以人们之间平等的社会关系为基础。马克思说："商品是天生的平等派。"在市场交换过程中，参与交换的各经济主体在身份、人格上是平等的，这里不认可任何行政的、财产的、宗法的特权和其他社会特权的强制作用。市场经济行为中的利益关系就是一种基于自利基础之上的互惠关系，经济行为主体之间的平等地位和自主独立，它表现为契约形式的权利与义务的对等，任何人都不得利用超经济的手段掠夺和占有他人的劳动成果，这是市场经济正常运行的前提条件。市场机制的实质正是在于充分利用个人对自身利益的追求来激发人的最大潜能，充分突出、显现和提升人的独立性和自主性。正是市场经济对主体的自主性和独立性的强调，并通过竞争机制促进人的主体意识和个性的增长

[①] 《马克思恩格斯全集》（第46卷上），人民出版社1979年版，第197页。

[②] 同上书，第200页。

与发展，从而催发了主体道德意识的觉醒。也就是说，市场经济不仅为一种新的道德的出现奠定了物质基础，而且为这种新道德的产生提供了必要的主体条件。

不仅如此，在市场经济普遍的商品生产交换条件下，形成的人们普遍交往关系也内在要求人们具有自由、平等的价值观念以及相应的公共道德意识。人们的交往由原来相对狭窄的偶然交往进入普遍交往阶段，社会成员之间不再是"鸡犬之声相闻，老死不相往来"，在以彼此承认相互平等的身份地位和自由权利为前提的基础上，个人因相互的需要而连接起来，在这一需要体系中每个人都是独立的个人，他们的位置都不是确定不变的，人们之间展开的是一种广阔、频繁、多方面合作的全新人际关系，像是在一个不断延展的平面上，形成的是一个相互交叉的"人际网络"，一个彼此共享的"公共空间"。正是在普遍交往阶段，人们的社会关系主要或更多地发生在社会大众层面。在此情况下，人们的活动影响到社会秩序、社会安全等公共利益及其他社会成员的利益越来越明显，人际冲突已愈益增加，这样，社会公共秩序对公共道德的需求也愈益凸显。可以说，一方面，正是市场经济通过经验现实的层面提供给人们的自由平等的价值观念，促进了人的主体性发展，创造出适合自己发展的新型社会主体、人格发展类型及其社会价值精神；另一方面，市场经济推动建立的普遍交往方式也需要相应建立起以人的自由、尊严和人格平等为基础的交往规则、交往理念和全新的生活方式。

二 政治哲学中的自由与平等

自由和平等是市场经济和民主政治所共享的基础价值。市场经济所要求或给人们带来的"经济解放"和人身自由直接成为社会成员普遍参与的政治自由的基础。市场经济本身所要求的平等交易原则与民主政治所要求的政治平等原则也是相容的。建立公平合作和平等参与的社会基本制度体系，则是市场经济与民主政治所共同追求的社会制度化目标。现代人的自由与平等不仅与社会生产力发展相关，而且与现代人生活的制度环境相关，正是在现代制度框架之内，个人才能获得充分参与社会竞争的权利与机会。自由与平等的原则和理念也只有通过现代民主制度这种机制，才能够有效地转变为可以兑现的价值。如何在政治制度层面促进人们的自由和平等，在后面第四章有必要的阐述，这里主要就西方主流思潮——自由主义对自由与平等的基本立场和观点做些梳理，以利于我们从道德哲学上对自由和平等价值的基础性的理解。

自由与平等可以说是政治哲学中两个最基本的概念，也是衡量现代社会公共生活品质的两个不可或缺的指标。对自由与平等这两种基本价值有深刻的阐述和明确见解的政治思想流派首推自由主义。自由主义者从来没有放弃对自由与平等的追求与论述，即使在某些特定的时期一些自由主义者更多地强调自由，但他们也从未彻底放弃平等的要求，不过他们所重视的是政治权利的平等和程序正义方面的起点平等，而且他们还担心对平等过度的关注会影响自由的发挥和满足。

所谓自由，按照汉语的字面解释，"自"指"自我"，"由"乃"顺随"。因此，顺随自己的意志，自我决断、自主行动，即为自由。但是，在现实生活中，自我决断与自主行动总要受到自己和自己以外的诸多因素的限制，特别是来自政府公权力的制约。人类是否存在这样一个自由的领域，它必须被保持在政治所能达到的范围之外——或者说个人自由的限度是什么？这成为近代以来西方自由主义的核心主题。自由主义者主张，个人具有如此重要的价值，以致无论政府组织得有多好，都必须禁止其干涉个人自由。至于我们正在谈论的自由到底是什么？经典的自由主义一般倾向于从否定性的角度作出界定。按照哈耶克的看法，自由指的是人的这样一种生存状态："一些人对另一些人所施以的强制，在社会中被减至最小可能之限度。"[①] 进一步的理解，罗尔斯认为需要参照三个方面的因素："自由的行动者；自由的行动者所摆脱的种种限制和束缚；自由行动者自由决定去做或不做的事情。"[②]

所谓"自由的行动者"，涉及的是"谁"的自由问题。无论在何种意义上，自由的主体都只能是人。当一个社会能够为所有人的自由提供正当保护的时候，我们把这样的社会称作自由的社会，但是，严格说来，自由社会之中的自由行动者，只能是富有情感、理性和意志的生命个体。对生命个体而言，自由意味着摆脱种种外在的限制或强制而自主行动。在政治社会中，对个人政治自由的限制可能来自三个方面：他人，群体，政府。因此，从否定性的角度看，所谓自由，实乃个人免于种种无理限制而自我

---

① ［英］哈耶克：《自由秩序原理》（上），邓正来译，三联书店1997年版，第3页。
② ［美］罗尔斯：《正义论》，何怀宏等译，中国社会科学出版社1988年版，第192页。

做主的种种选择和活动空间。毫无疑问，这个空间的范围是与外在限制的强度成反比的。外在限制的强度越大，自由空间的范围越小；反之，扩大自由空间的范围，必定要降低外在限制的强度。这种能够对种种不合理的外在干预力量说"不"，个人能够在一个什么样的范围内做他能够做的事情，伯林称为"消极自由"。他说："如果别人阻止我本来能够做的事情，那么我就是不自由的；如果我的不被干涉的行动领域被别人挤压到某种最小的程度，我便可以说是被强制的，或者说是处于奴役状态的。"①

伯林所谓的"消极自由"就是免于被囚禁、免于被人奴役、免受外在专横势力的压迫，关注的是自由主体自主行动的外在条件。对于社会中的个人来说，这种不受无理强制的消极自由很重要，但并不能说自由的最理想状况就是没有任何限制。如果从心理学角度看，也许谋求无限制的绝对自由符合人的潜意识本能冲动，但在现实的政治社会，人与人之间总要以这样那样的方式发生交往与互动，一个人的自由行为不能对他人的正当权益造成损害，否则，就无法谈论一种健康的文明生活。因此，一个组织良好的社会，需要建构一个公正的法律框架。这个框架既对每个人的权益提供平等的保护与救济，也对每个人的行为施以必要的规范与约束。在这个意义上，自由只能被恰当地理解为"做法律所许可的一切事情的权利"②。雅赛把人行使自由权利所应遵循的规则概括为相互缠绕的三个方面：第一，自由行为应当且只可以接受合理的约束与强制；第二，当只有对某人施加约束与强制才足以防止他对别人造成危害时，约束与强制的合理性质方能被认可；第三，如果超越道德和社会舆论的范围而诉诸强力制裁，则这种制裁必须在授权下依法执行。③ 我们由此可以看出，主张"消极自由"的洛克传统的自由主义的基本价值取向和典型特征，就是推崇个人的选择和行动自由，主张最大限度地降低来自他人、群体尤其是公共权力组织的种种不合理的外在干预。在某种意义上，对政府权力的怀疑和不信任是自由主义政治哲学的根本精神。

在摆脱外在干预力量的情况下，个人究竟怎样选择和行动，这是"积极自由"所关涉的问题。在伯林看来，积极自由是个人的一种自主状

---

① [英]伯林：《自由论》，胡传胜译，译林出版社2003年版，第189页。
② [法]孟德斯鸠：《论法的精神》（上），张雁深译，商务印书馆2002年版，第154页。
③ 参见[英]雅赛《重申自由主义》，陈茅等译，中国社会科学出版社1997年版，第37页。

态,受制于理性的欲望,它不是要求摆脱外在的干涉,而是要求实现个人的愿望、期待。就个人来说,它是指个人可以自由地做任何未被法律明确禁止的事情,并不受法律的追究;就政府而言,它是指政府应该积极地创造条件以满足个人的正当愿望和要求。其实"积极自由"的概念是19世纪英国新康德主义者 T. H. 格林最先提出,他将自由的概念与权力、能力的概念联系在一起。自由不仅是免于外在限制这样一种消极的概念,而且是去实现某种目标、去做某种事情的实际权力或能力。在格林的自由概念中存在某种道德的因素,他认为自由不仅意味着人们可以去做任何他们希望做的事情,而且必须是去做那些值得做的事情。格林说:"真正的自由就是使人类社会的所有成员都享有最大化的能力去实现自己的最大价值。"① 在这里我们可以看出,格林的自由概念中还包含着明显的平等主义因素。他认为自由应该是大家共享的物品,而不能只是某些人的特权。后来当代著名的自由主义思想家伯林才系统地提出了"消极自由"和"积极自由"的概念。但在伯林看来,自由只是消极的,或者说,他只强调消极自由,而否定积极自由。其实消极自由还有另一层含义,就是个人对私人生活的自主权,这是消极自由得以存在的内在条件。伯林强调消极自由的目的在于主张扩大个人的私人空间,缩小政府的活动空间,否定政府干预私人活动的行为的合理性。而他否定积极自由,也就是害怕或担心个人或政府,特别是担心政府对自由意志的滥用。对于这一点伯林说得很明白:"有人怀疑我捍卫消极自由而反对积极自由,以为消极自由更文明,那只是因为我觉得,积极自由虽然在生活中更重要,但与消极自由相比更频繁地被歪曲和滥用。"② 这两种自由中,都涉及个人与政府的关系,两种自由的区别在我看来主要是个人在政治生活中的作为与不作为和政府对私人领域的作为与不作为。对此,联系哈贝马斯对两种自由观的分析可以看得更清楚。哈贝马斯将自由观分为自由主义和共和主义两种,他指出:"自由主义者强调'现代自由',主要就是信仰自由和信念自由,以及保护生命、个人自由和财产自由——总之,自由主义强调的是主体私有权利的核心内容。相反,共和主义者则捍卫'古代自由',也就是政治参

---

① 参见李强《自由主义》,中国社会科学出版社1998年版,第108页。
② [伊朗]拉明·贾汉贝格鲁:《伯林谈话录》,杨祯钦译,译林出版社2002年版,第37页。

与和政治交往的权利,这些权利使得公民能够履行自决实践。"① 从人类历史看,共和主义强调公民的政治参与的积极自由最先受到重视,古有柏拉图、亚里士多德,近有卢梭,消极自由只是在西方近代才受到关注,其典型代表则是洛克。洛克传统的自由主义者反复强调,在不触犯法律和不危害他人的条件下,每个人都有权选择自己的生活道路,自由地从事社会活动、经济活动、政治活动以及其他各类活动。这是他的免于外在强迫的私人领域和自由空间。一种组织良好的社会政治秩序应当对这一领域和空间提供合法保护。

但在公民权利得到宪法保障的宪政制度下,由于贫穷、无知和缺乏一般意义上的手段,有些人却不能利用已属于他们自己的权利和机会,这种情况下我们该如果理解他们的自由呢?伯林认为,我们可以定义为他们缺乏追求幸福生活的"能力",却不好断言他们没有追求幸福的"自由"。但我们完全可以断定,在一个没有"能力"获得幸福的人的心目中,所谓追求幸福的"自由"基本上是形同虚设、没有价值的。这只能是那些能人和强者喜欢的自由。也就是说,法理上同样的"自由",对强者和弱者却有着完全不同的价值。问题的要害在于,当强者和弱者之间呈现出高度的排他性关系的时候,为"自由"辩护,也就差不多是为"强者"辩护了。而且在一个贫富分化带来严重社会紧张的背景下,恪守这样的自由其结局又会如何呢?所以我们只有斩断"自由"与"贫穷"的联系,将"自由"同"平等"、"富足"等美好价值挂钩,这才会离我们真正追求的理想目标越来越近。②

在现代自由主义理论之中,平等作为一种价值和主张是依赖于自由或权利的。平等是一个与差别相对立的范畴,它总是表达为人们享有某种权利的等同性或相同性。对平等的经典定义来自亚里士多德。在他看来,平等就是相类似的事情受到相类似的对待;不相同的事物应依据他们的不同而予以不相同的对待。一般而言,等同是平等所包含的一个基本义项,一切关于平等的理解和理论分析、推理和认证,都要以这个意义为基准。这一点在我们分辨卢梭的"人生而平等"和哈耶克强调"人生而不平等"这两种说法的时候就很明显。哈耶克认为"人生而平等"这种说法是错

---

① [德]哈贝马斯:《包容他者》,曹卫东译,上海人民出版社2002年版,第81页。
② 参见张凤阳等《政治哲学关键词》,江苏人民出版社2006年版,第26—50页。

误的，很明显，他认为每一个人与另一个人之间都存在差别，无论这些差别本身之间的大小如何，他援以比较的基准就是那种绝对意义上的等同。而卢梭的"人生而平等"或"人与人应该是平等的"等作为一种主张，并不是就这种完全等同的意义而说的。平等作为一种价值或人们提出平等的主张往往是因其社会—历史的现实根据和原因，即抗议政治、经济和其他社会生活领域之中人与人之间的巨大差异。实际上平等主张及其正当性要求的出发点并不是人生而平等，不论是自然性质上的还是社会性质上的平等，而是人与人之间的差异；而且任何平等的要求和主张所针对的乃是某些特定的差异，而不是一切差异。"一切人，作为人来说，都有某些共同点，在这些共同点所及的范围内，他们是平等的，这样的观念自然是非常古老的。但是现代的平等要求与此完全不同；这种平等要求更应当是从人的这种共同特性中，从人就他们是人而言的这种平等中引申出这样的要求：一切人，或至少是一个国家的一切公民，或一个社会的一切成员，都应当有平等的政治地位和社会地位。"① 也就是说，平等的要求完全是出于人的理性的要求，实际上它是一种针对人的社会状况的政治要求。其实政治上平等权利要求的背后，隐含着的是经济上自由发展的内在要求。"平等应当不仅是表面的，不仅在国家的领域中实行，它还应当是实际的，还应当在社会的、经济的领域中实行。"② 所以我们现代社会之中的平等的价值或主张其宗旨并不在于弥平人的自然差异，并且也不可能追求此种弥平，而是在于消除以自然差异为基础的某些社会差异或者社会差异的某些方面。③

平等概念的另一个基本义项是平均概念。平均概念主要是一个分配的概念，简单来说，它的特点在于不考虑个人之间的自然差异与社会差异，而要求在某一项社会嘉益或者所有社会嘉益分配方面的对每一个个人或每一个个人的某一个共同方面的完全均匀和相同。平均主义给人的印象，或者在许多人的笔下，仿佛主要是一种经济的要求，即对财富的平均分配。事实上，没有一种平均主义是将重点仅仅放在单纯的财富平均分配上面的。平均与等同一样，在平等的意义范围内，只有相对于特定的内容或对

---

① 《马克思恩格斯选集》第3卷，人民出版社1995年版，第448页。
② 同上书，第55—56页。
③ 参见韩水法《平等的概念》，《文史哲》2006年第4期，第127—134页。

象才有其确定而现实的意义;因为平均总是分配的尺度,而这又使平均要求依赖于其要求的主体。于是,平均作为一种价值的意义就具有双重的依赖性,即对所分配的对象和要求的主体的依赖,这就使平均完全丧失了成为一种独立的价值的条件。即使从最弱的意义上来说,平均的要求或主张不可能是一般而独立地有效的。① 所以正如对平等问题有过深入研究的当代美国学者德沃金指出的,绝对无差别的平等根本就没有价值。真正的平等是指机会平等还是收入平等,或者公平的社会应当致力的目标,是让公民拥有同等的财富,还是同等的机会,或是让每个人只拥有满足其最低需要的财富,这是需要认真思考的问题。②

平等的主张在长期的社会历史进程中,已经演变成为一个理性的诉求,而平等的原则往往只是通过理性的反复思考而得出的历史性结果。从斯密到哈耶克,"消极"自由主义者都坚持,平等起于也应止于机会和基本权利的平等。这种平等给个人潜能的自由发挥留下最大空间,因而也就充分保证了市场运作的高效率。至于由此产生的不平等结果,理当作为"成就原则"的体现而予以积极接受。但罗尔斯指出,机会平等原则之被尊奉,不能隐藏或公开地用效率逻辑来解释,不如讲,它是对效率逻辑施加的正当约束。考虑到优胜劣汰的市场竞争会造成个人之间不断放大的实际差异,要使效率追求获得价值正当性,不但有赖于对机会平等原则的严格遵循,而且还应当给社会生活中的最少受惠者以某种形式的合理补偿。社会对最少受惠者的特殊照顾这样的不平等完全是为了社会合作的需要。罗尔斯由此推出了对"消极"自由主义的一项重要修正,表现出"积极"自由主义的倾向。他认为,国家在通过自己的不作为使个人增进其利益的同时,还应该通过自己的积极作为为每个人增进其利益提供必须的条件和服务。他相信,他的差别原则给资产阶级革命先驱倡导的博爱理想赋予了新的内涵。一方面,差别原则是一种对待命运中偶然因素的正义方式。另一方面,差别原则又是一种现实可行的正义诉求。有了它,自由社会也许不排斥"优胜",但却不至于使弱者无可奈何地遭到"劣汰",从而保持自由与平等在社会发展中的一种静态平衡(结构平衡)和动态平衡(历

---

① 参见韩水法《平等的概念》,《文史哲》2006年第4期,第127—134页。
② [美]德沃金:《至上的美德——平等的理论与实践》,江苏人民出版社2003年版,第3页。

史平衡）的统一。在此基础上，新自由主义更进一步，坚持"平等优先于自由"的观念，认为自由是平等的一个方面，平等是比自由更为根本的权利和价值。德沃金教授说得很明白，他的论点的中心概念不是自由的概念而是平等的概念。他还指出，社会契约论的最根本假设不是洛克和密尔所重视的人们所享有的某种自由权，而是另一种更基础的条件：平等权。平等尊重是社会契约的前提性条件。平等对于我们大多数人具有一种近乎绝对的力量，不能通过把自由设想为一种独立于它之外的政治理想而对它加以限制。国家不仅必须以关怀和尊重而且必须以平等的关怀和尊重来对待人们。[1]

总之，在人类的社会历史之中，平等已成为人类文明进步的重要价值标准，平等的实际状况往往体现一个国家与社会制度的民主化程度。但是，另一方面，并不存在任何一种衡量平等的完全客观的外在标准。平等的理想固然在相当大的程度上造就了平等的主张和制度，比如某种分配制度。但人们对平等的衡量，并且在一定程度上，人们关于平等的理想，并不仅仅是通过分配来实现的，或者说，并不能够仅通过分配来达到，事实上还必须借助于人们观念的调整。这就是说，一个正义的制度不仅改变社会基本结构，同时也改变人的观念和社会心理状态；或者反过来说，一种正义的制度，一个良序社会，必须以人们的一定的观念和社会心理为基础和前提。[2]事实上，对自由与平等价值及其关系的不同理解往往形成不同的正义观的核心内涵，直接成为人们选择和评价社会基本制度的道德标准。一般地说，现代制度打破了一切身份等级和地域限制的束缚，为个人才能、个人充分自由地发挥，创造了前所未有的自由空间；作为抽象、明确、平等的规则，现代制度为自由主体提供了有效的预期机制，增强了自由行动者之间的互动、交往和合作；作为清晰明确的公共规则，现代制度通过对人们自由空间的界定，使逻辑上抽象的可能性，变成一种人们行动上可以力争和竞取的权利和机会；作为一种把形式正义当成根本性制度正

---

[1] 与德沃金的观点不同，韩水法教授认为，在现代自由主义理论之中，平等不可能成为一种可以独立于权利而有效的价值。如果将平等的价值放在第一位，那么自由主义及其权利的主张就会失去其立足点；与罗尔斯的方法和思路不同，韩教授认为，社会不平等不可能在权利原则之外得到限制，而机会的公平平等最终也是要通过对基本权利的规定和调整才能够实现的。参见韩水法《平等的概念》，《文史哲》2006 年第 4 期，第 127—134 页。

[2] 参见韩水法《平等的概念》，《文史哲》2006 年第 4 期，第 127—134 页。

义的规则体系,现代制度作为一种实现社会公平的机制,它所确立的法治原则从根本上改变了人与人之间的依附关系,但它是否为每个人赢得了作为主体和自由人的尊严感,是否又为一切人的自由全面发展创造了可行的条件?这是我们理解公共道德的生成和制度环境时不得不思考的问题。我们看到,罗尔斯的正义理论表达了一种对普遍平等的人类生活境况的追求,试图以一种纯粹程序的正义制度之设计消解自由和平等之间的裂隙以促进实质平等,从而保持多元社会之正义秩序,这无疑是对资本主义合法化危机的一种自觉反应。然而,由于罗尔斯没有能够进一步深入探究资本主义的经济结构是如何限制了实质平等意蕴的表达,从而陷入抽象平等的困境,其通过普遍平等的理想证成的社会正义也难免流于空想。而马克思通过深入对资本主义制度的根本性批判,提出的更为理想的人类平等的设计,无疑是值得我们充分肯定和进一步深入研究的。

三 自由与平等是公共道德的价值基石

自由和平等是近代资产阶级追求的社会政治目标,对于当时政治上处于弱势地位的资产阶级来说,它实际上表达了一种平民立场。随着历史的发展,当"自由"与"平等"的诉求表现为一系列政治运动,如工人运动、女权运动和民权运动,并且以普选权等方式获得制度的民主化成果的时候,它搭建起了一个现代性交往的基础平台。但政治信念层面的自由和平等始终是外在于个人的,只有深入生存论层面的基础视域,才有可能真正体验到个人的自由和自主。从理论上说,有两个层次的自由[①]:一是个人层次的内在意志的自由,二是社会层次的个人在现实生活中的政治、经济、社会自由。人的内在意志的自由,属于深层次的自由,它是生命存在的本源,或者说它就是生命存在本身。除了人的生理基础以外,生命存在是各种观念、欲求、情感、情绪、意向等的流动的、渗透性的、生长式的整体,往往是我们的理性所不能完全理解的。这种深层自由意味着每个个人的独特性、意味着个性的内在尊严,是现实的公共领域中必须尊重的对象。霍布斯认为哲学研究对象应包括自然和公民。在自然界中,一切都受机械因果必然性支配,根本没有自由可言。只有"为他自己的理性所统治的"人才有自由,自由即自然权利。霍布斯写道:"著作家们一

---

① 参见詹世友《公义与公器》,人民出版社2006年版,第27—40页。

般称为自然权利的,就是每一个人按照自己所愿意的方式运用自己的力量保全自己的天性——也就是保全自己的生命——的自由。"① 后来的洛克正是出于对个人的独立和私人所有权的无限尊重,他把个人价值置于社会、政府之上,认为一切政府和国家存在的必要性和合法性就在切实保障、扩大个人的自由权利,即"人们联合成为国家和置身于政府之下的重大的和主要的目的,是保护他们的财产"②。

所以,我们必须从个人内在的深层自由——个性的这种不可让渡性的高度来理解个人自由和人与人之间的平等性。从这个意义上说,自由是平等存在的条件,而平等是自由的社会表现。我们的政治、经济和社会自由本质上也就是为个人的深层自由服务,给个人的深层自由提供一种能得以自由生长和表达的制度体系和社会环境,实际上就是给每个人的自由存在与成长提供平等的基本权利,它包括生命权、自由权、财产权、尊严权、获助权和公正权等内容。对这些平等权利的制度保障,能让每个人在自由发展自己的能力、表达自己的愿望、偏好,自主地选择生活道路的过程中丰富自己的内在经验,从而能更好地塑造内在自我。其积极意义也将在人伦关系的道德特征上体现出来,即人与人之间对彼此的自由意志的尊重和平等相待。这一切正是公共道德及其个体德性形成的基础和表现。

正如罗尔斯所指出的,自由是个体德性形成和践行的必要条件。对于发展和发挥个人的道德能力来说,个人的独立和自尊都是根本性的。他认为,正义感的道德能力关乎正义原则在社会基本结构和社会政策中的应用,对于正义感的形成和实践来说,政治自由和思想自由乃是根本性的。追求善的观念的能力关乎道德理性在指导一个人终身行为过程中的应用,对于追求善观念的能力的形成与实践来说,良心自由和结社自由尤为重要。平等的政治自由和思想自由将确保公民们自由而明智地并且充分有效地实践其正义感,从而将正义原则应用到社会的基本结构之中,而良心自由和结社自由是为了确保公民终身都能充分地、明智地和有效地运用正义原则,形成、修正并合理追求善观念的慎思理性能力。在这里,我们看到了罗尔斯对制度环境与个人德性辩证关系的合理见解。

但我们也不能不看到,罗尔斯等的自由主义伦理思想,为坚持个人主

---

① [英]霍布斯:《利维坦》,黎思复、黎廷弼译,商务印书馆1985年版,第97页。
② [英]洛克:《政府论》(下),叶启芳、瞿菊农译,商务印书馆1964年版。第77页。

义而削弱了人们的共同体归属感,为坚持权利优先立场而淡化了人们对德性的追求[①],为坚持中立性原则而抑制甚至否定了道德教化的功能。把个人的自主选择权置于至高无上的地位,认为这种自主选择权高于善价值,即,即使一个人选择平庸的生活,只要这种生活不侵害他人,人们也应予以尊重。这种信念对个人来说,必然造成自由选择权与德性要求的内在紧张;对社会来说,有可能带来道德衰微的结果。人们可能最大限度地发展个人自由,却不考虑或不顾及对他人承担的义务;强调对国家作用的道德限制,把限制国家权力以保护个人权利作为首要考虑,但这种信念也可能会放纵强者对弱者的侵犯,富者对贫者的伤害。虽然罗尔斯的差别原则对此有所矫正,但他更多相信的是理性的制度,而不是个人的道德。哈贝马斯对此看得很清楚,他认为罗尔斯的《正义论》在得出正义原则时借助的是工具理性,一种惧怕自己吃亏的自我中心式的思维模式,即在无知之幕的选择中,并未启用公民的道德能力。

但罗尔斯的确把我们引领到了伦理思考的一片新视域:使社会基本制度的合法性的正义问题成为现代公共道德领域的中心问题。罗尔斯强调个人自由(权利)压倒一切的优先性,谋求建构一种正义的权利框架,以便使每个人实现自己作为自由道德人的能力和追求善的生活。其实共和主义强调自我依赖于共同体的观点也是非常有价值的。他们认为只有在一个有着人际情感联系的群体中,通过公共性的交往与互动,普遍性的情理才能够更好地渗透到我们的深层自我之中,因此促进主体人格的自由成长。如果说自由主义主要将自由理解为纯粹的个人选择,那么共和主义则将自由理解为最大程度地促进人们实现自己的潜能。在共和主义传统看来,我们的自由并不仅仅是在市场中进行选择的自由,只有当我们能够参与到那种帮助我们实现潜能的公共生活时,我们才是自由的。共和主义和自由主义的一个关键的分歧就是培养公民德性和品格是否具有重要性。如果综合起来看,它们其实并不矛盾。社会需要正义的秩序,这样每个人才可以自由地进行价值选择和道德判断而不受公共权力的干扰,只有这样的社会结构或秩序才能给所有社会成员追求善、幸福或美德提供平等的机会和可能

---

① 罗尔斯虽然关注了正义与美德的关系。但在他那里,美德只是为了实现正义的一种工具,对社会来说,除了与正义的社会的普遍秩序相适用的品质是值得提倡并应该着力塑造的美德以外,其他美德似乎都无关紧要。他只注意到了德性的社会价值,而忽视了德性对人的存在的价值。参见詹世友《公义与公器》,人民出版社2006年版,第378页。

性。但另一方面，也只有在家庭、公民社会的自愿组织等共同体中才可以培育个人利用这种机会和可能性的道德能力，一句话，只有在社会日益平等自由的时代，才会孕育出政治资格平等和道德人格平等的公民意识，也只有反对那种"过度的个人主义"意义上的自由主义，重视那种强调公民德性和共同善的观念传统，最大限度地确保向"他者"开放，培养对"他者"的意识，才会有真正意义上的公共道德的生成。

第三节　公共道德的价值诉求——尊重、宽容、信任和参与

就西方来说，现代公共生活中民主制度的产生和发展，其基点是构建并保护公民的政治资格和道德人格的平等。它依赖于由康德率先确立并得到后世思想家一致认可的"个体理性"原则，极大地影响了西方文化的个性及其价值观走向。它从道德上和法律上保证了个人追求自己的利益和价值的正当性和合法性，通过对自由主体进行最低度、最一般、最起码的限制和约束，使强制的空间最小化从而实现了个体自由行动空间的最大化，为个性、个人潜能最大可能的充分发挥预留出最大可能的机会空间。对此，当代英国著名的道德哲学家齐格蒙·鲍曼称为"生活总体上的私人化"[1]，荷兰学者哈尔曼则认识到，"个人化意味着人们作为享有自主权的个人越来越有决定自己怎样行事，选择什么样的价值观的自由，崇尚个人的现代人在做出决定时主要由以下的思想指导：个人幸福、自我实现以及立即满足个人的要求，而置集体权威于不顾"。[2] 为此，美国学者萨立文批判自由主义哲学过分重视个人权利而忽视了社会纽带，因而提倡作为一种哲学范式变革的"公共哲学"，并建议通过恢复托克维尔曾经研究过的、以"地区"而非国家为单位的团体的公共精神，来重铸美国国民的道德和社会纽带。这些学者所揭示的无疑是先期现代化国家在后现代面临的文化和道德困境，但对于正处于现代化进程中的中国来说，又何尝不是

---

[1] [英] 鲍曼：《生活在碎片之中——论后现代道德》，郁建兴等译，学林出版社2002年版，第315页。

[2] 中国社会科学杂志社主编：《社会转型：多元文化与多民族观念》，社会科学文献出版社2000年版，第92页。

一种警示呢？

就公共生活中的道德来说，中国和西方现在乃至最近的将来有着几乎相同的问题需要面对：一方面是制度合法性、有效性基础面临挑战，另一方面是个体——自我生命存在与生活意义的迷茫与困惑。那么我们需要提倡的是哪些富有时代意义的道德价值呢？基于"公共"（public）这个词的原初意义[①]——意味着一个人不仅能与他人合作共事，而且能够为他人着想，现代社会作为自由而平等的公民的一个广泛的互惠合作体系，作为多元差异主体间不断进行的对话与交往的合作实践，它所需求的就不外是尊重、宽容、信任和积极参与等体现公共精神的道德价值。其中，尊重作为现代公共生活诉求的道德价值又是最基本的。

一 尊重

对人尊重是最基本的道德价值。也就是说，一切道德价值的基点在于对作为人格主体的尊重。这种对人的尊重，就是把人当人看，强调他人（包括自我）的人格尊严的不可侵犯性。它的表现形式为相互对应的两个面向：作为自我对他人的期望，它意味着要求他人承认与肯定自我的尊严；作为自我与他人的交往原则，尊重则表现为对他人内在价值的肯定。对此，康德伦理学表述得最为清晰："人，一般说来，每个有理性的东西，都自在地作为目的而实存着，他不单纯是这个或那个意志随意使用的工具。在他的一切行为中，不论对于自己还是对其他有理性的东西，任何时候都必须被当作目的。""你的行动，要把你自己人身中的人性，和其他人身中的人性，在任何时候都同样看作是目的，永远不能只看作是手段。"[②] 在康德看来，人性是目的自身，作为人的尊严是没有等价物可以替代的，是超越于一切价值之上的。正是人的内在价值，构成了他应当受到尊重的根据。由此，人性作为目的自身是"每一个人的行为之自由的最高限制条件"。这意味着每一个人无论其特殊的欲望如何都应当承认人性的道德价值，从而严格地限制关涉人性的行为。这样，康德伦理学也就在规范意义上清楚地提出了尊重人的道德原则。说它具有规范意义，是指

[①] [美] 乔治·弗雷德里克森：《公共行政的精神》，张成福等译，中国人民大学出版社2003年版，第18页。

[②] [德] 康德：《道德形而上学原理》，上海人民出版社2002年版，第80页。

康德伦理学的尊重的对象是指向所有具有理性的人，同时它也以命令的方式向我们提出了应该尊重每一个人的义务。对每一个人的尊重，也就是尊重他的人格尊严，他的意志自由，他的生活选择，以及他应有的权利，只要这种自由和选择没有构成对社会和他人的妨碍。在这里，尊重作为一种道德价值既以自由为价值依托，又以平等为价值指归。

但康德的尊重（人）伦理是特别指向公共生活的人伦关系的。对于现代人来说，公域生活和私域生活是现代社会生活中的两种存在形态。在私域生活中，人们交往关系的对象都是一个同我处于特殊关系中的单数的他者，是一种私人的联系，每一私人联系都是直接的、以感情为基础的、对应着特定的角色和特别的身份，并且要求个别的、直接的回应性；在公域生活中，典型的交往关系是一个人同陌生人的关系。对我来说，所谓陌生人就是没有感情关系的人，我同这个陌生人与那个陌生人的关系是没有差别的，交往的对象往往忽略其个性而显现为无差别的、一般的、复数的他者，也即一种普遍性的人格。[①] 康德伦理学视域向公共生活的转移，顺应了时代发展的趋势，从道德发展史的角度来说它体现了一种时代的进步要求：它的尊重这一道德概念扩展了人们道德关切的范围，促使人们认识到除了关切自己的亲人、朋友外，对任何一个人都应负有一定的道德责任。就其实践意义而言，这种规范性尊重显然是把普遍有效性作为其实践目标：它指向作为尊重主体的人与被尊重对象之间应然的道德关系，以建构某种理想的道德共同体为鹄的。共同体中的人们自然地拥有这样一种需求，希望他人不伤害其脆弱的自我，希望获得一种他人对其个体性的最起码的尊重。正是从这种基本的精神性需求中，产生了对尊严的价值诉求。根据这样一种尊重的要求，我们虽然同样要珍视私域生活中与我们有密切关系的人，如我们的配偶、父母、孩子、兄弟姐妹、朋友、同乡等，但我们不可以通过粗暴对待陌生人的自主或尊严的方式而偏袒我们自己、我们的家人、朋友、同事和熟人。也就是说，在现代道德价值体系中，对人格尊严的尊重是一种标志着现代性特征的价值立场的表达。这种价值立场来自所有人的普遍权利，它以现代道德理性精神为基础。与传统血亲人伦规范和等级人伦规范在传统伦理中拥有的那种本根至上性不同，现代社会的道德要求是即使在父母子女之间也必须首先保持一种平等人格的关系，在

---

① 廖申白：《儒家伦理与公民伦理》，《哲学研究》2001年第11期。

此前提下再进一步依据血缘亲情的特点,建立起更为密切的伦理关系。①实际上,康德伦理学揭示出了一种新的尊重类型,它属于现代社会的公共生活,是与每个人自尊相关的人的尊严所体现的一种精神上的需求,是以某种方式得到他人的对待的权利,它不仅与私域生活中以情感为基础的尊重有区别,更与传统社会的等级性尊重不一样。私域生活中的尊重是难以体现为权利的,传统社会的尊重则是以人的社会角色和社会地位为依据,尊重之义务是单向和不对等的。康德伦理学的尊重作为公共生活的道德原则,因其对人类社会生活的重要性而成为最基本的道德价值。

而且,从德性的角度看,尊重德性它是主体对其自身有限性的承认,也是对诸如自我中心和狂妄自大之类的自然的或不道德的倾向的克服。"作为一种德性,尊重是对自我主张和自我冲动的道德控制。"② 在人成为真正意义上的人的过程中,尊重通过使人谨慎地关注外在对象、并使其在与对象的关系中认识到自身所处的位置、自身的道德本性,因而具有重要的道德价值。所以,尊重不仅有助于人的道德进步,成为其道德人格的起点和基础,而且本身就是一种至关重要的德性,在公共生活中,尤为值得推崇。

公共生活中道德价值的实现方式主要有两种,一是通过制度的安排去实现道德价值在公共生活中的应用,二是体现在个人行为中的道德价值。所以,对于主体人格的尊重,也主要是从这两个维度去实现。

首先,尊重作为最基本的道德价值是与权利相关的,必须由制度所体现并为制度所保障。权利有助于推进尊重,尊重促进权利的发展。按照康德的观点,"自由"(即意志自由,它是人性和人的尊严的实质内容,是人值得尊重的根据。)在道德领域中作为一种理念存在,在政治领域中则表现为一种权利。尊重人,把人当人看,意味着人作为人格主体在现实政治生活中具有不可侵犯、不可剥夺的权利。这种权利的存在,是人作为共同体的成员得到社会和他人普遍尊重的社会前提。只有享有这些权利,每个人才可望得到合乎人性的对待,从而能够真正像"人"一样地生存与生活。

在西方自由主义思想史上,最重要的权利概念是所谓自然权利或人

---

① 刘清平:《儒家伦理与社会公德》,《哲学研究》2004 年第 1 期。

② William Kelly Wright, "On Certain Aspects of the Religious Sentiment", *The Journal of Religion*, 1924, 4 (5): 449.

权，而人权被宣布为"天赋"，表明它在价值上是自足完善的。就其本来意义来说，自然权利或人权的有效性并不取决于实际法律制度的实施，它属于一类特殊的道德或道义权利。洛克可以说是这一权利理论最早的经典阐述者。他系统阐述了不同于中世纪的自然权利概念，指出生命权、自由权和财产权是人天经地义的权利，其合理性可以由自然法和理性而加以阐述和论证。在他看来，国家不是权利的创造者，而只是业已存在的不可让渡的公民权利的捍卫者。它本身就是公民权利所派生的，因而其权能必须指向公民权利。不能捍卫公民权利的国家最终缺少合法性的基础，因而人民有权要求更换其统治者。这种自然法基础上的权利理论其内涵不断丰富并从英国传播到法国和美国的革命思想家，体现在《人权宣言》和《独立宣言》以及今天仍然普遍有效的联合国于1948年签署的《国际人权宣言》中，几乎成了世界各国文明社会成员所共同持有的根本政治原则和信念。

自由主义者通常认为，政府的存在虽为公民权利保护所必须，可它若滥用职权却会对公民权利本身构成致命威胁，因此从洛克开始，他们对国家和政府总是采取谨慎的态度，为个人权利划定一条明确的界限，以防止国家和政府超出界限而破坏个人自由。但到了20世纪后半期，权利的概念本身膨胀了许多，从传统的针对国家的防卫性权利扩大到合法地要求政府满足人的基本需求，包括医疗保健、最低工资、付薪的休假时间等。所以类似于消极自由和积极自由这两种自由，权利也可区分为消极权利与积极权利。前者指的是对政府的防卫性权利，后者则是直接要求政府负责的福利内容的权利。人们在坚持重视可实现的消极权利的同时逐步增加的对积极权利的关注，实际上是扩大了政府的公共责任。当然，在公民权利中增加的经济和社会权利的丰富内容，如义务教育和免费医疗等，注意到政府应该克服贫富悬殊，照顾弱者，提高社会福利等，在当今世界仍属于理想性的权利，只能说政府道义上有责任提高普遍的福利水平，减少公民的痛苦，但尚不能像消极权利那样有明显的外在标志和可实现性。不过，无论消极权利还是积极权利，实际上是从道德上提供了权利人一个自由选择其行为方式以获取其正当利益的合理范围。当我们要求自己的道德权利、要求自己的个人尊严应被尊重时，这显然不是在希望赢得对方的同情或恩惠，而是基于自己作为人的地位坚持应得到的对待。

其次，尊重作为现代社会生活基本的道德价值，只有在平等人格的对话性关系和相互承认其人格尊严的交往关系中，才可成为现实的价值。尊重作为公民应遵循的道德价值，具体内容包括如下几个方面：第一，对法律权威的尊重，表现为服从合法权威，表现为守法精神。在现代社会，守法精神表达的是对社会正义制度的一种道义的认同和信任，表达的是自己对这个基本制度及其宪政法制所作承诺的坚定不移践履之态度。在这种对宪法及其制度权威的尊重中，它表现出公民对自身自由权利与责任的深切理解，表现出公民的理性自律精神。我们每个人都生活在特定的制度背景中，我们每个人的平等权利只有在一个公正的社会制度中以及我们每个人对它的尊重中才是现实的。第二，对其他公民的尊重体现为善意。尊重是一个人对于他人的基本人格的道德态度，表明一个人注意到一个个他不熟悉的他人的在场，它包括谨慎的关注、不顾及自身欲望的遵从、积极的评价和适宜的行为等要素。从情感维度来说，尊重并不是人的喜好和恐惧之类的自然情感，也不及爱的情感强度，它只是一种使我的意志服从于法则的意识，一种通过理性概念自己产生出来的情感，一种使利己之心无地自容的价值觉察，包含着理性支配的因素。[1] 尊重只是意味着主体认可其对象具有不依赖于我们先在欲望和他人许诺的价值和重要性而表现出的一种善意，从而要求自己适宜的行为操守，即必须避免某些行为，或者以特定的方式去行动。在现代社会，不尊重他人往往表现为对公共利益或陌生人的存在感觉模糊，甚至冷漠，从而在行为上经常以占用公共资源或伤害陌生人的方式来增进自己的利益。对他人的尊重只能来自个人道德上的自觉，它指向的不是感官欲望或者实际需要的满足，而是使人成为真正的人，亦即只有尊重他人，自己才能成为真正的人，成为道德的存在。基于此，公民之间的互相尊重是信任、合作的前提，也是公民对不义现象表达义愤的前提态度。特别是在一个文化多元的社会里，个人尊重和善待来自不同文化背景的他人尤为重要。同时作为独立的个体参与公共事务，也应当尊重其他公民的权利和义务，从而彰显公共精神。第三，对自身的尊重，即自尊。它是个体对自我内在尊严的一种肯定和维护。公民对自身的尊重，就是尊重自己作为公民所具有的身份，充分实现公民的权利与义务。追求权利而不履行相应的义务是不自尊的表现。世俗化意味着人注重自己的感性生活，注重在世的幸福，注重自己对各种权利追求的自由，但

---

[1] ［德］康德：《道德形而上学原理》，上海人民出版社2002年版，第14页。

正如康德所揭示的,自由与道德法则两个概念是共生的,它们互为条件。所以与追求个人自由权利相伴随的是处于对法则敬重的责任意识、义务意识,它应当像遵守上帝命令一样虔诚。

制度对权利的保障使人作为自尊的人站立起来,"用眼睛正视他人,以根本性的方式看待人们间的平等。把自己当作权利的持有者,这不是不应有的骄傲,而是恰如其分的自豪,具有这种最低程度的自尊,对于热爱并尊重他人也是必要的"[1]。任何人如果缺乏自己作为权利持有人的观念,便难以意识到人的尊严的基本要素,也就难以把自己和他人当作目的而不只是手段。当考虑人的行为的合理性时,如果不把人当作权利持有人,则对人的尊重就成了一句空话。当然,人的尊严价值及其关系(或规范)在行为领域之外或之前,仅是作为一种抽象价值或观念价值形态而存在,只有行为领域的相应行为才能使这种价值成为现实。尊严的价值,人作为主体需要尊重的价值,存在于任何主体与主体的相互对待的关系之中,是人类社会实践的内在要素。拥有这一类要素,社会实践才可能称为人的实践,也才是善的实践。任何人类终极性的善,都可在这个道德基础上生长出来[2]。

二 宽容

宽容,在日常生活中,人们倾向于把它理解为一种人际交往中的宽厚、谦让与容忍的美德。但如果立足于现代生活,尤其是现代公共生活来谈宽容,就必须超越个体道德之维,将宽容提升到现代制度伦理的层面来加以审视。宽容一词英文为 tolerance,源自拉丁文的 tolerare,其基本含义是承认并尊重他人的信仰或行为的能力或行动。虽然英语的宽容一词的历史并不代表各语言中宽容一词的历史,但英语宽容一词的含义却确立了现代意义上西方文化中宽容的意涵。按照哈贝马斯的说法,宽容是在 16 世纪宗教教派分裂的历史语境下,从拉丁语和法语中借用而来的。其原初含义比较狭窄,主要是指教会对异己信仰的容忍[3],后来逐渐地扩展并演变

---

[1] Joel Feinberg, "The Nature and Value of Rights", *The Journal of Value Inquiry*, 1970, (4): 252.
[2] 龚群:《道德哲学的思考》,河南人民出版社 2003 年版,第 53 页。
[3] 参见哈贝马斯《我们何时应该宽容——关于世界观、价值和理论的竞争》,《马克思主义与现实》2003 年第 1 期,第 107—112 页。

为一个与自由理念高度相关的法律原则,并被大多数国家写入宪法条文。当今世界,随着人类多元文化背景下的交往和融合,人类对宽容的需求越来越迫切,宽容已成了与全球一体化紧密联系的整个人类的交往理念。而且作为一个交往理念,它已不单单是抽象的道德原则,正成为多样的文化态度和政治实践,特别是作为一种"最合适,最能加强和扩大我们现在的多样性的最佳安排"[①] 的政治态度。

西方学界对宽容主要有以下几种典型的看法:

《大不列颠百科全书》这样定义宽容:"容许别人有行动和判断的自由,对不同于自己或传统观点的见解的耐心、公正的容忍。"[②]《布莱克维尔政治学百科全书》认为:"宽容是指一个人虽然具有必要的权力和知识,但是对自己不赞成的行为也不进行阻止、妨碍或干涉的审慎选择。"[③] 科恩在《什么是宽容》一文中也指出,宽容行为是指在多样性情境中,行动者认为有力量去干涉而不去干涉敌对的他者及其行为的一种有意识、有原则的克制。

从以上各种对宽容的理解中可以看出,宽容概念至少包含三个要素:第一,否定反应;第二,干涉能力;第三,克制。其中,否定反应既包括非道德判断意义上的不喜欢,也包括道德判断意义上的不赞成。如果某个人赞成某种行为或观点的话,宽容情形不会出现;如果某个人不在意某种行为或观点,此时,他表现出的是冷漠,而不是宽容。宽容概念的第二个构成要素是干涉能力,如果行为主体不喜欢或不赞成某种行为或观点,但是他却不具备干涉能力,那么他所做出的只是一种顺从。在宽容情形中,这种干涉能力可以是法律意义上的权力,也可以是非法律意义上的能力,例如,风俗习惯和大多数人的意见等。宽容概念的第三个构成要素是克制。克制是宽容概念的决定性要素,我们甚至可以说宽容就是一种克制。[④]

宽容的观念从宗教领域发端并最终植根于更广泛的自由理念的土壤。吉兰·瓦特洛在解读宽容时区分了原始宽容和现代宽容,我们所说

[①] [美]迈克尔·沃尔泽:《论宽容》,袁建华译,上海人民出版社2000年版,第10页。

[②] 转引自曾广乐《全球化与宽容美德建设》,《学术论坛》2002年第5期,第16—19页。

[③] [英]戴维·米勒等:《布莱克维尔政治学百科全书》,中国问题研究所等译,中国政法大学出版社2002年版,第820页。

[④] 参见刘曙辉《宽容:历史、理论与实践》,《哲学动态》2007年第7期,第41—46页。

的原始宽容，是指由容忍或不制止那些按照法律不该发生的事所构成的态度。它是由谨慎或迁就人类的缺点所促成的。这是一种无奈之举。无论如何，这既不是一种许可，也不是一种授权：这是一种纵容，可以废除。远在人类历史的早期，人们就发现这种基本社会实践的踪迹。人们所说现代宽容，是指在现代发展起来并由卡斯蒂利翁、斯宾诺莎、洛克，尤其是皮埃尔·培尔详细阐述的宽容的形式。从现代意义上所谓宽容就是同意这样的观点："在自由的名义和大家所承认的原则下，别人按照我们所没有的或我们并不同意的原则思考和行动。换言之，宽容是自由的必然结果。"① 其实，宽容观念它不仅在时间维度上裹携着历史的厚重感，而且在空间维度上牵涉个人、机构和共同体等不同层面。如哈贝马斯明确区分基于正式规则的宽容和道德上的宽容，实际上就指出了包括个人在内的宽容主体的多重层面。他说："我们在使用'宽容'一词时，通常包含两方面的意思，既指赋予人们权利的法律秩序，又指与他人交往时保持宽容的政治美德。"② 下面我们尝试用三组关系来粗略界定宽容的内核、层次与边界：

首先，从宽容与权力的关系看，宽容是权力的自我节制，这是它的内核，是宽容的资格。宽容实际上是一种放弃，是有权力的人放弃把他认为合适的生活方式（如信仰、行动偏好等）强加给其他人。从历史的视角看，也许可以这么说，宽容起初是弱势者为了生存而向强势者不断发出的吁求，后来则成为强势者认同自由正当性所做出的自我约束。当权力不肯克制或不能放弃时，宽容就不复存在。宽容总是强者对弱者，或者两个势均力敌的存在者之间才会呈现的美德。面对不愿容忍的东西，宽容者本来有可能、有力量发起否定对抗的行动，但最终抑止了这一行动，这才体现了禁欲、自我控制的道德优越性。权力之所以愿意自我节制并表示出善意，可能是因为权力者认识到权利和自由比权力具有更高的价值，当然也可能是纯粹基于成本——利益得失计算的行动策略。

其次，从宽容与权利的关系看，宽容是对多元权利的容忍，是对他人的言论和行为，特别是那些与自我的信念和判断相冲突的言论和行为的容

---

① 吉兰·瓦特洛：《人权与宽容的命运》，新慰译，《第欧根尼》1998年第1期，第89页。

② ［德］尤尔根·哈贝马斯：《我们何时应该宽容——关于世界观、价值和理论的竞争》，章国锋译，《马克思主义与现实》2003年第1期，第107页。

忍、谅解和尊重。这种尊重或容忍的程度构成宽容的层次。我们可以把保罗·科利的宽容禁欲论的五阶段划分看成是宽容层次的由低到高排序：

（1）我不赞成你的生活方式，但是我努力理解这种生活方式，尽管并不坚持这种生活方式。

（2）我不赞成你的生活方式，但是我尊重随意生活的自由，而且承认你有公开显示这种生活方式的权利。

（3）我既不赞成也不反对你和我过着不同生活的理由，但是这些理由也许表示一种与由于人类的理解力有限而我没有注意到的善的关系。

（4）我赞成所有的生活方式，只要它们并不明显地伤害第三者，总之，我不干涉一切类型的生活，因为它们是人类多样化和差异性的表现。①

再次，从宽容与自由的关系看，宽容是对自由价值的尊重，是自由的道德体现和精神内核，自由的边界就是宽容的边界。什么事能宽容，什么事不能宽容，这个边界在历史和社会的变迁中一直在调整。随着自由内涵的扩张，宽容的边界也在放大。自由是免于无理干涉的权利，但自由止步于他人的合法权利，据此可以提出宽容或者不宽容的两个基本原则：其一，法律禁止的事不可宽容（合法原则）；其二，如能证明某行为对他人造成伤害，也不宽容（伤害原则）。反之，只要一个人的自由行为既没有违法，也没有伤害他人，就应当宽容。在一定的界限内，宽容坏事是一件好事，但跨出这一步之后，进一步地宽容坏事就不再是好事，而是一件坏事，一件几乎和被宽容的坏事一样严重的坏事。②

如果说尊重是从积极意义上肯定人的主体性地位的提升和基本权利的扩展的道德价值，那么宽容就是从消极意义上肯定异己权利被原则承认的道德价值。这都得归功于康德的自律学说和由他奠定了其伦理学基础的人的尊严观念。在现代多元异质化的社会里，宽容既是我们应对多元生存处境必不可少的手段，也为我们提供了应对多元选择和冲突的较低规则，其丰富的内涵与意义也只是在现代社会才能获得充分的展现。因为只有在这样的生活架构内，宽容才成为了维系、统摄不同利益取向的人们的价值纽

---

① 保罗·利科：《宽容的销蚀和不宽容的抵制》，费杰译，《第欧根尼》1999年第1期，第105—106页。

② 参见张凤阳《政治哲学关键词》，江苏人民出版社2006年版，第274页。

带。如果说，宽容在个体的层面主要是人与人之间在具体事情上的容忍和原谅，那么在国家层面，则主要意味着对所有人一视同仁的权利承诺和保护，它可以被理解为国家的某种价值中立性，即：国家的目标是共同的行动或合作，但决不是建立起某个真理，更不是通过强制个人放弃错误的信仰和采纳正确的信仰来将这一真理强加于人。很明显，我们所说的宽容是现代人基于自由全面发展的诉求，是竞争者对竞争对手（异己）及其创新、探索、试错、价值观（异见）的容忍和尊重；宽容对于现代社会的重要性与它的自由性质相关，是平等的自由主体间的相互尊重、容忍，是现代人之间和平共处的条件①。

现代宽容是自由价值的道德体现。实际上，宽容的限度涉及公、私领域的区分。个人的宗教信仰、价值观念、生活方式等，应当作为与政治不相关的因素，属于私人领域，政治当局应不可以使用公共权力裁断其优劣。尊重所有人的基本权利和自由是现代宽容的基本准则。联合国教科文组织 1995 年通过的《宽容原则宣言》全面地阐释了现代宽容与人权和自由的联系，它阐明宽容具有下述含义："宽容是对我们这一世界丰富多彩的不同文化、不同的思想表达形式和不同的行为方式的尊重、接纳和欣赏。宽容通过了解、坦诚交流和思想、良心及信仰自由而得以促进，宽容是求同存异。宽容不仅是一种道德上的责任，也是一种政治和法律上的需要。宽容首先是以积极的态度承认普遍的人权和他人的基本自由。在任何情况下都不可以宽容来证明侵犯这些基本价值是有道理的。宽容是个人、群体和国家所应采取的态度。"② 在公共领域，政府宽容的限度是法律。它为公民提供法律保障，以防止那些不愿宽容他人者随意加害他人；同时，政府也自觉地遵守法律以约束自己的权力。更重要的是，政府在规定哪些社会行为是非法的时候，尤其不应当滥用自己的权力。所以，比较合适的说法或许是，宽容是在高压和纵容之间的一个精致平衡点。

总之，宽容属于现代社会公共生活的基本道德诉求。从个人的维度看，宽容是人类应对道德分歧的一种重要方式，它不仅反映了人类在面对无须化解或无须消除的道德分歧时所表现的一种积极态度，而且反映了人

---

① 邹吉忠：《论现代制度的宽容功能——现代制度的宽容本性与自由秩序的形成》，《哲学动态》2000 年第 7 期，第 15 页。

② 联合国教科文组织 1995 年 11 月 16 日第二十八届大会通过。http：//www.un.org/chinese/events/tolerance/2007/declaration.html（中文版网址）。

类对道德生活中的"他者"或"陌生人"的容忍和尊重。在哈贝马斯看来,宽容即包容"他者",即包容来自不同共同体的人及其思想和观念,它不是简单地把来自不同共同体的人及其思想和观念收为己有,更不是将其拒之门外,而是以开放的姿态或开明的态度对待那些来自不同共同体且希望在某种程度上保持其陌生性的人[①]。虽然也有学者认为,从严格意义上说,宽容不是一种美德——至少它在古典观念中没有作为美德起作用,但许多自由主义者大都认可宽容作为自己的美德观念,他们往往喜欢援引这样一个判断:"始终如一的宽容比压制要更为困难,在道德上要求也更高。"[②] 显然真正的宽容并不是道德上的冷漠,它依赖于相当程度的公共关心。宽容的道德之难可以用所谓的宽容悖论来解释:"原谅因此还有宽容,包含着非自然的甚至是不合逻辑的行为,即甚至在认为恶有最终的严重性时还放过它。"[③] 唯有从这个角度我们才能理解宽容的道德真义以及它作为一种美德所具有的高度。

从社会维度看,我们应该把现代宽容理解为是制度规范之中所具有的伦理取向与伦理品质。宽容它内在于规范与制约,制度规范本身就承载、蕴含与体现着宽容精神。制度对个体的宽容,表现为社会制度对个体自由、权利的尊重与维护,并进一步把人的差异转化为合作体系中积极的互补因素。这既是现代社会制度应然的职能,也是审视、判断该制度是否宽容的最终尺度。在制度宽容"缺位"或"空场"的社会,是不可能有真正的宽容品质生成的。在各种专制政治权力、原教旨宗教、民族主义和种族主义公开主张压制和不宽容,怨恨蔓延的社会中,宽容势单力薄,作为策略显得愚蠢,作为道德显得矫情。同时只有社会中的多数人对相互宽容的前提达成共识,彼此承认并接受他者的视野时,宽容的难度才会降低。但此时个体与个体之间彼此的宽容,不再是美德意义上的私德,而是具有独立法权的个体之间在社会公共生活中对彼此权利的尊重和彼此自由的限度。宽容作为一种公共德性只存在于人人平等的条件下,是平等条件下相

---

① [德] 尤尔根·哈贝马斯:《包容他者》,曹卫东译,上海人民出版社2002年版,第2页。

② Judith N. Shklar, *Oedinary Vices*, Cambridge Mass: The Belknap Press of Harvard University Press, 1984, p. 5.

③ Glenn Tinder, *Tolerance a New Civility*, Amberst: University of Massachusetts Press, 1975, p. 138.

互尊重的底线。公共理性的发展意味着每个人都尊重和宽容他人的道德价值取向,在这一基础上每个人之间才有可能形成真诚的社会合作与信任。

三 信任

从公共的观点看,信任是一个社会关系的范畴,是一种人际互动模式、一种人们共生共在的存在范型。信任直接源自人的社会本性。在我们的社会生活中,人们既要去信任他人,也要让他人觉得自己值得信任和可靠。事实上,信任含义指的就是一种相互承诺及其合理期待。信任指向他人或他者,是把对自己有价值的东西托付给他人,同时期望来自他人的可信任性;被信任者如果认为关系要持续下去则需要据此调节自己的行动,承担起相应的责任,也从"被信任"中体会到情感的满足和生活的意义。但信任与风险是交织在一起的,现代社会的不可控制的复杂性远远超出人们的认识和掌握,人们在现代社会中的行为更多只能依靠作为对社会复杂性进行简化的机制的信任。所以,波兰学者彼得·什托姆普卡特别强调这一点,认为信任就是相信他人未来的可能行动的赌博[1]。一般说来,信任包括两个主要的组成元素:信心与承诺。信心可以被描述为一种有把握的预期的情感,相信某些好的事情将会发生。而承诺是指他人答应可能将采取有益于我的利益、需求和期望的相应的行动。在社会生活中,由于所有的社会互动都是基于预期的无休止的行动过程,我们又缺少直接地或完全地控制他人行动的可能性,特别是在现代社会生活中,对我们来说每天打交道几乎是陌生人,而且这种交往方式又基本上都是转瞬即逝的,所以要使这种生活成为可能,一个关键的条件是,在互为陌生的人们之间必须存在着一种最起码的相互信任和最低度的相互尊重。在这里,我们说的信任既可以从一种宏观的社会制度层面来认识,但同时更是一种微观层面的人格特质,一种从日常生活经验中习得的品质。没有这种人的信任品质,我们认为理所当然的社会生活是完全不可能的。所以,信任作为人们在不确定的情境中采取的一种积极的期待和行动,它降低了人类事务的不确定性,促成了行动的可能性和现实关系的确定性,并将我们每个人的生活连接在一起。

一般来说,信任可分为人际信任和社会信任两种,分别对应于私人领

---

[1] [波兰]什托姆普卡:《信任——一种社会学理论》,中华书局2005年版,第33页。

域和公共领域两个领域。人际信任是一种个人信任,即对基于诚信作为个人美德的面对面的承诺。它是指在日常生活中对家人、亲人及朋友、邻居、同事等"熟人"的基于私情、感情的信任。在传统的熟人社会,人际信任是其主要的信任形态。它建立在对日常生活世界熟悉的基础上,这种信任本身没有复杂的理性计算,往往出自一种自发的态度,即使信任者本人有时也难以明确意识到自己是在信任。它依托于群体的归属感,依托于共同体内人们共有的传统习俗、宗教和价值观念等。社会信任是指对"不在场的他者"、社会群体、技术系统以及制度和它的机构、组织等系统的缘于理性的判断或态度的信任。它有时依其所指重点的不同也被称为普遍信任、系统信任、制度信任或公共信任等。它作为一个宽泛的概念,主要包括有四个层次的内容:首先,对社会成员(特别是陌生人)的一般信任;其次,对各种社会角色的信任,如对医生、商人或政府官员的信任;再次,对社会制度及运行机制的信任;最后,对社会核心价值观的信任,特别是在民主社会对自由、平等、公正、宽容等价值的信任。现代社会信任对象的重心已越来越远离情感关系需要的直接性,由个体之间的人际信任转移至社会信任。虽然人际信任和社会信任的差别并不是根本性的,事实上存在渐进的、扩展的信任同心圆,从最具体的人际信任到对社会客体的更抽象的信任,但的确只有通过培育与普及以理性为基础的社会信任才有助于在现代这种多元化的异质性的社会环境中,促进这种超大规模和范围的相互依存和制度的建立。如果说,传统社会人际交往范围往往限于较小的村落社区,由于人们"抬头不见低头见",还可以用宗族关系、邻里关系、社会习俗、舆论来支持和维护交往和信任,即主要依靠人际信任来维系的话,那么,在当今这个充满偶然性、不确定性及快速全球化的世界,发生在整个民族、国家范围内,乃至全球化的现代经济交往和社会合作,就必须依赖于有切实保证的信用制度和信任体系作为中介,以及基于公共道德的社会信任来维系了。

在现代社会,人与人之间的信任主要是建立在制度及契约之上,它以正式的规则为载体。现代社会的信任体系很大程度上就是借助市场和制度建立起来的。在西方,启蒙思想家霍布斯、洛克、卢梭等从人性和自然法的角度出发,强调契约对社会存在的基础性及普遍性意义,并用契约思想来构筑其国家理论,使契约从经济领域扩展到法律和政治领域,形成西方的契约文明和契约型社会。正是在契约文明中完成了信任从特殊主义到普遍主义、从作为一种德性到作为一种客观化的制度的转变。传统社会中的信任以个人人格做担保，以靠经验感觉对他者的了解为依据，带有太多的主观性和偶然性，且只能适用于小范围和相对简单的社会情境。而契约则以非人格的制度构架及其客观运作机制作保证，它具有客观确定性和可操作性，可以在更大范围和更复杂的交往活动中追求规范有序和寻求安全可靠，从而拓展了我们交往的范围和生活的空间。在宏观层面上，社会的主要制度对社会信任形式和特征具有直接影响。国家制度本身就是一种复合的承诺和信任关系。在民主和法治的国家里，人民将权力托付给政府，政府以承诺维护所有公民的权利，增进他们的福祉，保护民族和国家利益等来取得民众的信任。一旦人民认为政府因政绩或其他问题没能充分履行承诺，他们就可以停止对它的信任。正如彼得·什托姆普卡所认为的，如果人们生活于其中的社会组织保证他们免受潜在的信任的背叛，那他们更愿意信任公共机构和他人。而民主的组织提供了这种保证。[①] 不仅民主制度和生活有利于信任文化的形成，同时一定程度的信任也成为民主制度及生活运转的先决条件。正是这种制度性承诺及其可信任性，与个人信任品质的交互作用，构成现代性社会的现实信任关系。从人际信任到制度信任的变化是现代社会发展的必然趋势。

现代的社会信任是建立在一种普遍主义规则伦理基础上的。纵向上看主要是对政府等制度系统基于其合法性的信任。影响制度信任的主要因素有社会制度的完备性和合理性，制度性角色履行其责任和义务的情况，以及对制度知识的了解程度等。横向上看，市场社会中不断扩大和频繁的人与人之间的交往，大多数是陌生人之间的交往。市场经济和公民社会所要求的"诚信"，已不只是熟人之间的"朋友之信"，而是公民之间按照制度规则平等相待的"诚信"，它是一种超亲情人伦的、无等级差别的基于双方平等的承诺与相互期待。在现代社会的公共生活中，我们之所以能够合理预期他人的行为，信任他人，就是基于制度信任的前提下我们也相信他人与自己一样都期望会得到他者的信任，而他者也会在"出于责任"的有意识的过程中遵循制度和道德规则，将对方纳入自身的责任范畴中。这种相互需求且委以责任的信任机制，恰好为公民的公共道德的培育提供了最合理的生长点。政治制度是培育信任文化的一个重要变量。民主政治

---

① [波兰] 什托姆普卡：《信任———种社会学理论》，中华书局 2005 年版，第 191 页。

作为最有利于信任成长的制度形式，它通过制度化地约束权力的运行机制和规范公民之间的行为，为公民之间的相互交流和合作提供了稳定而持久的保障措施。公共权力间的分权制衡及有限政府原则，在限制了公共权力肆意滥用的同时，也为公民社会的健康成长留出了足够的空间，使得公民之间的公开交流和讨论成为可能。社会的普遍信任或信任文化也只有在公民们有效的交流过程中才能得以形成。它意味着社会是由人际的忠诚、承诺、团结的紧密的网络连在一起。民主社会通过允许和鼓励参与各种自愿的联合团体以及对地方政治的参与，充分发挥公民的能动性，有效地增加了公民的政治效能感，而对自身能力的效能感是个人能够信任他人的心理基础。所以从政府的角度来讲，要建设民主法治的政府，为普遍社会信任的建设提供稳固的制度保障；从公民社会的角度讲，鼓励公民实践广泛而多样的参与网络，提升社会资本，有利于促进社会普遍信任的提升。只有把"我之信"和"他者之信"看成信任生成的整体，信任才能够在我与他者之间建立，信任文化才得以培育和普遍形成。弗朗西斯·福山曾揭示信任的基础是"群体共有的伦理规范"，他指出，"公民的相互信任关系的建立，至少应当有两个基本前提：存在在共识基础之上所共享且有实效的伦理规范，以及社会成员对这种伦理规范的自觉服从"①。事实上制度给公民的承诺和公民对制度的信任，与公民相互之间信任及社会信任文化的培育与形成存在着一种非常密切且复杂的关系。

从表面上看，契约论的提出把大量的社会信任问题交给制度去解决，为信任的现代形式奠定了基础。现代社会也似乎以制度信任取代了人际信任，但这只是一种假象。其实在所有信任的背后都隐隐存在着最原始形式的信任——即对人及其行动的信任。国家制度、法律和管理运行规则虽然在建立社会信任机制中起着关键性作用，但同时作为公民也承担着重要的道德责任，二者相辅相成、互为倚重。在日常观念之中，信任毋庸置疑仍是一种德性。我们强调公民在制度中的个人责任，特别是公务人员不以"公"的名义随心所欲，从信任价值及理念上来帮助制度实现它的承诺，这是每个公民能够、也应当发挥的积极作用。再好的制度也只是一种形式上的契约和合同。制度设计本身虽然体现了一定的意图，将社会中各个团

---

① [美]弗朗西斯·福山：《信任：社会美德与创造经济繁荣》，彭志华译，海南出版社2001年版，第31页。

体、组织和个人的行为、关系、过程联系起来。但是制度的落实需要具体的人来操作和实践，所以尽管我们可以期待一个好的制度和秩序给人们带来更大的信心，但从公民社会角度讲，鼓励公民积极参与各种社会团体，与他人一起建立各种形式的联合，并且以这种方式丰富人际联结的网络，扩大互动的范围，以及允许更亲密的人际联系，相互信任、团结和协作，关心他人的利益并愿意为他人的利益而采取行动甚至作出牺牲，这种信任就会成为共同生活中最为积极和活跃的正向能量。广泛而多样的公民参与网络，如邻里组织、兴趣爱好小组、体育俱乐部、合作社、公益组织、党派组织等，有助于公民能够接触不同的观点，超越仅限于身边熟人的狭隘视界，有助于培养公民相互理解相互尊重的精神，对于公民节制自身的需求也会大有裨益。也就是说，信任作为一种公共德性，意味着它必须是建立在双方持续的公共生活的互动中，将彼此的善意转化为信任行动。信任作为一种公共善，是对人主体性的承认和尊重，是将德性和幸福联系最为紧密的东西，是共同生活的纽带。所以信任是公共道德的最基本的价值诉求之一。

信任并善待他人不只是个人素养的体现，更是和谐社会关系的要求。现代社会对个人的培养和人格训练，正是通过不断倡导信任这种价值，在人们行为中确立起对制度和他人的心理信任机制，讲求诚信才会超越熟人圈子进入公共领域并成为现代社会倡导的基本道德价值。如果说只有相互尊重和宽容，我们作为公民的合法权利和自由才能得到保障，那么也只有付出信任，在社会普遍信任的道德生态中，我们的社会交往与联系才能不断拓展和丰富，公民才能自由平等地合作，共同参与公共事务的管理以及公共政策的制定和对公共权力的监督，从而积极地建设性地面对未来。在一个共同体中，信任水平越高，合作的可能性就越大。而且，合作本身会进一步带来信任，激发人们参与的积极性。信任是参与、合作的前提条件，也是成功合作的产物。

四 参与

参与是指公民的参与，这里的公民包括公民个体和公民团体行为者两种情况。在现代社会，公民参与是公共生活的重要组成部分。公民参与不仅赋予公民表达自己利益诉求的机会，而且它也维系了公民与政府之间持续沟通与信任的关系，是政府公共政策的合法性基础。从狭义上说，公民参与是公民自愿地通过各种合法方式参与政治生活的行为，具体形式表现为讨论、对话、选举、请愿、结社等；而广义的公民参与，则除了政治上的参与之外，还应扩大到包括所有公共利益、公共事务等的参与活动。如社区公共事务的参与，非营利组织的参与等。公民参与是一个历史地发展着的概念，特别是20世纪以来，其视野在不断拓展，范围在不断扩大，含义也在不断深化。最初的参与理论是关于政治的，强调的仅仅是对国家政治制度的确认和维护，而后理论视野扩大到整个社会，重视政治的社会基础、政治文化的形成及其影响等，再进一步，强调社会政策的参与和公共权力的监督以及公共精神的培育等，特别是参与式治理理论和协商民主理论的兴起，是民主发展的必然趋势，折射出人类社会不断发展、进步的历史进程。

罗伯特·达尔在其新著《民主及其批评者》中提出了"民主的三次转型"的概念。他认为第一次民主转型出现在古希腊和罗马，人类开始实践民主的制度，其特征是"直接民主"的方式。第二次转型是近代在民族国家中建立民主制度的努力，以"代议民主"为主要特征。第三次转型是未来向更理想的民主制度的转型。[①] 在古希腊的城邦民主政治生活中，参与不仅是公民的一种权利，同时也是公民的一种义务，更是一种公民美德和城邦优良生活的保证。雅典的"公民"概念本身就具有公民共同承担公共职能、直接参与国家事务的含义，这一由公民直接参与公共事务的精神，正是直接民主的最精要之处。而近代乃至当代民主制度属于代议制民主类型。它主张在宏观的政治民主层面上用"代议制"替代直接民主。公民的参与，主要表现为选举权。由人民选择他们的代表组成代议机构，由代议机构来"代理"权力行使。当人民认为其代表没有或者不能代表他们时，选举也可以作为一种防御性的行动，如撤换代表。在民主理论和实践发展的历史过程中，这一自由主义取向的民主理论逐渐成为主流的民主理论。应当指出的是，公民对公共事务和政治生活的直接参与并不为这一当代的主流民主理论所强调。

近代自由主义精神肇始于启蒙思想家霍布斯，经洛克、卢梭和密尔等自成一脉，并成为近代以来西方社会主导思想而影响至今。它主张一个好

---

① 刘军宁等编：《直接民主与间接民主》，《公共论丛》第5辑，三联书店1998年版，第7页。

的政府并不依赖于公民的美德，而是依赖于制度的最佳设计和运行。这样公民身份的个人就可以经由国家所保障的权利充分地追求一己的私人生活和利益，从而成为追求自我利益和个人权利的自由主义消极公民。在反思这种理念下的代议制民主时，美国著名民主理论家Jane Mansbridge认为，这是一种"对抗性的民主"。它不强调共同福祉或公共利益，每个人或集团都追求自身的利益，选民选择的依据也是自身的利益，政治家参与政治的目的也是为了自身的利益。由于利益不一致，相互冲突的个人利益无法调和，达成协议最方便的办法就是多数票决制。在代议民主政治制度下，人们习惯性地将所有的公共事务都委托代表们来掌握，公民除了投票权以外对公共权力只有服从，因此，就公民本身而言，其所谓拥有的公民资格其实只是消极的或潜在的能力，并没有真正付诸实际的行动，最多只剩下对于"代表"的选举权。此种民主仅仅是实现个人或个人目标的手段，其实质是为了私人的利益而从事公共事务。美国学者巴伯把这种代议制民主称为"弱式民主"。他说："它更多地关心促进个人自由，而不是保障公共正义，增进利益而不是发现善，将人们安全地隔离开来，而不是将他们富有成果地聚合在一起。……结果是，它可以强有力地抵制对个人的侵犯——如对个人隐私、财产、利益、权利的侵犯——却无法有效地抵制对社群、正义、公民权以及参与的侵犯。"[1]

　　许多近代的理论家，如洛克、汉弥尔顿和麦迪逊等也都坦诚地认为，代议制的民主方式常常是把处理政府日常事务的权力掌握在精英人物手中，从而势必成为一种限制民众的政治参与和控制权的手段。这种代议制的间接民主实际上造成了对民意的疏离及对民主的扭曲。而且因为它过度主张个人权利而懈怠公民责任，过度追求私人利益而漠视公共利益，过度强调个人自由和个性差异而忘却义务担当和共同福祉，过度迁就和放纵了个人的自然愿望，不可避免地导致公民精神的失落。那么，未来的第三次转型的民主将是一种怎样的民主呢？我们可以设想的是，它应该既保留现有民主制度的基本特征，又能更好地体现古典直接民主的精神。当代西方一些学者如巴伯等正在进行这一方面的积极探讨。巴伯认为，只有"强势民主"才能弥补代议制的缺失。这种强势民主的实质是扩大人民对政治的直接参与，它是由公民自己参与公共事务的决策来决定自己的命运。

---

[1] B·Barber, *Strong Democracy*, University of Califonia Press, 1984, p.4.

它并不回避个别利益所可能产生的冲突，而是主张在决策过程中所产生的政治冲突，可以通过持续地参与、互动与协调予以化解。巴伯的所谓参与，就是公民通过创建社群来治理自己，将个别的公民与公共团体这两个完全不同的世界，通过集体的公民参与行动而结合在一起。前者是自主、个人主义与个体的世界，后者是社会性、社群与互动的世界。因此，在强势民主之下，政治将成为每一个人都可以参与的日常生活的一部分，而不只是代议制里由专家所垄断的专业活动。[①] 综合起来，我们今天对民主实际上可以在两个层面上进行把握：第一在宏观的政治层面上，民主是一种国家的政治制度安排。在其中，代议制的间接民主是主要的形式；第二是在微观的社会层面上，如社区和村落的治理等，它涉及个体生活的行政决定和决策过程，公民直接参与不仅是可行的，而且也是必要的。这样一些事项，是公众所熟悉的，也是他们所关心的，因此参与是现实可行的。而且微观层面上的公众参与，也是公民在宏观层面进行参与的基础和必要条件。

事实上，自20世纪80年代以来，许多国家的政府部门在悄然发生变化。曾经僵死的、等级制的官僚制组织形式，如今正转变为具有弹性的、开放的以公民参与为基础的形式。这不仅是一种形式上的变革或管理风格的细微变化，而且是在政府的社会角色及政府与公民关系方面所进行的根本性改革。在这种参与式治理模式中，政府和公民社会同为治理活动的主体，因此，必然要求建立二者之间的互动合作关系。这一新型的政府与公民关系模式是对传统政府与公民两极摇摆关系的超越。传统官僚模式与公民参与有着本质上的不相容。公民参与公共事务是为了使制度更民主、更加符合人们的需要，而政府的官僚体制结构则是要求效率化，讲求规则、权威，关注规则是否得到遵守，公民处于消极、被动的地位。当代民主化的深入发展，已经由政治民主开始转向行政民主的运作，集中地表现为公民直接参与公共行政管理，并逐渐发展成公民与政府合作的治理关系模式。相对于过去"官僚性政府"只由职业政治家与专业行政人员二者所组成，公民仅只作为政府公共服务的消费者和旁观者而言，新公共行政或"民主行政"的组成则是由公民、专业行政人员与职业政治家三者所共同组成的合作体，权力由三者共同分享。公民与政府的关系成为共同合作的

---

① 参见李图强《现代公共行政中的公共参与》，经济管理出版社2004年版，第103页。

伙伴关系。在这种参与式民主中,最重要的活动就是公民之间、公民与政府之间的沟通与对话,这种强势民主通过公民之间的对话来创造一个公共领域空间,探寻出一个彼此能达成共识的公共利益目标,从而双方共同采取积极的行动。

参与民主理论及实践在 20 世纪后期的一个重大发展,是"协商民主"(deliberative democracy,也有人译为"慎议民主")理论和话语的兴起。协商民主的核心理念是:在公共对话中,一切论证都应受到尊重,以共同福祉为基础的更好论证的力量,是决定公共生活质量的关键。在协商民主中,尽管投票依然是必要的,但更强调理性的对话、论证、说服和协商等参与方式。协商民主特别重视微观层面的参与,如社区治理、地方层面的政治以及行政过程,并且认为其中的参与、讨论、协商不仅是必要的,而且是完全可行的。其实,恰恰是在这些与个体公民生活最为密切的领域,我们最需要公众直接参与而进行自我管理。正是这种微观层面上的参与训练和形成的习惯,决定着国家层面的政治参与效果。密尔其实也早就认识到了这一点,他写道:"只有通过小范围的实践大众政府的活动,才能在更大规模上学会如何运作大众政府。"[1] "一项政治活动每隔几年才举行一次,但在日常生活中公民并没有为这一政治行动做好准备。而当这一政治活动要求公民运用其智力、道德和品性时,后者却已经远离他们。"[2] 按照密尔的观点,在地方层面上的参与,个人才能讨论他们所熟悉的问题,运用他们熟悉的知识,从而进行有效的参与,并为更高层面的参与打下基础。

除了与民主的历史进程相应的公民积极参与政治公共事务之外,当今世界在全球范围内,公民正有组织地广泛参与社会公共事务,通过社区公共事务的参与、志愿活动的开展、非营利组织的建立,以提供人类的各种公共服务,促进基层经济发展,遏止环境退化,维护公民权利和追求其他过去未曾给予关注或国家和政府视域之外的公共目标。公民的社会参与,特别是通过非营利组织的形式能够在诸如扶贫、环保、教育、维权、慈善、文化、中介等许多领域取得政府和市场无法取得的成效,根源于其独

---

[1] J. S. Mill, *Essays On Politics and Culture*, Himmelfarb G. (ed.), New York (1963), p. 186.

[2] Ibid., p. 229.

有的伦理精神，即公民的公益心与志愿精神。许多非营利组织的成员实际上是基于对社会需求的强烈情感反应而激发出公益动机的。同情、爱和相同的经历、对正义的追求等都是激发公益行动的力量。与政治参与不同，它是一种积极的道德参与实践。爱、责任与道德理想使人们超越自我，寻求合作，追求生活与生命的意义、灵魂的升华。

与在政治环境中直接参与民主的可能性相比，公民在社区和非营利组织等社会公共领域中，道德参与的可能性将会大大增加。相比政治公共空间对公民参与的容纳，公民参与的社会公共空间将更为广阔。事实上，公民参与公共事务，首先关心的是发生在身边的事和关系自身利益的事情。随着切身利益的不断满足，关心的范围不断扩大，关心程度逐级递增，关怀的能力将逐渐增强。公民社会的非营利组织将人们从血缘与家族的关系中带到更大的一个社会环境里，在其中可以使个人从"私"的环境，扩大到对于"公共"的参与，无疑将带来政治与道德两个方面的促进。首先，应该说，公民参与在许多方面培育了更积极的国家和政府。公民的各项权利要通过参与才能得到体现和保障，公共管理的内容也要通过参与来创新和发展。公民将从社区及非营利组织的参与中培养民主的意识和参与的能力，逐渐扩大到全国性的议题与政策上，为整个政治体制的民主化奠定了坚实的基础。其次，在公民参与的过程中，通过开放而公平的参与渠道，表达其对公共利益的认定与要求，以培养与其他合作者或目标相同的人群之间的友谊与信任，有助于凝聚共同的社群意识，同时也养成民主参与的技能和习惯，从而培养公民的自由、理性、宽容的公共精神，满足人类本性的高层次的精神需求，实现人的政治价值，且宽容并尊重目标相异人群的政治偏好，相互沟通、理解，降低社会的激进冲突，促进社会文化的整合，追求社会公平与正义，并激发出多元文化的活力与创造力。正是从这两方面意义上讲，现代社会的公民参与是值得提倡的最为积极的公共道德价值。民主的实践与发展，离不开公民对公共利益的追求，对公共事务的投入。因此政府行政组织一方面要积极提供公民参与的渠道，达到民主行政的目的，改变过去官僚组织只是被动、消极、保守的印象；另一方面，公民也应有效地提高自身素质，成为一个良好的道德公民，即谙熟宪法、热心公共事务、见多识广的积极性公民，他们不应该仅仅追求自身利益，而且应该追求公共利益，并积极投身于公共事务之中。简言之，一个完美的民主社会，既要有积极性的政府，也要有积极性的公民。

第三章

市场经济：公共道德的经济基础

伦理道德是社会生活、社会历史内在的精神价值。一个时代、一个社会的伦理道德观念，一方面有着历史传统的承继性，另一方面，更重要的是要看到，它必须满足那个时代社会生活的精神需要。市场经济造成了社会基本结构从领域合一到领域分离的社会转型，从而也影响和决定着整个社会精神生活的变化方向。从传统身份社会的私人性交往向现代契约社会的公共性交往的转变，表现为现代社会成员作为自由和平等的经济主体之间独立和相互依赖的人伦关系结构态势。与传统社会中个人对共同体的依赖关系不同，现代社会的相互依赖是以个人的独立为前提的。市场经济摧毁了漠视和任意剥夺个人权利的社会基础，建立起了个人权利意识由之产生的经济基础。正是在这种经济基础上的社会实践中，市场秩序需要独立的经济主体彼此尊重、信任与合作，共同遵守并参与公共规则的制定，构建与践履着市场（公共）生活领域的道德价值。同时，经济上的独立和个体的权利意识成为自主的道德人格的基础。这种自主的道德人格，它是真正走向崇高德性之源。德性之崇高反过来又成为市场与社会健康发展的人格保障。

第一节 社会结构的变迁及其道德影响

当今中国正处于由社会主义市场经济的建立所推动的社会转型时期。对于社会转型进行一种整体的把握，对社会生活有一种总体结构上的理解，无论是对于各门社会科学分门别类的具体研究，还是对于人们在各种现实活动中做出合理的抉择，都是必不可少的。一方面我们需要依赖马克思、恩格斯等思想家的理论资源，另一方面，我们又离不开中国社会改革开放的现实经验去进行形而上学的逻辑推演，只有理论思辨和现实经验相结合，我们才能真正从理论深度上理解发达国家与后发展国家现代化路径的异同，并对作为后发展国家的中国其社会发展趋势和道德变化趋势有着尽可能准确的把握。

一 马克思的社会结构理论及其道德蕴含

在1857—1858年经济学手稿中，马克思就人和社会发展的形态或阶段作了经典的阐述，"人的依赖关系（起初完全是自然发生的），是最初的社会形态。在这种社会形态下，人的生产能力只是在狭窄的范围内和孤立的地点上发展着。以物的依赖性为基础的人的独立性，是第二大形态，在这种形态下，才形成普遍的社会物质交换，全面的关系，多方面的需求以及全面的能力的体系。建立在个人全面发展和他们的共同的社会生产能力成为他们的社会财富这一基础上的自由个性，是第三个阶段。第二个阶段为第三个阶段创造条件。因此，家长制的，古代的（以及封建的）状态随着商业、奢侈、货币、交换关系的发展而没落下去，现代社会则随着这些东西一道发展起来"。[①] 紧接着在1859年的《〈政治经济学批判〉序言》中，马克思通过对生产力与生产关系以及经济基础和上层建筑矛盾运动的剖析，又集中论述了他的唯物史观社会结构理论："人们在自己生活的社会生产中发生一定的、必然的、不以他们意志为转移的关系，即与他们的物质生产力的一定发展阶段相适合的生产关系。这些生产关系的总和构成社会的经济结构，即有法律和政治的上层建筑竖立其上并有一定的社会意识形式与之相适应的现实基础。物质生活的生产方式制约着整个社会生活、政治生活和精神生活的过程。不是人们的意识决定人们的存在，相反，是人们的社会存在决定人们的意识。"[②] 在这里，马克思不仅从发生学的角度阐述了社会结构所包括的内容，他认为同一定的物质生产力相适应的生产关系的总和构成社会的经济结构，竖立其上的有法律和政治的上层建筑，还有与之相适应的社会意识形式。而且还明确指出：物质生活的生产方式制约着整个社会生活和精神生活的过程，人们的社会存在决定人们的意识。也就是说，在马克思社会结构理论中，生产关系经济结构是

---

① 《马克思恩格斯全集》第46卷上，人民出版社1979年版，第104页。
② 《马克思恩格斯选集》第2卷，人民出版社1995年版，第32页。

基础性的关系和结构，对社会结构的其他要素和关系具有决定性的影响。

根据现代系统理论，马克思的社会结构可以理解为：人类社会本身是一个整体系统，随着物质生产力和社会分工的发展，社会生活可分为若干相对独立的社会生活领域，如经济领域、政治领域、思想文化领域。每个领域都是整体系统的一个子系统，而每个子系统又包含若干更小的子系统。社会结构作为一个整体社会范畴，是指社会构成部分之间稳定的整体联系和组织方式。分别地考察每个领域或子系统的结构，从而发现其有别于其他领域或子系统的特殊本质及其动态规律，是各门社会科学的基本任务。而马克思的社会结构理论作为对社会结构的哲学考察则是从人与自然的相互作用关系和人与人的社会交往关系出发，把人类社会理解为一个由社会生活的各个领域或子系统相互结合、相互作用而构成的共同整体，通过揭示这个整体的各个方面的因素和过程之间的相互关系，把握社会生活的一般本质及其历史发展的基本动力、机制、条件、过程和规律。

社会结构理论是马克思解开历史之谜，创立唯物史观的一个极为重要的理论建构。马克思通过从资产阶级社会这一典型形态进行解剖入手，为寻找到社会发展的客观规律提供了一把成功的钥匙。因为资产阶级社会有着人类历史上最为发达和最复杂的生产组织，因此对其结构的理解，能透视一切包括已经消逝的社会形式的结构。可以说，正是通过对资本主义的政治经济学的批判与解剖，才形成了马克思关于生产力与生产关系以及经济基础与上层建筑辩证关系的社会结构的一般理论。而且马克思对社会结构的把握比历史上任何一种哲学都要深刻，其根本之处就在于，它从一定的思想关系和政治关系中看到了经济关系的决定作用，从生产关系和上层建筑的背后看到了生产力的决定作用。因此，它在一定程度上避免并消除了以往历史理论的局限性。因为以往的历史理论"至多是考察了人们历史活动的思想动机而没有考察产生这些动机的原因，没有摸到社会关系体系发展客观规律性，没有看出物质生产发展程度是这种关系的根源"[①]，但也正是这一深刻之处潜藏着可能导致另一种局限性的因素——当它主张从经济关系中考察思想关系和政治关系的终极原因时，有没有把经济因素看作是历史演进中唯一的决定因素，从而导向"经济决定论"？事实上后来不少西方学者还一直真把马克思主义社会形态理论不确切地表述为

[①] 《列宁选集》第2卷，人民出版社1960年版，第586页。

"经济决定论"而加以批判,也有少数马克思主义者也真的发生了这样的"误解",对此,恩格斯后来也坦承他和马克思的理论中存有不足,有能被歪曲和误解的地方,"被忽略的还有一点,这一点在马克思和我的著作中都有同样的过错。这就是说,我们最初是把重点放在作为基础的经济事实中探索出政治观念、法权观念和其他思想观念以及由这些观念所制约的行动,而当时是应当这样做的。但是我们这样做的时候为了内容而忽略形式方面,即这些观念是由什么样的方式方法产生的"[1]。

晚年的马克思、恩格斯也一直在完善自己的社会结构理论。恩格斯在晚年着重解决如何辩证地运用社会结构理论的问题;马克思在晚年则通过对人类学的研究,开创了对史前社会和东方社会研究的新领域,以补充和完善唯物史观关于社会结构的一般理论对史前社会和东方社会的社会结构分析的适用性。其实通过对人类学的研究,马克思早就认识到,在史前社会结构中,血亲关系曾经在一个相当长的时期里一直占据着支配地位,越是在原始公有制状态下,人们越是要通过某种自然纽带把自己联结成一个整体。他在1857年《〈政治经济学批判〉导言》中写道:"我们越往前追溯历史,个人,也就是进行生产的个人,就越表现为不独立,从属于一个更大的整体:最初还是十分自然地在家庭和扩大成为氏族的家庭中;后来是在氏族间的冲突和融合而产生的各种形式的公社中。"[2] 正是基于这个认识,马克思把人类社会的最初形式界定为"人对人的依附状态"。这种状态下只能说是一种群体的主体性,个人还未成为真正意义上的主体。其根本原因在于,此时人类的社会生产力水平太低,只得通过自身生产的方式,用血缘的自然纽带把每一个尚无法自立的个人结合成一个整体,以依赖于这个整体(如氏族)所能产生的足够的力量向自然界谋取食物,即谋取生存的条件。史前社会随着财产关系的发展而解体以后,血亲关系在社会结构中的影响和制约作用并不会立刻随之消退,它还会继续残留在次生的社会形态中,与新的社会构成要素长期融合或共存下去。马克思晚年对东方社会研究后认为,东方社会在人类社会发展总过程中是处于从公有制到私有制、从原生形态到次生形态的过渡时期。正是基于这个认识,马克思把东方社会称为亚细亚生产方式,它与古代所有制和日尔曼所有制,

---

[1] 《马克思恩格斯选集》第4卷,人民出版社1995年版,第500页。
[2] 《马克思恩格斯选集》第2卷,人民出版社1995年版,第2页。

属于前资本主义的三种社会形态，统称为"人对人的依附形态"。当然，互相依赖的形态并不相同。在亚细亚形态中，人们的相互依赖或是间接的政治强制下通过直接的血亲联系而形成的，而在西方古代奴隶形态和中世纪的封建形态中，人们的相互依赖或是通过直接的政治强制，或是通过人身依附。于是，在此一阶段的社会结构中，人和人的互相依赖关系在很大程度上排挤了以物和物的关系即商品交换关系为基础的财产关系。只在到了资本主义时代，财产关系借助于生产力的巨大发展才完全把血亲关系及其各种形式从社会结构中驱除出来。①

马克思的社会结构理论告诉我们，一方面构成社会的各要素（或部分）是相互作用的，它们都有自己特定的功能。如社会经济领域提供人类生存必须的生产和生活资料，社会政治领域保证社会生产和生活按一定的秩序进行，而社会文化领域则为人们提供精神产品，寻求生活的意义。另一方面物质生活的生产方式制约着整个社会物质生活和精神生活的过程，人们的社会存在决定人们的社会意识。著名的西方马克思主义学者阿尔都塞对马克思的社会结构理论正确解读为结构因果而非线状因果观，它把结构的功能和产生结构功能的原因两者的因果联系很好地结合起来了。很显然，马克思的社会结构理论特别是晚年的马克思、恩格斯完善以后的社会结构理论，它既有对社会的各个组成部分或领域间的关系结构横向上的理解，又有社会发展或演化的规律纵向上的把握，这对于我们正确理解现代社会的结构特征，特别是对于宏观上理解市场经济要素引发的作为我国传统道德文化基础的社会结构的实质性变革以及相伴随的道德现代转型过程无疑具有非常重要的理论指导意义。

二 社会转型与道德转型

如果说社会结构概念侧重于指社会构成各要素之间稳定的整体联系和组织方式，那么社会转型这一概念，从一般的意义上说，主要是用来指称一种社会结构的变迁。

社会转型概念源于西方的社会发展理论和现代化理论。"转型"一词是从化学领域的"构型"、"构象"以及生物学上的"进化"等词发展而

---

① 参见孙麾《马克思晚年对社会结构理论的发展》，《哲学研究》1991年第4期，第37—45页。

来。在生物学领域和化学领域，某物之内部构成要素以及该物同周围它物的各种交换关系，因其有着特定而有效的组合方式，而使该物具有了相对稳定的存在方式，这种方式被称为"型"。事物内部各组成要素以及它周围环境的组合关系，发生空间排列方式上的变化，或者增加或减少构成要素，从而使事物原有的相对稳定的存在方式发生变化，这一过程就称为"转型"。转型后的事物，要么变成了它物，要么通过改变结构而增加了新的功能。① "转型"这一概念后来逐渐被移植到社会研究领域，作为社会学和社会哲学的范畴，用来特指社会结构的变迁，它指一个社会内部长时期的变迁（量变）积累所致的根本性变化（质变）。从近代世界历史来看，它是指近代以来自西方社会发生而渐次扩展到全球不同地区和国家的一个根本性社会转变的现代化过程。在西方社会学的现代化理论中，现代性是工业革命和政治革命的结果，是新制度和新价值观念的化身，同时它又是社会变迁的一个新阶段。许多社会学家从经验和实证的角度研究西方社会在告别中世纪后所实现的政治、经济、思想观念的大变革、大发展的历史行程和经验，用不同的术语表征着传统与现代社会的不同内容和特征以及它们之间的历史性变迁。如梅因的"身份社会"与"契约社会"，斯宾塞的"军事社会"与"工业社会"，迪尔凯姆的"机械团结"社会与"有机团结"社会，韦伯的"前现代社会"与"现代社会"，贝克的"宗教社会"与"世俗社会"，等等。本迪克斯对这一点说得很明白，"我把现代化理解为社会变迁的一种类型，它起始于英国工业革命和政治性的法国大革命。它存在于几个'先锋社会'的经济和政治进步以及继之而来的社会的变迁进程之中"。② 国内学者对社会转型概念的理解和使用具有很强的现实性特点。事实上社会转型概念逐渐受到我国学者的关注的直接原因是我国社会改革开放的迅速发展。20世纪八九十年代中国的社会变革已经在社会各个层面取得了重要的进展，各种政策、体制改革已经使人们的社会生活条件和精神状态发生了广泛而深刻的变化，这种变化既是近代以来中国社会现代化过程的继续，又在深度和广度上达到了前所未有的水平。而且这个过程对中国社会来说不但尚未结束，准确来说尚只是刚刚

---

① 晏辉：《论社会转型的实质、困境与出路》，《内蒙古大学学报》（社会科学版）1998年第1期。

② 转引自查普夫《现代化与社会转型》，陈黎等译，社会科学文献出版社1998年版，第128页。

进入比较实质性的阶段，下一步怎样走且如何顺利地发展对中国的社会进步来说正是一个迫在眉睫的大问题。究竟如何理解和把握这种社会转型的本质及历史意义，我们实际上面临着双重任务，一是从整个世界历史的长时段背景中宏观理解社会现代化转型的历史趋势和意义，二是如何借助社会转型这一用于说明一切社会历史时代社会变迁问题的概念，基于中国的具体实践出发探索有中国特色的社会转型理论。显然，我们既需要社会学层面的描述和理解，同时更需要具有宏观指导意义的现代化实践哲学即社会哲学的研究和指导。

社会转型是社会结构的整体性变迁，对其变迁的具体内容和表现，西方学者以西方社会为蓝本概括为六个方面[1]：①经济转型即工业化；②社会转型即城市化；③政治转型即民主化；④文化转型即世俗化；⑤组织转型即科层化；⑥观念转型即理性化。我国学者也强调我国社会转型是社会结构的转变，具有整体性、全面性、根本性的特征。如陈晏清教授认为，"中国社会主义市场经济的建立，不仅是经济体制或经济发展模式的转变且由于经济的基础地位，它必将引起整个社会生活即人们的社会活动方式的巨变。在这种巨变之中，中国的社会结构也将得到根本性的改造，这就是社会转型"。[2] "社会转型意味着社会的经济、政治、文化各个领域的深刻变化，意味着人与自然的关系、人与人的关系以及人的存在方式和生活方式的深刻变化，对于这急剧变化中的诸多方面及其相互关系的全面把握，也只是通过对社会结构的剖析才有可能。"[3] 在大多数研究者把社会转型看作是特指传统社会向现代社会转变的同时，有些哲学研究者也力图把社会转型看作是一个普遍的历史现象。这应该说是不矛盾的。从整个人类社会历史来看，这种从传统向现代转型的社会历史进程首先是从走出中世纪的近代欧洲开始的。而对广大发展中国家来说，这一历史的变迁尚处于初级阶段。对于当代中国的改革进程来说，我们必须把它放到传统社会向现代社会的结构性变迁中去理解，这既要有历史的眼光，又必须有哲学的视野。

但同时我们也必须注意，一方面在运用马克思的社会结构理论来分析

---

[1] 参见陆学艺主编《社会学》，知识出版社1991年版，第375页。
[2] 陈晏清：《当代中国社会转型论》，山西教育出版社1998年版，第137页。
[3] 同上书，第252页。

当代中国社会改革、转型的必要性、必然性的时候,我们不能僵化地固守马克思主义经典作家的某些理论(如"五形态"理论)来否认中国正在发生的社会转型的实践进程;另一方面,在用现代化理论的"传统—现代"分析框架来把握当代中国社会变迁的现实时,既要认同具有普遍意义的现代性价值体系,又必须借助于马克思的"东方社会"理论,认识和理解中国自近代以来现代化进程的特殊性。前者为社会转型提供动力学的分析,把社会转型理解为社会系统结构内部的生产力与生产关系、经济基础与上层建筑的基本矛盾运动而推动的社会变革过程;后者则为社会转型提供社会学的实证分析和结构分析。只有两者结合起来,才能使马克思主义的社会结构理论既吸取现代化理论中的合理成分,也能在对当代中国社会转型实践的指导中得到创新和发展。

在这方面,王南湜教授的"从领域合一到领域分离说"是一种积极的尝试。他认为,对应于人的生物性、精神性和社会性的基本需要和本性,人类社会存在着生产物质生活资料的经济领域、生产精神文化产品的文化领域和生产社会秩序的政治领域。三大领域之间互相依赖、互为条件。但由于"瓶颈需求"的效应[①],从而使得生产满足"瓶颈需求"产品的活动领域获得了一种决定性的地位,成为了一个有权支配其他领域的"中心领域"。这样,中心领域对其他领域的限定关系,便构成了诸活动领域间的一般结构关系。这种对社会结构的理解,在马克思关于生产力与生产关系、经济基础与上层建筑的矛盾运动的唯物史观的基础上具体化了,并有了一些新意。王南湜教授据此认为,文明社会农业技术的出现,种植业保证了早期人类基本稳定的生活资料来源,人们的交往范围扩大了,共同体也因此扩大了,于是生产社会秩序的政治活动领域获得特别重要的中心地位,意味着在人类生存所必需的三种基本需求的满足中,社会秩序的需求和生产获得了一种基准地位,即要求以社会秩序需求的最低限度的满足为前提来决定其他需求的生产和满足状况,这意味着,要求以生产社会秩序的政治活动为基准来决定如何安排其他领域的活动。在这种情况下,经济活动领域和精神文化活动领域已在很大程度上失去了其独立性,从属于政治活

---

① 所谓瓶颈需求效应,即某一领域需求的满足处于最低限度而成为"瓶颈",这种"瓶颈需求"的满足状态不仅直接制约着人类活动总量在各活动领域之间的分配,而且也间接地通过影响满足其他需求的活动条件而制约着其他需求的满足状况。参见王南湜《从领域合一到领域分离》,山西教育出版社1998年版,第44页。

动领域，某种程度上其功能也发生了转移，即经济活动不仅要服务于满足人们的物质生活资料的需求，而且必须将协助政治活动生产社会秩序的目标放在首位，精神文化活动则不仅要为人生提供意义，而且更要协助政治活动进行整合。这种情况表明，经济、政治、文化三大领域的功能已在很大程度上以政治为中心融合为一体了，可称为"领域合一"。然而，在市场经济条件下，基于分工的市场交换所造成的人们之间以物为中介的依赖关系的普遍化，却构成了一种新的社会秩序的生产方式。在市场生活中，虽然人们是审慎的和有意识的，但他们的行为却实现了一个非他们有意的协调任务。从而政治活动的特殊地位不再必要，那么以政治活动的目标为基准去限定经济、文化活动的必要性亦将不复存在，各个活动领域将以本己的目标为目标，而无须被限定于生产社会秩序的目标之内。这种状况表明，各个活动领域之间的直接约束关系被消解或弱化，并随着约束力的消除或减弱而拉大了"距离"，各个领域相对独立和分离了。所以从非市场经济到市场经济，社会结构的变化趋势便表现为从领域合一到领域分离。[①] 这种观点将社会结构和社会转型的相关理论元素组合在一起，对当代中国社会的改革进程提供了相当有说服力的理论解释，也将为我们在经济、政治和文化领域的进一步改革实践，提供有益的理论指导。

从非市场经济向市场经济的转换，导致了从传统社会向现代社会的转型。社会结构的剧烈转变，它必将引起整个社会生活和人们道德观念的巨变。历史地看，西方社会的近代社会转型引发的社会危机主要是贫富差距拉大、大批的无产者处于赤贫状态和生存的危机状态，必须通过社会政策、分配制度来调节社会财富的分配，制度层面的正义追求是顺利实现社会转型的关键所在。而西方近代社会的转型所带来的道德危机是社会危机中精神层面的危机，这种精神层面的危机只有通过人的思想观念的深刻转变，人的素质的全面提高从而实现道德的重建来挽救。西方从中世纪进入近现代社会的这一道德的转换也是一个长期的痛苦的过程，它是从"道德失范"到道德重建的过程，体现在如下几个方面[②]：①将基督教的神圣性道德转化为世俗性的道德。这一转化是通过新教伦理或清教伦理来完成

---

① 王南湜：《从领域合一到领域分离》，山西教育出版社1998年版，第153—164页。
② 龚群：《西方社会转型期社会道德状况及其对策研究》，《西北师范大学学报》（社会科学版）2012年第1期。

的；②从对人的感性生命的尊重生发出现代功利主义的幸福观，建立了在苦乐原理基础上的功利主义的幸福观；③从对人的尊严的尊重前提下产生了现代的责任或义务伦理。

从理论范式上看，这一道德的转型表现为关注中心为个人内在生活和人格完善的美德伦理学被持普遍理性主义立场的规范伦理学所取代。规范伦理学采取一种"非个人性"的普遍性立场，它探究的是以维护、促进社会合作体系为目的而人人都必须遵守的普遍规则及原理，以及它所导致的权利和责任。市场秩序是一种高度非人格化的复杂的交换系统，参与交易者互不相识，目的各异，它需要严格的规则系统来规约交易行为。在这种分化的异质性的巨型"陌生人社会"中，抽象而普遍的行为规则成为社会整合的新纽带。市场秩序的道德是一种规则优先的、普遍主义的社会道德，它主要由一些抽象性、否定性、互惠性的行为规则所组成。因为在多元的大社会中，人们特定的、具体的、个别的行为，是由社会的、一般的、抽象的规则来指导的。个人间关系之所以能够得以协调并被融入一个共同且持久的社会模式之中，原因在于他们是根据同样的抽象规则而行动的。遵守这些规则，人们服务于陌生人的需求，同时陌生人也满足了他们的需求。

而且在市场经济社会中，经济与政治相分离而有着自身的运行规律和秩序，"国家法的任务不是干涉经济规律的发展而只是保障对它进行调整而已。在这里法的理想是商品等价交换的保障，是存在于'一视同仁'的原理之中的；法调整社会秩序关系的作用与自然经济规律的作用的积极性相比，只是为经济服务的消极性的存在"[①]。显然，在这里，就法律而言，它必须做的就是以强制手段排除对等价交换原则的破坏；就道德而言，则它要求当事人视尊重对方的人格为义务。法律与一种最低限度的道德所要求的东西是一致的，而且，法律的有效运作至少要得到一种最低限度的道德的支持。在市场的道德规则下，利他行为不是出于愿望，而是表现为结果。人的利他行为并非由于其服务于他人需要的目标或愿望，而是由于他遵守了抽象的交易规则。这是一种新的现代的利他主义，它完全不同于传统社会小共同体中出自本能的利他主义。在市场秩序中，不再是目标，而是规则直接决定着人类行为的善恶。但以人格平等为核心的最低限

---

① [日]川岛武宜:《现代化与法》，王志安译，中国政法大学出版社1994年版，第26页。

度道德无疑是一种只适合于市场领域的道德原则,在政治公共领域和公民社会却有着同样普遍的但要求不同的道德,特别是在公民社会的志愿活动中,人们自主追求超越于当下直接的生活价值与意义完全是内在的,并不直接相关于现实的社会秩序。总之,由市场经济的建立所带来的社会转型,必将带来的是道德生活的重建。

三 中国社会转型及面临的道德问题

近代以来西方市场经济和市民社会的出现,成为传统社会迈向现代社会的主要标志。市场经济和市民社会之所以成为现代社会的基础,主要在于它在"全部的商业生活和工业生活"的基础上形成了现代性的社会关系,并在其基础上建立起了私人自主领域。传统社会也存在于与政治国家相对应的社会领域,但它是建立在传统的社会生产和社会生活之上的,在西方它是由宗教的权威控制与政治权力抗衡,在中国则是以传统的血缘和地缘关系为纽带而建立起来的家族共同体的聚合,即我们通常所说的"民间社会"。中国几千年以来的封建社会是建立在以同姓家族和自然村落为单位的自治机制之上的。传统的家庭和家族(也许还包括自然的村落)是构成中国传统社会的基本要素。但从结构上看,这种社会被压缩进了国家一维之中,形成了王权独尊的专制政治统治模式。君主代表国家通过官僚体系高度垄断着一切资源和权力,民间力量在政治生活中的作用微乎其微,呈现出以政治为中心的高度合一状态。相应地,在"王权"之光的普照下,中国没有公民,只有臣民,作为对权力极端化的反动,有时臣民演变为暴民。

传统中国社会是典型的宗法社会,以血缘和地缘为基础的家族、宗族是除国家外最为重要的社会组织,是民间社会的主体。在乡村社会里,宗族和宗法关系在社会生活中发挥着极为重要的作用,是调节人与人关系的基本法则。几千年来,人们的生活就一直遵循着这些法则,它所固化而成的"礼法"牢固地束缚着人们的精神,约束着人们的行为,使人们的价值观念和社会行为绝不可逾越礼教纲常所设定的界限。即使人们进入城市从事手工业或商业活动,传统的社会联系和礼法关系也会仍旧保持。韦伯曾说:中国的城市之所以"很难按照西方的形式来实现这种(政治性)的自由,因为从未摆脱过宗族的羁绊。迁到城里的居民(特别是有钱人)仍然保持着同祖籍的关系,那里有他那个宗族的祖田和祖祠,就是说,还保持着同他出生的村子的一切礼仪性和个人的关系"①。的确，在几千年的社会生活中形成的宗法关系和宗族观念是维护以农业文明为基础的社会秩序的重要保障，它以其所具有的强大凝聚力将个人牢牢地束缚在血缘和地缘共同体中，极不利于个人的独立和自由，不利于独立的个人之间自由交往关系的形成和发展，不利于在社会中形成分工与合作的社会劳动组织。也就是说，在这样的社会环境里，由并不独立的个人去型构自主交往领域是极其困难的。

在传统中国社会，强大的宗法关系也造就了政治生活和政治法律制度的独特品格。这就是将宗法关系上升为国家政治法则的独特形式。传统伦理维系着血缘宗法关系，是民间社会自发形成的伦理秩序，是社会的自我整合方式。然而传统中国更以"礼法"作为治国之本，宗法伦理通过法律形式而获得普遍理性，"礼"即是"法"，"法"即是"礼"。在这种社会结构中，宗法关系给政治组织和社会组织打上了极深的父系家长制的烙印，以血缘和地缘为纽带的家族和村落则是政治国家的基础。从总体上说，中国传统社会是以王权为中枢的政治、经济、社会、文化、道德大一统秩序，经济活动和文化活动从来就不允许妨碍社会秩序的生产，不允许摆脱政治活动的支配。

但传统中国乡村社会既不是被租佃制严重分裂的两极社会，也不是和谐而自治的内聚性小共同体，而是国家这种大共同体本位的"伪个人主义"社会。与其他文明的传统社会相比，传统中国的小共同体性更弱，但这并非因个体的个性发达，而是因国家大共同体性亢进所致。在传统社会结构中，君主不仅成为社会的统治者，而且国家完全取代了社会，使社会丧失了独立的品格。完备精致的专制制度，系统缜密的专制思想，在参与和作用中国社会历史发展和中华民族主体形象的塑造过程中，经过长期的演变沉淀，形成了中国传统的伦理政治文化。这种文化以专制政治制度为物质依托，以维护专制和君权为核心内容。就其外在形态而言，表现为诸如，"以经世致用为基本致思倾向；以维护封建专制为直接功利目标；以道德和政治的互渗为基础，把道德伦常推崇为人的政治行为的最高准则等。这其中，最为核心最为关键的是政治对全社会的广泛渗入和覆盖，以致形成了富有中国特色的泛政治主义传统，亦即通常所谓全能主义政治，

---

① [德] 马克斯·韦伯：《儒教与道教》，王容芬译，商务印书馆1999年版，第59页。

这是指一种政治系统的权力可以不受限制的侵入和控制社会每一层面和每一阶层的政治制度"[1]。在这种政治形态的统治下，国家政治权力压倒一切，政治权力没有时空限制，可以渗透和扩张到社会的一切领域，一切社会生活都以政治国家为中心展开，受其支配和控制。等级森严的专制主义政治格局是中国整个社会结构的核心，政治意识深深扎根于民众的一般意识中，对于居于独尊地位的政治权力的无上尊崇和服从，对于作为政治权力人格化的君主和各级长官的无条件忠心乃至迷信成为中国民众国民性的重要特征。这种缺乏科学理性和独立自主性的政治趋同，人们完全丧失了其独立人格和自主意识，形成了对统治者实行人身依附的生存状态即所谓的臣民文化。在臣民文化长期洗礼熏染下的社会心理则表现为普遍的崇圣，以及对权力的极端崇拜、惧怕与服从。

当近代资本主义文明侵入中国之后，这种超稳定的传统社会结构才在外力的冲击下开始破裂。这种始发于外力冲击的社会结构转型造成了中华民族独特的感情经历和心路历程，从而也决定了中国现代化道路的独特个性：一方面，近代以来的中国人对西方文明的优越性感到震惊、钦羡和崇拜，从而产生了破坏旧体制的巨大冲动和决心，形成了改变旧秩序的巨大动力。另一方面，近代以来的中国人又在西方的威胁下感受到压迫和危机，产生了强烈的民族主义情绪，从而使社会的变革时常向传统的或新形式的国家主义回归，难以避免地选择了国家本位的制度体制而不是个人本位的制度体制。即使在近代随着民族工商业的发展，虽然私人自律的社会生活领域也曾相伴而生，但由于整个社会并没有发生结构性的转变，国家本位的取向也就不会有什么变化。[2]

新中国成立后，我国确立了社会主义制度，为现代化开辟了道路。但"计划经济"模式，从社会政治哲学的角度说，可以称为"计划经济体制下的国家主义"。政治上，权力缺乏合理划分和有效制衡；普选制和人民代表大会制度发展水平较低，并在很大程度上流于形式，致使个人或少数人专权、独断的现象屡屡发生；公民参与政治生活的范围很窄、层次很低，政治活动方式的神秘化、特权化色彩较浓；法制系统很不完备，以权代法的现象比较普遍，人治仍是社会管理的主要方式。另

---

[1] 许纪霖等：《中国现代化史》第1卷，三联书店2000年版，第11页。
[2] 王新生：《市民社会论》，广西人民出版社2003年版，第263页。

一方面，长期以来，我们把计划经济体制作为一种政治制度和意识形态加以坚持，经济的计划化与思想的一统化紧密地结合在一起。结果是，计划体制拥有的是过多的"自负"，而思想的统一则表现为过多的个人蒙昧主义色彩。正如哈耶克所指出的，不论是谁，一旦掌握了全部经济活动的控制权，也自然地掌握了人们生存的命脉，从而就有力量决定人们所追求的其他方面的价值以及替他们安排这些价值的优先顺序①。计划经济要求中央政府对各领域、各地区实现有效控制，这就导致空前的社会动员与高强度的社会整合同时进行，社会的同质性程度偏高，社会分化相对不足，从而建立起来的是一个总体性社会，即一种结构分化程度很低的社会。这种社会的特征是②：①社会动员能力极强，可以利用全国性的严密组织系统，动员全国的人力物力资源，以达到某一目标；②缺乏中间阶层的作用，国家权力的触角伸向各个领域，国家直接面对民众，中间缺少缓冲；③社会秩序完全依赖于领导个人权威，极易走向一种自发的无政府、无秩序状态；④社会自治和自组织能力差，全部社会生活呈政治化、行政化趋向，社会的各个子系统缺乏独立运作的条件，支配不同功能系统的是同一运行原则；⑤共振效应，任何局部性的矛盾或紧张状态都蕴含着全局性危机；⑥社会中身份制盛行，社会流动受到严格限制；⑦总体性意识形态同时承担社会整合和工具理性的双重功能，由于功能要求的矛盾性，产生一种互相削弱的效应；⑧缺少自下而上的沟通，民众的意见凝聚缺少必要的组织形式，因而与政策层次有较大的距离，并缺少可处理性。换言之，总体性社会是一种高度一体化、整个社会生活几乎完全依靠国家机器驱动的社会。长期以来，国家不仅在政治领域，而且在社会经济、文化等领域都既成为唯一主导的力量，又成为具体操作的力量。国家与社会、政治与经济、政治与文化之间的不同结构与功能被同一化了，形成了非政治领域政治化的社会特征。比如在经济方面，经济结构政治化，经济实体行政化，经济系统成为一种政治子系统，从而失去了其自主的功能与活力；在精神文化方面，精神文化活动的意识形态化，按照政治利益来决定文化活动的方

---

① [英]哈耶克：《通向奴役之路》，王明毅等译，商务印书馆1962年版，第146页。
② 中国战略与管理研究会社会结构转型课题组：《中国社会结构转型的中近期趋势与隐患》，《战略与管理》1998年第5期。

向，尽可能地利用一切知识成果，论证现实政治活动的合理性以至神圣性，以文化活动所独有的影响人们精神状态的力量支持政治活动，甚至使其成为政治活动的一个组成部分。

不过，现在我们已经看到，这一切随着市场经济改革正在发生改变，意味着中国社会的传统结构遇到了最强有力的挑战。这一挑战必然意味着中国社会结构的全面转型。中国目前正处于社会转型阶段，这就是自19世纪中叶开始的、以现代化为目标的社会转型过程。这一过程的核心是围绕经济发展这个中心，推动政治、文化等各个方面、各个领域的整体性社会变迁。其基本特征是：政治领域向民主化、法治化转变；经济领域向市场化、自主化发展；文化领域向理性化、多元化转变；社会领域向城市化、分层化转型。社会结构的变化带来了引人瞩目的社会进步，这是主要方面。但是，由于我国社会结构转型原先是在同质性极强的计划经济体制基础上展开的，一些滞后的结构要素和功能尚保留着旧体制下的惯性和余温，新旧结构要素的矛盾和冲突，引发了社会失范、社会整合能力降低等问题。如城乡二元结构带来的"三农"问题、产业结构调整带来的下岗失业问题、经济体制改革和政治体制改革不同步带来的腐败问题、新旧观念的冲突造成的信仰出现真空问题，等等。这些都是社会结构转型过程中出现的问题，必然要求我们关注社会结构转型这一背景才能从理论上有真正明晰的认识。

总体上看，转型中国的伦理困境的实质就在于，当我们告别传统的家庭、村社等共同体而获得自由时，我们也进入了一个充满竞争、风险而没有安全感的陌生世界。中国社会转型，是由单位、村落式的小社群转变为市场秩序的大社会，亦即人类合作的扩展秩序的演进，它伴随着从"单位人"、"村落人"到"社会人"的人格转换。所以当代中国伦理生活所面临的基本问题，首要的就是公共生活中个人作为"公众"的一员对制度公正（合理化）提出要求，社会和国家在尊重个人权利的前提下对个人行为提出道德要求，即正当行为规则的建立与遵守的问题。另外，对陌生人的友善态度，以及超越个人界限的公共关怀与公共精神也正成为现代社会凸显的公共性道德诉求。显然我们所面临的问题也正是我们道德建设的努力方向。

第二节　公共道德的人伦关系结构基础

市场经济是人类历史上迄今最为有效的经济组织方式。它的基本特征是产权明晰的单纯经济职能组织的存在。市场经济制度的建立，决非孤立的经济活动方式的变化，它决定和影响着整个社会生活的变化方向。在这些变化中，意义最为深远的则莫过于公共性组织的兴起，以及人们交往行为的性质与方式的转变。它成为公共道德的人伦关系结构的基础。

一　市场经济的基本特征及对人的影响

经济活动从政治控制中分离出来形成相对独立的活动领域是从近代开始的，因为市场经济的技术基础或必要条件是工业技术成为社会生产的主导成分，而这只是从近代英国开始的产业革命才具有的特征。没有工业化，严格意义上的市场经济体系不可能存在。只有在工业技术条件下，社会劳动的分工才有可能获得高度的发展，复杂的专业分工才需要广泛的交换和高度的协调，这样市场作为一种有效的协调方式，才有可能在此基础上发展起来。所以，市场作为一种调节机制，它是建立在分工与交换基础上的。在分工条件下，"因为每个人为自己劳动，而他的产品并不是为他自己使用，所以他自然要进行交换，这不仅是为了参加总的生产能力，而且是为了把自己的产品变成自己的生活资料"①。这样的交换则产生了一种全新的社会关系形式："活动和产品的普遍交换已成为每一单个人的生存条件，这种普遍交换，他们的互相联系，表现为对他们本身来说是异己的、无关的东西，表现为一种物。在交换价值上，人的社会关系转化为物的社会关系；人的能力转化为物的能力。"② 正因为人们之间是通过物的交换而构成互相的和全面的依赖关系，因而市场作为其中介环节才能够对人们的经济活动进行调节。市场机制对经济活动的这种调节作用，本质上是以市场所反映的价格信号来调节生产的。这种调节是一种内在的自动调节，是通过"看不见的手"的作用在调节。市场机制的这种奇妙作用，

---

① 《马克思恩格斯全集》第46卷（上），人民出版社1979年版，第104页。
② 同上书，第103页。

美国著名经济学家萨缪尔森作了很好的描述："竞争制度是一架精巧的机构，通过一系列的价格和市场，发生无意识的协调作用。它也是一具传达讯息的机器，把千百万不同个人的知识和行动汇合在一起。虽然不具有统一的智力，它却解决着一种可以想象到的牵涉数以千计未知数和关系的最复杂的问题。没有人去设计它，它自然而然地演化出来；像人类的本性一样，它总在变动。"① 价格机制和竞争机制共同构成了市场机制的基本内容。

一般而言，市场机制的正常运行，离不开三大基本经济主体：即所有者、生产者、消费者。这三大经济主体之间形成的多层次的利益制约关系使经济生活在整个社会生活中自成体系。首先在所有者、生产者、消费者这三大经济主体之间形成的是第一层次的制约关系。所有者以资本参与经济活动，目的是追求利润；生产者以劳动参与经济活动，目的是追求工资；消费者以货币参与经济活动，目的是追求商品的使用价值。追求的目的不同，他们之间的利益冲突也就不可避免，但又只有通过与对方合作才能实现自己的利益，于是他们之间形成了经济上的相互制约关系，这是市场经济中最基本、最主要的经济制约关系。第二层次的经济制约关系存在于三大经济主体各自的内部。它表现为所有者之间为争夺劳动和货币这两种基本经济资源以及其他资源，必然存在激烈的竞争；但面对与生产者、消费者的利益冲突，他们又需要相互合作，于是在所有者之间形成了相互的经济制约关系。同样道理，生产者和消费者也一样，对内相互竞争，但对外时他们又必须团结起来。进一步，市场经济要正常和快速发展，还需要各种非经济资源不断纳入市场经济活动中发挥作用，这样在经济资源与各种非经济资源的拥有者之间也必然形成不同资源的配置与交换关系，于是第三个层面的经济制约关系由此得以形成。至于第四个层面的制约关系则体现在各种非经济资源的各个拥有者之间，它是与经济资源相联系的各种非经济资源之间的相互竞争与合作。这样整个社会资源都被纳入多层面的制约关系之中，各类主体相互之间按市场经济法则建构成的经济制约体系具有基础性地位，社会就是这样一个以经济有机体系为中心与其他体系型构的整体，这也就是近代意义上的市民社会。

从市场经济这一完整的经济制约体系中，我们可以看出，市场经济并

---

① [美] 萨缪尔森：《经济学》（上），萧琛译，商务印书馆1979年版，第61页。

非一种单纯的物质技术现象，在经验直观的背后，经济运行涉及的是制度或体制的社会存在层面和市场经济的主体层面。

从制度层面看，市场经济的基本特征是所有权或产权的分散与明确界定。产权是"财产权利"一词的缩写。法学中的产权是狭义的产权，主要指物权；而经济学中产权是广义的产权，它的概念不仅从物权扩大到债权、知识产权等，而且扩大到所有交易中的权利，其基本内涵可归纳为如下几方面[①]：①产权是与财产有关的，具有排他性的权利。产权的排他性意味着两个人不能同时拥有控制同一事物某种相同的权利，特定的权利只能是一个主体。②产权是一种行为权利，是界定人们行为关系的一种规则。产权所表现出来的行为规则，实质上是交易主体之间的权、责、利关系。③产权是可以分解的一种权利，如财产所有权可以横向分解为使用权、收益权和让渡权等，也可以纵向分解为出资权、经营权、管理权。随着生产社会化程度的提高，产权由合一到分解是社会分工的发展在产权权能行使方面的具体表现。④产权是可以交易的权利。产权意味着经济上价值，所以是可以交易的，但只有排他的、界定清晰的产权才具有可交易性。产权的明确界定或明晰化与产权的分散化其实是同一过程的两个不可分离的方面。若无产权的分散，则明确界定没有意义，而若不明确界定，分散化则不可能。在产权集中的情况下，其界限也必定是不明晰的，产权不明晰的后果是交易费用极大，从而使得市场交换或交易成为不可能。在直接的人的依赖关系的社会发展阶段或社会形态中，物的依赖关系其实就是人们之间的物质利益关系也是存在的，但它只是间接地隐含在血缘关系与政治关系之中，得不到明确的直接的表达。这时候产权的集中必然要求一种集中的组织系统来统一行使权利。只有当产权处于分散状态，个人或团体才能够单独地行使其使用权、处置权、受益权，各个个人或团体之间也才能够由此产生明确的物质利益关系。物质利益关系的直接性、广泛性和单纯性，构成物的依赖关系的基本特征。分散产权这种制度形式，对于分工高度发展和社会生活高度复杂化的现代市场经济来说，有非常重要的意义，它是现代市场经济和社会得以顺利运行的重要法权或制度基础。

市场经济的另一重要特征是企业家的出现和单纯的经济组织（企业）

---

① 参见刘凡、刘文斌《产权经济学》，湖北人民出版社 2002 年版，第 6—8 页。

的自由存在。交换关系是市场制度赖以建立的基本关系。在市场经济中，交换不仅是变换占有物的一个方法，它也是控制行为方式和组织人们协作的一个方法。通过货币和价格的帮助，市场交换摆脱了个别性和偶然性，使物质利益的交换关系成为极其广泛的，可大至整个国家，甚至全世界范围内的各个角落，达到毫不相干个人之间的互相和全面的依赖。在世界市场上，单个人与一切人发生联系，这中间，专门商人的参与，使交换关系的长链条成为可能。商人通过职业性的交换，而不是偶尔的便利，寻求着谋生——也许是好运的可能性。职业或专门的商人，有些可以被称为伟大的组织家，正是他们编织的市场环的链条一直左右着社会的变化。14—16世纪，正是这样一种长长的环链——主要由欧洲一些城市商人，尤其是北意大利商人锻造的——头一次使西欧成为一个经济的整体，实现了甚至连政府都望尘莫及的一个大陆的协调。特别是后来，企业家和企业组织的崛起，使一种曾经是同质的交换形式分工出更为精细的市场。企业家是市场制度下的特殊人物，他们比一般的商人更有力地把正式的组织（企业）引入了市场。企业家并不是简单地促进更广泛的交换、安排已有的商品和工作任务，同卖掉自己买入的东西的商人不同，企业家购买或租用设备，组织生产过程，然后再售出成品和劳务。他与人及其他资源打交道，寻找各种任务，组织人们完成它们。他因而成了领导者、监工或人们的指挥者。如果他的企业很大，他——企业家——实际上成了一个"公共"官员，尽管他不是政府或政治官员。也因此，企业作为单纯的经济组织，涵盖了整个市场制度，它是社会组织中的一项伟大发展，其意义至今仍未充分揭示。企业组织本身就其纯粹形态而言，必然是一种利益关系的结合，即个人之间首先是一种利益关系，为了获利才结合在一个组织内。这样，一个企业无论在其内部还是外部，都是唯一受利益原则支配的。在外部，通过市场交换而建立起与其他企业和个人的利益关系，在内部，则通过一定的组织方式即人们常说的科层制而建立起各人员之间的利益关系。联系方式虽然有两种，但其实质则都是利益关系。换言之，物的依赖关系不仅通过市场交换，而且也通过企业组织来实现。市场与企业一起构成物的依赖关系总体。

同时，市场经济所实现的直接的、单纯的物质利益关系的存在，也需要一种视这种物质利益关系为正当的观念的功利意识的支撑。市场经济存在的制度条件所要求的产权分散、优胜劣汰，要求人们具有一种独立自主意识、竞争意识、责任意识和强烈的个人成就感,以之去支撑日益个体化的社会生活。我们可以说,主体性意识、个体性意识、功利意识三者共同构成市场经济存在的观念条件,这是市场经济存在的另一特征。

从哲学上看,市场经济的运作过程,并不只是简单的人与物、物与物的关系,更重要的是人与人、主体与主体的关系。商品经济的发展及社会流动的广泛化与交往的扩大,为人的个性的成长和个人才能的发挥、发展提供了广阔的空间,体现并真正发展了人的主体性。首先,它是一种自由而自觉的活动。相对于自然经济和计划经济,市场经济为人的活动提供了更大的可能性空间;在活动中,生产经营者对自己的活动目的和活动结果是能意识到的,对活动的内在机制也是能自觉到的。其次,它是一种自主自愿的活动。它实现了两种分离,一是生产活动和交易活动与自然需要的分离。它与自然经济的生产和交易活动是直接为满足自然需要不同,为满足自己发展的需要,必须通过产品交换和生产社会化。正是借助于这种交换和社会化,人的社会属性才真正提高了。二是个人与集体、个人与个人的分离,它打破了血缘关系和氏族关系,通过自主自愿的契约关系即平等自由的关系来实现各自的目的。在这种自主自愿的契约关系中,主体间性即主体之间相互理解的性质,以及在相互沟通、相互理解中形成的对双方都有效的原则和规范,才被真正确立起来,这也是形成人类共同感的根本前提。再次,市场经济的竞争原则和效率原则,造成了两大社会后果,一是生活资料的急剧增加,为人们的物质生活和精神生活的满足与提高提供了物质保证;二是效率的提高,意味着用于生产的时间相对地缩短,自由支配的时间增多,社会交往的空间也将大大拓展。这一切构成人的自由全面发展的基础性条件。

二 市场经济与公共性组织的发展

由市场经济的经济制约机制整合而成的市民社会是一个由"需要的体系"而联结成的一个独立领域,"市民社会是处在家庭和国家之间的差别的阶段"[①]。一方面普遍的市场交往关系解构着家庭和国家等传统共同体社会的基本结构,另一方面,也大量催生出各种介于家庭和国家之间的社会组织形式。

---

① [德]黑格尔:《法哲学原理》,范扬译,商务印书馆1961年版,第197页。

在自然经济占主导地位的传统社会里，整个社会的经济、政治、文化三大基本活动领域处于以政治为中心的合一状态，表现为整体性、同质性和政治性的特点。对此，马克思指出："在中世纪，财产、商业、社会团体和人都是政治的；国家的物质内容是由国家的形式设定的。每个私人领域都具有政治性质，或者都是政治领域；换句话说，政治也是私人领域的性质。在中世纪，政治制度是私有财产的制度，但这只是因为私有财产的制度就是政治制度。在中世纪，人民的生活和国家的生活是同一的。"[①]而现代社会由于完成了政治生活和市民社会分离的过程，在现代社会结构中，则是政治国家和非政治国家的相互适应。市场经济作为现代社会的本质性特征，它造成了以政治为中心的领域合一结构的瓦解，催生着国家与市民社会的分离。同时，市场经济也推动着传统家庭共同体向现代家庭形式的转变。一般地说，家庭是社会团结最为原始和最为基本的形式，它以家庭成员之间固有的自然联系（如血缘关系、两性关系）为基础，因而是一种极为有效的自然团结。在传统的自然经济中，这种自然团结是人们各种社会生活的最基本保障，特别是传统家庭具有生产职能，它往往本身就构成了一个完整的生产过程。在现代社会，现代核心家庭已经从社会生产的主要环节中退了出来，只保留着物质消费的基本职能。个人与传统家庭分离的过程，不仅是个人在经济上独立的过程，实际上也是个人在精神上独立的过程。与传统家庭为其成员提供全部生活资料和全部生活意义的功能相比，现代家庭已经不再是私人劳动的领域，只是个人社会生活的避风港，成为个人隐私的领域。由于它并不能为个人提供确定的生活目标和全部生活意义，所以个人还需要在社会生活中扩展自己的生活空间，寻找自己的生活意义。

市场经济否定了家庭这一血缘共同体中人的自然联系，通过相互的需要和相互的依赖建立起个人之间的普遍联系，但它必须以相应的社会组织作为支撑。这些社会组织中首先是承担从传统家庭职能中所分离出来的生产职能的经济组织。市场经济的生产活动，一是专业性，二是批量性，三是离不开各种要素的组合。但是，现实生活中的社会成员首先是单个的，这满足不了上述生产活动的要求。因此，各市场主体资源的专有和利益的相互依赖推动他们走向联合，这一联合的有效方式就是由各市场主体自主

[①]《马克思恩格斯全集》第3卷，人民出版社2002年版，第42页。

建立独立于任何单个人的联合体——企业。企业是以盈利为目的的经济组织。相比于个人,企业是更为主要也更为重要的经济主体——大量而重要的经济活动是由各类企业承担的。就企业的内在结构而言,它体现了不同资源按一定比例和效益最大化的要求进行配置,并以具有不同资源的个人之间建立起内在的经济制约关系表现出来,从而使个人之间具有一定结构的经济制约关系演化为个人与经济组织之间的经济制约关系。进一步讲,这些不同的经济组织,由于各自创造和拥有的经济资源的差异,使它们之间存在生产的分工与资源的交换,因此,各企业之间也形成了相互制约的经济关系。

然而,尽管利益的相互制约推动个人之间、个人与企业之间、企业之间形成相互依赖的关系,但他们之间的利益矛盾始终存在。这些矛盾集中反映在各类经济主体资源交换关系的冲突上,具体表现在两大方面:不同类资源相互交换中的博弈性,同类资源对外交换中的竞争性。应该说,这两类矛盾都超过了个人与企业这两类经济主体所能解决的范畴,个人、企业不具有解决超越自身范围的经济矛盾的能力。可是,各经济主体之间经济利益相互制约的关系,又强制推动他们必须找到解决上述矛盾的手段。于是,各类经济主体基于某种经济利益的共同性而建立的各种利益团体——同业公会等应运而生。同业公会这类组织往往不仅以协调业界各经济主体之间的利益矛盾为主要使命,也要为其成员的切实物质利益而与其他社团或与公共权力相抗争,而且还常常通过定期或不定期的宴饮、联欢、入会仪式等来加强成员之间的情感认同。这无疑使他们之间从纯粹的利益关系得以提升为伦理关系。在这种伦理关系中,公会成员从同业公会中获得了某种特定的权利,意味着自己的权利受到了一个更为强大的存在的保护的同时,也意味着他们对它负有特定的责任和义务。所以,黑格尔说:"在同业公会中,个人发挥自己的技能从而谋求一切可以谋求的东西那种所谓自然权利所受到的限制,仅以其限制在其中被视为合理性的为限,这就是说,它从自己意见和偶然性中,从自己的危险和对他人的危险中解放出来,并得到了承认和保证,同时又被提升为对一个共同目的的自觉活动。"[①] 但同业公会还只是一种初级的社团,只是在商品经济发育的初级阶段,同业公会才可能成为一种普遍性的社会结合方式。从西方的历

---

① [德]黑格尔:《法哲学原理》,范扬译,商务印书馆1961年版,第250页。

史来看，这种结合形式在商品经济发展的初期的确对工商业的发展起到了积极的促进和推动作用。当社会资本不断集中，商品生产的规模进一步扩大，它往往成为限制分工与竞争，保护小生产的重要力量，也因此而成为商品经济进一步发展的障碍，成为独立的个人之间平等关系进一步发展的障碍。

与此同时，随着市场交往关系的扩展，独立个人间的自主交往关系也必将变得越来越复杂和多样化，特别是人们基本的物质需要越得到满足，精神文化等高级需要就越会凸显出来。于是人们以理性为基础建立的各种非经济性社会组织广泛发展起来，如各种学术性团体、各种宗教团体、慈善组织、各种兴趣团体、俱乐部、志愿组织以及各种政党组织等，这些自主社团数量众多、诉求殊异，正是这样，它们的不同诉求之间才可能形成一种真正的互动关系，任何一个社团都不可能成为一种压迫性的力量，也就不会在精神文化领域形成一种压迫性的话语。这样，在市场经济条件下，由各种非政府组织、非营利的社团组成的社会力量，由各种报刊、广播、电视、互联网等传媒形式组成的公众舆论领域，以及由包括讨论和维护公共利益的各种聚会、辩论、游行示威等组成的社会运动等逐渐成为公共领域现实的存在形式。公共领域的社团组织等机构一方面提供给市场经济所需要的智力资源、伦理资源和人文精神资源，从而促进市场经济的健康发展，另一方面，在这一超越了经济交往的领域，人与人之间进行着精神与文化的交往，建构与创造着公共生活的意义与价值。特别是那些以人的公益心为发展动力的非营利组织，它介于政府和营利组织之间，致力于弥补政府与市场的失灵，扮演着服务的角色、倡导的角色、呈现的角色、社区建造的角色及价值守护人的角色，能以比政府更低的成本提供更好的公共物品而促进社会繁荣与和谐，并以对市场功利追求的超越而代表着人类理想的道德境界和文明发展方向。

与家庭、村落等这种基于人的"自然意志"和成员之间的自然联系而结成的"共同体"不同，公共性组织是人们基于理性而建立的社会联系，这种社会联系之所以能够形成，在于参与者通过相互的允诺而达成了一种合乎理性的协议。它们是个人间的自主、自愿的联合，追求着共同的目的与价值理想，创造着共同发展的机会，是每个个人自由全面发展的基础和前提。

三 从私人性交往到公共性交往

交往是人类所特有的社会行为，是人的社会关系的动态表现。制度作为社会关系最重要的组合方式，既以一定的社会关系为基础和前提，又制约和影响着人们交往的性质和形式。从传统社会的身份制度到现代社会的契约制度的转变，也就意味着人们的交往方式从私人性到公共性的转变。

所谓"身份"指的是一种个人对父权制家族的先赋的、固定不变的隶属关系。而身份制度作为一种社会制度则强化了这种等级隶属关系。人们从事其职业活动是由于他们因其出身和习俗而生来就属于一定的等级，而不是因为他们的意愿使他们选择那种（些）活动。也就是说，在这种制度下，一个人的生活前景预先就被他（她）出身所处的社会等级这样一个偶然性的因素决定下来。它使地位、权力、机会、福利这些同一个人生活前景的改善有关因素的分配同他（她）的意愿和他（她）的实际努力分离开来。

在前资本主义社会里，人们依附性的身份地位是由封闭落后的自然经济基础造成的。英国著名法律史学家亨利·梅因在考察了雅利安民族历史的基础上，指出在人类社会的幼年时代，作为社会单位的，不是个人，而是由真实的或拟制的血缘关系结合起来的团体。在这种社会里，人们很少有契约活动的余地，往往不是被看作一个个独立的个体而存在，而是被看作一个特定团体（家族、村落、国家等）的成员，这样就决定了个人同团体的不可分离性。因此在这种身份社会中，身份是一种常驻不变的"人格状态"，是赖以确定人们权利能力和行为能力的基准。人们一旦从社会获得了某种身份，也就意味着他获得了与此身份相适应的种种权力，因此，一个人的权利和义务的分配主要依靠身份关系而不是法律关系来调节，而身份关系的取得、变更和消灭又带有先赋性、人伦性和随意性的特点。这种与自然经济相适应的等级观念和身份制度就严格限制了每一个人的身份地位和人身自由，时刻要求人们的一切行为必须与自己的社会地位相称，有力地保障了专制国家的统治秩序。

传统中国一直是一个宗法性的农业社会，自给自足的自然经济、宗法性的家族和政治统治以及儒家文化思想共同建构了一个超稳定的等级身份社会。在复杂的血缘宗法关系中，等级秩序要求所有社会成员都要依其所处的地位、身份来进行日常交往，在交往范围极其有限的传统日常生活世界，日常交往关系主要是血缘、地缘等相对稳定的人伦关系，除此之外人们则少有往来。首先是以血缘纽带为基础的家族关系。其次是由亲戚、朋友、同学、街坊邻居、同乡等人脉组成交往圈内的熟人关系。再次是与脱离了家族、亲戚、朋友的范畴的陌生人的关系。传统中国人彼此间进行日常交往的频度通常与亲疏关系成正比，亲疏是以血缘关系的远近来确定的，它同时也相应地表现在地缘关系的远近上。一个人熟悉的、有着亲密感情的交往关系的范围，往往是以他生活的村落为界限，并通常只延伸至邻村与集市。可以说，村社社会是一个私人性的社会。这些私人之间的联系仅限于由于血缘关系而聚居在一起，以及由于这种比邻而居的生活而产生的那些日常交往。私人之私所及领域的范围，是他的占有物——田产、房屋、牲畜与耕具、收获物，等等。除开这个私的领域之外，在他的世界中，其他的领域几乎都不存在。这种私人，用哈贝马斯的语言来说，是古典意义上的而不是现代意义上的私人。它带有明确的私人经济功能和依附关系，这些私人是未经"解放"的、非自律的私人，在这里没有发生同公共事务相关的私人经验。① 一般来说，这种熟人间的私人日常交往的主体相对固定，通常是具有血缘关系的家人、亲属和具有地域关联的邻人、朋友之间的交往。私人交往发生在通常所说的伦理的关系范围内。伦理的关系都是个别的、独特的、以感情为主要纽带的关系。在每种关系中，关系对象都是一个同某个人处于特殊关系中的单数的他者，每种关系都与其他关系不同，每种关系中这一方同另一方的关系也与另一方同这一方的关系不同。同时，每种伦理的关系都是某个人对另一个人的直接的关系并且要求个别的、直接的相互回应，而且在每种关系中，在每种关系的每一方面，都有一种关于这种关系的好或坏的独特尺度。②

与日常交往相对的是非日常交往，其交往主体常常处于变易之中。除了同一工作场所中主体间的交往相对固定外，其他的非日常交往，如商品交流、政治交往、区域之间和国家之间的各种交往中，交往主体之间的关联往往具有不确定性和不稳定性。但是，对于农业文明时期的非日常交往的地位，我们不应估计过高。一方面，在漫长的农业文明时期，非日常的

---

① [德]哈贝马斯：《公共领域的结构转型》，曹卫东等译，学林出版社1999年版，第33页。
② 廖申白：《私人交往与公共交往》，《北京师范大学学报》（社会科学版）2005年第4期。

社会活动领域和精神生产领域都相对不发达,只有封建统治者、各种官吏、艺术家、科学家、思想家等少数人才能进入非日常生活领域,而大多数人依旧像原始初民一样终生逗留在天然的和自在的日常生活世界中。另一方面,自然经济条件下的非日常生活世界也分沾了日常生活世界的自然性或自在性的特征,其社会关系带有强烈的宗法伦理色彩,构成封建宗法制度和等级关系核心的君臣关系在某种意义上是父子关系的扩大或类推。因此,这一时期的非日常交往同样带有很重要的自然和自在的特征,尚不是现代意义上的理性化和法制化的非日常交往。

随着商品经济和科学技术的飞速发展,作为工业文明两大主导精神的技术理性(以及科学思维)和人本精神极大地改变了人们的活动图式,传统交往中的宗法伦理色彩和血缘情感关联开始消解,理性化的和法制化的非日常交往日渐发达。非日常交往开始在人类全部交往活动中占主导地位,而传统的日常交往也相应地退隐到轰轰烈烈的非日常世界的背后,成为狭小的私人领域。

一种社会结构的基础,就是这个社会赖以建立的人与人之间的关系模式。正如传统社会结构的基础是血缘和地缘关系基础之上的宗法关系一样,现代社会结构的基础是独立个人间自主交往基础之上的权利和义务的契约关系。近代契约关系的产生则是人类社会发展到市场经济的这一阶段的产物。在西方,只有在17—18世纪以后,商品经济才成为社会经济的主导形式,市民社会才开始形成。独立的个人间相互的承认和自主交往关系,是市民社会的基本关系,而契约关系是这一基本关系的典型形态。所谓独立的个人,就是摆脱了传统身份制度束缚的个人,换言之,就是平等的个人,就此而言,是"无差别的个人"。只有消除了传统社会中人的身份差别,才能在平等的人与人关系中确立契约关系,才有市场行为。

正如汉娜·阿伦特所认为的那样,随着家务或经济活动进入公共领域,家政管理以及一切前此与私人性家庭领域相关的活动都变成了一桩集体的事情。伴随经济交往空间扩大的同时,人们的生活内容(经济生活、政治生活、文化生活)、生活方式(交往手段、交往的时间、空间特点等)、生活观念(生活的价值、意义等)都显现出公共化的特点。商品经济的发展突破了以血缘为纽带的群体宗法关系的桎梏,使人们有能力去参加社会的公共事务活动,从而形成了以地缘、业缘关系为纽带的独立个体。一方面,个人的主体地位和个人价值观念在社会生活中逐步得以确立和巩固,家庭私域之外的公共性交往不断扩展。按亚里士多德的理解,公共性的交往关系只存在于以某种尺度来衡量是平等的人们中间,因为只有这样的人才能够参与法律与契约的过程。① 在公共交往中,典型的交往关系是一个人同陌生人的关系:他/她面对的是同他/她没有感情关系,不具有直接的、个别的相互回应性,因而对他/她而言没有差别的陌生人。所谓没有差别,是说他/她同这一个陌生人和那一个陌生人的关系没有差别,这种无差别性使一个具体的交往对象失去个别性而显现为无差别的对象整体,即一般的、复数的他者。公共交往的无差别性使这种交往产生了一般的、对任何人都同样相关的普遍意义。任何人如果退到这种交往对象的范围都会处于这种普遍性的地位上,如人们在城市交往生活中最大量、最普遍的地位恰恰是这种交往受动者的地位,这种关系因之对每个私人来说都具有了公共意义。②

人们的公共交往建立在现代社会的各种经济组织和社会、政治组织对个人的权利和价值的实现和保障的基础上,并且只有在家庭和国家之间的中间(公共)性领域不断拓展的过程中才能得到真正发展。哈贝马斯对这一主题做过深入的研究,他立足于当代资本主义的发展,对市民社会作了新的理解,认为市民社会是随着资本主义市场经济的发展而形成的独立于政治国家的"自治领域"。它由两个层面构成,一是以资本主义私人占有制为基础的市场经济体系,它包括劳动市场、资本市场、商品市场及其控制机制;二是由私人组成的、独立于政治国家的非官方组织所构成的社会文化系统,它包括"教会、文化团体和学会、独立的传媒、运动和俱乐部、辩论俱乐部、市民论坛和市民协会、职业团体、政治党派、工会"③。哈贝马斯在黑格尔看到的社团在沟通市民与国家方面作用的基础上,进一步指出了社团在社会的民主自治方面所起的作用。特别要指出的是,哈贝马斯的"公共领域"概念,一方面注重公众在互动交往中产生的公共舆论的批判功能,被认为是表达民意、实现决策民主化、对政府进行民主监督和防止政府产生专制行为的一种重要手段,另一方面又将交往、对话看成现代人的根本生存方式,从人们的情理沟通、理性商谈中看

---

① [古希腊]亚里士多德:《尼各马可伦理学》,廖申白译,商务印书馆2003年版,第250页。
② 廖申白:《私人交往与公共交往》,《北京师范大学学报》(社会科学版)2005年第4期。
③ [德]哈贝马斯:《公共结构的领域转型》,曹卫东等译,学林出版社1999年版,第29页。

到了达成共识和理解的可能，看到了现代社会生活中人们道德自主的希望。

中国传统社会没有形成过国家与社会相互区别相互制约的公共领域，但长期存在着一个两者重叠交错的部分。它最早产生于国家管理户籍、课征税赋和摊派徭役的需要。明清之后，由于经济的发展，逐步具有了管理地方性的道路、桥梁、水渠和其他公益设施的职能。伴随着这些管理性的活动，一些公共性的讨论在地方士绅与国家官吏之间进行，一个特殊的公共领域逐步形成。尽管它的边界在国家、在社会这两方面都不很清晰，但在这个边界朦胧的领域中，一些同社会有关的公益事业借助国家与社会两方面力量的某些形式的合作得到兴办和管理。不过它是精英制的，它的公共性是不充分的。但20世纪80年代以来，这种局面正在改变。在农村，由于家庭承包责任制的推行，家庭成为生产和经济活动的基本单元，继而由于《村民委员会组织法》的实施，村民委员会成为半自治性的村落管理组织，乡村社会的结构正在发生明显的变化。与乡镇企业和私人经济组织一道，社团交往网络也正在形成。它构成地方活跃分子同政府官员之间的就地方性公共事务进行对话和讨论的交往平台，是一种正在塑造中的公共空间。在城市，随着单位制的淡出和社区自治或半自治组织的建立，新的交往网络发展迅速。特别是城市中各种全国性和地方性社团、志愿组织的出现，人们的交往空间迅速扩展，同时这些社团组织成为人们在范围上大小不等的公共性事务的讨论平台和道德实践的组织性行为方式，更由于互联网的普及，大大拓展了公众的公共参与空间。至此，公共生活已不再是人类历史上曾经存在过的只是少数统治者用以炫耀高贵的专利品，而成为每一个人生活不可或缺的组成部分和重要特征。

第三节　市场经济的公共道德维度

市场经济中人与人的关系集中体现在市场交换关系中，对于市场交换关系的特征或规定，马克思曾深刻地指出："那里占统治地位的只是自由、平等、所有权和边沁。"[①]"自由"，即指交换行为受交换主体内在意

[①]《马克思恩格斯选集》第4卷，人民出版社1995年版，第176页。

志的有效支配，交换是双方自愿的意志表达，而契约就是这种自由意志达成一致的法律表现。"平等"，即指交换主体的地位和权利是平等的。无论他们在市场之外各自的地位和身份如何特殊，在市场中一律都是买者和卖者的关系。"所有权"，即指交换主体都是独立的财产主体，交换各方必须互相承认对方是所有者，各人都只能支配属于自己的东西。这是市场交换关系发生的前提。"边沁"，本是19世纪英国功利主义代表人物，由于他强调只有个人利益才是唯一现实的利益，所以马克思用他的名字来说明市场主体的交换动机——自利。市场交换关系实际上体现了一种新的社会结构基础上的人们之间独立和互相依赖的新的人伦关系结构。在市场交换关系中，"利己心的主体把他人也作为利己心的主体，即作为与自己同样的人格而相互交涉"①，虽然其交换行为的动机是为了自己，但这种自利心必须以尊重他人的自利心为前提才能得到满足，他的眼界已经不能只局限于自己，"在这里，已经不是原始的本能的单纯自我保护，即不是否认除自己以外的所有人的主体性，而是把他人也作为与自己同样的存在而加以承认，由此而意识到自己的存在，这已是一个伦理的世界"②。但这是一个公共伦理的世界，因为市场机制是一种高度非人格化的复杂的交换系统，参与交易者互不相识，目的各异，从而抽象而普遍的行为规则成为社会整合的新纽带。市场中独立、平等的经济主体（陌生人）都是同质的，市场秩序要求他们之间彼此尊重、信任和合作，共同遵守建基于公共理性之上的公共规则制度，这就是市场经济的公共道德维度。

一 市场秩序的自发演进及其规则基础

在市场经济条件下，基于分工的市场交换所造成的人们之间以物为中介的依赖关系的普遍化，各层次的经济关系之间相互制约，构成了一种新的社会秩序的生产方式。这种新的社会秩序的生产方式具有某种自发性，而非人们刻意所为。市场优于任何人为建构的组织之处在于，人们在追求各自利益的同时，无论其利己或利他，都会有助于许多其他人的目的，尽管大家互不相识。这种抽象秩序本身虽然没有任何具体目的，但却会拓展

---

① ［日］川岛武宜：《现代化与法》，王志安等译，中国政法大学出版社1994年版，第35页。

② 同上书，第35—36页。

所有人实现其各自目的的前景,并且把追求不同目的的个人和群体整合进一个和平秩序之中。在市场的规则约束下,利他行为不是出于愿望,而是表现为结果。秩序扩展以一种单凭良好愿望无法达到的方式,弥补了个人的无知,并使人们自利的努力产生了公共善的结果。

关于市场秩序自发演进的自生秩序理论在社会思想史上源远流长,不过,在整个20世纪绝大部分时间的社会科学领域,它隐而不彰,只是直到最后十年,因为20世纪大思想家哈耶克的努力才见复苏。哈耶克思想体系中自生秩序理论的主要内涵是:①它是一种自发演化而非人为设计的社会秩序;②它是一种建基于竞争和普遍交往关系的人类合作秩序;③它是一种由简单的小群体到复杂的大社会不断进化的扩展秩序。他认为,社会中的某种规则性或事态的秩序,它们是人的活动之结果而非人的明确意图之产物。其经典的例子是自由市场经济。哈耶克尽管也承认追溯一种理论传统的本源有点荒唐,但他经常把原创性的西班牙经院学者看作自生秩序理论的创始人,特别是萨拉曼卡学派,其代表人物之一的莫里纳的社会理论虽然是一种自然法学说,但熊彼特和哈耶克都认为它是自生秩序理论的先声。不过只有到18世纪,苏格兰启蒙运动思想家曼德威尔、休谟、斯密、佛格森、门格尔等,才基本上成功地将自生秩序学说中所有那些重要的线索整合为一种一般性社会哲学。

亚当·斯密是苏格兰启蒙运动中体系最完备的理论家。他的思想构成了自生秩序理论史上的一个里程碑。他的《国富论》是经济社会"一般均衡"理论的典范,他从人性本能冲动的前提预设中重构出了一种"看不见的手"调节的自生秩序理论体系。斯密试图尽可能不根据理性来解释社会秩序。如他对劳动分工之出现的解释就生动地说明了这一点:分工并不是人的智慧的创造性的结果,仿佛是这种智慧预见到分工能带来普遍的富裕并主动地利用之。它是人性中互通有无、物物交换、互相交易的天性的必然结果,尽管其效果非常缓慢而渐进,且人们事先也并不能看到其如此巨大的效用。

斯密思想方式中的反目的论的一面从他对"自然的自由"的强调中可以清楚地看到:允许这种"自然的自由"正常运转,就会产生良性效果,而人为操纵的结果将与之相反。在《道德情操论》中,他激烈地反对唯理主义哲学家的"体系狂热症",因为这种哲学傲慢地宣称,人类可以不顾经验而根据一个预先确定的计划获得幸福。他说,唯理主义者忘记了,"在人类社会的巨大棋盘上,每个棋子都有它自己的走步原则,与立法机构企图强加于他的原则可能大相径庭"①。斯密在《国富论》很多段落中也指出,高高在上的立法者永远都不可能了解每个人所处的"具体境遇",而只有允许他们拥有自然的自由,才能使他们处于最佳境遇。作为一个比喻,在自然的自由体系下协调人的行为的"看不见的手",既描述了社会如何对无知问题作出回应,也解释了公共之善何以是自利行为之产物。

在20世纪的自生秩序理论家中,哈耶克十分赞赏斯密关于社会秩序不需要直接指挥和控制而自我矫正的思想和洞见,他一直强调自生秩序的重要性及预测社会秩序未来生长的不可能性,这种思想贯穿他的涉及方方面面的著作中。他的整个社会哲学可以被归结为对"理性"所提出的自负诉求的一种批判,是对下面观念的辩护:我们必须对自然的过程采取一种谦卑的态度,必须"遵守习俗,它们不是才智设计的结果,具体的习俗的正当性可能是无法把握的,它们……常常看起来是难以理解的和理性不及的"②。哈耶克在对自我调节体系的描述中,最主要的成就在于揭示了市场中分散的决策乃是源于下面的事实:市场仅仅是人们探索出来的用以应付无所不在的无知和不确定性这一客观事实的机制而已。这是因为,社会领域不是由简单的因果律所支配的物体构成的,而是一个个由具有心智的个体组成的"千变万化的"世界,他们幽深的内心世界是外部观察者所无法了解的,知识并不是现成的,不是某一单个人或某一机构可以掌握的。③ 在哈耶克的思想中,知识论是他的经济学思想、政治学思想以及有关对历史、文化、道德问题解答的哲学基础,其知识论的最基本预设就是:没有超验存在的人类整体知识体系,而只有分立存在的个人知识,这种分立的个人知识是有限的,知识越多我们越无知。

哈耶克以其知识分散理论为依据,认为人的理性是有限的。他也相信理性,认为理性无疑是人最宝贵的财富,但理性并不是万能的。如果我们相信理性可以成为自己的主宰,可以控制它自身的发展,则恰恰可能毁灭理性。他提出了一种合理的看法:对个人的理性来说,可能知道和实施的

---

① [英]亚当·斯密:《道德情操论》,韩巍译,商务印书馆1999年版,第233页。
② [英]哈耶克:《个人主义与经济秩序》,贾湛等译,三联书店2003年版,第23页。
③ [英]哈耶克:《自由宪章》,杨玉生等译,中国社会科学出版社1999年版,第78页。

事情是有限的，最好的社会应当以这一前提条件为基础，而不能以人的理性无所不能的信念为本。现代文明受到的威胁，并不是毁灭世界的非理性的狂热，而是建构理性主义者之滥用理性，试图有意识地设计现代世界，从而把人类置于他自己造成的锁链之中。

哈耶克最早提出自生秩序的观点是针对经济秩序而言，是为了阐明市场经济的作用机制与优势所在。知识的分散性造成的个人理性有限与人类公共理性内生于社会进化过程，哈耶克以此论证了市场经济最优的原因。市场是自由之母，市场经济的优势便在于它的高度自由。自由的市场经济让个人能从他未认识到的其他人的知识中获益，个人在追求自身目标的同时能够使用比本人拥有的更多知识，从而超越无知的限制。哈耶克因此强调经济自由，整个经济活动的秩序应该是在个人追求自身目标的过程中自发形成的。虽然哈耶克认为市场经济秩序并不是一个预设的过程，而是无数个人活动的演进结果，然而，他又认为无数个人的交往活动的现实性并不是发生在真空中，它总是在特定的亦已确立起来的法则规范系统中进行的，正是这种法则规范系统规导着个人的日常交往活动，从而影响着社会秩序演进变迁的方向。实际上他以自己的方式揭示了个人理性与公共理性的差别，并强调了公共理性是对个人理性及其交往方式的反思性把握和演化累进的过程，它对于市场经济秩序有着决定性意义。个人理性在市场经济行为中更多的是一种合理自利，只有公共理性才关注于市场经济交往行为的秩序及其法则，且这种秩序和法则为个人理性确定了一个存在的合理边际。而且哈耶克晚年将自生秩序观念作为更广泛应用的范畴，认为它是所有社会理论的核心。他在1973年《法、立法与自由》第一卷"规则与秩序"中指出，道德、宗教、法律、语言、书写、货币、市场以及社会的整个秩序，都是自生自发的社会秩序。因为它们生成演化的过程极其相似，亦即它们都不是因计划或设计而生成的，而是"人之行动而非人之设计的结果"。总体上说，哈耶克自生秩序思想在两大领域产生过重要的影响：其一在经济学上，其理论就是对于风行一时的凯恩斯主义经济学说针锋相对的批判，进而对于福利国家经济政策的批判（这两者都是经济干预主义，与自生秩序思想恰恰是背道而驰的），以阐明市场经济的作用与优势所在；同时，也是对社会主义计划经济的批判（计划经济在知识上是不可能的，其后果只能是资源低效甚至是无效的配置，最终只会导致对人全面的束缚、桎梏、枷锁和奴役）。其二在解释法律和社会制度方面，哈耶克自生秩序思想也产生过深刻的影响。作为他后期的研究重点，哈耶克仍从自生秩序的视角来研究分析法律及社会制度的演进（此时他已使用"人类合作的扩展秩序"概念，代替他此前曾长期使用的"自生秩序"概念），认为作为一般规则的法律不完全是由立法者制定的，也不是经由主观琢磨而发明出来的，而是经由渐进的试错过程慢慢发展起来的。

尽管市场秩序有自生演进的特点，但市场秩序对道德、法则等公共理性的依赖却是没人怀疑的事实。哈耶克自生秩序思想的核心内涵是指从总体格局上看，秩序的生发和规则的形成是一个渐进的演化过程，而不是一个理性设计和人为制造的结果。但任何一个现实生活中的人都必须生活于既定的社会结构之中，必须受现行制度规则的制约，所谓市场秩序只能是人们在既定法则范围内行事的结果，其体现公共理性的规则的存在是必要的前提条件。市场经济中公共理性包括三个组成要素：即公共理性精神、公共规则与公共权力。哈耶克强调法律等社会规则的存续和发展是一个不断演进的过程，反对的只是过于自负的理性建构，而不是公共理性本身，对我们是非常有启发意义的。市场秩序演进取决于多种因素综合平衡之结果，公共理性正是以一种客观力量的方式规导着这种演进的方向。当我们对现实的经济生活进行伦理思考的时候，实际上就是对个人理性与公共理性及其相互关系的深入探究[1]。市场经济的个人理性主要标识一种不同于传统社会的新型人格类型，这种新型的人格类型具有不同于传统社会成员的价值精神与人格特质，他们是市场经济活动的现实承负者。市场经济的公共理性主要标识一种全然不同于传统社会的公共精神类型，以及存续与发展着的社会经济活动规则与制度。所以市场经济的伦理视角实际上就是一种基于市场秩序的必要条件的思考——自利经济人的自由选择也离不开以公共理性为基础的法则等的规范和引导。

二 市场经济的伦理特质

市场经济作为一种有效的经济组织方式给人类社会带来了何种价值，具有什么样的伦理性质和特征，这是一个关系到市场经济存在的道德合理性问题。

---

[1] 参见高兆明《公共理性：市场经济秩序》，《东南大学学报》（社会科学版）2002年第3期。

首先，市场经济是否具有道德合理性取决于对其前提——经济人自利行为的正当性的肯定。这种肯定与德性论关注人的行为动机不一样，它是以行为的效果为依据的。

对经济人自利行为的道德合理性论证最为充分和集中的首推亚当·斯密。斯密对人的自利心的正当性、合理性的论证是以对人性的复杂性的正确理解为基础的。在斯密那里，自利心和同情心指的是同一个人的本性，是同一本性中的两个方面，换言之，自利心和同情心在人性中是共存的，只不过人性中的主导倾向是自利心，同情心只是在自利心基础上的同情心。这样，人性中的自利心成为他的经济理论的起点，在《国富论》中他把个人的自利追求作为社会经济发展的根本动力；人性中的同情心成为他的道德理论的起点，在《道德情操论》中他阐明了利己的个人怎样控制他的情感和行动，尤其是自私的感情和行动，以及他怎样感到为建设一个良序和谐社会有确立行为准则的必要。

斯密的人性论，我们也可以批判为抽象的人性论，但擅长通过经验观察去抽象思考的斯密对于人性的多面性的设定，大大超越了霍布斯等人对人性的单一性理解，更接近于人性的真实。更具特色的是，与他以前的思想家对人性直接作出善恶判断不同，斯密却认为，应当放手让个人追求自己的利益，个人越是追求自己的利益，就越会增进整个社会的利益，推动社会的进步，所以从效果看，个人的自利不仅会改善他自身的境遇，而且能够满足他人的多样化需求，提升他人的生活水平，促进全社会的富裕繁荣，因此个人追求自身利益是合道德的、善的。即使从动机看，每一个人在经济领域内的自利，只要不违背公平的或正义的法律而损害他人的利益，那么个人利益与个人自利在道德上就是允许的。在这一范围内，虽然不值得表扬但也不应受到谴责，从而从动机和效果两方面为自利心的正当性、合理性作了充分的论证。斯密的这一思想后来被冠以"经济人"的名称，成为自他始的西方主流经济学的理论前提和出发点。

但是，斯密认为，在现实的经济生活中，经济人自利行为的正当性、合理性还来自对市场交换中互利原则以及市场竞争中自由与公正原则的遵守。在斯密看来，虽然"利己"是经济人经济行为的出发点和目的地，但只有通过互利的交易行为才能得以实现。在交易中，经济人要达到自己的目的既不能强迫自己的交易伙伴，也不能企望他们发善心，他只能借助于交易将双方的"自利心"相契合，使双方的自利心都能在交易中得到满足。互利既是对自身的理性限制，又是实现自利的桥梁和纽带。互利结果的实现，有赖于互利原则的遵守。也就是说，谨慎与设身处地尊重对方利益是互利原则的现实要求，也是交易得以顺利进行的必要条件。

应该说，斯密从道义上肯定人的自利追求，既为他的经济学对人的经济行为的分析确定了逻辑起点，也把他的道德理论的基础建立在现实的经济关系之上。这里特别值得指出的是，斯密充分肯定人的自利追求这种价值取向的正当性、合理性，实际上肯定的是现实生活中人们满足生存的基本欲望，追求物质享受的欲望。我们应该看到，斯密对人们这种求利欲望的合理性的肯定也是顺应了一种历史潮流。对此，比他晚些时候的法国思想家托克维尔说得非常明白："世界上没有任何力量可以阻止日益发展的身份平等不去引导人们追求功利和不去使每个公民囿于自己的小天地。因此，必须承认，个人利益即使不是人的行为的唯一动力，至少也是现有的主要动力。"[①] 只有在过去的宗法等级社会，"当社会由少数几个有钱有势的人统治时，他喜欢培养人们对义务的崇高理想，乐于主张忘我是光荣的，认为人应该像上帝本身那样为善而不图报。这就是当时官方的道德原则"[②]。的确，我们看到，斯密道德观与传统的道德观相比，有相当大的变化。以往的社会用盲目的献身和本能的为善作为道德原则来反对与约束人们求利的本能冲动，而斯密则是公开肯定人们求利欲望的合理性，并以此为出发点建构他的经济自由主义理论体系，同时又认为对人们这种求利欲望和行为有必要从道德上、法律上是加以约束，从而构建起他的伦理学和法学体系。实际上，斯密的经济人在从事经济活动时并非可以为所欲为，而是一方面要受到内在道德的约束，另一方面也要受到外在的法律约束。这是斯密理想的市场经济秩序的基础与保障。

但我们也应看到，斯密的"自生秩序"思想，"看不见的手"的伦理力量被自己过分夸大了。他对"看不见的手"这一市场机制的描述所基于的"完全市场"的假设只是一种理论上的理想状态，在现实中难以实现。在不完全市场的市场机制下，竞争常常是不公平的，适者生存有可能变成弱肉强食，处于弱势地位的个人的生存与发展的权利难以得到保障。

---

① ［法］托克维尔：《论美国的民主》（下），董果良译，商务印书馆1996年版，第654页。

② 同上书，第651页。

其过浓的理想色彩，一定程度上掩盖了人们求利交换中的对立和矛盾，后来的马克思正是在斯密看到和谐的地方看到了对立，从而对资本主义的私有制市场经济作了完全相反的判断。

其次，即使从工具性价值上看，市场的竞争与效率也有着非常重要的伦理意义。

市场经济是一种竞争经济，竞争是内生于市场的一种必然现象，有市场就有竞争，有竞争才有市场。正如马克思指出的，商品生产者"不承认任何别的权威，只承认竞争的权威，只承认他们互相利益的压力加在他们身上的强制"[①]。市场主体只有真正学会竞争，谙于竞争，才能在市场经济环境中获得生存和发展，也就是说，对市场主体而言，竞争是一种压力和强制，正是在这种压力和强制之下，市场主体才会释放出主动性、能动性、创造性，促进经济与社会发展。这正是市场竞争的伦理意义所在。美国伦理学家 R. T. 诺兰指出："没有不断的竞争威胁，生产者就会故步自封，其商品就会以次充好，他们就再也无降低商品价格的积极性。'竞争'是对自我道德意识的一种强烈刺激，它鼓励而不是阻止个人对其行为负责，培养一种切实可行的责任体系，并给人施加一种道德责任感，以作为维持生活标准的一个条件。"[②] 也就是说，通过市场竞争，可促进人的自主意识和独立人格的形成，促进人的个性的丰富和发展。同时，激励和培植人们的进取精神和开拓创新意识，能者上，庸者下，形成一种良性的激励机制。所以，竞争是获致繁荣和保证繁荣最有效的手段，从其效果看，是合目的的。也就是说，有竞争才有效率，竞争的伦理意义一定程度上来自效率的道德价值。

效率作为经济学上的一个概念，是指人们对经济资源的有效利用和合理配置。在市场经济条件下，任何经济主体的经济行为都必须以追求经济效率为首要目标，虽然并不是唯一的目标。经济效率是经济主体存在和发展的前提，又是经济主体发展的动力。经济学家把市场经济的效率看成天然的善，但实际上这必须得到道德合理性的证明或伦理学的价值辩护。因此，伦理学既不能忽视经济主体追求经济效率的基础性意义和合理性，也

[①]《马克思恩格斯全集》第 23 卷，人民出版社 1972 年版，第 394 页。

[②] [美] R. T. 诺兰：《伦理学与现实生活》，姚新中等译，华夏出版社 1988 年版，第 328 页。

不能不追问经济效率之于人类善（好）生活的合目的性价值。也就是说，经济主体追求经济效率（利润）的行为的伦理正当性不能仅仅局限于它是否遵循一种作为外围条件的规则意义上的道德（尽管这是很重要的），还需进一步追问其追求经济效率的目的——手段的伦理正当性。

对经济效率而言，它之所以是有价值的，值得追求，是因为它是实现人的幸福的一种手段善，服从于更高目的——人的幸福——这一目的善的。如果经济效率本身作为目的凌驾于人的头上，人反而可能成为手段，也就是说经济效率作为人的活动的唯一目的出现，就必然会导致人的物化，造成人的片面发展。万俊人教授在这一点上说得非常清楚："作为实现人类目的的有效手段，蜕变成了违反人性和人类目的的工具，甚至常常取代人类目的而成为人类目的本身。很显然，创造财富、效益、金钱是为了人类的生存和发展，而不是相反。如果财富、效益、金钱变成了人类目的本身，那么，人类自身也就沦落成了财富、效益、金钱的奴隶。"[1] 而经济效率的正当合理性，则来源于具体经济活动和行为的正当性。经济活动和行为作为手段服从经济效率的目的，其伦理定位本身就是经济效率伦理正当性的重要组成部分。而经济效率对于满足人的需要而言也只具有手段价值，因此必须受人的目的的限制，即任何为经济效率服务的经济手段都要接受人的幸福这一最高目的的检验。为了更好地理解经济效率的伦理定位，应该有一种广义的效率概念。[2] 按照其广义的界定方式来看，"效率"就不只是纯经济学意义上的生产性和实质性的效率，而毋宁是指包括经济价值、社会价值和道德价值等多重价值在内的社会综合性的肯定效应。这种综合性的肯定或积极的效应，不仅表现为社会生产上资源投入与产品产出的高比例或高生产率，而且体现在包括市场分配、政府调控和道德调节在内的社会公平分配所带来的社会经济的持续增长、社会秩序的良序稳定、社会福利的普遍提高、个体公民生活水平（质与量的水平）的普遍提升以及生态价值等综合指标方面。借用当代美国著名伦理学家和政治哲学家罗尔斯的术语来说，就是社会"基本善"项目的普遍增长。

无论是纯经济学意义上的效率，还是广义的社会效率，其所以具有价

---

[1] 万俊人：《道德之维——现代经济伦理导论》，广东人民出版社2000年版，第102页。
[2] 同上。

值（值得欲求），最根本点就在于，它本身合乎人类生活目的，在其直接现实性意义上，它本身甚至就是人类生活目的之一部分（效率作为目的本身），或者，它有助于人类其他生活目的的实现（效率作为手段），即是人们追求更高生活境界所必需的基础和条件。但是，对经济效率进行伦理定位，必须与分配正义联系起来思考，这不仅对经济的健康发展和稳定增长是必要的，而且对于社会的稳定和人们的生活幸福是不可缺少的。

再次，分配公正才是市场经济具有道德合理性的最重要标准。

虽然效率是市场经济追求的最重要的价值目标，但只有分配公正才是市场经济具有道德合理性的最重要标准。公正概念在经济学中的运用，主要是指一定的经济活动方式内在所需的公正观，更具体地说，就是社会经济领域的公平分配问题。如果说，公正概念的一般意义是指权利与义务的恰当分配的话，那么，在经济伦理的视域中，权利已被具体化为实际的经济利益，甚至是收入分配份额，而义务则已经被具体化为一种与获取经济利益相配应的经济责任承诺。为此，万俊人教授专门就经济伦理域中的公正概念定义为："通过合法的社会制度安排和利益调节机制或方式，对社会经济生活中的权益与责任的公平分配和合理调节，以及与此相应的人们的正义感和正直品格。"①

在现代社会的经济生活中，经济制度主要是通过市场体制表现出来的。因此，经济制度（规则）的正义，实际上主要是市场分配的原始正义。在市场经济条件下，生产者的生产效益（利润）、劳动者的劳动收益（工资报酬）、商品的市场价格等，都是首先由市场来决定、分配和调节的。而由于市场行为本身的非人格化特性和普遍客观化力量所致，使市场分配或市场调节具有其原始的正义性，当然也是最基础的正义性。说它具有原始的、基础的正义性，只是意味着它具有理想化的市场过程公正的性质，并不表示其结果的公正。实际上市场经济活动的公正原则，是一种规则公正（公平），它无视参与主体（自然人与法人）的起点的差异，而只承认遵守规则的平等性，它与社会财富占有上的不平等有着必然的内在联系。应该看到，承认这类出发点的不平等以及由此而认可应得财富的不平等，是实行市场经济体制的现代经济活动所需的公正（公平）观，是现代经济生产效率的一个基本前提。也就是说，这种一定程度上的经济上的

---

① 万俊人：《道德之维——现代经济伦理导论》，广东人民出版社2000年版，第118页。

不平等是为保持经济增长的效率所必需的。因此，我们不能把市场分配的经济正义看作是分配正义的全部内容，更不能把它等同于社会正义。社会的公正（公平）主要是就其社会政治经济内涵而言的，是指社会成员基于其普遍的成员身份，对政治、经济（财富）等方面的基本权利的社会平等要求。在一定意义上，现代社会的经济正义、经济效率与社会正义具有互不相容性。追求经济效率就得承认一定范围的应得财富的不平等的合理性，但如果人们之间的收入差距过分悬殊，而且让人感觉到是由于机会不均或不公造成的，人们就会感受到社会公正的失落，在经济活动层面，将使多数经济活动主体的积极性受挫，从而最终影响生产效率，影响经济增长；在社会层面，就有可能危及社会的稳定。正是在这个意义上，我们认识到，社会公正始终作为一种最深层次的社会条件而制约着社会稳定发展和经济增长的。

虽然在西方论述分配正义的大多数著作一直把讨论的焦点集中在经济利益和经济负担的分配问题上，但经济伦理所涉的公正问题，又绝不仅仅是一个简单的社会经济利益的合理分配问题，从当代最具经典意义的罗尔斯与诺齐克关于社会正义问题的论战中完全可以看出这一点。应该说，无论罗尔斯，还是诺齐克，以及反对他们的功利主义者，都各自把握了我们关于正义的信念的一个方面。不过我们看到，当罗尔斯将正义提升为社会制度的第一美德时，与诺齐克的个人权利论或资格论的分配理论不同，虽然并未放弃个人权利和个人自由优先的自由主义基本前提，却放弃了只重视经济效率增长和个人财产占有的功利主义或权利主义的分配理论。这一立场转换标志着西方自由主义思潮在20世纪晚期的一个重大理论转折：即从单纯的个人权利目的论向社会正义道义论的社会伦理价值取向的重新调整。

就中国当前的社会现实而言，公平问题实际上已事关改革的性质与成败。从伦理学的意义上思考，分配正义实际上已成为市场经济是否合理的最重要标准了。分配正义已经不是要不要的问题，而是如何实现的问题了。我们一方面要理解和认识现代市场经济活动所内涵的经济正义观，认可市场分配的一定程度上不平等的道德合理性，但为了保持社会的持续稳定与健康发展，又有必要以社会公正原则指导和调整社会财富在社会成员中的占有状况。正如厉以宁先生所说的，在市场的分配或调节作为第一次分配之后，还需要政府的第二次调节和道德的第三次调节，才有可能尽量保证社会分配结果的公正合理①。毕竟，分配公平——在社会财富与负担的分配上实现公平是我们时代社会制度中最重要的道德成分。无疑，当代西方关于正义问题的论争，对于我们理解和把握社会主义市场经济道德基础的特征，是非常重要的。

三 市场经济道德基础的公共性

所谓市场经济的道德基础是指道德作为市场经济运行中的一个要素而言的，至于公共性，则是对支撑市场运行的道德要素特征的标识。市场经济作为人类至今为止寻找到的一种最为有效的经济组织方式，除了不可缺少的资金、技术和一定数量的人口等要素外，一定类型的文化的支撑，其中最主要的是伦理价值体系的支撑，是我们不能忽略的。其实，亚当·斯密在建立他的市场经济理论体系时，就对其经济主体所需的德性曾做过详细的分析，认为个人内在的德性有这么三个层次：低层次的德性包括处世谨慎、考虑问题周详、坚韧不拔、勤俭节约以及为了避免将来更大的痛苦去忍受目前较小的痛苦，这些品质都是为了个人生存和发展的需要，它虽然是正当的，但不能称为美德。德性的第二个层次是指与公正或正义相联系的品质。公正或正义其本质是一种社会契约，它是法律与社会伦理所追求的价值目标，是为了保障社会每一成员的利益不受他人侵犯，为了维护社会秩序而形成的一种普遍公认的道德准则。斯密认为人们的欲望和爱好要受到正义原则的限制，这些正义原则规定了人们为了追求自己的目的所必须遵守的行为标准和界限。与此相联系的德性是责任感。它源于每个人对自己行为的一切后果负责的道德感。在责任感指导下的道德判断是没有偏见的，它可以帮助人们寻找合适的行为方式和范围。但从纯伦理的意义上说，这样的行为够不上崇高，因为其基础仍是利己，利他只是结果而不在行为的动机之中。只有第三层次的慈善和仁爱才是最高层次的德性，因为它表现出明显的利他倾向——能为他人的幸福放弃自己的利益。个人德性的三个层次也就是三种境界，它是人们精神世界中同求利动机一道影响支配其行为的德性力量，对其求利的行为动机起着导向与矫正的功能。市场经济的良性运行当然离不开个体德性力量对自利行为的约束，但市场竞争机制本身并不鼓励经济主体行为的道德动机，这就是黑格尔所看到的市

---

① 厉以宁：《超越市场与超越政府》，经济科学出版社1999年版，第3页。

民社会的伦理缺陷。在市场秩序中，人的利他行为并非由于其服务于他人需要的目标或愿望，而是由于他遵守了抽象的交易规则。在市场秩序中，不再是目标，而是规则决定着人类行为的善恶。所以从公共道德角度思考市场经济的道德基础问题，实际上首要的是探究它所需的合道德目的性的制度（规则）安排及其对相关道德价值的激励。

如何才能使维护现实经济生活秩序的道德准则被人人遵守呢？对于这个问题，德国学者卡尔·霍曼认为，由于现代经济生活普遍性的分工、长期化的生产周期、匿名化的交换过程和高度整体化等特点，从道德上规范现代经济生活的重点在于创设一种使所有经济主体都能履行伦理义务的体制，在这一基础上强调经济主体的道德动机才有意义；否则，由于个人良心难以抵消体制失灵，伦理意识强的经济主体在竞争中往往会被人利用，处于不利地位，直至经济伦理原则本身遭到损害。[1] 美国学者布坎南也指出，社会哲学家的任务是拟订一种制度化结构，这种结构能够控制人的道德追求和效益追求，以便两个目标同时得到实现，并促成一个更好的道德世界的出现。的确，在市场经济条件下，如何实现对于经济行为的制度化控制，通过适当的合道德目的性的制度安排，将人们合道德的自利追求与市场经济的效率追求协调起来，以促成经济行为的个人性、自利性与社会性、公利性的和谐与一致，是我们面临的全新课题。有效的制度设置，必然内含一定的伦理目标和基本的伦理要求，它为人们提供了一种特定的价值导向，规制了人们的选择集合，构成了人们的行为规范，决定着社会生活的运行机制。实际上，制度是经济发展和道德进步的联结点。

新制度经济学认为，按照制度存在的形式，制度可分为正式制度和非正式制度。正式制度是指人们有意识建立起来的并以正式方式加以确定的各种制度安排，如各种成文的法律、法规、政策、规章、契约等。它体现着一个社会的制度化水平。非正式制度是指人们在长期的社会生活中逐步形成的风俗习惯、伦理道德、文化传统、价值观念、意识形态等对人们行为产生非正式约束的规则。在非正式制度中，意识形态处于核心地位。这些因素同样是制约人际关系、决定人们行为的重要规则或约束条件。在一定意义上，非正式的制度可以理解为一种心理约束，而正式的制度则是一些心理约束的外在形式，是被社会化、强制化的行为规则。二者具有内在

---

[1] 转引自陈泽环《现代经济伦理学初探》，《社会科学》1995 年第 7 期。

的、不可分割的联系。正式规则的运用将对社会成员产生普遍的影响，融合在他们的价值观念、行为习惯中，并且逐代相传。同样，非正式制约也可能成为正式规则的来源，社会成员取向比较一致的且值得在全社会推广的行为惯例、禁忌、风俗、传统可以通过法律或条例的形式规定下来，使其从"合理"发展到"合法"。

与新制度经济学不同的新旧古典经济学的研究，恰恰是抽象掉了制度因素。它假定的"经济人"是完全理性的，信息是完全的，未来是确定的，不存在外部性，即交易成本等于零，资源在"看不见的手"的调节下能达到帕累托最优状态。显然，把制度因素排斥在外并不能真实地描述经济增长的绩效。因为，在现实的经济活动中，"经济人"的理性是有限的，信息是不完全的（不仅信息的获得是需付费的，而且信息的分布是不对称的），未来是不确定的，私人成本与社会成本不一致的外部性现象也大量存在，从而损人利己的机会主义行为必然会出现。为了克服机会主义行为，就需支付相关的合约制定与实施的费用，这一费用就是交易成本。当交易成本大于零时，制度影响就变得至关重要了。制度实际上是为每一个参与市场经济活动的行为人设置了一整套正式和非正式的行为约束规则，从而也就为每一个追求最大化利益的行为人规定了约束条件。制度的基本功能是形成人们行为及人与人之间关系的基本结构，降低行为的不确定性，使人们对自己的行为能够形成稳定的预期，即人们能够通过成本收益的计算有效地选择自己的行为，从而激发人们对经济活动进行投入的积极性。因此，设计完善而有效的制度，在一定意义上，反映着人的共同愿望和利益所在，是他们实现个人利益的重要保证。

其实，制度与伦理本质上都是规范、准则的体系，只是制度上的准则和规则是明确规定了的，而伦理规范则是以风俗、习惯、良心、舆论的形式存在的，但它们的基本功能都是通过约束人们的行为调节各种利益矛盾来实现效率和公平的。从制度的语境和制度与伦理的关系来看，所谓制度伦理就至少包含着相互联系的两个方面内容：一是制度安排的正当性和合理性的问题；二是伦理的制度化，即把外在于个体的相对抽象的形式存在的伦理要求、道德价值和道德命令，具体化为群体成员所必须遵循的一系列可操作的道德规范与准则。

一方面，制度伦理就是指通过非伦理意义上的制度在整合和调节各种利益矛盾时所表现出来的伦理性或伦理功能。这些并非直接的道德行为规范的制度指向特定的伦理目的，并可能产生一定的具有道德意义的结果，这是制度伦理的第一层含义。政治制度、经济制度、法律制度等并不是直接的伦理规范，但人们在设立这些制度时又往往需要以特定的伦理原则和一定的道德价值为依据。一种制度只有找到其在伦理道德上的正当性和合理性的依据之后，才能得到大多数社会成员在价值观念上的认可和行动上的支持，从而形成一条维系制度体系正常运行的纽带。而且，制度的道德性主要不是通过这个制度下的个体道德呈现出来的，而是要通过制度自身的合理性、正当性呈现出来。

另一方面，制度伦理就是伦理制度化，这是把一定时代、一定社会的伦理要求制定、完善为制度并在道德生活领域贯彻执行，这是制度伦理的第二层含义。一般来说，伦理制度化有两条基本途径：第一，把伦理准则制定、完善、规定为刚性的制度，有利于对人们行为的教化、引导、约束和规范。第二，靠监督和惩罚贯彻执行制度化了的伦理准则，即强化制度伦理的实施机制。伦理的制度化，其核心是"道德立法"。当今人类正在进入一个普遍交往的时代，交往范围的全球化、交往手段的多样化、交往目的的重叠化、交往领域的多层次化等迫切要求建设一种"重叠共识"（罗尔斯语）式的基准道德体系，而法的意识就内涵其中。近代以来的法意识与伦理意识在本质上是一致的。这种意识的最根本要素就是主体性意识。这种主体性意识就是承认人的价值与尊严，承认人是不隶属于任何人的存在者，并且大家相互承认并尊重其主体性。这就是现代伦理的本质，同时也是现代法意识的本质。

伦理的制度化是现代市场经济发展的必然要求，也是我国改革开放和经济全球化新形势下道德建设的客观需要。现代市场经济使人们的生活方式发生了巨大变化，社会生活的个体化、经济交往的自由化、利益需求的多样化、社会结构的多元化，一方面使人的自由度不断扩大，另一方面又使人们之间的关系更趋复杂，这就需要有强有力的制度约束来规范人们的权利和义务，需要国家权力的强制性来保证大多数社会规范的实效性。在一个并非所有人都有道德自律性的阶段，必然需要外在的强制，使人类的生活符合伦理价值确立所需的限度，维护由法律所确立的社会秩序，从而人人共享社会的和平安宁与自由。在这里，权利与义务是对应的，而服从法律本身成为人们行为的道德标准。但现代法律与伦理的联结，仅仅是在社会经济运行及其社会秩序的要求上，立足于其基本的伦理精神（如作为主体人的权利要求),或者说,给予这种伦理要求以法的保障,借助于法律的力量来赢得全社会尊重权利的道德共识,以此来提升社会道德水平。从历史上看,现代市场经济伦理的产生来自法治精神的扩散与传播,资本主义市场经济的秩序没有近代国家的坚固的法治秩序是不可能形成的。所以在市场经济条件下,必须高度重视法律、法治对于道德发展的重要性,通过推进法治化进程来实现法与道德的相互关联,为经济伦理的建立奠定良好的基础。

可以说市场经济秩序主要依赖于制度化的道德,正显示出市场经济道德的公共性特征。相对于个人内在德性的约束来说,依靠强制的力量作后盾要求人们必须遵守,效果更为明显。但个人内在德性又是制度有效运行的前提或基础条件。就我国当前社会转型的现实来说,主要体现在维护个人权利的产权制度与伦理和保障公平交换的信用制度与诚信伦理两个方面:

第一,产权制度与伦理。所谓产权,就是财产权利的简称,是社会所确认的人们对一定财产或资产的权利。市场经济本质上是一种权利经济,经济的性质及其运行从根本上都是一种产权的运行过程和配置过程。产权规定了市场主体之间对财产的权、责、利关系,因而强化了人们的伦理责任。在一个明晰、健全的产权关系中,每个人的权、责、利都是明确的,人们的不同行为选择会产生什么样的利益后果都是能够预期的,因而人们对自己行为的责任心比较强,侵权等损人利己行为,偷懒等机会主义行为等现象就会比较少,所以产权制度不仅是维护市场秩序的关键,也是社会道德形成的基础。没有产权制度作保障,市场秩序就会陷入混乱,有利于市场经济的公共道德也难以形成。对于中国来说,正从单一的公有制走向多种经济成分并存的所有制结构,同时面临着两个方面的任务,一是加速推进明晰、健全的产权制度建设,二是如何克服产权领域中的败德行为,在全社会构建一种健全的产权伦理意识和规范体系。这是一项艰巨的任务,毕竟中国传统文化中,缺少"私有财产神圣不可侵犯"的价值观,而有较多的"均贫富"、"吃大户"的观念,计划经济时期更是没有什么私有产权,也不存在保护私有产权的观念。总之,促进社会主义市场经济产权制度和产权伦理意识的确立和完善,实在是我们面临的一项严峻课题。

第二,信用制度。信用的含义有广义和狭义之分。广义的信用,通常表现为一个伦理学范畴。主要是指参与社会和经济活动的当事人之间建立起来的以诚实守信为道德基础的践约行为，即我们通常所说的"讲信用"、"守信誉"、"一诺千金"，它是一种普遍的处理人际关系的道德准则。狭义的信用，则主要是一个经济学、法学的范畴。现代市场经济条件下所指的信用，更多地是指狭义的信用，它表现的是在商品交换或其他经济活动中，交易双方所实行的以契约（合同）为基础的资金借贷、承诺、履约的行为。这里的信用关系双方即是借贷关系双方：授信人（借出方）和受信人（贷入方）。社会信用的维持必须建立在积极有效的产权制度基础之上，只有当一个社会建立起稳固的产权制度以后，信用评价系统才会有效地发挥作用。社会信用制度，是有关个人信用、法人信用乃至政府信用、国家信用的制度，它是指社会监督、管理和保障各类市场主体信用活动的一整套规章制度、行为规范和运作机制。当代社会信用制度以微机和互联网等高科技为手段，以信用机构和金融机构、工商管理机构、税务机构、法院等机构的协作构成信用管理体系，其基本内涵包括各类市场主体的信用登记制度、信用评估制度、信用风险预警、信用风险管理及信用风险转嫁等制度。有了这样的信用制度，就有了较完备的信息传递机制，各种被屡禁不止的损人利己行为就不再横行无忌，守德者与败德者的博弈情况将会发生根本改变。

现代市场经济的一个重要特征是信用交易范围的扩大，并渗透到社会生活的每一个方面。如果说，在历史上一个较小社区范围内的信用交易，由于人们"抬头不见低头见"，还可以用宗族关系、邻里关系、社会舆论来支持和维护信用，那么，发生在整个民族、国家范围内，乃至全球化的市场上的现代信用交易，就必须以切实保证的信用制度和信用体系作为中介。当我们告别传统的家庭、村社等共同体而获得自由时，我们也进入了一个充满竞争、风险而没有安全感的陌生世界。中国社会转型的实质，是由单位、村落式的小社群转变为市场秩序的大社会，它伴随着从"单位人"、"村落人"到"社会人"的人格转换。中国道德转型的趋向，是从"忠孝为本"的小社群道德转变为"诚信为本"的大社会道德。现代"诚信"与儒家"父为子隐"、"子为父隐"式的家族忠诚的区别，在于它是一种对所有人"一视同仁"的普遍性的契约伦理。没有"诚信"，就没有现代文明秩序。这是从人格上说的。同时一个社会如果没有健全的信用制度，商品交易的链条就会断裂，市场经济就根本无法运转。因此，全社会成员普遍的守信行为和健全的信用制度，两者构成交易能够进行、经济能够运转的前提，也是每一个市场主体立足于社会的必要条件。

信用是市场经济的灵魂，这是现代文明的重要基础和标志。但就目前我国的情况来看，当务之急是建立个人信用体系和中小企业信用体系，因为这两个体系在我国目前尚属空白，而随着公有经济的战略性调整和市场竞争的加剧，个人和中小企业将是市场经济的主要行为主体，因而建立这两个信用体系就显得更为必要与重要。只有信用制度的建立与健全，才有可能激励与培养人们诚实守信的行为习惯和整个社会信任的道德氛围，而不是相反。信用制度对不守信用行为的排斥，同时是对守信用行为的鼓励；对不顾信誉行为的惩罚，就是对重视信誉行为的奖赏。当社会信用制度的安排让信用成为人们必不可少的"护照"，让信誉成为人们弥足珍贵的无形资本之时，也就是我们的市场经济成为道德的市场经济之日。因而，社会信用制度的全面建立，将是我国市场经济走向道德的市场的转折点。

制度伦理的视角虽然克服了以往单纯强调个体道德行为修养的道德理论对现实道德建设作用弱化的偏向，提出了当前我国道德建设的关键是制度伦理建设问题，但是我们应该看到，制度伦理对于建立良好的道德秩序和提升人性只是一个必要的不可或缺的条件，而非全部的条件。也就是说，追求公正安排社会基本权利和义务的制度伦理只是推动社会经济发展的外在规范，而社会成员对制度伦理的认同和内化才是推动社会经济发展有序的内在动力，它依赖于每位社会成员的人格力量。市场经济伦理建设实际上一方面是通过制度伦理建设抑制道德风险，但另一方面同样有必要去构造、提升企业的文化精神与公民的公共德性。对企业来说，强化企业的社会（公共）责任，在原本功利性价值观的企业文化中注入了非功利性价值的内容，使企业文化从重利轻义的单一价值观向义利并举的价值观念升华，在强调产品质量安全、劳工利益或是社区利益等社会责任的过程中，不断提高自己的竞争力。对于公民来说，重在培育诸如正直诚实、公正守法、互尊互助、不损人利己、不损公肥私等属于基本层次的道德品质。但在经济伦理的框架内，我们在承认个人权利、竞争推动市场经济不断发展的前提的同时，又需要提倡诸如仁慈、博爱、助人为乐等非市场的道德价值，需要借助高尚的道德人格等精神的力量去摆脱物欲对灵魂的束缚，在物欲包围中凸显人性的尊严。它既是人的精神向高层次发展的需要，又是完善市场交换关系和市场经济健康、持续发展的人格保障。

第四章

民主政治：公共道德的政治基础

现代民主政治是市场经济的内在要求，是市场经济发展的产物，而市场经济的有序运行也有赖于民主政治的基石作用及制度性保障。市场的力量只有通过强有力的政府及法治力量才能加以限制，这种对于市场的反制力，它必须足够强大到能对市场力量保持一种有效制衡。但市场基础之上的政治治理又必须是民主且合乎道德的。我们知道，民主政治的实质是"人民的统治"，是人民基于自身权利之上的自治。它作为一种价值理念和一种实践理性的自我立法，深刻地体现了人的主体性和平等性。民主精神以这样的哲学思想为基础：人类需对自身的现实处境或将来的处境负责，不会有神或者某种神秘的力量来帮助人类。人类只能依靠也只能够利用自己的智慧和相互间的自由合作，在这个现实世界创造出美好的生活。个体的人在民主的生活方式中追求自立、自主的独立人格，体悟人生的意义和实现自我的价值。在主体间交往中尊重他人，平等地参与公共生活。只有在平等的前提下，我们才有理由相信民主是组织社会公共事务的正确方式。

专制社会不允许臣民不道德（自利），但往往是统治者的道德败坏到了极点；民主社会允许民众自利，但往往在自由和竞争的基础上提升了整个社会的道德。民主政治的道德首先当然是对政治合目的性和道德正当性的深层次追问，被视为一种政治精神或者一种政治理念的民主政治，它如何指向我们所追求的那种善的公共生活；其次是针对政治权力的道德。民主政治的理想是政治主权在民，一切权力属于人民，所以其政治道德是让有政治才能并有政治抱负的人掌握和正当地应用政治权力，因此如何在制度上设计并鼓励政治家和行政人员正当地行使权力的机制是很重要的，特别是如何设计防止政治家和行政人员通过攫取权力谋求私利的约束机制更是非常必要的，这是政治公共领域里道德建设的一个非常重要的任务。

此外，公民直接参与公共事务的热情和对公共权力运行过程的有效监督也是民主政治良性运行的社会基础和道德基础。自由和开放，更增进形成新的社群的可能性。人在自由中形成的责任，是形成真正高尚道德的基础。公民通过从基层、社区开始，自下而上的政治参与，发展和培育着这一制度所需要的公民品质。个人的参与越是深入，他们的参与能力就更能得到培养。通过直接参与公共事务而进行公共讨论、协商、妥协，通过说服他人或者向他人学习，人们将自己的观点融入公共讨论中，不仅起到了教育的功能，激发了人们的公共意识，而且将进一步培育和发扬人们在沟通、协调等互动过程中的理性、尊重、宽容等公共德性。

第一节 民主政治的道德意蕴

民主政治的对立面是专制政治。专制政治的最大后果之一便是它的臣民无法拥有自主的人格。康德曾经深刻地指出："一个政权可以建立在对人民仁爱的原则上，像是父母对自己的孩子那样，这就是父权政治。由此，臣民在这里就像是不成熟的孩子，他们不能区别什么是对自己真正有利或有害，他们的态度不得不是纯消极的，从而他们应该怎样才会幸福便仅仅有待国家领袖的判断，并且国家领袖之愿意这样做便仅仅有待自己的善心，这样一种政权乃是可能想象的最大的专制主义。"[①] 而民主政治的独一无二的特征就是，它是尽可能使其人民同时获得更多的自由和最多的平等的政治制度。它将自由和平等价值的重要性凌驾于其他任何理想之上，将生机勃勃的精神注入民主的生活方式之中。在作为民主程序的政治过程中，个人的自主性、自决权得到了真正的尊重，通过制度的安排实现了道德在政治上的应用，从而使民主政治成为最接近于人类道德理想的政治形式。民主生活的过程催生着公民政治上、道德上的成熟并以此作为自我完善的前提。

一 政治的合法性基础及其道德性质

权力是政治的核心，而合法性则是对政治的价值判断。简单地说，政

---

① [德]康德：《历史理性批判文集》，何兆武译，商务印书馆1996年版，第83页。

治合法性是统治者与被统治者双方关于权力支配的理由、根据和证明的解释和理解。其最终目的是使被统治者对统治者的权力和权威心悦诚服地认同和服从。合法性被看作有效统治和政治稳定的基础。

如果我们探究合法性理论的历史渊源，就会发现，人类对政治合法性问题的思考与历史上国家的出现几乎同步，因为国家作为政治统治权力的出现，就必然伴随着回答一个国家所建立的政治统治是否和为什么应该获得其民众的忠诚的问题。对此，哈贝马斯肯定地说："在欧洲，如果不是从梭伦开始，那么至迟也是从亚里士多德开始，政治学理论就从事于合法性统治兴衰存亡的研究。"①古希腊的思想家主要从本体论的维度引导人们追求伦理和政治意义上的个体之善与群体之善。他们力图探究在复杂的社会政治现象背后的永恒不变的，如"善"、"正义"等普适性的价值和准则，并以之作为终极性的信仰、绝对的标准和原则，来评价和衡量现实的政治制度是否具有合法性的判断标准。如亚里士多德认为，一种政体只有在符合了永恒的"正义"的时候，它才是具有合法性的。"政治学上的善就是'正义'，正义以公共利益为依归。"②"依绝对公正的原则来评断，凡照顾到公共利益的各种政体就是正当或正宗的政体；而那些只照顾到统治者们的利益的政体就都是错误的政体或正宗政体的变态（偏离）。"③柏拉图则指出：我们建立国家的"目标不是为了某一阶级的单独突出的幸福，而是为了全体公民的最大幸福"④，这样的国家才是正义的国家。接下来的整个中世纪，"君权神授"一直成为统治者论证自己统治合法性的首要的支撑点和重要法宝。正如约翰·基恩所指出的那样：在古代社会，"统治者提出取得合法权威的要求是否有效，并非决定于群众的忠诚程度或根据它是否符合现有的权力关系。它是根据一种假设的中间标准或原则，这种原则的客观性被看作是不受现有评论界或命令与服从的关系所支配的"⑤。但西方近代以来，对于统治的合法性而言，它已不再取决于来自上帝和自然的命令，而是取决于人们的同意。政治思想家们为确

---

① ［德］哈贝马斯：《交往与社会进化》，张博树译，重庆出版社1989年版，第186页。
② ［古希腊］亚里士多德：《政治学》，吴寿彭译，商务印书馆1981年版，第148页。
③ 同上书，第133页。
④ ［古希腊］柏拉图：《理想国》，郭斌和译，商务印书馆1986年版，第133页。
⑤ ［英］约翰·基恩：《公共生活与晚期资本主义》，马音等译，社会科学文献出版社1999年版，第288页。

立统治的合法性所提供的理论支撑,最为直接的就是社会契约论。"社会契约论的中心内容是说政府是自由的和具有道德的人自愿意同的人为产物——即不存在'天然'政治权威的思想。"① 意即只有经过民众意同的统治才是具有合法性的。从社会契约论的思想谱系出发,霍布斯的"利维坦"、洛克的契约论、卢梭的"公意"说等实际上都是对政治合法性问题的哲学探讨。

不过,最早明确提出合法性概念,并对之进行较为系统研究的是德国著名政治社会学家马克斯·韦伯。在韦伯看来,由命令和服从构成的每一个社会活动系统的存在,都取决于它是否有能力建立和培养对其存在意义的普遍信念;判断一种政治统治是否具有合法性,并不需要从伦理或政治哲学的角度作出价值判断,而只要人们认同和服从这种政治统治,那么,它就具有合法性。韦伯是从经验事实的视角出发,认为合法性不过是既定政治统治的稳定性,亦即人们对享有权威者地位的确认和对其命令的服从。韦伯认为,在现实政治中,任何成功的、稳定的统治,无论其以何种形式出现,都必然是合法的,而"不合法"的统治本身就没有存在的余地。② 韦伯的经验主义合法性理论得到了许多现当代政治理论家、尤其是主张经验和实证研究的行为主义政治学派的肯定和接受。著名政治社会学家帕森斯、李普塞特等对合法性的界定都承袭了韦伯的观点。如李普塞特认为,"任何政治系统,若具有能力形成并维护一种使其成员确信现行政治制度对于该社会最为适当的信念,即具有政治的合法性。"③ 阿尔蒙德也认为:"如果某一社会的公民都愿意遵守当权者制定和实施的法规,而且还不仅仅是因为若不遵守就会受到惩处,而是因为他们确信遵守是应该的,那么,这种政治权威就是合法的……正因为当公民和精英人物都相信权威的合法性时要使人们遵守法规就容易得多,所以事实上所有的政府,甚至最野蛮、最专制的政府,都试图让公民相信,他们应当服从政治法

---

① [英]戴维·米勒等主编:《布莱克维尔政治学百科全书》,中国政法大学出版社2002年版,第755页。

② 参见胡伟《在经济与规范之间:合法性理论的二元取向及意义》,《学术月刊》1999年第12期。

③ S. M. Lipset, "Some Social Requisites of Democracy: Economic Development and Political Legitimacy", *American Political Science Review*, 1959, 53 (3): 86.

规,而且当权者可以合法地运用强制手段来实施这些法规。"[1] 这种把合法性等同于社会公众对政治系统的认同和忠诚的观念,代表了当代对于合法性概念的最一般、最普遍的认识。经验主义合法性理论遂成为现代政治分析的主流范式。

按照上述合法性的概念,合法性的基础是什么呢?或者说,权威为什么会得到服从?某种统治依据什么正当理由而存在?在这个问题上,马克斯·韦伯从经验分析出发,提出了与三种类型相应的合法性基础理论[2]:一是基于传统的统治,其合法性基础都是传统或传统的规则;二是基于个人魅力型的统治,合法性建立在某个超凡魅力人物的英雄气质、非凡品质和献身精神上,人们相信他能带领其走向幸福,因而愿意服从他的统治;三是基于法理型的统治,合法性建立在对于正式制定的规则对正当行为的要求之上,人们服从依照法规而占据某个职位并行使权力的统治者,如通过选举任职的政府官员。当代政治学家戴维·伊斯顿则把合法性的来源归于意识形态、结构和个人品质三个方面。[3] 他认为,意识形态能够用来为政治系统的合法性提供道义上的诠释,有助于培养系统成员对于政治权威和体制的合法性情感;结构作为合法性的源泉则意味着通过一定的政治制度和规范,政治系统的掌权者即可获得统治的合法性,亦即合法的政治结构能赋予其执政者合法的地位;而合法性的个人品质基础是指执政者个人能赢得系统中成员的信任和赞同。当代新制度经济学派的代表人物道格拉斯·诺斯却从经济学的角度对意识形态的合法化功能作了精辟的分析:成功的意识形态能够克服搭便车问题,能够产生重大推力,使成员行动起来,个人能超越对成本收益的算计来为团体注入活力。而如果没有这种行动,无论是维持现存秩序还是废除现存秩序都不可能。另外,经济绩效作为合法性的源泉和基础,也是当今时代许多学者所关注和认同的。李普塞特在进行了相关研究后发现,虽然短期内合法性与有效性之间是一种非线性的关系,但是长期来看,持续的有效性可以给予一个政治系统合法性。凭借绩效来寻求民众对政治统治的支持和认同,是当今世界各国的执政党所普遍采用的一种

---

[1] [美]阿尔蒙德等:《比较政治学》,曹沛霖等译,上海译文出版社1987年版,第35页。
[2] [德]韦伯:《经济与社会》(上),林荣远译,商务印书馆1997年版,第241页。
[3] [美]伊斯顿:《政治生活的系统分析》,王浦劬译,华夏出版社1989年版,第317页。

合法化战略。亨廷顿在研究分析后也指出，绩效是合法性的必要基础，但不是充分基础；统治者把合法性建立在绩效基础之上的同时，还应着手培育与构建长远的、稳定的合法性程序基础，以便使政府的更迭不会导致根本政治制度的坍塌和政治秩序的失控。

当代德国著名的哲学家哈贝马斯将历史上的合法性理论分为经验主义和规范主义两类，并批评其各自的片面性，然后将两者有机地结合起来，形成自己的重建性的合法性理论。经验主义的合法性概念，将有效性，亦即将被统治阶级的相信、赞同与否，作为合法性的标准，而缺乏对有效性的价值基础说明，缺乏对大众的赞同、认可的依据的说明，从而陷入了"历史解释的无标准性"，招致不少学者的批评。如罗伯特·格拉弗斯坦指出："在韦伯手中，合法性不再意味着对政权的评价，事实上它已不再指向政权本身。"[1] 大卫·彼彻姆也认为：韦伯把合法性由一个事关权力体系的性质的价值问题，转变成了对于身处权力体系中的人的信念的实证问题，社会科学家在合法性上的任务就是做出有关人们对合法性的信念的报告。[2] 哈贝马斯对此也进行了十分尖锐的批评，他认为，如果按照这种合法性概念，只要被认可、赞同的统治就是合法的，那么希特勒的统治也会因为他曾被人们赞同过、欢呼过而成为合法的了[3]。相反规范主义的合法性概念完全排斥了大众赞成、认可的经验基础，去寻求一种合法性的永恒的正义基础和标准，又陷入了一种抽象的思辨之中。在哈贝马斯看来，合法性不应被单纯地理解为民众对政治系统的忠诚和信仰，合法性不是也不可能直接来源于政治系统为自身的统治所作的论证。他指出："合法性意味着，对于某种要求作为正确的和公正的存在物而被认可的政治秩序来说，存在着一些好的根据。一个合法的秩序应该得到承认。合法性意味着某种政治秩序被认可的价值——这个定义强调了合法性乃是某种可争论的有效性要求，统治秩序的稳定性也依赖于自身（至少）在事实上被承认。"[4] 在哈贝马斯关于

---

[1] Robert Grafstein, "The failure of Weber's Concept of Legitimacy", *Journal of Politics*, Vol. 43, 1981, pp. 456–472.

[2] David Beetham, *The Legitimation of Power*, Lonton: MacMillan, 1991. pp. 8–9.

[3] [英] 戴维·米勒等主编：《布莱克维尔政治学百科全书》，中国政法大学出版社2002年版，第210页。

[4] [德] 哈贝马斯：《交往与社会进化》，张博树译，重庆出版社1989年版，第184页。

合法性的这个定义中，他力图将经验主义和规范主义结合起来，强调的是符合价值规范基础上的支持和忠诚。哈贝马斯认为合法性意味着某种政治秩序被认可的价值，而这种被认可的价值是与一定的历史时期的社会规范相联系的，需要在当时的社会规范中能有效地证明这种政治秩序是有价值的，是值得认可的。他坚决主张一种政治统治合法性的确立不能仅仅以是否得到民众认可这一事实为依据，它还必须还原出理性建构主义所包含的价值，即合法性必须包含他所说的那种"被认可的价值"。这一点是理解哈贝马斯关于政治合法性问题的关键所在。哈贝马斯的程序主义合法性致思模式的特点是既重视传统政治哲学中的价值规范，同时更注重价值规范形成确立的实践过程。他不只关注事实，而且进一步考察事实达成的路径。他更多思考的是具体操作的步骤与过程，怎么做即通过怎样的程序，才能够获得政治合法性？但以罗尔斯为首的政治哲学家仍然不约而同地根据公平、正义这种道德的价值悬设来处理合法性问题。罗尔斯强调，哈贝马斯的政治哲学虽然与以正义为核心的当今西方主流政治哲学在许多方面享用着共同的理论前提，但其实与后者又已经分道扬镳了。合法性是一个比正义更弱的理念，尽管合法性肯定与正义有一种根本性的联系，但它也是制度性的。罗尔斯认为哈贝马斯将政治哲学的焦点集中在合法性而非正义上，看上去是一个小问题，但如果不对其理论的虚妄进行指证，则难以在当代不同的政治哲学坐标之间进行孰优孰劣的价值排序与理念抉择[1]。应该说，他们之间的相互批评基本上还是不同理论坐标中的同一问题的思想碰撞。

现代社会具有合法性的统治形式当然是法理型的统治，但法理型统治的政治体制并不是通过颁布法律就必然获得合法性的，而是取决于政治体制的价值基础与其社会成员追求的价值是否一致。因此，一方面合法性取决于政府的活力，包括国家政权为强化自己的统治地位而运用意识形态的、法律的和道德的力量为自身所作的种种论证，另一方面其更为实质的内容是国家政权在大众当中赢得了广泛信任和忠诚，从而使人们自觉地把对政府的服从当作了自己的义务。这就要求政治统治不仅要有合法的外在形式和程序，更要有内在的道义价值。民众作为个体依赖于政治系统而生活，他们只有在正义的政治统治中才会满足社会同一性的需要，完成自我

---

[1] [美]罗尔斯：《政治自由主义》，万俊人译，译林出版社2000年版，第455页。

的确证，建立起自我存在的意义。所以，这种基于道德理由所给予的认同才是真正的合法性支持。

因此，政治合法性问题实际上是一个道德问题。道德价值取向与政治统治的模式之间存在着高度的关联性。正义作为道德目标不是指向个人，而是社会的制度安排，是对国家的道德期待，是对政治的道德约束。政治统治的道义价值首先在于它必须以正义为价值目标和原则，虽然在不同的民族和不同的时代对正义的本质和标准的理解会存在差异，但其总体趋向却是一致的。在西方，正义概念是历史发展着的，每一历史时期的正义概念，都是以一种观念为基础融汇、整合以往丰富含义的新的综合。平等和自由是现代意义上的正义最为基本的理念依据，同时也是现代意义上正义价值的重要内容。平等侧重于对个体人基本种属的肯定和保护，而自由则是侧重于对个体人所具有的个体差异的尊重和保护。其实，从社会发展的实际过程来看，每当一项社会政策由于着重于放任自由而促进了社会效率提高，但也导致贫富过于悬殊、社会动荡时，平等的呼声必然高涨；反之，每当侧重平等的社会政策导致社会发展效率降低、使人不满时，强调自由的理论又会被强调。对应正义问题而言，往往是从重自由到重平等再到重自由，如此反复而已。这也就是社会现实需要自由与平等达成一种静态与动态的双平衡的变化轨迹。这样，也许对每一具体的社会历史时期来说，社会都是在最大限度地迫近正义。也只有当公共权力组织依正义的德性自觉地追求社会公正时，才称得上是一个具有现代文明的组织，才能真正引领整个社会的道德进步。

二 民主政治的道德合理性

在当今世界上，对民主的认同已成为政治合法性的必要组成部分。民主之所以在近代以来能够为整个世界所接受，是因为它在根本上符合人类普遍的道德理想。人类在道德层面上对于优良的社会生活的追求，对于自由、平等的道德理念的认同是民主政治的先决条件。人们为民主政治所付出的全部努力在本质上都是道德的努力，从古代民主到现代民主的进步，在根本上取决于人类道德理念的进步。现实生活中的民主政治实践，也依存于一定的道德环境条件。

首先，对平等、自由的追求与信仰是民主政治的道德价值前提。"一个城邦，一定要参与政事的公民具有善德，才能成为善邦。在我们这个城邦中，全体公民对政治人人有责［所以应该个个都是善人］。"① 在这里，亚里士多德清楚地指出，公民人人参与的城邦政治有它独特的道德基础。当代美国学者达尔在论述现代民主政治的特点时也说："一种民主的文化几乎必定要强调个人自由的价值，从而，也必定会承认更多的权利和自由。"② 由此可见，尽管近代以来的民主政治与古代的民主政治有不尽相同的生活内容，但是，两者都强调民主政治有它的价值前提——对自由与平等的信仰。

在人类思想史上，关于人的自由与平等的认识是所有倡导民主政治的思想家的认识起点。在洛克的思想学说中，是人的天赋权利，在卢梭那里，则是契约社会的公民平等，在康德的实践哲学中便是意志自由。康德说："在思辨理性的所有理念里面，自由是我们先天地知道其可能性却不理解的唯一理念，因为它是我们所知道的道德法则的条件。"③ 康德的这句话虽然有些难以理解，但是其基本精神却是十分明晰的，也就是说，在人的意识所能达到的领域里，人的自由是不证自明的，是人类社会一切道德法则的前提条件。每一时代的思想家为了在理论上对于人类社会生活的应然状态做出描述，就必须对作为理性存在物的人做出判断，当然，思想家对于人的判断不可能只是经验层次上的判断，更多的只能是关于人的理论假设。民主政治理论与以往各种政治理论之间的本质区别，就在于它的逻辑起点是关于人的自由、平等的假设。当近代思想家们认定人生而平等的时候，他们所面对的恰恰是现实生活中不平等的事实。现实生活中的人是无法实现绝对平等的，"人类各种能力、特长和机遇的分配，从出生开始，在许多重要的方面就是不平等的，而由于抚养、环境，还有运气，又把早先的差异继续扩大，这种不平等就更严重了"。但"我们必须意识到，有时我们谈论的平等用来表达的并不是事实的判断"，"而是要表达有关人类的一种道德判断，表达我们以为'应该'的事情"。这是因为，"我们主张——作为道德判断——个人生命、自由和幸福，比别人的生命、自由和幸福，内在地既不优越，也不低劣，因而，我们认为，我们对待每个人，应该把他们当作在生命、自由、幸福和其他一些基本的物品和

---

① ［古希腊］亚里士多德：《政治学》，吴寿彭译，商务印书馆1981年版，第384页。
② ［美］达尔：《论民主》，李伯光、林猛译，商务印书馆1999年版，第58页。
③ ［德］康德：《实践理性批判》，韩水法译，商务印书馆1998年版，第2页。

利益方面拥有同样要求的人来看待"。① 就我们的认识所能达到的境界而言，关于自由、平等的假设是最接近人的类本质的判断，根据这样的判断，人们对于优良的社会政治生活也做出了不同于以往的价值判断。在某种意义上说，近代以来民主政治之所以能够成为许多民族的政治现实，在根本上是因为人们接受了一个绝对的道德前提：每个人在逻辑上都是自由而平等的。也就是说，人类普遍的道德理性，即自由与平等，是民主政治的终极前提。对于任何一个社会来说，能否在现实生活中建立起民主政治，只能取决于人们在主观心理层次上如何把握或接近了自由、平等的道德理念。

其次，民主政治的道德价值，也就在于只有它才能使自由与平等的理想在政治层面上成为现实。民主政治在其实质上体现为个体与社会、个体与国家之间的一种政治与伦理关系。作为民主程序的政治过程体现了对作为最重要的道德权利的人的自主性、自决权的尊重，通过法律体系的外化实现了道德在政治上的应用，因而我们完全可以说民主或民主程序本身就含有道德，民主程序与道德要求是和谐一致的。由于民主蕴含着对人的自主性的尊重，保证人们的基本人权，给人们提供平等的机会等这些最基本的道德要求，单就这一点来看，民主就呈现出任何专制政体都难以企及的巨大优势。民主维护大多数人的权威，在涉及他们的决策中有权表达自己的意愿，但同时也尊重少数人对民主决策的保留意见，尊重少数人对这一决策形成自己的道德评价，尊重所有的人拥有自己的看法，这在专制社会是无法想象的。在一个理想的社会里，每一个人都应该受到公正的对待，通过合法的民主程序来充分保障决策的内涵符合尊重人权、人的自决权、平等权等道德要求。在这方面，人类历史上曾经出现的各种各样的政治、经济制度都是不尽如人意的，但比较而言，民主政治为这一社会愿望的实现创造了无限的可能性。正如曾任英国首相的丘吉尔所言，民主或许不是最好的政治生活方式，但它可以说是所有坏的国家形式中最好的形式。在这一意义上，我们之所以要不断地推进民主政治建设就是因为只有在民主政治的条件下，才有可能实现社会公正。虽然在民主的环境中，公正并非是一个立即可以达到的目标，但毕竟在民主的现行结构体系中，处于劣势的人们也有足够的机会去指出这种结构安排中的缺陷和可以有机会力图去

---

① ［美］达尔：《论民主》，李伯光、林猛译，商务印书馆1999年版，第71—72页。

改变它，意味着民主社会的公正总是一项可期待的未竟的事业。以自由、平等为前提的至善是人类永恒的追求。我们之所以把民主政治作为唯一的抉择，是因为在我们的意识里，民主政治是最接近于人的道德理想的政治。虽然民主政治本身也存在着难以避免的局限，但毕竟只有它才使自由、平等成为社会的承诺。如果说自由与平等是我们的意识在道德层面上所能达到的边界的话，民主则是我们的意识在政治层面上所能达到的边界。近代以来的历史证明，尽管不同的民族有着不同的历史文化传统，也有着各不相同的政治、经济环境，民主政治的历史进程在不同的民族那里也呈现出不同的特点，但是我们却有着相同的选择民主政治的道德理由，而且保障个人权利和公民自由的最好办法就是努力建立和维护民主政治并使民主观点深入人心。

再次，作为现实的政治过程，民主政治本身也同样需要道德的社会支持与约束。每一个民族都有自己的历史文化传统，每一个社会都有其特定的历史环境，所以，在不同的民族那里，民主政治有着各不相同的支持条件。不过，在所有这些支持条件中，其中有一个条件却是相同的，那就是与民主政治相适应的道德理念。一个社会在整体上对于平等、自由、法治的信仰，这是民主政治赖以存在的基本的道德环境。一旦一种特定的道德体系成为了某种文明或文化的内核，它就会在相当长的时期里成为该社会每个成员的"社会化"过程中的"路标"，起到加强社会凝聚力、巩固社会秩序、促进组织稳定等作用。如在美国社会的道德体系中，首先重视"消极权利"的自由，具体包括：尊重个人隐私和自主权，重视程序法和自愿订立的契约的道德价值，每人享有平等的权利并且不可分割，人格由其拥有的权利来体现。从杜威开始强调"群己合一"的"新自由"，这种自由具有很强的伦理道德内涵，它不是没有约束的我行我素，也不是在不涉及他人的范围内就可以为所欲为，而是一种向善的自由，是一种在行动中个体和群体同步的自我实现的能力；其次在平等观上强调机会平等而不是结果平等。事实上，在西方工业化国家中，美国人的收入和财富的差距是比较大的，美国政治文化对此差距的容忍度也是比较大的。但如美国政治学家巴伯所认为的，美国实际存在两种民主：一种是国家民主，体现为两党冲突、总统大选、联邦机构的政策等。另一种是地方民主，体现为邻里街坊组织、家长—教师协会（parent-teacher associations，简称 PTAs，这是美国最重要的社会组织之一）、社区行动团体等，其范围一般限于一个市镇或乡村的一个县,这里的男男女女很容易组成一个个小团体来协调分歧和确定对付共同问题的办法。① 就第一种民主来说,在其道德体系之上建立的政治文化中,美国的精英层是非常幸运的,避免了要求在全社会成员中平均分配财富的重大政治诉求或压力。在机会平等的要求高于结果平等的情况下,人们主要是要求国家或社会向每个人提供同等的参与机会。相对而言,机会平等比结果平等更容易实现。就第二种民主来说,强大的公民社会为美国的政治文化提供了有力的道德支持,并反过来使其主流的政治文化深入人心,实现了大部分社会整合的功能,进而使利用政治力量维系社会统一的必要性降到合理的程度。另外,美国公民社会通过向个人提供多种组织形式和通过一种自然发生的公民教育过程,使个人转变为国家的公民。地方和社区层面的政治参与,为其他形式的政治参与提供了稳定的基础。从美国的民主生活中,我们确实可以看到,公民社会的道德透过政治文化对民主政治起着良好的支撑作用。②

近代以来有关民主政治的一个重要话题,就是民主政治下多数人暴政的危险,如约翰·密尔就认为:"民主政治的最大危险是多数人实行暴政。"③ 应该说,人们对于民主政治的道德合理性问题关注并不是没有道理的,因为在逻辑上,多数人的同意并不等于道德的正义,一个社会中多数人的利益也不就等于公共的利益。"事实上,每一项法律或公共政策,无论执行者是民主形成的多数派、少数寡头或者是仁慈的独裁者,注定要对一部分人造成损害"④,民主政治无法完全满足社会生活中任何人的利益都不受损害这样的道德要求,这是不争的事实。同时,民主制的道德风险还在于因代议制民主带来的日趋独立化的国家机器很有可能做出与广大公民意志相悖的决策,从而损害大多数民众的权益。所以,任何一个致力于民主政治的社会,都必须确定一种足以约束现实的政治过程、足以约束多数人政治行为以及决策机构的道德尺度,否则,民主就有可能变成专制,就有可能变成对少数人的残忍和公共利益的危害。这是民主政治自身存在的缺陷,需要民主程序以外的措施去补救。按照哈贝马斯的思路,就

---

① R. Barber, *Strong Democracy: Participatory Politics for a New Age*, Berkerley, Cali.: University of California Press, 1984.
② 金灿荣:《美国市民社会与政治民主的关系初探》,《美国研究》2001年第1期。
③ [英]霍布豪斯:《自由主义》,朱曾汶译,商务印书馆1996年版,第56页。
④ [美]达尔:《论民主》,李伯光、林猛译,商务印书馆1999年版,第55页。

是倡导公民社会以及公民的政治参与，诉诸公共领域的公开商议，从而形成一股能够对单纯的民主程序及其决策进行修正的力量，提升民主决策的道德含量，推进民主实践的道德化。他所理解的民主是公共领域的参与民主，是所有的公民都有充分民主意识，自由而公开地参与到公共事务的讨论与商谈中去，条件是公民在政治上必须成熟，社会上必须建立起一个能够作为沟通和连接国家政治权力的公共领域，以便他们在保持个体自律的前提下通过合理讨论形成自己的政治主张。这样，公共领域成为公民社会时代最重要的民主调控机制，一方面增进国家对矛盾与冲突的承受力从而为实现社会的和平稳定提供有效的保障，另一方面则为民主社会的健康发展与勃勃生机注入强大的动力。这实际上是一种国家权力正逐渐回归于社会、回归于人民的过程。所以民主制度要成为人们的行为规范，前提是民主观念、思想和意识渗透于人们的日常生活；而一种民主制度要充满活力、巩固发展，又必须唤回它所蕴含的伦理精神，它需要有来自政治家和每一个公民内心的稳定的心理冲动———一种成为道德力量的民主信念。

三 中国传统政治的合法性问题及其现代重构

中国传统社会（辛亥革命以前的中国社会）的政治制度是中央集权的君主专制制度，中国传统政治的合法性问题也就是如何为君主专制的君权至上进行合理辩护的问题，即论证君主制度的必然性和治权在君的合理性。自殷周开始，就有了对建立君主制度的解释。《尚书·泰》曰："天佑下民，作之君，作之师，惟其克相上帝，宠绥四方。"就是说，君主制度是上天创造的，天对帝王宠之以权力，让他协助天来治理人类社会，帝王必须像师长、父母一样教化、养育芸芸众生。后来孔子等原始儒家试图恢复"天下有道"的状态，在疏导现实的基础上基本上因循这一思路为中国传统政治合法性进行自觉辩护的。儒家认为君权是"受命于天"，而君王凭什么可以受命于天呢？是因为他具有最高的"德"，他能够"体天之德"和"具天之德"，还能够"行天之德"，即只有他能够知晓天的至善同时又具备天的德行，更具有这方面的能力和强烈愿望。所以儒家通过"内圣外王"的机制建立起"德化的统治"这一政治合法性架构。内圣的功夫就是将伦理道德的修养与政治规范的认同统合起来的功夫。外王的功夫就是将伦理道德的推己及人与政治规范的广泛推行统一起来的功夫。两者对于"德化的统治"之政治合法性建构都是必不可少的。当然，如果说为君主专制的必然性或设君之道提供合法性论证称为"政道"的话，那么儒家文化中更多的是充满浓郁的民本理想主义色彩的"治道"，它是对"治权在君"合法性的辩护。而且相对来讲，传统中国政治的合法性论证在诉诸根据时总是超脱不了具体的世俗政权形态，与历史或现存政治的经验混杂不分，呈现出一种非终极性和相对性。也许对昔日的儒者来说，首要的问题在于君王应当如何公正地掌管政府，他们似乎并不关心政府的形式本身，也从未倡导过一种称为民主的政府形式。

但中国传统社会有系统的民本思想，它来自儒家的"仁政"学说。即要求统治者以仁爱之心对待民众，通过对民众行仁政而王天下。"重民"思想在孟子那里最为突出。他说："民为贵，社稷次之，君为轻。"（《孟子·尽心下》）怎样得民心，孟子也有详细的论述：一要"制民之产"（《孟子·梁惠王上》），即给民众赖以生存的土地；二要"薄税敛"（《孟子·梁惠王下》），"取于民有制"（《孟子·滕文公上》）；三要使民有教；四要与民同乐同忧，"乐民之乐者，民亦乐其乐；忧民之忧者，民亦忧其忧。乐以天下，忧以天下，然而不王者，未之有也"（《孟子·公孙丑上》）。这一重民、爱民、利民、富民、教民、忧民思想，正是民本思想的精华，是稳定封建秩序、调整君民关系、使国家长治久安的政治策略，从而成为封建统治者的治国之道，这实际上是对君王之德的具体内容的一种规定。而对臣民来说，与君权至上相应的则是绝对服从的道德义务，这成为传统中国臣民文化的核心内容。中国传统的臣民文化的形成有一个自身发展变化和被封建统治者不断强化的过程。先秦的孔孟儒家在一定程度上明确君臣双方的权利和义务，强调的是臣民应忠于"有道"国君。这种臣民文化要求臣民应计君恩之轻重而报之以忠义，充满着伦理精神；法家则强调君主绝对的权威，要求臣民绝对地认同服从君主的支配和统治。秦汉以后君主专制统治的建立，董仲舒及以后的儒家政治文化适时吸纳了法家思想，既要臣民绝对服从专制君主的统治，又借助尊卑等级宗法观念、三纲五常的伦理文化，巧妙地将这种臣民服从的政治义务变为了臣民自觉的道德追求。

从理论面相上分析，君权德化统治合法性的一个关键思想是"圣人"，它依赖于圣人的存在作前提。圣人"道大德全"，道大，即谓其能参天悟道；德全，即谓其具有至高的道德。从我们今天所达到的理论思维水平看，任何个体都是有限的，都是不完满的、有缺陷的。因此，圣人在现实的人间是根本不可能存在。从历史上看，也的确如梁启超所说："所谓圣君贤相者，旷百世不一遇，而桓、灵、京、桧，项背相望于历史。"①这样，由于现实政治中，君主无法将伦理榜样与政治权威合而为一，也就缺乏现实的政治感召力，人们对于政治的运行也就处于一种疏离状态，政治合法性建构要达到的政治认同目标往往处于一个无法预期的景况。既然合法性如此脆弱，那么政权是靠什么在维护呢？如果说中国历史上传统的政权是靠暴力取得的，"天下"是"打"出来的，那么政权的维护也同样依靠暴力，靠"霸王道杂之"的统治策略。霸道凸显的是政权的威慑力，王道凸显的是圣君的感召力。王霸并用，就是伦理加政治的统治策略。如果说这一策略有效地维护了政治统治的稳定性的话，那么它与"立君为公"的政治目的却相距甚远了。所以中国传统的政治合法性理论，一方面使君主凌驾于一切人之上，掌握着绝对的权力，拥有绝对的地位；另一方面则是使君主专制下臣民不成其为人，既不自主又无自由。除君主外，没有一个人具有独立人格，形成了一人在上，万人在下均为臣仆的局面。没有独立的人格，则意味着自主精神的沦丧。而没有或缺乏主体意识的人是统治者最易摆布的人，所以专制统治下的民众在物质生活上的贫穷与精神生活上的愚昧，反过来又成为能容忍君主专制存在的群众基础。

按照马克斯·韦伯对政治合法性的理想类型的划分，中国传统的政治合法性就是在传统、魅力与古典法理之间综合成特殊的、由伦理道德构造起来的政治合法性类型，②它是一种依托于人的政治合法性的建构。对于中国传统的以分散的小农自然经济方式为基础形成的宗法社会结构来说，这一建构具有保障其运行的社会机理。但随着市场经济、民主政治等社会背景条件的整体变迁，从中国传统政治合法性的伦理道德建构转出来，尝试建立法理型的政治统治合法性架构，就成为中国现代政治统治合法性建构的核心主题。对现代社会来说，现代政治合法性的理想类型是法理型的统治，它具有鲜明的形式化、制度化取向。只有在宪政法治建构中，社会政治秩序的建构和公民的人格尊严才足以建立起来，当然这将是一个艰难的过程。在市场经济和现代化浪潮的冲击下，我们只有坚持以社会主义民

---

① 梁启超：《新民说·论进步》，中州古籍出版社1998年版，第122页。
② 任剑涛：《道德与中国传统政治的合法性》，《华中师范大学学报》（社会科学版）2005年第1期。

主为核心价值取向，同时借鉴西方民主宪政实践中的有益经验，处理好中国传统政治合法性建构中的历史遗产与中国现代政治合法性建构的时代任务之间的关系，才能真正实现中国传统伦理政治的现代重建。其目标定位和路径走向不外是如下三个方面：

其一，从臣民政治文化走向公民政治文化。中国传统政治文化中的臣民意识是国人从以专制、集权、礼治、伦理为基本特征的政治文化传统中浸染、承袭的一种民族性格。臣民文化的本质特征是它的绝对服从性和义务性。它从根本上否定人的基本权利，又无限放大了君王或国家的权力。由于臣民文化中的个体只有义务观念而无权利意识，这必然导致人的主体性的丧失。现代意义上的公民政治文化是一种民主的政治文化，它体现为公民在国家宪法和法律的规约下所形成的权利与义务并行不悖的理性自觉和价值取向。从臣民政治文化走向公民政治文化，就是要摈弃由君主专制衍化出的个人对国家的隶属和依附意识，在宪政体制下真正实现公民的基本权利不受侵犯，使每一个体真正成为充满主体意识和权利意识的公民。

其二，从民本的政治文化走向民主的政治文化。中国传统的政治文化中儒家的民本思想，虽然蕴含着对民众的生存权利和合理秩序的深刻思考，但是，民本主义只是作为专制政治的重要调节机制，其本质仍是君权主义。它的精神实质是通过强调民在国家、社稷中的地位和作用，告诫统治者要重民、养民、恤民和保民。所以，民本思想仅仅是君王统治的手段而非目的，它并不是通过赋予民众政治权力而否定君权至上，而是通过规范君主对民众的政治行为实现国泰、君尊和民安。它显然不同于蕴含公民主体意识、权利确认和体现社会法治精神、理性规则的现代民主理念。民主政治文化意味着国家权力属于人民，即主权在民，在形式上承认公民一律平等。从民本的政治文化走向民主的政治文化，主要是在两个方面：一是作为民主的政治文化外壳和依托的民主制度的建构；二是作为民主政治文化的内核和灵魂的民主主体政治精神的培养，它包括民主主体明确的自我意识、积极、主动的参与意识和认真、强烈的政治责任意识等。

其三，从德治型的政治文化走向法治型的政治文化。德治仁政一直是中国独特的政治文化内容。德治的目标借助于礼制措施得以现实化，君主个人的权威借助于礼的规范被强化，从而使德政最终体现在"君君"、"臣臣"的封建统治秩序中。"德"的内质往往被"礼"的表文所取代，德治由此不可避免地走向人治。人治的实质是君主个人意志凌驾于法律之上，法制只为皇权服务。皇帝可以按个人的好恶建立一种制度，也可以废除一种制度。崇尚法治是现代政治的特征。现代民主本身是一套制度框架，它体现为政治生活中的一系列公共的操作规则、作业程序、运作机制（如大众参与、政党竞争、公民投票、选举制度等）。公民遵守着他们自己参与制定和认可的法律，掌握公共权力的人也不能例外，这就是法治的实质。但显然，现代民主作为一种制度设计，它关注的重点是政治生活中的制度、规则、程序，它长于制度规则的建构，短于政治人的道德素质、人品修养等方面的提高，儒家文化传统中蕴含着这方面丰富的资源，无疑是建构现代民主政治文化的有益成分。

第二节 公共道德的政治权力基础

政府曾作为公共权力的唯一载体承担起管理公共事务的职责。其公共性理想表现为政府凭借公共权力进行公共管理时以公共利益为唯一追求。所以，追求公平正义、维护公民权利，成为人民对现代民主政府这一公共组织的价值期待。但在现实政治生活中，政府通常能不能满足这一价值期待？回答是很难。比如政府的行政人员中，也可能会出现一些经济人行为，其中的部分成员，也可能因为私心而出现以公权实现私人利益的贪腐行为等；再比如由于组织系统的复杂而导致的政府机构臃肿、反应迟钝、冷漠无情、效率低下等"亚健康"症状，也正在逐步被认知，并招致不同声音的批评；还有，政府的规章制度可能因为相对稳定性而缺乏灵活性等。实际上，公共权力被"私掌"和官僚体制的弊端，很大程度上造成了公共权力在运行过程中的异化。如何才能使政府的公共性理想成为现实呢？当今世界的一个理论致思方向和实践路径就是实现公共管理主体的多元化，形成了一个以政府为公共管理主体的核心，也包括其他社会公共组织的开放式体系。同时它还有赖于社会成员直接参与公共事务的热情和对公共权力运行过程的有效监督以及公共行政人员对其伦理责任的自觉承担。

一 公共权力的公共性

公共权力属于权力的范畴。权力概念显然是一个比公共权力概念外延更大的概念,因而,对公共权力的分析从权力概念入手无疑是合理的。权力概念是政治理论中使用最为广泛也是最有争议的概念之一。不同的学者对它有不同的界定和使用方式,如彼德·布劳认为,权力是指一个人(或一群人)按照他所愿意的方式去改变其他人或群体的行为以防止他自己的行为按照一种他不愿意的方式被改变的能力。[①] 达尔认为,影响力或权力是 A 影响 B 在某些方面改变自己的行为或倾向的能力。[②] 我国学者李景鹏先生认为,权力就是根据自己的目的去影响他人行为的能力,这就是说,权力是一种力量,依靠这种力量可以造成多种特定的局面或结果,是使他人的行为符合自己的目的性。[③] 尽管这些表述不尽相同,但其共同之处在于都将权力看成是一定的权力主体对权力客体的控制和影响,并借此可以造成某种特定的局面或结果,而这种局面或结果符合权力主体的目的性。

可以看出,上述对权力的认识侧重于强调权力的拥有者对他人的干预能力。实际上,权力也意味着权力的拥有者具有按照自己的意愿行事的能力,即权力的拥有者具有不受他人支配的能力,或者说具有自治能力或自主性。所以,我们对权力概念的理解应包括两个层面的含义:权力既是一种可以使其拥有者按照自己的意志行事,亦可以使其他人按照他的意志行事的力量。由此我们可以得出权力的两方面的基本特性:社会性和目的性。首先,权力是一种社会现象,它存在于一定的社会关系之中,也就是说,权力现象反映的是人与人之间、人与组织之间、组织与组织之间的复杂关系。其中,权力的拥有者是谁、他如何实现自己的意志或影响改变他人的意志、权力现象所发生的具体的社会环境如何、权力的强制性程度怎样,所有这些问题都需要纳入特定的社会关系中才能准确地予以说明。无论什么权力,从生物学和心理学角度来看都是指权力主体所具有的属性,即个人为了维持自我的生命而向外界环境施加作用,以求获得个人生存与生活必需品的能力和欲望。这种权力进入社会领域,在有限的社会空间活动的时候就成了社会权力,进入政治公共领域,肩负社会公众公共责任的时候就成了政治权力。其次,权力不是孤立存在的,而是以一定的利益关

---

① 参见[美]彼德·布劳《社会生活中的交换与权力》,孙非译,华夏出版社 1988 年版,第 135 页。

② [美]达尔:《现代政治分析》,王沪宁译,上海译文出版社 1987 年版,第 36 页。

③ 李景鹏:《权力政治学》,黑龙江教育出版社 1995 年版,第 32 页。

系为基础的，权力的行使和运用具有目的性，是出于某种利益考虑而有意为之的结果。无论是权力的拥有者按自己的意志行事或是改变其他人的意志，都是出于某种利益的考虑，都是要追求或实现某种目的。从其目的性出发，我们可以大致把权力分为私人权力和公共权力两类。私人权力追求其个人的利益实现；公共权力追求公共利益的实现。

公共权力与一般权力相比，最主要的特点是其公共性，即它是适应社会公共需要，处理公共事务而产生的。它是基于某一社会共同体成员的同意或认可，并为管理其中的公共事务，维护社会秩序而形成的一种支配、影响和调控该共同体成员的权威力量。如果仔细分析，公共权力包含三方面的含义：其一，公共权力的主体应属于全体社会成员，而非某个人或小团体；其二，公共权力的客体指向的是社会公共事务；其三，公共权力是服务于公共利益的。从公共权力的这一概念及性质可以看出，公共权力的运行过程就是处理公共事务、服务于公共利益的过程，而这也正是公共管理的过程。

从理论上说，公共权力的"公共性"，指多数人的共有、共享、共用。从其字面理解出发，公共性强调的是社会层面的非个体性。西方学者一般是从契约论出发阐述公共权力的来源的。在他们的理论中，公共权力无论是名义上还是实质上都来源于自然权利的让渡。在国家产生之前，人类处于一种自然状态中，每个人都拥有天赋的权利和趋利避害的天性。然而，由于每个人在运用天赋的权利去实现自己价值的时候，产生了人与人之间的冲突。这种冲突将损害每个人的利益，所以在霍布斯看来，为了摆脱自然状态，人们在理性指引下共同约定，"把大家所有的权力和力量付托给某一个人或一个能够通过多数的意见把大家的意志化为一个意志的多人组成的集体"[1]。洛克则指出，为了使天赋的权利得到可靠的保护，就需要一种既凌驾于每个个体之上，又能代表每个个体意志的公共权威来裁决和调整人与人之间的利益冲突。这种权威就是国家，它"起源于契约和协议，以及构成社会的人们的同意"[2]。卢梭则继承了洛克的自然状态理论，认为"政府就是在臣民与主权者之间新建立一个中间体，以便使

---

[1] [英]霍布斯：《利维坦》，黎思复等译，商务印书馆1985年版，第131页。
[2] [英]洛克：《政府论》（下），叶启芳等译，商务印书馆1964年版，第105页。

两者得以互相适合，它负责执行法律并维持社会的以及政治的自由"①。可以看出，社会契约论者的基本精神是一致的，即从自然权利出发，经过社会契约这个环节，最后推导出公共权力不是天然的，更不是神授的，而是来源于公众自愿结成的社会，来源于公众的同意和授权。

社会契约论把公共权力从神意中解脱出来，而努力从社会本身探索其来源及合法性，这对公共权力的理解无疑是有着重要的进步意义的。但是它把公共权力看成是公意的化身，无疑抹杀了国家公共权力的阶级性质，这一点被马克思、恩格斯所批判和纠正。在马克思主义者对公共权力的论述中，完全舍弃了天赋人权的神意安排与社会契约的虚幻场景，而代之以历史的实态描述。"国家是文明社会的概括，它在一切典型时期毫无例外地都是统治阶级的国家，并且在一切场合在本质上都是镇压被压迫被剥削阶级的机器。"② 根据马克思和恩格斯的分析，在原始公有制条件下，公共事务管理所体现出的公共性是与氏族全体成员的利益直接相一致的。但随着生产力的发展和生产关系的变化，特别是随着私有财产和阶级的产生，人们为了获得利益和生存资源而引发的阶级矛盾和冲突日益频繁和激烈。为了缓和这种冲突并将冲突控制在"秩序"的范围内，一种特殊的社会力量，以国家为表现形式的通过集中化的、常设的、专门的机构来行使的公共权力应运而生。恩格斯对此有其深刻的阐述："国家是社会在一定发展阶段上的产物；国家是表示：这个社会陷入了不可解决的自我矛盾，分裂为不可调和的对立面而又无力摆脱这些对立面。而为了使这些对立面，这些经济利益互相冲突的阶级，不致在无谓的斗争中把自己和社会消灭，就需要有一种表面上凌驾于社会之上的力量，这种力量应当缓和冲突，把冲突保持在秩序的范围内；这种从社会中产生但又自居于社会之上的并且日益同社会脱离的力量，就是国家。"③

马克思主义的国家（公共权力）学说深刻地揭示了阶级社会中公共权力的性质，它一方面为统治阶级所掌握，是为统治阶级的根本利益服务的；另一方面，又是以社会整体的名义行使并管理公共事务。统治阶级也会运用国家权力管理公共事务、"谋求"公共利益，但其国家权力的价值

---

① ［法］卢梭：《社会契约论》，何兆武译，商务印书馆1996年版，第76页。
② 《马克思恩格斯选集》第4卷，人民出版社1995年版，第176页。
③ 同上书，第170页。

取向始终是指向其统治阶级利益的。也就是说,在阶级社会中公共管理所体现出的公共性只是形式上的、表面上的、名义上的,其实质是体现为统治阶级的根本利益。

契约论者和马克思主义者所论说的公共权力,都指的是国家政治权力。现代社会学理论中存在两种不同的权力观:即结构功能理论的控制权力观和行动理论的行动权力观。结构理论把结构视为无所不包的权力,把人们降低为只在庞大的预先决定的关系系统中的角色扮演者或职位担任者①,认为人与人之间是一种复杂的支配与被支配的关系,权力变成控制他人的工具,从而揭示出政治权力的典型特征。行动理论将权力阐释为"行动权",强调了人在社会生活中追寻自我满足和价值理想的行为自主能力。行动权是社会权力的典型特征。从控制权到行动权,从"控制什么的权力"向"做什么的权力"转变,实际上赋予了权力更广泛的含义和普遍性的价值,也揭示出公共权力公共性的内在张力。政治公共领域中公共权力主要表现为一种控制性权力,它应该以普遍性的公共利益为依归,在它的生成和运行过程中应一直关注着彻底的权利意识,自觉地关注和维护大众的权利。这是一种具有规范性意义的要求,它揭示了公共权力的使命和责任。公共权力的公共性原则实际上决定了它应该保护作为行动者的行动权利。但行动权并不是消极、被动的,根据阿伦特的观点,行动权是公共领域产生的原动力,是它创造了个体展现的空间。个人的行动不仅与我们共有世界的公共部分有着最密切的关系,而且还是一种构建这一公共领域的活动基础得以存在的东西②,即每个公民的行动权进入公共领域后相互关联又相互抗衡,合作与竞争形成的一种处理公共事务的全局性权力。这就要求我们必须改变对权力的认识,将传统的控制权延伸至行动权,即赋予每个公民以充足的自由空间和自我展现的机会,培育其行动和话语能力,以提高每个人的行动权力。个人利用行动的自由来表达个人意见,对抗强权的不正当支配,争取和保护应有的权利,制衡政治权力的控制性欲望和态势,制止由于公共权力的私人性使用而对社会机体的伤害。也就是说,用表现为人的行动和言语的行动权来重构公共权力,意味着将

---

① [美] 丹尼斯·朗:《权力论》,陆震纶译,中国社会科学出版社2001年版,第294页。
② [美] 汉娜·阿伦特:《人的条件》,竺乾威等译,上海人民出版社1999年版,第198页。

打破处理公共事务的公共权力就等于政府政治权力的观念,非政府公共组织也将成为公共管理的重要主体,公民的公共参与也将成为公共权力公共性实现的重要制约力量。

二 政府公共性的理想与现实

公共权力的公共性根源于公共组织对公共事务的管理之中。一般说来,公共组织指那些致力于对社会中的公共事务进行管理并协调社会公共利益的组织。政府曾经是唯一掌控公共权力的公共组织。但近代以来,随着市场经济的发展,社会经历了一个逐渐与国家和政府分离的过程,许多非政府公共机构建立起来了,它们充当着社会自我管理的角色,在社会公共管理中扮演着日益活跃的角色。在现代社会,非政府公共组织将与政府组织一道成为了公共管理中的主要角色,并肩负起了越来越繁重的服务于市场经济与社会的公共责任。

政府的公共性即政府的公共所有属性,意指政府包括其内在要件——公共权力和外显成分——公共职位,都是属于国家主体——社会公众的。公共性通过政府权力特别是最高权力的属性、公共权力运行机制的公开性和公共职位向社会开放的彻底程度等表现出来,并直接与国家或政府的起源、本质与属性问题联系在一起。

思想家们对政府公共性的论述最早是从柏拉图的《理想国》开始。柏拉图认为,城邦成立的目的是为了实现正义。正义即每个人都干着他自己分内的事而不干涉别人分内的事。柏拉图从道德的角度阐述了城邦作为实现公共善的手段的具体内容,在这里,维护正义体现为政府的公共性。亚里士多德继承柏拉图的思想精神,在《政治学》中继续讨论城邦正义的问题。城邦是一种合作关系,它的构成的一个关键方面,是人们分享某种有关善或正义的生活方式的概念。早期的政治学家大多从道德层面去思考政府的公共性,而近代以来的政治学家如霍布斯、洛克、卢梭等则多从政府代表一种公共的契约精神出发去论证政府的公共性。经过他们的努力,公共权力无论是名义上还是实质上都来源于人民权利的让渡这一观点成为现代政府理念中不证自明的公理。特别是人民主权理论的产生,使人民是公共权力的合法性来源成为了共识。正如美国学者梅里亚姆所指出的,人民是一切正当政治权力的基础这个命题在当时简直没有争论,公共权力的基础是人民,人民是公共权力的所属主体。公共权力设立的目的是更好地保护人民的私权利，成为公民对政府公共性的价值期待。政府的公共性应是政府的第一属性，虽然不同的时代，不同文化背景对政府公共性的外部特征有不同的要求，但实现正义、提供公共物品却是所有政府公共性中的共同内容。

但现实中政府公共权力的悖论却表现为：一方面，社会要保持良好的秩序，就需要公民让渡私权利以形成公共权力来安排和管理社会，这表明社会对公共权力的需要和期待；另一方面，公共权力的私掌又往往可能使其失去控制而异化为危害社会的强权力量，这表明公共权力对社会的背叛和侵犯，所以，对公共权力的价值判断是双重的：一方面，公共权力具有维护社会公正、呵护公民权利的善的价值；另一方面，对于个体而言，公共权力也可能是一种潜在的威胁公民权利的可能的恶。对公共权力的怀疑和忧虑，必然表现为对公共权力的行使主体——政府的公共性的怀疑和不信任。

所以，现当代政治思潮中关于政府公共性的理论，在对政府的认识上发生了明显的转向，即将关注点集中于国家权力与个人自由的关系上。如果说以前的思想家考虑的主要是国家是否和在多大程度上是属于民众的，民众能否和在多大范围内如何参与国家管理等问题，那么，现当代思想家则更多地考虑的是本属于民众的国家，如何防止它的肆虐，如何为民众保留不受国家干预的独立空间等问题。同时关注重心的转移还表现在其他方面，如在经济领域表现为对国家干预与市场调节关系的探讨，在社会领域表现为对公共领域与私人领域、国家与市民社会或第三部门等关系的探讨等。这种转向之于政府的公共性的探讨无疑是重要的和深刻的，它警示人们，政府的公共性是一个逐渐生成的过程，当政府公共性未真正确立之前（如专制政治），政府对于民众而言无疑是虚伪和危险的，而政府的公共性确立起来之后（如民主政治），政府也既非必然、更非持久自觉地与民众利益保持一致。政府在公共目的的背后往往隐藏着对自身利益的追求，这一特性被称为政府的自利性。虽然古典的政治学家普遍认为政府的产生源于人民的公意达成和公意授权，政府是公共性的，没有自己的利益，但这种理想化的一厢情愿却总被越来越严重的政府追求自身利益的现实所打碎。

现实生活中，政府的这种自利性，一方面表现为政府内部公务人员依托组织肌体追求和实现个体利益。在现实政治生活中，公共权力虽然是

"公共性"的,但却是被"私掌"的,公共权力的行使被赋予了特定的阶级、集团和个人。正是由于这种公共权力所属主体(人民)与行使主体(阶级、集团和个人)的分离,使公共权力存在被私用的可能。行使公共权力的主体,作为社会成员不仅有着各自的特殊利益需求,而且他们所代表的集团或阶级也有着特殊的利益。这就决定了他们在制定和执行公共政策时,很难排除他们自己的价值判断与价值偏好的介入,甚至根本上就成为一部分人实现其利益和特权的工具;另一方面则表现为由于政府官僚体制的弊端往往导致公共权力的非公共运用,这是当今世界各国政府仍无法完全克服的一种现实。按马克斯·韦伯的设想,也许科学化、技术化的官僚制能使公共行政成为彻底地为公共利益服务的工具,而实际上官僚制这种理性主义的极端化及其对人性的损害同样在很大程度上造成了公共权力在运行过程中的异化。其一,主体性人格的丧失。"官僚主义是一种客观的权力矩阵,各级官员都被纳入这种矩阵,他们的活动由这个矩阵安排,而且按照这个矩阵,他们被当作'需要命令和只需要命令'的人那样无名无姓地受到非政治化和管理。"[1] 广大的行政人员由此变成了官僚组织这一架相当精确地不停运转着的巨大机器中一个个简单的齿轮,他们想方设法、不顾一切地沿着科层制的层级上爬而成为了公共权力的"奴隶"。这时,对规则和组织的服从就由最初的手段变成了一种最终的目标,而完全忽略了对目的本身的价值关切。即他们追求的不再是最大限度地维护公共利益,而是如何使其上级更加满意并为其仕途铺平道路。这严重扭曲了行政人员个体的独立人格,压抑了其个体的积极性和创造性,导致其个体自主行为能力的丧失,公共权力的非公共行使也就不难想象了。其二,团队合作伦理的存在。在科层制组织中人们习惯于完全效忠组织,塑造和谐的氛围,从而确保组织的持续、稳定运转。如果有人试图与此相悖,而将公共利益置于组织利益之上时,就会被视为对组织稳定的威胁而受到组织及其成员的严厉处置甚至是打击报复。这种团队合作伦理的存在使得公共权力的正当运行失去了重要的内部监督力量和内在的驱动力量。换句话说,当人们进入官僚机制以后,良知就消失了[2]。随着行政人员在官僚制

---

[1] [英] 约翰·基恩:《公共生活与晚期资本主义》,马音等译,中国社会科学出版社1999年版,第78页。

[2] [美] L. 库珀:《行政伦理学:实现行政责任的途径》,张秀琴译,中国人民大学出版社2001年版,第141页。

组织中职位的不断提升，对组织和领导的效忠理念由此不断得到强化而最终内化于其意识之中，以至于官僚组织中的行政人员往往很难甚至几乎从不反对组织成员尤其是上级领导非法的、不适当的行使公共权力的行为。其三，社会公众边缘化。公共权力来源于社会之中转而又凌驾于社会之上。建立在"群氓理论"基础上的权力精英主义的行政模式完全忽略了社会公众的主体性作用，甚至对其加以严格的控制以保持其处于权力金字塔顶端的地位，并维持其对外的组织边界。两者之间的信息不对称以及知识技能上的差距使社会公众们难以了解公共权力的运行状况或由于这种了解所需的高额成本而只能对此保持"理性的无知"，广大的社会成员由此被置于政治生活的边缘。公共权力的运行由此缺乏了来自本原意义上的根本的制约，权力异化就由可能性变成了现实性。其四，思维模式的困境。公共权力的行使必须以维护公共利益为最基本的价值取向，这是不容置疑的。但问题在于，公共利益往往只是作为一种价值取向或是行为理念而存在，很难对其做出明确的界定。因此，在具体情况下，面对一大堆可供选择的"公共利益"，行政人员只好根据自己的经验或适时的心理感知去做出选择。而与这种思维困境相对应的是上层意志和制度规则在组织中明确、具体的存在。要求行政人员用公共利益这一模糊不清的概念为指导，对组织和上级明确的意志进行判断并做出合乎规范的选择，这无疑存在着相当的难度，公共权力的异化也就不难理解了。[1]

但现代社会伴随着市民社会的发展壮大，第三部门的崛起，出现了私域公共性的觉醒，政府公共性逐步向社会转移。即社会在力量壮大之后，要求政府将一部分管理的公共事务交还社会，实现部分权力向权利的回归。在许多公共活动中已经出现非政府公共组织活跃的身影。这些组织也担负着公共管理的职能，它"以自由组织起来的社会成员的公共交往为渠道"[2]，成为产生于社会之中的、以非营利为宗旨的公共管理组织，现实生活中从而表现为公共管理主体的多元化，形成了一个以政府为核心，同时包括了其他社会公共组织的开放式体系。这种公共管理主体的多元局面，使古希腊时期的"公共"本义部分得以回归，人们开始承认"公共"

---

[1] 参见向良云《公共权力的哲学解读》，《云南行政学院学报》2004年第1期。
[2] ［德］哈贝马斯：《公共领域的结构转型》，曹卫东等译，学林出版社1999年版，1990年版序言第11页。

一词与政府并不是一回事，其内涵远比政府更为丰富，强调政府在公共管理中的核心地位，并不意味着只有政府才是公共管理的合法主体。认识到公共既是一种理念也是一种能力，如果我们把公共等同于政府，事实上限制了人民参与公共事务的能力。作为一种理念，公共意味着所有的人们，为了公共利益而不是出于个人的或者家庭的目的才走到一起来；作为一种能力，公共意味着为了公共的利益而在一起工作的一种积极的、获取充分信息的能力。在许多情况下，这样的行动都是通过政府进行的，但并不是所有的行动都要通过政府，志愿者协会、非营利组织、公司都是公共的表现形式。① 这类社会自治型的公共管理组织担负着属于国家和政府机构之外的公共管理职能，它们表现出来的强大的参与力量，使过度膨胀的政府公共权力开始向第三部门转移，成为一种连接国家、政府与公民个人的纽带，成为抑制政治公共领域集权行为和集权话语的有效调节因素，从而开辟了打破政府社会管理垄断化的突破口，造成了社会结构的变化，导致社会管理模式的更新。一方面，扩大了政府与社会沟通的途径，使原先必须依赖于代议机构的单线式的反映民众意志和要求的途径，扩展为在公共管理中源源不断地传输民意和表达公众利益要求的广阔通道。对于政府来说，这是替代性的公共管理机构，是第三部门；而对于民众以及所有的私营部门来说，它是新开辟的民意表达空间。政府接受信息渠道的多元化与全面性，是其公共性实现的前提与保证。另一方面，它在全社会中培养起一种主体意识，进一步地激发出社会成员直接参与公共事务的热情，从而有效地监督公共权力的行使过程，有利于保证和促进公共利益的实现。②

三 行政人员的自主性与德性

为了防止公共权力的非公共运用，政府公共性向社会的转移只是在20世纪后期才成为人们致思的一个方向，以往人们思考的焦点几乎都聚集在限制行政人员的自主性上。在政治——行政二分原则基础上，韦伯所概括的现代"形式合理性"官僚制本身就是一个通过集权制的建构限制行政人员自主性的行政体系。要求对现代官僚制进行改革的当代"新自

---

① ［美］乔治·弗雷德里克森：《公共行政的精神》，张成福等译，中国人民大学出版社2003年版，第46—47页。

② 参见张康之《公共管理伦理学》，中国人民大学出版社2003年版，第35—37页。

由主义"思潮也基本上属于主张谋求改变限制行政人员自主性模式的理论，特别是公共选择学派，在"经济人"假设的基础上提出了在政府中引进市场竞争机制来限制行政人员自主性。20世纪70年代后期以来的各国行政改革在实践上的表现，也集中在如何限制行政人员自主性方法的探索上。

我们先来看韦伯的现代官僚制模型：

（1）在职能专业化的基础上进行分工，按权力自上而下排列，严格规定等级层次的结构体系。每一个下级机关在上一级机关的控制和监督之下，同时，由下到上又有着申诉和表示不满的权利。

（2）有明确划分责权的规章制度。

（3）组织的行为必须受规则的指导，包括技术性规则和行为规则两个方面。为了合理地应用这些规则，必须对有关人员进行专门训练和培训。

（4）管理行为都依据一套严格系统而明确的规则，管理当局的成员与组织的财产要公私分明。

（5）组织赋予的特殊权利与义务是非个性化的，任何任职者都不能滥用其正式的职权。

（6）对官员，注重知识和能力。每个机构都通过竞争性选择来招聘人员，根据技术以及非个性的标准确定职位候选人，基于资历、成就或两者兼而有之进行晋升。

应当肯定，韦伯构想的现代官僚制由于其明确的技术化、理性化和非人格化而表现出了它的合理性。在这个官僚制度体系的背后所包含的是工具理性的原则，是通过制度和体制的客观化和形式化来克服行政人员即官僚的自主性的技术设计。一切都按法律和规则行事，使公务活动具有严密性、可操作性、可计算性和可控性。从而尽量排除个人在权力行使中的主观随意性。

而20世纪70年代后期以来，西方国家的行政改革所依据的是公共选择学派同样是在限制官僚自主性方面做出的另一套设计，它的基本内容就是：

第一，打破某些官僚机构对某些公共物品的垄断性供给，通过各官僚机构竞争性地提供同类公共物品，提高公共物品的生产效率。同时也可以把一些公共物品的供给交由私人企业来承担。

第二，强化对官僚机构的监督机制。如成立专门的专家委员会，对官僚机构进行定期审核，掌握其成本信息；同时，在官僚机构内部，建立有效的行为激励机制，依据效率标准，决定官僚的奖惩升迁及机构的预算资金的调整。

第三，把成本——收益分析引进政府的评价系统，在政府机构内部以及官僚个人之间建立起竞争机制。具体地说，就是通过对政府开支项目进行"损益分析"，即对每一项目的社会成本与收益进行细致的比较，杜绝政府项目不计成本的习惯做法。

总之，公共选择理论认为，政府以及其他的公共部门的政策和执行通常是根据该部门领导人对公共利益的理解来决定的，因而，这些部门的人们，在行政上具有相当大的自由度，他们有意或无意地为自身的经济人动机所左右，因此，必须通过限制政府部门及其官僚的自由度和自主性达到限制他们追求个人利益的目标。

行政人员的自主性在实践中主要表现为行政裁量权的使用，裁量权的通常含义是"制度约束之外"。它或是处于制度无意识之域，或是见之于制度"漏洞"和罅隙之中，或是存在于制度区限之内但制度又无法明确规制的具体细节问题上。当我们奉行着某种法制主义的逻辑，企图用法律之箍锁住行政人员的思想、行为和情感的时候，殊不知圆圈越大圆周线越长，理性所触知的圈外之不可预测域就越大。这也就是为什么我们的行政制度不断地繁杂、细密，而我们却感到行政自由裁量权越来越大、越来越不可控制的缘故。

实际上，长期以来，人们都把行政人员的自主性理解成权力的滥用和腐败之源。所以，一切制度化的追求都必须围绕寻求最佳的限制行政人员自主性的方案展开，这种以恶制恶的制度安排应该说是绝对必要的，但并不是唯一的。事实上，行政人员的自主性具有二重性，当行政人员拥有自主性的时候，他把这种自主性用来谋取个人的私利，那的确是恶的；如果行政人员把他拥有的自主性用来维护公共利益和促进公共利益的实现的话，那么这种自主性就是善的。如果寄希望于制度建设来限制行政人员的自主性并达到根除腐败的目的，这只是一种必要，并不是必然选择。相反，还会造成制度的无限膨胀以及行政人员自主性的限制无限化的结果。在限制了行政人员恶的自主性的同时，也把他的善的自主性一并限制掉了。

所以,一方面"以恶制恶"的制度安排是必要的,但另一方面,我们又必须认识到,行政人员并不仅仅是"经济人",在权力作用的公共领域他更应是"公共人"。我们在对行政人员自主性恶的一面限制的同时,必须去唤醒和激发他的善的一面。用他们手中的自由裁量权去实现公共的善。这样的制度安排并不是对原有官僚制的完全否定,它将会在吸收以往公共行政发展的一切技术性特长的基础上着力突出行政人员的道德责任,充分地考虑行政人员道德的价值和意义。

行政人员的自由裁量权必须受到合理的约束,但绝不是扼杀。行使裁量权不仅并非必然导致"恶"的产生,而且是行政人员工作的基本条件,是行政人员道德主体性得以展现的基本条件。事实上,对制度的"合理服从"是一种德性,但慑于惩罚而对制度的严格遵守却不是德性实践。行政人员的德性实践蕴含着某种自由自主或主体性的吁求,行政裁量权的行使才是对行政人员德性真正的考验。

当我们认可行政人员自主性的时候,实际上也就认可了正当地、积极地、相对自主地行使公共权力是行政人员的一项职业权利。他可以"自由"地运用其理性(包括价值理性与工具理性)进行价值判断和选择,"自由"地行使公共行政权力,当然,"自由"的行政人员也必须为其行政行为承担伦理责任。对于行政人员来说,伦理责任是他永远不可能得以解脱的义务。解除义务的唯一办法是履行它。自由于他不只是甚至根本就不是纵情享受和为所欲为,而毋宁说是考验、压力甚至痛苦。因为与自由相伴随的是,一切价值、所有责任都须由行政人员自身之"我"创造性地、自主地承当。面临诸多复杂而又经常相互冲突的价值要求,"我"需要借助理智深思熟虑、反复权衡、琢磨再三,因为"我"是"我"的主人,"我"是决策者,"我"得为自己的言行承担全部的责任。这是自由的代价,是自由的"我"不可能推卸的责任。否则,"我"就不配为"自由"的行政人员。

美国学者库珀在《行政伦理学:实现行政责任的途径》一书中对行政人员的责任进行了详尽的分析和论证,很有权威性。他把行政人员的责任分为客观责任和主观责任。[①] 所谓"客观责任",是指由外在于责任主

---

① [美]特里·L.库珀:《行政伦理学:实现行政责任的途径》,张秀琴译,中国人民大学出版社2001年版,第74页。

体的社会、组织或他人，通过法律的、道德舆论的形式，所施加的、要求责任主体必须承担的义务和责任。这些责任常常以所谓的"角色期望"的形式给人一种直观的感受。一个行政人员应当履行的客观责任，就是国家、社会组织和民众对于"公共行政管理者"这一公职角色的扮演者所赋予的期望总体。具体来说包括三个方面：首先，行政人员最为直接地对其组织的上级负责，贯彻上级的指示或相互之间业已达成的一致目标任务，也要对他们的下属负责。这是直接的职责关系，它包括一个常规的报告过程。其次，行政人员必须对民选官员负责，把他们的意志当作公共政策的具体表现来贯彻。这是一种更为基本的义务，对法律负责的义务，它将不停地提醒公共组织和行政人员要为代表公众的利益而存在。最后，行政人员要对公民负责，洞察、理解和权衡他们的喜好、要求和其他利益。这是一种服务于公共利益的义务，它存在于行政人员的精神状态中，它使行政人员必须意识到自己首先是公民中成员，自己的命运沉浮将取决于公共利益以及在公共行政活动中得以实现的公平。

所谓主观责任，用库珀的话说，"是我们自己对责任的情感与信念……它植根于我们自己对忠诚的信念、良知和身份的认同"[①]。也就是说，我们相信法律与规则的正义性，不是因为法律或监督者的强迫，而是受内心深处的价值观、信念和态度的驱使，我们才按某种方式行动。很显然，主观责任是具备一定内在品质的人对于外在客观责任的某种方式的判断、选择和认同的结果；经由它，客观的责任与义务方能转化为现实行动。可以说，主观责任是客观责任的现实中介。当然，两者并非完全一致——库珀似乎过于强调了它们之间的一致性。这种不一致表现在两个方面，一是没有得到主观认同的情况下，客观责任也可以或全部或部分或彻底或形式化地得以履行。也许借助武力威胁、肉体惩罚或物质奖赏，很多人也会承担起责任，尽管不一定心甘情愿。二是主观责任不只是为了客观责任而存在的，也不是客观责任的应声虫。行政人员的主观责任感不仅有助于承担社会责任，其本身也是行政人员内在利益的一种主要成分——主观责任的卓越履行能给行政人员一种成就感、愉悦感、幸福感。

在绝大多数情况下，源自各种法令的行政人员的正式客观责任是有限

---

① [美] 特里·L.库珀：《行政伦理学：实现行政责任的途径》，张秀琴译，中国人民大学出版社 2001 年版，第 74 页。

的、直观的、可操作的。但是，源自行政人员的主观情感、态度和价值观的主观责任则有点不可捉摸，还往往会"节外生枝"——行政人员有时会将一些"额外"的责任揽在自己身上；甚至可能"抗命不遵"——拒绝服从某领导或单位的意志，甚或某些法律规定。如果这些"例外"的行动的动机是为了确保更高（最高）义务与责任的实现，又经过实践理性的审断的话，那么，我们认为，这是一个行政人员德性的应有之义。

与客观责任几乎完全源自行政人员的行政管理者身份角色这一情况不同，行政人员的主观责任可能源自行政人员在社会中的多种角色规范之整合。所以，行政人员的主观责任感远远超出其纯粹的职业生活，尽管后者可能是最重要的。因为，行政人员和其他人一样，也是"社会关系的现实之和"。

因此，主观责任就不仅仅是人类活动的一个不可避免的方面，它从我们的社会化过程和其他角色中产生出来；而且，它的思想和体系的发展对于以连续的、理性的和独立的方式履行客观责任都是必不可少的。连续性和内部控制力量能够使行政人员以一种相对可预测的方式形成自由裁量权，公众也因此对行政人员产生信任。伦理道德就是这样一种手段，通过这些主观的内部方面与外部得以联系起来了。

总之，行政人员作为较特殊的一类公民，一方面他们手中握掌着公共性的职权，理应体现公共权力为公众服务的无私性；另一方面他们作为个人不可避免有着自身的利益追求，这样在他们相对自主地行使职权时，公共理性与个人理性的冲突就不可避免地更为经常地凸显在他们身上，从而他们的德性和主观责任也就成为影响公共利益的实现效率和制度正义价值实现的最重要因素。

第三节 公民责任与政治参与的道德影响

20世纪下半期以来，从公民在政治过程中的活动来看，民主的实现形式从传统的注重公民的政治权利平等的选举式民主向注重公民对政治过程的积极参与的参与式民主转变。由此，公民与国家的关系，也经历了一个公民权利和自由不断扩大的发展过程。但是，现实政治生活中公民合乎理性的无知的现象，以及公民利己主义所表现的事不关己的政治冷漠的特点，暴露出现代社会公民责任意识的相对缺失。在西方作为政治哲学主流的自由主义重点关注的是公民权利的研究，权利要求吵吵嚷嚷提得太多，而相比之下，对实现这些权利所需要的义务和责任却保持沉默。而公民共和主义的公民品德理论和参与式民主理论却让我们清晰地看到，现代民主政治的良性运行和进一步完善需要大量负责任的公民的积极参与。公民责任以非私人领域为主要领域，以政治参与为重要体现，以政治能力和道德责任意识为基本要求。

一 国家与社会中的个人及自由

我们前面在讨论民主政治的合法性和政府的公共性的时候，实际上都假定了现代政治社会的基础或基本单位是公民个体。现代社会的公民既是享受着一定政治权利的国家政治生活的主体，又是通过其行为参与政治生活以实现其自身权利的主体。但当我们基于个体的视角来思考公民个人的生活，思考公民个人的自由、权利与责任、义务的时候，实际上又不得不涉及它与社会和国家的关系。至于个人与社会、国家的关系应该如何，各种理论及流派的观点各异，差别很大。西方历史上从来就有个人主义与整体主义两条清晰的不同思路。

个人主义的出发点是感性的个人，认为只有一个个具体的个体才是真实的存在，它把个人——共同体的关系看成一个和多个的关系，所以，个人主义的这种理论态度被形象地称为原子主义。其基本态度是：个体是单个、独立、基本上互不关联的，个人是共同体的起因和归属，是共同体的利益所在；共同体所具有的特征，都是其中的个人相互作用、相互影响而采取行动的结果；共同体是由个人组成的；个人是共同体的目的，共同体的存在是为了促进个人的利益和幸福。

而整体主义则把共同体看作一个有机体，所以又称为有机体主义。其基本态度是：个人与共同体的关系就是部分与整体的关系，就像一个人是由眼、耳、鼻、舌、四肢等器官组成，个人与共同体的关系就像一个人的器官与这个人的关系一样。有机体是第一位的，每个器官的目的和功能就是促进有机体的健康存活和发展。各部分之间不是分离的关系，而是彼此协作的关系，因为它们都有一个共同的目的——促进整体的利益。整体必然地依赖于部分，但反过来部分对整体的价值并不是相同的。整体可以大于部分之和，社会这样的整体可以完成个人无法完成的事业。

实际上个人主义与整体主义的这种对立源于对人性的不同假设。人究竟本质上是自足的，私人的，因此互相竞争的，还是本质上就具有社会性，是"政治动物"，这是两种极具代表性的观点。前者是个人主义的立场，后者是整体主义的观点。这种人性观的对立直接影响到他们对社会、国家的起源的看法。个人主义认为国家、社会是非自然的产物，是人们为了促进各方的利益（或自由、或安全）而设计出的一种制度，这尤其表现在社会契约论上。虽然具体来说像古希腊伊壁鸠鲁的社会契约论思想，近代如霍布斯、洛克、卢梭、康德的社会契约论思想，当代如罗尔斯契约论思想有很大的不同，但其基本的假定与思想是一脉相承的：假设有一个自然状态，个人生活其中享有绝对自由，国家是后来才出现。因此，个人是第一位，社会、国家等共同体是第二位的；先有个人，然后个人创造出了共同体。在理解一个人的时候，个人主义是把纯粹的个体作为对象来理解的。

整体主义认为国家、社会是自然出现的。它注重的不是个体人而是角色。它不去管个人的欲望、感受、体验、爱憎，而只看他在社会中占据着怎样的位置。由于共同体的利益是至上的，所以，最好的办法是各人扮演好各自的角色，而且互相之间达到最大的协调。角色自身带有对共同体的义务和责任，正如在人的身体机能中手应当尽手的职责，眼应当尽眼的职责一样。

从历史上看，整体主义思想在西方的古代社会和中世纪都十分盛行，是当时占统治地位的观念，而近代以来，个人主义逐渐繁荣，发展到今天已成为西方的主流观念，已成为近代以来西方文化的一块基石。自由主义的个人主义首先是一种关于个人权利和国家的政治哲学，它主张个人的权利天经地义，只要不涉及对社会其他人的伤害，便无须向社会交代。只有当对他人造成伤害时，个人才必须受到惩罚。特别是美国人，他们在理解"自由"这一术语时，习惯于把独立的个体置于国家及其政府的对立面。它的基本原则在于，国家应当把捍卫个人的公民权利放在首位。不过，20世纪80年代开始，当代西方社群主义为代表的整体主义声音在增强。他们有两个基本的观点，一是主张用"社群"代替自由主义的"个人"单元，二是强调"公益"高于个人的"权利"。这两点中第一点是最根本的，它是第二点的前提和基础。他们正是通过对"社群"的强调，重新解释了个人与社会的关系，否定了自由主义的自足的原子式的个人观念，认为自由主义预设了有缺陷的"自我"观念，没有认识到自我是被那些并不属于选择对象的社群的责任所"嵌入"的,特别是认为个人主义对个人权利的强调,低估、忽视并最终破坏了社群的价值,而参与社群生活是人的良好生活根本的、不可替代的组成部分。社群主义的代表人物之一M.桑德尔对个人与社群的关系有一段著名的论述。他说,对于社会成员来说,"社群不仅描述了他们作为伙伴公民拥有什么,而且说明了他们是什么;它不是他们选择的(就像在一个自愿社团中那样)一种关系,而是他们发现的一种依恋;它不仅是他们身份的属性,而且还是他们身份的构成要素"[1]。按照这种观点,个人就不再是抽象的自我,他只有在社群中才能成为自己、认识自己,个人也没有天赋的或绝对的权利,权利只是社群使他拥有的,而且也只有在他为社群的公益做出贡献的条件下才能享有这些权利。在一个相互尊重,充满好感、友谊与爱的社群,他人不再是对我个人自由的一种限制,而是我自身有限自由的社交补充,其结果是一种对他人生活的互惠参与。超越自身生活界限的人是自由的,相互参与的结果是共享的、美好的生活。我们将此称为自由社群。这是自由的社会化的一面,但常常遭到忽视。一个自由的社会因此并非一个私人的、自由个体的集合。它是一个团结的社群,在这里,人人为他人,尤其是弱者、病人、幼小及衰老之人而介入。如果一个主体相对于物客体而言,其自由带有统治的形式。如果其作为人的主体相对于他人而言,则自由便被赋予了社群的形式。社群主义批评者的一致结论就是,自由主义学说可能有现实力量,但是它对我们的社会是有害的,自由主义的原子主义是不顾社群和社会义务的无情无义的个人主义。

在当代西方,社群主义既有乡愁般的哀叹,也有建构团结新纽带的憧憬,所以在绝大多数社群主义的学者那里,可以同时发现保守后退和改革进步的两种因素。虽然它暂时还不是一种主流的声音,但无论怎样,由社群主义者提出来的个人与社会的关系,特别是关于个人自由的社会条件的问题的确是现代社会真正重要的问题。

社群主义者批评自由主义高扬个人自主,从而忽视甚至损害了社群,应该说是有道理的。其实早在黑格尔那里,他就开始了对现代性的反思与批判。他(黑格尔)"几乎在自由主义成为公认且完整的政治、社会和经

---

[1] [美] M.桑德尔:《自由主义与正义的限度》,万俊人等译,译林出版社2001年版,第150页。

济学说之前，其思考就已经开始超越自由主义"①。在对自由主义个人主义批判的基础上，黑格尔构建了自己的个人自由观。他认为自由不是"自然"的，它只能是制度发展的结果。政府对于个人自由的创立是必不可少的，当然也包括市场社会的兴起，这两者使自由表达成为可能。他试图建立肯定的个人自由观，同时强调个人自我和他我的自由，强调个人与社会和国家的共存。在黑格尔那里，国家对于个人具有绝对的优先性："由于国家是客观精神，所以个人本身只有成为国家成员才具有客观性、真理性和伦理性。"②黑格尔认为，个人在国家中的"义务和权利是结合在同一的关系中的"③，在他看来，特殊利益"应同普遍物符合一致，使它本身和普遍物都被保存着。个人从他的义务说是受人制服的，但在履行义务中，他作为公民，其人身和财产得到了保护，他的特殊权利得到了照顾，他的实体性的本质得到了满足，他并且找到了成为这一整体的成员的意识和自尊感；就在这样完成义务以作为对国家的效劳和职务时，他保持了他的生命和生活"④。这样，个人自由也就在为国家尽义务的过程中得到了实现，从而实现了权利与义务的辩证统一。黑格尔神化国家也许是事实，但他的确看到了家庭、同业公会以及民族国家这样的社群的现实价值。在黑格尔的哲学中，从家庭到市民社会再到国家这一"肯定、否定、否定之否定"后的社会图景是，个人不再是孤立的单子，他外围还有家庭、同业公会，国家则为其自由实现的最终庇护所。我们可以看到，通过人的存在的互主体性结构，黑格尔确认人是社会性的人，个人只能在他们的相互关系中生存和发展，个人的自由离不开相互间必然结成的关系。也许我们可以毫无疑问地将黑格尔划入整体主义阵营，但基于对现代性批判与反思的黑格尔的个人自由观仍值得我们重视，他实际上已经吸收了自由主义的一些积极成果。从他留给我们的视角可以看出，自由主义者倾向于让个人自主决定，扩大个人负责的范围，力求把私域最大化，但他们似乎对人性的另一种冲动——那就是融入人群的愿望并没有给予足够的重视。个人尽管希望有自己的活动领域，但他还希望自己是人群的一员，社会的

---

① [美]约翰·麦克里兰：《西方政治思想史》，彭淮栋译，海南出版社2003年版，第158页。

② [德]黑格尔：《法哲学原理》，范扬译，商务印书馆1961年版，第254页。

③ 同上书，第261页。

④ 同上书，第263页。

一员，他不可能永远远离社会。而且将社会与国家严格区分开来，事实上黑格尔是第一人。后来马克思的唯物史观虽然批判了黑格尔哲学从绝对精神出发，把国家视为精神之体现，而将个人视为绝对精神自我实现之工具的唯心主义观点，得出市民社会决定政治国家而不是相反的重要结论，但也吸收了他的国家权力来源于社会的思想，"国家制度之不过是政治国家和非政治国家之间的协调，所以它本身必然是两种本质上各不相同的势力之间的一种契约"①，并且以现实的个人作为社会运动的主体，作为历史过程的出发点，从"现实的个人"的活动出发去说明社会，说明"社会结构和国家经常是从一定个人的生活过程中产生的"②，不抽象地谈人与社会的关系，而是以物质生产形态和物质生产关系为基础及其历史发展来解释个人与社会的关系，从而完成了对个人主义和整体主义的扬弃与综合。只是后来形成的传统社会主义政治哲学理论，却把国家权力的来源跳过"社会"直接替换成了"人民"，其影响是深远的。民主的功能，需要以人民作为政治正当性的来源，以人民的同意，作为要求人民服从统治者的口实。单一空洞、政治意味深重的集体人格——"人民"，替代了多元权力和利益的栖息地——社会，一方面谁掌握了国家权力，谁就可以声称代表人民，国家权力的恶和人性的"恶"都被其"善"的一面所掩盖。政府只要能取得人民的祝福，自然也就没有制衡限权的需要；另一方面国家制度和法律的目的由保护人的自由和权利被替换成保证人民群众"主人"的身份和地位后，实质上却形成了国家权力对个人和社会生活的全面控制。我们今天的确仍有必要回到马克思那里重新梳理国家、社会和个人的关系。我们在马克思的社会概念中看到，社会就是一个需要和满足需要的世界，个体与社会的关系是不可分离的。他始终把社会生活和现实个人的发展作为同等价值要素来看待，个体价值的实现需要对社会生活的全面改造，而改造现实社会生活则需要个体的自由创造性活动，两者相互依存，缺一不可。应该说，马克思关于个人与社会、国家的思想是我们谈论公民的责任问题不可缺少的理论基础。

二 公民责任及其合理性基础

公民责任是一个合成词，由"公民"和"责任"两个词复合而成。

---

① 《马克思恩格斯全集》第1卷，人民出版社1965年版，第479页。
② 《马克思恩格斯全集》第1卷，人民出版社1972年版，第29页。

在现代法学意义上，公民指自然人，是个人而非群体的一种身份，公民是反映个人与国家之间关系的概念，公民的权利和责任都是与国家息息相关的，公民资格是以一个人的国籍为转移的。对"责任"可以从两个方面来理解：第一，分内应做之事，实际上是角色义务；第二，未做好分内应做之事所应承担的不利后果或强制性义务。从第一层含义看，"份"即角色，它说明责任与责任主体的社会角色是相联系的，是社会要求其成员做出与自己的社会角色相适应的行为，表明了社会对责任主体的行为预期，属于积极意义上的责任；从第二层含义看，它说明社会对行为不符合社会规范的成员所给予的谴责和制裁，反映了社会对其成员不履行或没有履行好积极意义上的责任所进行的处罚，是社会成员因没有做好分内之事而引起的，属于消极意义上的责任。因此，责任是一种负担，它是个人"必须顾及自己行为的可能后果"[①]。但它必须是一种应该的负担，只有应当性肯定的负担才能构成责任。因此，责任的内涵具有复杂性和多层次性。它包括三个有机组成部分：第一，责任主体的分内之事；第二，对责任主体行为的评价；第三，责任主体没有做好分内之事时应受的谴责和制裁。

根据对"责任"内涵的分析可知，责任是社会成员对社会所承担的与自己的社会角色相适应的应为的行为和社会成员对自己的实际所为的行为所承担一定后果的义务。公民作为现代民主社会的基本单位，他们并不只是一个接受政治统治的受动者，他们还是其所期望的政治生活的主动创造者，民主的政治生活从来就得依赖于公民的行动去推动和构建。所以，当我们在强调政府的公共责任的时候，也必须同时强调公民的责任或义务。一个好政府必须依赖于一群它所代表的好公民。应该说，自由主义在这方面是有欠缺的。他们虽然并不全然否定公民的责任或义务，但很明显他们并不积极地主张公共善，过于强调权利而忽视了民主社会公民应该具备的美德，认为即使公民缺乏应有的美德，依靠有效的制度设计，政治生活照样可以有效运转。其结果是当代西方政治生活中出现公民普遍的政治冷漠。很明显，每个公民都应该公平地承担创造和维系正义制度的责任，这是民主政治或者说正义制度得以出现和存在的前提。这样，从"责任"的基本含义出发我们可以把现代民主政治视域中的公民责任理解为：指公

---

① [德] 马克斯·韦伯：《学术与政治》，冯克利译，生活·读书·新知三联书店1998年版，第107页。

民履行与其公民身份相适应的、符合社会公共善的义务以及对行为后果的责任承担。它包含两层意思：当公民直接面对政府公共权力运作时，它是公民对于这一权力公共性质的认可及监督；当公民侧身面对公共领域时，它是对公共利益的自觉维护与积极追求。

公民为什么可以而且应当负担责任，这是公民责任的合理性、正当性问题。从前文对"公民"和"责任"的分析可知，"公民"意味着公民拥有参与国家管理和积极参加公共事务的权利，"责任"实际上是对某种行为后果的承担，因此，公民责任实质上表现为公民基于权利作为或不作为的自由以及由此而承担的有利或不利的后果。这种对不利或有利后果的承担实际上暗含着一种国家或社会对公民的强制，而这种强制必定是一种基于约定的强制；同时也暗含着一种公民的自我强制，而公民之所以愿意承担这种有利或不利的后果，其前提条件必定是公民有选择的自由（意志自由），他才能对他的作为或不作为（行动的自由）负责。其次，国家或社会对公民强制的正当性，即国家或社会本身的正义性问题也构成了公民责任的一个合理性基础。因此，可以说公民责任的合理性基础在于：第一，公民的自由；第二，制度的正义。

首先，我们来看作为公民责任合理性基础的自由。自由总是与权利相联系，这种权利就是一种作为或不作为的选择自由，"这种自由就是用他自己的判断和理性认为最适合的手段去做任何事情的自由"[①]。从消极自由的意义看，自由指没有外在或内在约束力限制一个人做想要做的事；而当我们说这是一个人的权利时，是指当他做某事而别人对他进行干涉的话，就是一种道德上的错误。或者说，当我们做这件事时，他人对我们进行干预并不是一种错误时，也就表明我们没有权利这样做。在这个意义上，我们可以看到权利与自由的内在关联。有权利做某事意味着这样行事的自由。因为权利或资格表明外在干涉的错误，而自由则是没有外在或内在约束力的限制。不过，如此的关联也使我们清楚地看到，在这个意义上的自由与权利二者的关系中，权利处于优先性。即只有确定了有什么权利，我们才能明白有什么自由。先有国家对公民权利的保障，才有公民行动的外在自由。也就是说，获得法律保护的公民自由是公民身份确立的前提，亦是公民自由履行责任的前提，公民无自由也就无责任。而从内在方

[①] [英]霍布斯：《利维坦》，黎思复等译，商务印书馆1996年版，第97页。

面来说，如果公民理性选择的能力不够健全，其选择也就不是真正的自由选择，他也就不能为其行为负责或是应当减轻或免除责任。从这一点上看，政府的责任仍然应先于公民的责任。即当个人无力进行选择时，国家应当帮助个人，帮助他们摆脱笼罩着他们生活的阴影——失业、无家可归、贫困、无知、疾病等，这样，就提高了个人自由选择的能力，使他们能够自立。当然一旦社会不公和困难条件被一定程度地消除，仍必须由个人来对自己的生活负起责任。

所以在一个正常的理性人那里，自由与责任是统一的，自由内在地蕴含着责任因素，选择自由本身就意味着责任。"自由不仅意味着个人拥有选择的机会并承受选择的重负，而且还意味着他必须承担其行动的后果，接受对其行动的赞扬或谴责。自由与责任实不可分。"[①] 一个正常的理性的能产生正常动机的具有责任能力的人，之所以必须承受这种"选择负担"，是因为"对于一个人的福祉，本人是关切最深的人；除在一些私人联系很强的事情外，任何他人对于他的福祉所怀有的关切，和他自己所怀有的关切比较起来，都是微薄而浮浅的"[②]。"人们所有出于意志的行为都是为了自己的利益，而最有助于达成其目的的行为则是最具合理性的行为。"[③] 因此，"当人们被按照他们自己视为合适的方式行事的时候，他们也就必须被认为对其努力的结果负有责任"[④]。自由与责任的统一，实际上就是公民行为权利向度与义务向度的结合。

其次，我们来看作为公民责任合理性基础的正义原则。公民应当履行与自己的公民身份相适应的、符合社会规范预期的职责，否则必须承担相应的谴责和制裁。这种谴责和制裁实际上是由国家或社会对公民的一种强制。为什么国家或社会在公民没有履行好职责时可以对公民施以强制？这涉及强制的正当性问题。或者换句话说，公民为什么对国家或社会的强制应该服从或什么情况下可以不服从？这已涉及国家或社会本身的正义性问题。霍布斯认为，在社会合作框架中一个人应当不使自己出于自愿的行为归于无效，这是自己应承担的责任。但他同时又指出，一个人如果因为持身谦恭温良，在其他人都不履行诺言的时候与地方履行自己的一切诺言，

---

① [英] 哈耶克：《自由秩序原理》，邓正来译，三联书店1997年版，第89页。
② [英] 约翰·密尔：《论自由》，许宝骙译，商务印书馆1996年版，第82页。
③ [英] 霍布斯：《利维坦》，黎思复等译，商务印书馆1996年版，第110页。
④ [英] 哈耶克：《自由秩序原理》，邓正来译，三联书店1997年版，第89页。

那么这人便只是让自己作了旁人的牺牲品，必然会使自己受到摧毁，这与一切使人保全本性的自然法的基础相违背。在这种情况下，必须有一个共同的并具有强制履行契约的充分权利与力量来保证契约的履行。[①] 在这里霍布斯虽然解释和说明了强制产生和存在的正当性，但却没有解释和说明公民为什么对国家或社会的强制应该服从或不服从这一问题？待到当代的罗尔斯才对这一问题有过充分的论述。他认为，应用于社会基本结构的两个正义原则确定了我们与制度的联系和人们变得相互负有责任的方式。在罗尔斯那里，正义的主要问题是社会的基本结构，亦即社会主要制度分配基本权利和义务，决定由社会合作产生的利益之划分的方式。这里所说的主要制度就是政治结构和主要的经济制度安排。而两个正义原则是指在原初状态中各方所选择和确立的指导社会基本结构设计的根本道德原则。

　　罗尔斯认为："所有的职责都是从公平原则中产生的。……如果一个制度是正义的或公平的，亦即满足了两个正义原则，那么每当一个人自愿地接受了该制度所给予的好处或利用了它所提供的机会来促进自己的利益时，他就要承担职责来做这个制度的规范所规定的一份工作。……当一批个人按照某些规则加入互惠的合作冒险，并自愿地限制他们的自由时，服从这些限制的人有权要求那些从他们的服从中获利的人们有一类似的服从。如果我们没有尽自己的一份公平的职责的话，我们就不应该从其他人的合作中获利。"[②] 也就是说在公平原则条件下一个人履行一个制度的规范所确定的职责，是有条件的。这个条件是：首先，这一制度是正义的（或公平的），即它满足了正义的两个原则；其次，一个人自愿地接受这一安排的利益或利用它提供的机会促进他的利益。条件的第一点表明，职责的约束预先假定着制度的正义，制度不正义则无职责可言，强迫做出的诺言从一开始就是无效的。而不正义的社会制度安排本身就是一种强迫，甚至是一种强暴，我们对它们的同意并不具有约束力，也就是说一个人不可能对独裁或专制政府有什么职责可言。条件的第二点表明，职责是作为必要的自愿行为的结果，是通过自愿做各种事情来承担职责的，这种自愿实际上就是对职责的一种自觉。因此，只有在制度本身是正义的且又被自愿接受的条件下，履行一个制度所规范的职责才是可能的。也只有在制度

---

① ［英］霍布斯：《利维坦》，黎思复等译，商务印书馆1996年版，第103页。
② ［美］罗尔斯：《正义论》，何怀宏等译，中国社会科学出版社1988年版，第332页。

本身是正义的或公平的，亦即满足了正义的两个原则的条件下，公民在没有履行职责时接受国家或社会的强制才是正当的。这实际上指出了公民履行责任的限度。

三 公民政治参与的道德影响

公民责任的最重要体现就是政治参与。政治参与是公民的一种主要的政治活动，是公民行使公共权力的一种主要方式。同时它是民主政治的基本特征之一，也是现代社会民主制度赖以存在的基础，甚至民主一词本身就是在公民参与政治事务意义上提出来的。而且政治学中的政治参与，一般是指普通公民个人、群体、公民团体通过一定的方式去直接或间接地影响政府决策或与政府活动有关的公共政治生活的行为。但由于人类民主政治的实践是一个不断发展的过程，民主的范式也在不断变化，所以不同的历史阶段、不同的学者对政治参与的理解也就不一样。

19世纪末、20世纪初自由主义的代议制民主占据了政治生活的主导地位。以熊彼特、施茨奈德、萨托利等为代表的自由主义民主论者认为，古典的直接民主只是一种理想，在当代规模巨大的国家政治生活中无法建立人人直接参与的民主体制。例如，萨托利论证了普遍参与的不可能性。萨托利指出，人们所能够理解并真正感兴趣的，是那些他们有着个人亲身经历，或者关于人们自身的事务，要引起普通大众对于政治活动的兴趣是不太可能的。我们注意到，在代议制民主理论中，民主指的是在国家层次上的一种政治方法或一套制度安排，民主的关键内容是选举。对大多数人而言，"参与"实际上是指公民参加选举活动，即参加对决策者的选择。在代议制民主论者看来，只需要少数公民对政治生活有着高度的兴趣和参与，大多数公民的政治冷漠或不感兴趣对于维持整个政治体系的稳定反而是有利的。

但20世纪60年代的美国率先提出了一种新的民主范式——参与式民主理论。参与式民主理论的产生主要源于对代议制民主的不满。它认为代议制民主为了民主的便利而迎合现实，将民众对政治决策的影响削弱到只剩下选举权，从而将政治生活精英主义化了，所以它借助共和主义传统复兴了参与在民主理论中的核心地位。古典民主理论尤其是共和主义民主曾经将参与看作是民主的核心内容。古典民主理论包含的民众政治集会、直接参与等是古代生产和生活方式的产物，虽然这些特定的民主形式对于将疆域扩大和人口膨胀的现代社会来说难以再现，但其蕴含的公民积极参与、注重对公共精神的培养等思想却是近代和当代民主理论的渊源。共和主义认为，公民的自由直接取决于对政治事务的参与，不管是公民的人身自由得到保障，还是公民发展的内在价值，均取决于公民参与集体决策的程度。古典共和主义民主理论的继承人、当代参与式民主理论的早期代表阿伦特认为，要实践政治的真正精神和内涵，就需要公民在公共领域内协商、讨论公共事务，通过在实践活动中提高公民的主体性，锻炼他们的判断能力，在与其他公民的交往中培养公民精神，以塑造真正的公民[1]。本杰明·巴伯则主张公民必须具有强烈的公民意识，积极地参与民主社群生活。只有通过参与的过程才能界定公民资格的特质，由实际的参与活动来赋予其意义[2]。按照赫尔德的说法，民主是将社会中不同的价值互相联系起来以及把解决价值冲突放到公开参与公共过程之中协调解决的一种方法。民主的核心就是自治原则，自治原则要求全体公民都有权参与公共事务[3]。缺乏参与，个人无法自由选择、决定并维护他们自己的行动，也就不可能真正享有政治自由和平等。

参与式民主理论可以说超越了传统自由主义民主的狭隘视野，重新肯定了参与在民主理论中的重要地位。它强调公民性格中存在的参与本性，强调参与是公民自我存在的一种肯定和实践，一定程度上实现了民主生活方式的回归，重新点燃了人们对政治生活的希望。应该看到，扩大公民有序的政治参与也是我国经济发展的客观要求。经济发展加速了社会分化，广大公民要求通过政治参与向政府表达自身的利益要求和愿望，争取、实现和维护自身利益，改变自己的生存状况和社会地位，已成为一种必然趋势。

对于现代民主政治来说，政治参与既是公民的一项权利，又是一项义务。但长期以来，代议制民主将精英与大众隔离开来，将政治生活局限于间接民主和少数人手中，从而造成了政治生活的巨大不平等，严重扼杀了公民个人在公共生活中的积极性和创造性，忽视了公民个人的民主参与能力以及相应条件的培养，限制和影响了公民权利的真正实现。其实，对于

---

[1] ［美］汉娜·阿伦特：《人的条件》，竺乾威等译，上海人民出版社1999年版，第29页。
[2] ［美］本杰明·巴伯：《强势民主》，彭斌等译，吉林人民出版社2006年版，第58页。
[3] 同上书，第377页。

公民来说，只有真正民主的政府才可能让他们享有最广泛的参与的权利和自由，但也只有公民全面的、积极的参与公共生活，民主政治才可能真正充满活力而接近于我们的理想。也就是说，我们在把政治参与作为一种权利的同时，更应该强调它作为公民责任或义务的必要性。很显然，政治参与作为公民的一种责任或义务，意味着对公民提出了较高的道德要求。按照威廉姆·甘斯通的看法，维系民主制的持续繁荣要求公民具备四个方面的品德：第一，一般品德：勇气、守法、诚信；第二，社会品德：独立、思想开通；第三，经济品德：工作伦理、要有能力约束自我满足、要有能力适应经济和技术的变迁；第四，政治品德：要有能力弄清和尊重他人的权利、要有提出适度要求的意愿、要有能力评价官员的表现、要有从事公共讨论的意愿，等等。而在政治品德中，质疑政治权威的能力和愿望、从事与公共政策所涉及事务相关的公共讨论的能力和愿望，也许是民主政治最具特色的素质要求[1]。罗尔斯则从制度正义的角度探讨了公民应该具有的政治美德。在他看来，公民的政治品德起码应该具备理性能力和两种道德能力，公民只有具备了这些能力，才能使他们在所要求的最低程度上成为充分参与合作的社会成员。他所说的理性能力指的就是判断力、思想能力以及与这些能力相联系的推论能力，或者说就是智慧。他所说的两种道德能力则是指正义感的能力和善观念的能力。正义感即是理解、运用和践行社会公平正义观念的能力，善观念的能力乃是形成、修正和合理追求一种人的合理利益或善观念的能力。[2] 问题是在现实的政治生活中，大多数公民却迷恋于私人生活而往往远离政治，缺乏参与政治的动力。而且，从自由的角度看，公民的政治参与应该是自愿的，某个公民满足于自己的私人生活而不进入公共生活不仅可以被理解，而且应当被容许。那么如何才能培养公民参与政治的兴趣和动力呢？在西方的思想史上有两条传统的思路：一条是古典的公民共和主义的，认为政治参与具有内在价值，人们应该高兴地接受民主生活的召唤，因为积极的公民生活事实上是我们最高价值的生活方式，极力主张公民走出私人领域，投入公共领域。但现代社会自由主义的观点已经蔓延开来，绝大多数人感到在自己的家庭生活、工

---

[1] 转引自［加］威尔·金里卡《当代政治哲学》（下），刘莘译，三联书店2004年版，第519页。

[2] ［美］罗尔斯：《正义论》，何怀宏等译，中国社会科学出版社1988年版，第554—562页。

作、宗教或娱乐中而不是在政治生活中能享有最大的幸福。一些人固然感到政治参与是实现个人价值的令人满意的方式，但对绝大多数人而言，政治参与最多只是偶尔为之的、旨在保障政府尊严和支持个人追求私人职业和维系纽带而不得不承担的负担。另一条思路是自由主义的工具性理由的阐释。对于自由主义者而言，要捍卫和促进这些品德只是因为它们具有维系正义制度的工具意义上的重要性，它可以起到维系民主制度运转和保护公民基本权利的作用。但代议制民主中，由于民众对于那些与远离自己生活的国家政策问题实在难以了解，也没有多大兴趣，再加上个人投票对于选举结果的影响确实有限，所以严重挫伤了选民的功效感和积极性。

对此，参与式民主论者基于民主生活的实践经验提出的新思路应该是值得期待的。它要求将民主的参与范围延伸至政府以外的社会公共领域，主张公民的参与自下而上，从基层、社区开始，最终达到国家层次上的参与。根据佩特曼的观点，公民参与活动最恰当的领域是与人们生活息息相关领域，如社区或工作场所，因为这是人们最为熟悉也最感兴趣的领域。只有当个人有机会直接参与和自己生活相关的决策时，他才能真正控制自己日常生活的过程。通过基层、社区、工作场所的参与，使得公民个人获得更多的机会实践民主，在民主实践中进一步培养政治能力，在适当的时候可以进一步参与国家范围的决策。巴克拉克也指出，如果民主在整个社会中充分扩散权力，就能够使每个行业的人们都感到自己有权参与社会公共生活中影响他们的决策过程，特别是那些他们工作和花费时间最多的地方。这些地方的民主化，将推动民主扩展到整个政治体系。[1] 可见，扩大基层或地方的参与实践，可以进一步完善民主的内涵。

从宏观角度看，参与式民主理论强调民主不仅是一种决策程序，一种解决问题的方式，而且也是一种生活方式。长期以来主导性的政治观如自由主义对民主的理解，总是将民主看作是国家或政府的事情，是民众通过自由选举选择决策者的活动。参与式民主的研究者大多认为，民主时代的人们生活在一个广泛参与的社会，之所以人们不愿承认或未能认识这一点，是因为我们将治理等同于政府制度，将民主看作是一种政府形式而非一种治理的形式。实际上，只要存在组织和集体的地方，就存在治理、决策和参与。参与式民主是一种激发人们公共意识的机制，通过直接参与公

---

[1] Peter Bachrach, *The Theory of Democratic Elitism*, Boston: Little, Brown, 1967, p. 92.

共事务和进行公共讨论、协商，可以复兴人类政治历史上消失已久的公共领域。在这一公共领域中，人们将自己的观点融入公共讨论中，通过说服他人或者向他人学习，不仅起到了教育的功能，而且进一步发扬人们互动中的沟通、协调、宽容、理性等公民德行。这样，民主超越了纯粹政治的层面而上升为一种生活方式，一种公共事务的处理方式，一种体现积极公民所具有的公共精神的生活方式。权力的分立与制约和积极的公民政治生活是现代民主的二重维度，它内在地要求公民政治参与的方式要更为理性化和政治参与的成员更为普及化，这样才能够体现出民主的普遍性和有效性。事实上，我们也看到，一方面，信息社会的到来以及互联网技术的发展，使公民的参与有了更多、更便利、更畅通的渠道，他们比过去将更容易获得有关政务治理与管理绩效的信息。公民掌握和控制信息资源的可能性，为公民的积极参与活动提供了技术化基础。另一方面，公民社会的发展与非营利组织的活跃也正成为公民参与的强有力的组织基础。

这种广泛政治参与的道德效果也是值得期待的。就政治参与对个人的影响来看，卢梭就曾认为，政治生活中的参与主要具有四种功能：通过参与过程的作用推动个人的负责任的社会行动和政治行动；参与赋予了他一定程度上对自己生活的方向和他周围的环境结构进行控制；参与使集体决策更容易地为个人所接受；参与提升了单个公民的"属于"他们自己社会的归属感[1]。而在密尔看来，政府最首要的、最重要的功能是广义上的教育功能，政府的目的就是培养具有公共精神的公民。但是，只有在一个大众参与的制度背景下，积极的、具有公共精神的公民性格才能得到培养。密尔认为，如果人们还没有在地方层次上准备好参与，全国性政府的普选和参与是没有意义的，"只有通过小范围地实践大众政府的活动，才能在更大规模上学会如何运作大众政府"[2]。当代参与式民主理论的重要代表卡罗尔·佩特曼继承和发扬了密尔的观点，认为参与民主理论中参与的主要功能是教育功能。通过参与过程的教育功能，参与制度才可以维持下去。参与活动发展和培育了这一制度所需要的公民品质，个人的参与越深入，他们就越具有参与能力。因此，要使一个民主政体健康运转的话，

---

[1] ［美］卡罗尔·佩特曼：《参与和民主理论》，陈尧译，上海人民出版社2006年版，第24—26页。

[2] J. S. Mill, *Essays on Politics and Culture*, G. Himmelfarb. ed. New York, 1963, p.186.

就必须相应地存在一个参与性社会，即社会中所有领域的政治体系通过参与过程得到民主化和社会化[①]。也就是说，在国家和个人之间，必须肯定社会组织的位置，并且能赋予它们某种自主的道德地位。只有在大众普遍参与的氛围中，经社会环节，才有可能实践民主所欲达到的基本价值如负责、妥协、个体的自由发展和人类的平等。而且对公民个人来说，参与公共政治生活不仅使公民享受到某种乐趣和满足，同时滋养了平等意识和参与观念，激发了主人翁精神，并逐渐塑造出富有公共责任意识和参与精神的积极公民。

---

① ［美］卡罗尔·佩特曼：《参与和民主理论》，陈尧译，上海人民出版社2006年版，第39页。

第五章

公民社会：公共道德的社会基础

公民社会是市场经济发展的产物，公民社会的形成又有助于市场经济的健康发展。公民社会与市场、政府之间既相互关联又存在着制衡，这种机制是现代市场经济、民主政治得以顺利运转的重要保障之一。市场经济的发展促使国家与社会两重分化，拓展了社会的自主活动空间，这是一个能够独立于政治国家之外的社会空间，它作为社会精神价值所依托的活动场所，一方面抵制着市场机制对自利性动机的诱发力量和对机会主义倾向的助长作用，另一方面，制衡和限制着国家权力的肆虐，从而保障公民的自由民主权利。在公民社会中公民相互交往、言谈、论辩，在学校、教会、独立媒体、自治工会、职业社团以及各种志愿者团体等组织中，公民接受职业伦理的规范，发展公共理性能力，培养责任心和参与意识，从而逐步形成现代公民的权利责任意识和民主的生活方式。随着中国现代化进程中的市场化、全球化、网络化的现实境遇与生活方式的转型，中国的现代化进程与公民社会建构实现了历史耦合，公共道德价值成了中国现代化进程中公民社会建构的基本精神价值诉求。公共生活是现代人生存所必需的条件，因此，调适公共生活的公共道德就是现代社会不可或缺的基石。公共价值观念和公共精神除了从观念和精神形态维度深刻揭示了公民社会的本质特征外，我们其实还可以从公民社会这种新的社会生活状态中，去寻找其相应的价值观念和精神文化体系的生成与发展的土壤与环境。对公民来说，公共道德是参与公共生活的获得性品质，它源于公民之间互相尊重、宽容和合作的良性互动之中。理想公民是自然人、经济人、政治人和道德人的统一，他们既能自觉捍卫政治参与的权利，也能主动承担政治参与的公共责任，坚持目的与手段、权利与义务的统一，从而追求自由而全面发展的价值目标。

第一节　公民社会与公民身份

公民社会是一个与时代特征相联系的、不断发展变化的概念。从近代开始，西欧社会的经济活动逐渐从政治控制中分离出来，建立在分工与交换基础上的市场机制整合出一个以自由流动资源和自由活动空间为标志的相对独立于国家的社会自主领域，这就是近代意义上的市民社会。在当代，理论的视角由经济领域扩展到各种非经济领域，特别是社会文化领域，市民社会概念的内涵也发生了变化，我们不妨称为公民社会。

不同思想家对公民社会的理解各有侧重，因此歧义纷呈，但其中对公民身份本质的认识却有相当明显的共识，这就是保证人人都能作为完整的和平等的社会成员而受到对待。从伦理学的学科视角解读公民社会，它的本质在于公民社会中的主体要素——公民获得了人伦关系上的独立性、自主性地位以及在权利与义务关系上的对等性质。只有在独立人格的前提下，社会成员才能真正成为"公民"，而公民在自愿原则基础上形成的自治组织和公共领域，才能相对独立于政治国家。因此，从国家与公民社会的相互关系来界说公民社会本质的政治学的读解方式，与从人格独立基础上形成的公民社会的伦理学解读方式，在逻辑上是相互贯通的。

一　公民社会的概念与理论

公民社会概念产生并演进于西方社会，它在不同的时代，以不同的理性结构出现在社会的思想理论中。综观西方学术界"公民社会"（civil society）概念的演变过程，我们可以发现这一概念的含义经历过两次重大的转变：第一次发生在近代，第二次发生在当代。其实这种变化也隐含在 civil society 的不同中文译名之中。

civil society 一词在国内有多种不同的译名，即"文明社会"、"市民社会"和"公民社会"等。仔细分析其内容，就会发现，这些译名分别指称和强调了作为不同历史阶段一种特定社会现实的 civil society 的不同侧面。

civil society 最早源于古希腊亚里士多德著作中的 koinônia politiké，指一种政治共同体——城邦（polis），公元 1 世纪西塞罗把它译成拉丁文 societas civilis，不仅指单个国家，而且也指"已发达到出现城市的文明政治共同体的生活状况"①。14世纪以后，societas civilis 才被译为英文 civil society，指称政治社会，包括从封建体制外生长出来的商业城市文明，其内容并没有超出亚里士多德以及西塞罗赋予此词的含义。可以看出，"文明社会"是 civil society 的古典含义，指有政府和法律而不同于自然状态的社会状态。但它既指社会，也指国家，是国家与社会相混一的状态。

近代以来，自由主义思想家们将商品经济关系的领域看作是一个独立于政治国家的私人自律领域，这意味着市民社会观念的产生，civil society 的含义经历了第一次重大的转变。在洛克、斯密等人的基础上，黑格尔首次从理论上将政治国家与市民社会进行了明确的区分，在其《法哲学原理》一书中，他明确地界分了国家与市民社会，并详细地论述了市民社会的构成、性质和作用等。他说："市民社会是处在家庭和国家之间的差别的阶段，虽然它的形成比国家晚。"② 根据黑格尔的思想，在市民社会中，人与人的关系是比家庭关系更高的伦理阶段，但是，它还没有达到国家中人与人关系所能达到的伦理完善状态。黑格尔所理解的市民社会，实际上是一种与家庭关系和公民关系相区别的人与人的关系体系。这一关系体系不再像家庭那样具有内在统一性，也不是像国家中那样靠法律来调整，而是每一个人都作为一个独立的人格而存在，按照自己独立的意志去行事。他说："在市民社会中，每个人都以自身为目的，其他一切在他看来都是虚无。但是，如果他不同他人发生关系，他就不能达到他的全部目的，因此，其他人便成为特殊的人达到目的的手段。但是，特殊目的通过同他人的关系就取得了普遍的形式，并且在满足他人福利的同时，满足了自己。"③ 黑格尔清楚地看到，在市民社会里，个人之所以要和别人进行符合伦理要求的交往，并不是因为他爱别人，也不是法律规定他必须这样做，而是因为他需要别人。这是因为市场交往关系是一种建立在交换基础上的相互需要关系，谁都不可能离开他人而单独地生存，谁也不会像在家庭中那样因无私的爱而无偿地为其他人劳动。

在黑格尔看来，就其体现了个人意志和私人利益而言，市民社会是对

---

① [英]戴维·米勒等：《布莱克维尔百科全书》，中国政法大学出版社1992年版，"市民社会"条。

② [德]黑格尔：《法哲学原理》，范扬译，商务印书馆1961年版，第197页。

③ 同上。

体现了自然的直接统一性的血缘关系的家庭的否定，但社会成员的这种相互需要和契约关系的关联，毕竟是外在的、工具性的，所以它必然导致外部秩序的混乱和人的内在精神的异化。一方面，相互冲突的意志之间对个人利益的追求，如果没有外部强制性力量的整合，是很难在市民社会内部完全实现的。另一方面，当人与人的一切关系都被看作契约关系，人们在交往中都"把他人当作手段"的时候，人的本质、伦理精神也就被异化了。只有靠国家这种外部力量，才能整合市民社会并使其摆脱这个必然性的限制。因为国家是依照理性建立起来的，只有在国家中，公民与公民之间的关系靠法律这种理性进行调整，人与人之间自在自为的联合才能真正实现。

这样，黑格尔正是抓住了市场经济社会中人与人的本质性关系，完成了对市民社会概念的正确抽象。他所规定的市民社会，并不是存在于一切历史时期的任何社会，而只存在于市场经济存在的社会。所以他的市民社会概念，作为一个整体性的社会存在，它因初步建立了"需要的体系"的市场机制而与以前的社会相区分；同时又是指这个整体性社会存在中的一个确定领域，即由商品经济关系连接起来的社会领域，它作为自由的个人之间的合作体系而独立于国家。黑格尔正是深刻地把握住了现代社会的本质特征以及它和传统社会的根本区别，他的市民社会理论既完成了对国家与社会相区分关系的概括，又完成了对市民社会和一般意义上的"社会"的区分。在黑格尔那里，市民社会之所以不同于政治国家，是因为它作为一种特殊的经济形式，割断了家庭依靠血缘这一自然存在的纽带，通过相互的需要而达到个人之间的普遍联系。同时黑格尔也深刻洞察到了市民社会的内在矛盾，因需要而连接的市场交往关系是一种外在性的关系，它与人类社会所需要的内在伦理关怀之间存在着极大的紧张和冲突，但他的失误之处在于不是从市民社会自身寻找克服其伦理缺陷的根据，而是到普鲁士王权统治的"国家"中，去寻找克服市民社会不完满性的根据，从而建立了一个"国家高于市民社会"的理论架构，过分地高扬国家而贬低市民社会[①]。马克思正是在批判黑格尔市民社会理论的过程中建立了自己的市民社会理论的。一方面，他把被黑格尔颠倒了的国家与市民社会的关系颠倒了过来；另一方面，它继承并深化了黑格尔对市民社会的

---

① 参见王新生《市民社会论》，广西人民出版社2003年版，第11—32页。

基本规定。

黑格尔之前的思想家，如洛克、孟德斯鸠、斯密等人已经看到了市场经济条件下国家与社会相分离的必然趋势，奠定了社会先于国家和社会自主的理念，但是，他们却主要从抽象的人性论出发来加以论证的。黑格尔的巨大历史功绩就在于超越了这种非历史的、抽象的论证方法，从历史本身出发说明历史的发展，说明国家与市民社会的关系。马克思对黑格尔市民社会理论的继承，首先在于他对黑格尔这一历史主义方法论的继承。不过，马克思并没有像黑格尔那样将历史的发展归于精神的自我运动，而是从社会关系，特别是经济关系中寻求对市民社会及与国家关系的说明。马克思首先纠正了被黑格尔颠倒了的国家与市民社会的关系。马克思指出："家庭和市民社会本身把自己变成国家。它们才是原动力。可是在黑格尔看来却刚好相反，它们是由现实的理念产生的……"① 恩格斯也明确指出："决不是国家制约和决定市民社会，而是市民社会制约和决定国家。"② 马克思早期确立的这一观点是历史唯物主义的基本观点，它确立了市民社会与国家的基本关系，是理解马克思市民社会理论的基本出发点。其次，马克思把市民社会规定为"物质交往的关系"（其本质是经济交往关系），比黑格尔将其规定为"需要的体系"更为深刻，也更为全面地把握了市民社会中发生的人与人的关系，不仅包含了那些直接由需要决定的关系，也包含了那些不是直接由需要决定的关系，即把市民社会看作市场经济中人与人的物质交往关系和由这种交往关系所构成的社会生活领域。这为后来市民社会问题的研究确立了一种崭新的方法和认识路径。

可以看出，从黑格尔把市民社会规定为"需要的体系"，到马克思从市场经济中人们"全部的物质交往关系"出发把握市民社会，并将它的本质规定为"经济交往关系"，是近代以来 civil society 的特定含义，习惯上译成"市民社会"，它与商品经济关系的发展有着内在的关联，与其古典含义基本上只有词源上的联系。

然而，civil society 的古典意义到近代意义的转变这一事实到底意味着什么呢？简单地说，这意味着"社会"在"国家"中的非政治化、去政

---

① 《马克思恩格斯全集》第 1 卷，人民出版社 1972 年版，第 251—252 页。
② 同上书，第 41 页。

治化并且从中分化出来，成为独立的实体。在这里，促使"社会"从"国家"中独立出来并且支撑着这种"社会"的再生产的，是无须国家权力介入的，通过个人利益的相互竞争与结合而发挥作用的经济机制的自发运行。因此，以市场经济为其外部框架的、作为个人范畴的集合而出现的市民社会表现为三方面的重要特征[①]：其一，它具有一种公共性的机制，能够不断地把个人利益之间的对立转化为具有自律性的运动。在这种 civil society 当中，通过所谓的"共同意识"所代表的人们相互之间的道德感情，劳动的社会分工与交换，以及双向的契约关系的调节，人们对于得到了无限解放的相互冲突的私人利益的追求之间产生了一种相互依赖的连锁关系。在这种机制作用下，人们的社会交往通过交换关系物化而产生了公共性（普遍性）；其二，这里的 civil society 常常用来指代与"有财产有教养"的人相适应的作为一种生活理念的"资本主义精神"，以及通过分工与交换而实现的丰裕而舒适的"文明社会"；其三，思想家们相信，从"国家"中独立出来的 civil society，孕育了"自由"、"平等"的个人所具有的不受国家干预的广泛的"私人自由"的领域，并且把这种权利作为人权的一部分加以确认。今天包含在基本人权中的通过每个人自己的劳动而形成的私人所有权，对于私有财产的使用、收益、处置的自由，不经同意拒绝纳税的权利，经济活动与职业选择的自由，迁移的自由，人身的自由，思想、言论、信仰、出版、集会和结社的自由等都属于这个范畴。

20 世纪以来，市民社会问题的讨论又经历了两次高潮。第一次是在 30 年代，以葛兰西为代表。第二次是从 80 年代末至今，以阿伦特、哈贝马斯、柯亨和阿拉托、基恩、赛里格曼等为代表。在这两次讨论中，市民社会概念的内涵已经发生了转变，由主要从经济的角度规定市民社会，转移到主要从文化角度规定市民社会，即由把市民社会看作主要是经济活动领域，转移到把它主要看作是一个文化批判的领域，看作是一个建构公共理性和生成公共伦理的社会空间。[②] 这也就是 civil society 含义的第二次重大转变。

当代的 civil society 广义上不仅包括了市场领域，而且包括了文化领域；不仅包括了不受国家干预的负面自由，而且包括了参与国家政治事务

---

① ［日］加藤节：《政治与人》，唐士其译，北京大学出版社 2003 年版，第 150—152 页。
② 参见王新生《市民社会论》，广西人民出版社 2003 年版，第 32 页。

的正面自由。这样定义的 civil society 不许国家公共权威涉足，却有权过问国家事务。……它不再是与自然状态相对而言的"文明社会"，也不是消极保护私域免遭国家权力染指的"市民社会"，也许只有称它"公民社会"才恰如其分，因为现代社会每一个人作为"公民"都享受国家无权侵犯的基本人权和影响国家政策的参与权；但狭义上，civil society 只是指称以经济活动为核心的市场领域基础上发展而来的由独立的个人和他们所组成的自治社团进行自主交往的文化批判领域，在本书中我主要在这一意义使用公民社会这一概念的。但对 civil society 的近代和古典含义一般仍用"市民社会"和"文明社会"的提法。

那么，驱动公民社会理念于当下复兴的原因是什么呢？从现实的角度来看，主要是19世纪与20世纪之交初显并于20世纪中叶日渐炙烈的形形色色的"国家主义"，这在现实世界中表征为国家以不同的形式、从不同的向度对公民社会的渗透或侵吞。第二次世界大战结束后，在西方资本主义阵营中，奉行福利政策的国家干预主义普遍盛行，甚至整个社会生活都受到了全面的控制。在社会主义阵营中，国家计划更是无所不包，几乎垄断了社会生产和生活的一切方面。面对这种情况，人们越来越意识到社会制约国家权力的重要性。对于西方发达的以市场为基础的社会来说，在经济交往领域的独立和平等的大众已经存在的今天，制约国家权力的根据和力量显然已经不再是或主要不再是经济交往领域的独立性，而在于大众对公共权力的批判意识；政治国家的合法性也主要不再是建构与自由市场的合理界限，而在于公共权力必须符合其公共性要求。所以，文化批判的领域自然就成为西方公民社会论者最为关注的领域，因为在这里存在着公共权力的合法性根据，也存在着制约公共权力的社会性力量——独立的社团及其活动。

正是在这一历史背景下，当代公民社会理论的主要思想家哈贝马斯立足于对现有制度的批判，并希望在改造现实的公民社会中寻找提升资本主义国家合法性基础的道路。哈贝马斯认为，公民社会是随着资本主义市场经济的发展而形成的独立于政治国家的"私人自治领域"。它本身又由两个领域构成，一是以资本主义私人占有制为基础的市场经济体系，它包括劳动市场、资本市场、商品市场及其控制机制；二是由私人组成的、独立于政治国家的非官方组织所构成的社会文化系统，它包括"教会、文化团体和学会、独立的传媒、运动和娱乐俱乐部、辩论俱乐部、市民论坛和市民协会、职业团体、政治党派、工会和其他组织等"①。哈贝马斯公民社会概念中的第一个领域，基本上与黑格尔和马克思市民社会概念所指涉的范围相重合，但他更为重视第二个领域——生活世界的社会文化领域，他称为"公共领域"。他认为，人们在这一领域中的交往行为所达到的相互理解、协调互动和社会化能促成文化的再生产、社会的整合和人格的形成。

而且非常值得注意的是，20世纪90年代以来的西方公民社会理论，越来越倾向于把公民社会看作是私人自治组织的联合体，或由这一联合体所推动的社会运动。换言之，他们更重视公民社会组织化和制度化的特征。

实际上，要对20世纪80年代以后被大量使用的civil society进行统一的理解是一件很困难的事情。有人认为，civil society指的是人类非强制性的结社领域，同时也指在这一领域中形成的关系网络，它由于家庭、信仰、利益和意识形态的原因而形成；也有人认为civil society是在人们相互承认彼此的尊严与平等权利的基础上建立的社会关系的公共领域，以及这种公共领域不断形成的历史，等等。但我们却可以发现当代在对civil society的不同理解中，至少具有如下五个方面的共同特征②：第一，它们都意味着由单个人的自发形成的多样的社会公共性，从而是对国家公共性的相对化；同时还意味着对人们来说真正有意义的公共性的重点正在发生由国家向社会的重心偏移。这是civil society这一概念得到复兴的最核心的原因。第二，全球公民社会的形成。随着全球化的加剧，必然导致人与人关系的全面展开而且超越民族国家的界限。第三，对"市场社会"概念的否定。理由是，"市场社会"包含了把具有多样性的个人还原为同质性的商品、并使其非人化的倾向。第四，civil society反映了现代世界明显存在的人与人之间的各种差异，以多元人性观否定对人性的一元化理解。在当代，人们的全部认同对象，如文化的、宗教的、语言的、亚民族的、人种的、性别的、身份的以及阶层的等人与人之间多种多样的差别浮现出来，不同的人正在通过各种各样的差异性因素寻找他们的认同目标；第五，civil society表达了对一种新的共同体理论的展望，试图在主权国家与抽象的个人中间地带寻求人的自我实现的空间。

---

① 参见［德］哈贝马斯《公共领域的结构转型》，曹卫东译，学林出版社1999年版，序言部分第29页。

② ［日］加藤节：《政治与人》，唐士其译，北京大学出版社2003年版，第153—154页。

当然，civil society 所具有的变化形式远不止这些，以上只是粗线条的勾勒其大致发展轮廓。在其发展过程中，我们可以得出一些规律性的认识：其一，civil society 是一个与时代特征相联系的、不断发展变化的概念，而且这一概念的变化鲜明地揭示了社会生活的变化；其二，这一概念反映了一个多元性的社会存在和人们试图通过自发地、非强制性地形成的社会结合的多层次网络为人的自我实现寻找场所的努力；其三，这种尝试中无疑也包含了使现代民主理论产生新的转折的可能，因为当前的 civil society 理论要求通过自发联合，创造出一种社会主体间的合作关系，以代表现有的政党或者压力集团所不能反映的多种多样的政治要求，从而能够自下而上地为体制化的、僵硬的民主政治提供新的活力。事实上，历史地看，民主的成熟程度往往是与公民身份的发展程度相适应的。我们也应该看到，西方公民社会理论之于中国的意义主要并不在于追求一个某种西方模式的公民社会实体，而在于它所包括的"社会至上"理念对于中国现代化进程所具有的指导意义。

二 公民与公民身份

在人类的历史进程中，公民的角色和身份是与特定的国家政治形式相联系的，公民权和公民身份的观念也是不断发展变化的。公民是一个法律概念，也是一个政治概念。从法律上说，公民指的是具有一国国籍，并依据该国宪法和法律规定，享有权利和承担义务的人。在现代社会，将国籍视为确定公民身份的基本依据，进而在个人与国家的关系中把握公民的权利和义务，乃是一个得到普遍认同的见解。在政治上，公民所拥有的法定权利集中体现为参与公共事务并担任公职的正当资格，而这一点唯有在某种形式的民主共和政体之下才是可能的。因此，就其本质而言，公民的产生及其角色扮演，实为民主政治的需要和结果。

对于当代中国人来讲，"公民"是一个既陌生又熟悉的概念。公民观念之所以让人们感到陌生，从文化传统的角度来讲，其原因在于中国本土文化中没有公民观念，公民观念完全是"舶来品"。如顾准根据他的研究认为："'公民'、'公民权'等，不见于我国古代，也不见于埃及、两河流域等早于古希腊或与古希腊同时的'东方'各帝国。"[①] 而它之所以也

---

① 顾准：《顾准文集》，贵州人民出版社1994年版，第74页。

还感到让人熟悉,是因为1954年通过并实施的新中国第一部宪法就在法律权利和义务问题上不再使用"人民"和"国民"的概念,而统一改用"公民"一词。1982年颁布的宪法,又明确了公民的范围,即"凡是具有中华人民共和国国籍的人都是中华人民共和国公民"。然而时至今日,无论在学术界还是在日常生活中,人们对"公民"的价值认识依然是非常模糊的。

在西方,公民作为一种政治身份,最早出现于希腊城邦政治结构之中,已有两千多年的历史。古希腊的公民观念来源于"城邦",原意是"属于城邦的人"。城邦是古希腊时代的国家组织形式,通常包括一个较大的城市和附近的若干村落。在这些城邦国家中,公民是构成城邦的基本要素。不过,希腊公民只是城邦居民中一种特殊的身份。一般来说,只有纯属本邦血统的成年男子才能成为公民。这样,占人口大多数的奴隶、外邦人、未成年人和妇女等就被排除于公民团体之外了。按照亚里士多德的经典概括,城邦不是一个地域概念,而是一个"政治社团"。在雅典民主政治之下,作为"政治社团"的城邦实乃公民依据共同法律而分享共同权利与义务的政治体系,亦即一个公民自治团体。获得公民资格,才意味着成为城邦的一分子,而没有公民资格的居民虽然生活于城邦中,但不属于城邦。此时公民观念的核心内容,就是公民对自己"属于城邦"这种政治角色的认同,作为城邦的一员,有权参与公共事务,因而实质性地充当着城邦的主人。

但古希腊的公民身份只是少数人的一种特权,在与其他无公民资格居民的对照中,公民的身份和地位才鲜明地凸显出来。英国学者赫尔德评论说,在古希腊的雅典城邦,"公民不仅共同从事一些活动,如行政、军事、法律制定、法律诉讼、宗教仪式、比赛和节日庆典,而且还共同监督和控制在国家政治生活中根本不起什么作用的大多数人口"[1]。于是,公民内部的平等和对公共事务的参与,同公民对非公民群体的排斥甚至歧视和压迫同时存在,构成雅典民主政治的真实景观。

在古罗马,公元前6世纪左右,公民的范围仅限于罗马城的贵族,异邦人和被释放的奴隶构成的平民阶层不属于公民范围。古罗马人首次在法律中详细规定公民的权利义务并将是否拥有公民身份用作区别罗马居民与

---

[1] [英]赫尔德:《民主的模式》,燕继荣等译,中央编译出版社1998年版,第28页。

外国人的方法。被排除在罗马公民的范围之外的奴隶和异邦人，他们不享有市民法所规定的权利，异邦人参与的法律关系适用万民法，而奴隶则只是权利客体，被视同财产，没有权利和自由。从王政时期到共和国末年，罗马"公民"的范围随着社会的斗争进程而不断扩大。王政时期，罗马城居民分为两大类：贵族是完全意义上的公民，享有政治权利，负服兵役和纳税义务，其他居民——主要是平民，还有被保护人和隶农——则没有政治权利，也不需服兵役和纳税。经过图利乌斯改革，罗马居民不再分贵族、平民，一律按财产多少分为五个等级来确定社会地位，但贵族与平民之间的差别仍然存在，平民不能与贵族通婚、不得担任官职、无权参与分配国家征服外族得来的土地。共和时期，罗马积极向外扩张的战争使平民与贵族之间的矛盾激化，妥协的结果是平民被允许选出两个保民官来维护自己的利益。经过斗争，平民和贵族都成为罗马法中"公权"的载体——即具有公民身份的公民，不仅享有选举权和被选举权，而且取消了通婚和财产限制。随着罗马帝国的扩张，到公元212年，公民资格被赋予帝国境内所有的自由民，并且公民身份的内容已不仅限于政治权利，而且开始有向社会、经济领域延伸的倾向。

可以看出，公民身份在古希腊和罗马，是与特定地域（城市国家）、特定人群（成年自由男性）相联系的，是一种特殊权利。同时，当时的公民观念也蕴含着一种道德理念，反映着公民对公共事务的积极参与和关怀。公民角色的扮演是积极主动的。但当时的公民观念侧重于强调公民有义务行使政治权利，因而尚缺乏现代意义上的个人基本权利与自由的理念及内核，相应地，也缺乏社会、经济方面的内涵。从这个意义上讲，古希腊、罗马社会的公民观念只是现代公民观念的雏形。

公民观念在中世纪的欧洲似乎销声匿迹，"积极公民"的理想逐步失落。神权笼罩下的中世纪，个人不仅是属于某个世俗国家的子民，更是欧洲大陆神圣教皇的子民。随着超验的宗教信仰同世俗政治秩序的融构，并为君主集权披上一层合法性外衣，反映等级服从关系的臣民观念取代了反映平等关系的公民观念。然而，又不能不看到，古代的公民身份毕竟只是少数人的特权，而在中世纪，除了国王，所有臣民的地位普遍地相似，这为近代政制和近代公民的出现埋下了伏笔。到封建社会末期，由于商品经济的发展，一方面，个人逐步摆脱宗法纽带的束缚，并在相互交易过程中慢慢形成一种基于主体平等与自由合意的新型契约关系；另一方面，利益分配的旧格局也被打破，越来越多的经济资源掌握在了新兴市民阶层手中，成为政治生活中贵族和僧侣以外的第三种力量。实际上，中世纪后期城市的兴起主要归功于商业的发展和商人阶层的兴起与壮大，一些城市获得了由国王签发的城市特许状，使城市的自治权得到了保障。这些城市也就拥有从未有过的自治权和自主性，城市的公民主要通过行会或公民会议参与城市管理。但公民权的获得被严格限定在城市之内，而不是普遍的权利，农村地区的广大居民被排除在公民社会之外。所以，此时公民观念反映的是市民与取得自治的城市的关系，它包含了一定的自由权。16世纪以后，随着市民社会的形成和资产阶级革命的发展，资产阶级思想家提出并论证的"人权"、"民主"、"自由"、"平等"、"博爱"、"法治"、"宪政"等一系列口号和主张逐渐深入人心。每个人生来就是自由的、平等的，而要实现这种自由和平等，就必须保障人们自由支配自己的意志和行动，国家权力就是为了保障人们自由支配自己的意志和行动而存在的。现代公民由此获得了自觉的自我意识。资产阶级建立自己的国家之后，就用宪法确认了"人人平等"、"主权在民"等原则，公民政治和公民文化的发展一步步达到了更高的制度化水平。经过千年磨砺，这种作为平等独立的个体的人的价值和尊严意识的觉醒终于大大超越了古希腊城邦对人性的理解，最主要的表现就在于对每个人在社会中为实现自己的价值所必需的权利的思索和对民主的重新审视两个方面。

实际上，近代公民与古代公民理念存在着一个基本区别。西方近代公民观念源于社会契约理论。根据这种理论，国家是平等独立的个人的集合，公民权是受法律保障的个人权利。公民身份理解为人通过"社会契约"或"政治结合"成为国家成员之后以法律予以保障的各项权利，是人权即自然权利的政治化和法律化。而希腊公民观念的一个突出特征在于权利和义务的同一性。实际上，希腊人并没有明确区分权利与义务。出席公民大会、参加陪审法庭、充任官职、从军作战，既是权利，又是义务。它们都是由公民身份而来的。按照雅诺斯基的说法，这是一种权利与义务的高水平的均衡，即高权利与高义务的均衡。[①] 在雅典，公务活动非常频繁。特别是在实行公职津贴以后，大批公民可以完全放弃私人经济活动，

---

① [美]托马斯·雅诺斯基：《公民与文明社会》，柯雄译，辽宁教育出版社2000年版，第172—173页。

专门投身于公共事务。政治生活成为每个公民生活中最重要的组成部分。但作为城邦公民的雅典人除了享有表达自己意见的权利外，背负的却是无边的义务，"……不遗余力地献身于国家，战时献出鲜血，平时献出年华；他没有抛弃公务照顾私务的自由，……相反，他必须奋不顾身地为城邦的福祉而努力"①。这种完全局限于必须无私奉献的政治权利的公民身份或资格实则是把权利义务化，压缩了公民权利的空间，只能孕育出没有个人自由的政治动物——"绝对公民"。他们还没有意识到：人人生而平等，虽然共同生活在群体当中，但除了政治上的义务之外，每个人都还有着不可侵犯、不可转让的基本权利，而民主制存在的价值就在于保障这些权利。所以当时的公民权并不包含现代意义上的权利观念，只是一种地位、身份或资格，是城邦成员对城邦公共事务的参与、分享和分担。正如美国政治学者萨拜因所说："希腊人认为，他的公民资格不是拥有什么而是分享什么，这很像是处于一个家庭中成员的地位。……希腊人所设想的，问题不在于为一个人争得他的权利，而是保证他处于他有资格所处的地位。"② 在西方，权利观念形成于罗马私法，希腊人还没有权利观念，他们所谓公民权，只是指公民资格或身份而言，还不是一种个人权利。

而资本主义制度确立以后，公民的地位通常是以国家根本大法——宪法的形式得以确认的。公民身份或资格开始注入人之为人所应享有的基本权利的内容——"天赋人权"成为公民资格的哲学和道德基础，现代公民观念在思想层面逐渐丰满。它已超越了古希腊、罗马公民资格的内容，以人的基本权利——人权作为道德基础，从而有了崭新的内涵。现代意义上的公民观念成为一束权利集，用马歇尔的话说，就是一组"民事的、政治的、社会的权利。民事权利关涉个人自由，政治权利指参与政治决策过程，社会权利指参与到文明生活当中"③。

现代公民身份或资格观念的确立，为现代民主制度的产生和发展提供了坚实基础，塑造了现代的政治民主制度以及以保护和尊重公民个人自由为核心设计的宪政基本架构。现代民主制基于两个基本的政治信条：一个是全民主权，一个是公民个人自由，两者缺一不可。但在实践中由于所有

---

① [美] 乔·萨托利：《民主新论》，冯克利等译，东方出版社 1998 年版，第 316 页。
② [美] 萨拜因：《政治学说史》，盛葵阳等译，商务印书馆 1990 年版，第 25 页。
③ Bryan S. Turner, "Outline of a Theory of Human Rights", Bryan S. Turner and Peter Hanmilton. *Citizenship: Critical Concepts*, Volume Ⅱ, Routledge, 1994, p.469.

公民对某个问题极少达成一致意见，全民主权就很难成为事实，于是这两个信条之间从一开始就存在着内在的紧张关系。公民身份意指个人与其国家之间的关系，个人归属于国家并行使对国家事务的决策权，承载全民主权的国家尊重作为个人的每个公民应有的权利并为个人的自由权利提供保障。于是，公民身份成为这两个政治信条的连接点。公民身份所及的范围、公民身份中权利与义务之间的平衡与否的发展变化都影响着民主的发展，民主的成熟程度也是与公民身份的发展程度相适应的。通过公民身份这一角度，我们就可以从更微观的方面来理解西方政治的发展。因为，民主一词正是在公民参与政治事务意义上提出来的，公民身份和民主政治具有内在的逻辑关系。不论公民身份已经经历了以及正在和将要经历何种发展轨迹，任何一个现代国家的民主进程都必然要求基于"人之为人"这唯一条件的所有人都将拥有其公民身份，且个人权利必须得到尊重。唯其如此，民主才是人人称颂和追逐的善的生活方式。也正是在这个意义上，公民身份构成了现代民主制的坚实基础。我们说某个国家是民主的，也就是说：这个国家拒绝强迫其公民只拥有一种美好生活的观念或美德观念，相反，这个国家尊重其公民在自己制定并同意的规则范围内拥有充分的自由。后发展国家要想在民主化道路上取得进展，不可回避地首先需要对本国公民资格的普及、公民权利的保障与张扬做出努力。

　　由上可知，公民之观念随着不同之时代脉络以及各种理论之解释，而有不同的观念内涵，因而具有其历史的特殊性格。换句话说，每一个时代皆会形成某一种主导性的公民理想。自16—17世纪以来，欧洲在主权国家所形构的过程中，先前古典共和的积极公民的理想就逐渐被主权理论的"属民"理想所代替，主权理论关注的主要问题在于，一个政治共同体若要建立与维系其统一性的秩序，必须树立主权者，他的权力是独一的、常存的、至高无上和不容分割的。他的权力代表最后的政府决断以及仲裁。一反过去公民之共和主义的理念，主权不是落实于人民整体。虽然主权者是人民经由契约关系的同意而产生，但主权者源自人民的同意被赋予权威后，遂可以合法性地垄断暴力工具的使用，俾以防御暴力，并且也因此可以制定法律、建立政府，以及管理人民的公共事务。因应这样的脉络，国家之主权理论在运用"公民"之概念时，虽然保有自由身份的意涵，但这自由，因主权之统治而被降低，自由纯系个人人身的自由，而并不必然蕴含如亚里士多德所说的政治参与。唯有主权者才应承担公共的防卫与安全的政治责任，公民作为"属民"被取消了对政治事务的关怀与参与责任，他们现在只需关切私人福祉。在法律保持沉默的情况下，他们拥有自由去从事理性认为有利的事情。

这种自由主义的公民观念虽冀图以主权国家为轴心规划出宪政法治与公民身份的观念，肯定公民享有基本人权（从市民权利到社会福利权）的保障；而在公民的德行上，他们倡导公民的公共道德意识、理性的审议能力以及彼此的合作意愿，并同时强调公民对于差异的宽容。但这种公民的观念即使在较为稳定的自由民主国家中，亦遭受其他公民观念的批判。激进民主论者指出，自由主义者安于既定的自由民主体制以及强调宪政法治之有效性。在此概念下，公民被塑造成为消极性格的身份，因而削弱了公民参与公共事务的积极性格。另一方面，社群主义或民族主义者则批判自由主义者忽略了个人对于政治共同体的归属感与忠诚乃是公民身份的主要构成元素，因此，在偏执于个人主义的伦理与程序性法治（与正义）的原则下，自由主义者将无法有效地处理社群认同的问题。

所以，当今世界的自由民主体制在容许公民多重性的公民身份与权利时，它们彼此亦因不同政治理论的基设，而存在着相互间的紧张与对立。这使得现代民主社会将不得不面临如下的问题：如何使这多重的（如积极的与消极的）公民身份认同不致产生相互的妨害，并维持彼此均衡？例如：公民既是属民（公民必须缴税、服兵役与遵守法律），也是政治事务的参与者（公民既可以参与公职，也可以抗议政治社会的不义）；公民既可以自我认同为世界公民，也可以肯定自我的民族认同；除此之外，公民也可以自我否定其消极性与积极性的公民身份，而只专注于个人的工作、家庭与私人生活……。所有这些问题也是我国现代化、全球化与民主化进程中正在和将要遇到的问题，未雨绸缪的思考是非常必要的。接下来，与之相关的问题是，如果从整体的社会结构来看，政治国家与公民社会的相对分离以及两者间的良性互动是现代社会的发展目标，那么一个成熟的公民社会到底如何才能形成？它成熟的标志又是什么呢？它与市场、政府的关系到底应该怎样呢？

第二节　市场、政府和公民社会的有效互动

市场经济过程是个人作为相对独立的社会生活主体的确立过程。市场

经济中市场主体的分化导致利益主体的异质化。这些彼此排他的利益主体为求得自身利益的满足，不得不通过契约结成新的利益群体或合法性组织，从而使这些理性的主体之间形成一种包含权利与义务相一致的契约性人际关系纽带。这既是民主法治的基础，又是公民社会的基础。这种理性的市场经济及其公共秩序本身的确立是社会现代化过程中的极其重要的方面。而宪政与民主则是基于市场经济的现代法治秩序的基本制度框架。宪政造就权力受到限制、且能保护个人自由与权利的政府。民主则意味着公民广泛的政治参与。而一个活跃的公民社会不仅可以训练发展其自身的自主、自治能力，从而培育和提升社会的信任与合作。同时公民社会的多元利益群体对政治生活的积极参与，也培育和锻炼了民众的独立政治人格，有利于形成现代国家中强大的社会力量，从而对政治权力构成一种"社会的制衡"，这不但提升了民主政治的责任能力，而且提高了民主政治的代表性和生命力。总之，只有市场、政府和公民社会的有效互动，才能共同促进经济的健康快速发展和社会的和谐有序。

一 市场经济改革与中国公民社会现状

计划经济时代的中国是政经一体的模式，其社会管理体系最大的特征为：城市居民每个人都属于一个工作单位，由单位代表政府对每个人实行"从摇篮到坟墓式"的全方位管理。农民也全部纳入"公社、大队和生产队"这三级管理体制中。这种管理方式造成的后果之一，就是当时的中国只见政府，不见社会。但在市场经济条件下，当包括人在内的生产要素实现自由流动时，政府的管理就凸显无力独自包揽全部社会管理和服务的尴尬，面对无法解决的尖锐的社会矛盾，只有加强社会组织建设，逐步向社会放权，探索实行政府和各种社会组织的"深度合作"与"多元共治"的途径。

20世纪80年代的改革开放使中国社会进入一个新的发展阶段。改革的过程其实就是国家主动放权让利于社会的过程。虽然这场变革一开始是由国家主导推动的，但市场的逻辑一经发生就开始按照自己的方式加以展开。改革开放以来，中国的社会结构发生了很大变化[①]：①中国

---

① 李培林：《处在社会转型时期的中国》，《国际社会科学杂志》（中文版）1993年第3期。

正在从自给半自给的产品经济社会向社会主义市场经济社会转型；②从农业社会向工业社会转型；③从乡村社会向城镇社会转型；④从封闭半封闭社会向开放社会转型；⑤从同质的单一性社会向异质的多样性社会转型；⑥从伦理社会向法理社会转型。这些转变势必带来国家与社会之间关系的调整。虽然很难说从改革一开始人们就已明确地将调整国家与社会的关系作为改革的目标之一，但许多具体的改革措施却实际上导致了国家与社会间的结构分化，直接地说，就是以产权的多元化和经济运作市场化为基本内容的经济体制改革直接促进了一个具有相对自主性的公民社会的形成。可以说，30多年改革的一个重要结果是"自由流动资源"与"自由活动空间"的出现。中国学者俞可平明确肯定中国公民社会已开始崛起，理由是[①]：①体制外经济的发展；②政府权力的下放和职能的转变；③私人利益得到承认和鼓励，产权概念开始明确；④个人的生活方式开始远离政治。的确，所有这些变迁都表明，个人自由活动的空间已经明显增大，政治国家与公民社会之间的界限正在变得明晰起来，一个相对独立的公民社会正在中国逐渐显形。我们应该看到，改革开放以来的国家与社会关系格局已开始发生结构性的变化，具体的表现是民营企业与民营经济的快速发展；中产阶级正在形成；中介组织逐步发育；社区自治不断扩大；公民的政治参与逐渐增加，等等。概括起来主要有以下三个方面：

第一，相对独立的"社会"开始出现。与改革前相比，国家虽仍是社会资源的主要控制者，各级行政权力在决定个人生存与发展条件方面虽仍占有举足轻重的地位，但现在的社会也已成为一个与国家并列的提供社会资源和生活机会的来源，它同样提供着某些影响个人生存与自由发展的领域、机会。社会拥有了更多可以利用的自由流动资源和自由活动空间，并以此为基础发展出了独立于国家的物质生产和交往形式。伴随着社会资源占有与控制的多元化，不但个人独立性相对扩大，而且在政府行政组织之外开始了民间社会的组织化过程，经济、社会、文化领域的非营利团体和非行政化的营利性经济组织正日益成为国家不可忽视的社会主体。人们可以不再完全依赖国家而获得生存与发展，这为民间社会力量的形成提供了基础性的条件，也为社会生活的多元化奠定了基础。据全国工商联主席

---

① 俞可平：《社会主义市民社会：一个新的研究课题》，《天津社会科学》1993年第3期。

王钦敏日前在 2012 年度中国民营经济发展形势分析会上透露，2012 年，民营经济在我国 GDP 中的比重已超过 60%。截至 2012 年 9 月，我国登记注册的私营企业已超过 1000 万家，同比增长 12.6%；户均注册资金同比增长 7.8%，企业规模实力继续增强。① 另外，我国农村社区和城镇社区进行的各项改革，均促成中国的社区自治呈现不断扩大之势，社会自主性得以显现，独立的社会自主领域开始出现和存在。

第二，相对独立的个人与社会力量的队伍不断扩大。伴随着社会资源占有的多元化和国家与社会的初步分离，国家不仅对经济生活同样包括对政治生活在内的社会生活的干预的进一步弱化（农村的村民自治已经走出了第一步），个人的独立性和自由度也相对加强，新的社会力量、角色群体开始产生并日渐活跃，这是健全的社会自主机制形成的基础力量。在我国现阶段，拥有较为充裕的金融资产（如银行存款、股票、债券等）和实物资产（如房地产、汽车等），其收入与财产居社会中等水平的中产阶级（其成员主要为各类白领职员、中小企业主、乡镇企业主、私营企业管理者、商人、律师、部分个体经营者、中介组织职员、媒体工作者、自由撰稿人和农村中的富裕农民等）大量产生和发展，尽管缺乏这方面准确的统计资料，但是，许多从事这方面研究的人士都认为，目前中产阶级在我国就业人口中占到 10%—15% 左右。对造就中国的中产阶层来说，经济的增长是一个基础，但国民收入的提高及提高的幅度更是一个直接的因素。据统计，1980 年我国居民收入占 GDP 的比重为 57%，2000 年为 63.7%，2007 年又下降到 58.6%。这期间虽然存在波动，但意味着民众手中的财富在不断增长。中产阶级队伍的发展壮大，是改善公民的政治参与状况的前提，是保障我国社会长期稳定发展的基础。

第三，独立的社会力量开始在社会生活中发挥作用，其组织化形态已初露端倪。所谓的独立社团，就是由处于现代社会的生产和生活体系中的个人所自愿组成的联合体。它们是公民社会的组织形态。这种组织形态的一定规模和独立程度，标志着公民社会的成熟程度。改革开放 30 多年来，中国的各种类型的中介组织与社会团体取得了爆发式的增长，从 20 世纪 50 年代一直到改革开放前的 70 年代，我国各种社团和群众组织的数量非常小，50 年代初，全国性社团只有 44 个，60 年代也不到 100 个，地方性

---

① 来源：人民网 -《人民日报》，2013 年 2 月 3 日。

社团大约在6000个,到了1989年,全国性社团增至1600个,地方性社团达到20多万个。此后,1989年和1998年政府两次对社团进行了重新登记和清理,其数量有所减少。但到2010年底,全国各类民间组织已发展到44.6万个,吸纳了社会各类就业人员达618.2万人。其中社会团体24.5万个,民办非企业单位19.8万个,基金会2200个。所有这些,都表征着当代中国社会发展的现实进程。①

当然,也应该看到,中国公民社会的发育还是很不成熟、很不完善的,发展之路任重道远,这主要表现在以下几个方面②:

第一,公民社会基本上仍处于自发生长状态。中国的市场经济是政府直接倡导、计划、推动和实行的,市场经济的发展带来什么样的社会结构变化,特别是对于公民社会的出现,却是政府始料未及的,所以成长中的中国公民社会正面临内外双重因素的制约。外部制约主要是法律法规等制度环境,如双重分层管理体制、对民间组织的定性不明确、对民间组织财政支持不足及侵占慈善公益组织的募捐和发展空间等;而内部制约主要是民间组织的内部管理机制的不完善对民间组织的发展存在着严重的制约。如民间组织的章程、组织力和管理水平以及合法性和公信度等。这一切表明,迫切需要采取一整套措施,不仅优化中国公民社会成长的外部环境,而且也需要进一步完善中国公民社会成长的内部机制,在法律、法规的宏观调控方式下,不断拓宽民间组织活动的公共空间,加快实现民间组织管理的现代化,积极稳妥地引导民间组织的活动和发展。否则,公民社会很容易朝着两个不利的方向发育:一是逐步走向政府的对立面,成为与政府相对立的政治力量,这样无法达致国家与社会的良性互动,并成为社会动乱的导火索;二是容易形成反社会的力量。特别是中国固有的封建传统和家族观念,容易使改革过程中的利益受损群体和社会弱势群体形成帮派势力、犯罪团伙或邪教组织,对社会稳定构成威胁。

第二,尚未形成有效的价值观念体系用以促进社会的整合。所谓公民社会,系指社会成员关心公共领域,追求公共利益而形成的公共意志或公民意识所维系的一种社会组织和结构形态。公民社会正是通过契约形式规

---

① 参见中国社会科学院发布的2012年《民间组织蓝皮书》,人民网,2012年5月21日。
② 参见郭定平《我国市民社会的发展与政治转型》,《社会科学》1994年第12期。

范交往主体的行为,实现经济活动的公平和理性。伴随着市场经济的成熟,与之相伴的自由、平等、互利及共赢的契约精神得以升华,将超越经济领域,成为政治文化制度和社会秩序建构的价值基础,并反过来成为推动市场经济发展和完善的自觉力量。

当前,我国社会生活中的经济理性和社会理性及价值原则仍处于混乱无序甚至自相矛盾的状态,这本身有制度变革带来的后遗症,如公有制与私有制的冲突、市场体制与计划体制和政府干预的矛盾;也有社会发展所带来的问题,如社会的两极分化与社会公正的要求;更有强大的传统文化价值观念的影响等。在这种状况下,刚刚开始发育的中国公民社会还难以形成必要的有效的价值整合,因此,迫切需要一套能有效促进社会整合的价值观念体系的形成。

第三,公民社会目标有可能被其他的现代化目标所遮盖,成为整个社会目标序列中的次要物。我国现代化的目标取向表现出"赶超型"的特点,现代化的目标就是为了实现中华民族的伟大复兴。这种现代化模式很容易导致急功近利、急于求成的心理趋向,处理不当可能导致过分注重某一方面的发展而忽略整个社会的协调发展。事实上我国在改革开放过程中一直过于偏重经济效益,而在事实上忽视社会效益的提高和制度文明、精神文明的发展,这很容易导致器物层面和制度、精神层面的断裂,影响到经济社会的可持续发展,最终影响到个性的自由全面发展与社会秩序的稳定。

二 中国公民社会的生成及其政治意蕴

中国公民社会的构建过程有自上而下的国家培育和自下而上的自然生成两条路径。前者主要由政府拉动;后者除了市场经济动力之外,还包括各种民间社会力量的自发促动。这是构建中国公民社会的两条主要路径。中国的国家主导型现代化决定了改革开放的过程基本上走的是第一条路径,但从长期发展的趋势看,国家主导型的色彩将逐渐淡化,而社会主导型的色彩将逐渐加重,不过这将是一个长期的渐进的过程。从时间维度上说,中国公民社会建构的第一个阶段主要在经济领域展开,其实现手段也主要是通过经济机制,目标是为了公民社会获取相对于国家控制的自由流动资源和作为前提的独立自主性;第二阶段要解决的主要问题是实现中国公民社会从私域向公域的扩张,亦即中国公民社会除获致的相对于国家的独立身份以外又争得政治参与身份,进而实现社会与国家间的良性互动关系。[①] 实际上也就是说,在继续推进公民社会的构建过程中,其主体既包括国家(政府),也包括公民社会自身:

首先,就国家而言,我国现代化的后发外生型模式及其性质决定了我国的现代化不是自生于分化的社会层面,而是首发于国家层面,即由国家运用政治权力强迫启动现代化进程。这就决定了国家的政治推动力在建立公民社会的过程中很长一段时期内还将存在,并且成为一种必要的存在。市场经济虽然是公民社会的内生主导动力,它的充分发展不但培育了独立自主的市场主体、平等互惠的契约关系、自由独立的个性意识,而且重新界定了产权关系和社会资源以及个人财产的占有和分配原则,这些都是形成公民社会的必要条件。但对于中国而言,由于市场经济是由国家培育和政府拉动的,这样,政府实际上同时扮演着培育市场经济和构建公民社会的双重角色。这并不符合西方公民社会形成的一般规律,而是由中国社会传统政治文化的深厚积淀和现代化目前阶段特有的时空条件决定的。虽然以市场为取向的经济体制改革必然会解构中国传统的政治经济一体化的局面,但如果政府积极培育公民社会,表明国家对于公民社会的生成将由以前的被动转变为主动的姿态,那将通过国家有意识的倡导大大加快中国公民社会构建的步伐,缩短中国公民社会形成的时间,也将有效地协调构建中国公民社会与市场经济建设的关系,使二者处于相互补充、相互促进的良性互动之中,建立起具有中国特色的社会组织与政府积极合作的社会主义模式。

与此同时,国家也必须在自身结构、职能和运转方式方面自觉主动地朝着建构公民社会的方向转变:在结构上实行主动的体制变革,使社会结构与体制从国家自身的庞大体系中分离出来,减少政治权力的运作组织与层次;在职能上国家掌握宏观经济调控功能外,还具体经济职能于社会、市场和企业,从而在国家权力的运作方式上变直接方式为间接方式,变机构性和政策性权威结构为法律性权威结构。总之,国家通过积极推进市场化的过程同时改革自身,使公民与市场拥有逐渐形成自己的独立性和自主性的空间与机遇。实践表明,国家向社会分权和培育公民社会组织是体制

[①] 邓正来等:《国家与社会——中国市民社会研究》,四川人民出版社1997年版,第34页。

改革和政府间分权的基础。国家向社会分权是增强公民的主体意识和促进公民社会组织发展完善的前提条件。如果没有一个理性和成熟的公民社会存在，政府转变职能后所留下的权力真空很有可能成为破坏社会稳定、导致社会失序的力量的生长空间。而且，如果没有国家向社会适度分权，政府间分权也必然导致地方权力畸形膨胀，地方政府自身成为利益主体，甚至滥用职权、以权谋私，地方保护主义盛行。

其次，就社会自身而言，既要接受国家的导引，也要自我促动、自我加强。它包括两方面的内容：

第一，从社会个体主体入手，培养公民意识，改良社会成员的素质和行为习惯，造就适应现代市场经济和民主政治的公民个体。市场取向的改革和公民社会的发展急需改造中国传统的家国同质同构的全能主义政治文化，构建新的政治文化体系，注重培育个体的尊严与自主意识和公民的守法意识，同时弘扬社会的公共道德和法治精神。市场经济和公民社会以肯定和发挥人的自主性和能动性为前提，标示着人摆脱对群体人身依附而发展成为在一定程度上具有选择和行动自由的独立个体。但我国由于受传统文化尤其是专制政治下的臣民文化观念的影响极深，因而提升全民民主政治文化和观念素质，改造我国的国民性就成了一项极其重要而艰巨的工程。它需要宪法和法律规定的公民权利的切实保证和实现，也需要通过文化教育、公民社会的实践等手段去培养社会成员的积极的公民意识、公民观念和公民能力，促使独立自主和平等的人格在社会中普遍产生。

第二，建构积极的、活跃的和强有力的公民社会组织。一般来说，在生活多元化的现代社会里，在个人和国家之间存在着各式各样独立自主的社会组织或机构。这些独立自主的社会组织可分为三类：一是经济性组织，如各种经济实体（企业、公司）、产业联合会、工会或企业家协会；二是政治性组织，如政党、压力集团、利益集团、大众传媒等；三是民间自愿组织，如家庭、学校、教会、沙龙（或俱乐部）、公民自发性联合体等。这些不同性质、不同层次、不同目的的组织在社会生活中交互作用，形成一股强大的制约国家政治权力的社会力量，同时，也是一种自律性很强的社会力量。但是长期以来，我国由于缺失公民社会的存在和发展空间，虽然改革开放以后公民社会组织的发展迅速，其地位和合法性也正在被确认，但从总体上说，我国的公民社会组织的自主性、独立性和自愿性程度还不很高，还存在着许多问题。这些问题的解决和公民社会组织的进一步完善将是推进公民社会发育的重要内容。

可以说,经济和社会从政治权力中逐渐分离出来,这是公民社会的进步,同时也是国家机器和公共权力的重构。在中国的国家与社会关系变革过程中,公民社会的成长是国家政治体制改革的产物,国家又必须范导公民社会的成长使其不至于成为放任自流的力量;政府转变职能后所留下的权力真空也很需要一个理性和成熟的公民社会来填补,否则难免成为导致社会失序的力量的生长空间。反过来,公民社会的发展也是改革传统官僚体制、转变政府治理方式的推动力。只有公民社会这一社会公共领域开始走向成熟,它才有可能对中国政治的民主化进程发生积极的影响。也就是说,公民社会的生成与成熟,它对公民自治、公民的政治参与、政治公开化、政府的廉洁与效率、政府决策的民主化和科学化等具有重要的意义,成为民主和法治的结构性支撑。

首先,公民社会既有制约政府公共权力,又有促进公民与政府的合作、改善公共服务质量的功能。在现代政治设计中,政府权力的基础是人民的同意,也就是说,政府权力是由人民授予的,因此,人民就有责任监督政府权力的行使。在民主国家,虽然有体制内的权力制衡机制,然而制约权力的最强大的力量也许更来自体制外,即授权给政府的人民。不过单个的人是无力与政府抗衡的,原子化的个人只有结成社会组织,才有可能抵制来自政府的强权,才有可能达致实现制约政府的目的。当然公民社会发挥制衡国家这一功能时,只能是在现行法律允许的范围内,按照社会的契约规则进行,而不是随心所欲地任意妄为。如同爱德华·希尔斯所言:"尽管相对于国家的自主是公民社会的特征之一,但这种自主远不是完全的。公民社会在法律所设定的框架内运作。……公民社会是这样一个社会,在那里法律既约束国家,也约束公民。"[①] 而且如果国家在法律允许的范围内正常运作,则公民社会不仅不应对国家予以制衡,而且应该与国家合作,致力于政治、经济和文化的发展。特别是在中国这样的后发并主要由国家推动现代化的国家中,公民社会的这种合作显得尤为必要。或许可以这样说,在西方一些自生型现代化的国家中,公民社会更多的是发挥制衡国家的功能,与国家的对抗性也比较明显;而后发型现代化国家中的公民社会,虽也必须具备制衡国家的功能,但相对而言这方面的功能并不

[①] 转引自邓正来等编《国家与市民社会》,中央编译出版社1999年版,第46页。

占主导地位，其更突出的作用是与国家的互补，弥补国家在某些方面功能的欠缺和不足。

其次，公民社会的发展对于公民政治参与的发展有重要的促进作用，公民社会的发展程度直接关系着政治参与发展的广度和深度。公民社会为公民的政治参与提供了实践的舞台。现代社会，公民政治参与技能在很大程度上不是取决于政府的培育，而是通过公民社会的自我组织、自我管理的社会生活中逐步养成的。托克维尔认为，正是在自治的过程中，美国公民"在力所能及的有限范围内，试着去管理社会，使自己习惯于自由赖以实现的组织形式，而没有这种组织形式，自由只有依靠革命来实现。他们体会到这种组织形式的好处，产生了遵守秩序的志趣，理解了权力和谐的优点，并对他们的义务的性质和权利范围终于形成明确的和切合实际的概念"[①]。公民社会里各种独立自主的社团组织就像遍布社会的一所大学校，通过对其成员的动员、组织、参与等活动；通过制定组织活动的章程、规则并要求成员遵守等活动；通过组织与组织之间相互交流、合作、协商等活动，使社会成员逐渐养成参与、合作、协商等契约观念、法纪观念、秩序观念，使社会成员学习和掌握在一定的组织机构中担任特定行为角色的知识、技能和行为模式，以不同的方式影响社会成员的政治态度，向成员灌输政治价值理念，传授政治操作技能。公民政治参与的潜在意识一旦在公民社会这个平台得以实践、发挥和施展，公民的政治参与能力必定会逐步增强，公民政治参与的积极性和热情也会随之迸发出来。不言而喻，政治参与水平也必然得以提升。

此外，独立自主的社团组织也是国家和社会成员之间进行信息、能量交流的有效渠道，是国家与社会交互作用的中介。这在公民社会政治性组织的功能中表现得较为显著。政党、各种政治组织、大众传媒等组织利用各种方法进行社会动员、利益表达、利益整合、凝聚社会共识等活动，这些有组织、有目的的活动所表达的信息是政治决策的重要参考依据；同时它作为政府政策执行过程的反馈信息，也为政府合理决策、为政策执行中的自我纠偏提供了有益的保障。公民社会主要是通过独立自由的公共舆论对政治权力的运行及其结果进行监督。社会大众通过自由讨论或传播媒介的作用，形成包含利益要求、思想观念、价值取向的公共舆论，这种信息

---

① [法]托克维尔:《论美国的民主》(上)，董果良译，商务印书馆1988年版，第76页。

通过相应的管道输入决策系统,或者广泛流布于决策系统外部,作为影响决策的压力。前者是直接影响,后者是间接影响。一般说来,在某种程度上,公共舆论能广泛地反映社会大众的普遍要求和社会所面临的或急需解决的问题,因此,公共舆论影响决策其实也是社会大众政治参与的形式之一。除政治功能外,公共舆论的另一功能是塑造社会认识结构。公共舆论在引导人们摒弃偏见、追求真理、形成正确的认识判断、塑造健康的社会认知结构方面起着重要作用。特别是当人们开始用理性的目光审视公共权力,不再把它看成源于超自然的神秘力量,而是要求将公共权力建立在人们同意和约定的基础上时,公民社会实际上才是孕育民主的政治文化的土壤。

尽管民主政治已被公认为是政治现代化的核心目标,但是民主政治的构建是一个渐进的过程,需要一些基础性条件。这其中与公民社会的发育密切相关。我们知道民主政治意味着公民广泛的政治参与,可以这么说,有效的政治参与是民主政治的重要环节。民主在其本质是一种社会管理体制,在该体制中社会成员大多数能直接或间接参与影响全体成员的决策。当代一些社会学家和政治学家认为,培养良好的公民社会,促进公民社会的公共性格,让它们合法参与政治过程是现代政治的根本特征之一。公民社会在利益追逐上的多种倾向迫使政治过程走向开放。这样,政治过程的开放性使众多的社会力量和政治国家的力量相互交织而构成政治国家的政治行为,不断推动政治过程走向公开和民主。所以,一个充满活力的公民社会既有利于促进公民利益的充分表达和实现,也有利于减弱、防止和分散政治冲突、政治集权和政治专制等多种趋向。

总之,公民社会是民主政治的重要的社会条件,是现代民主政治的生长土壤,我们应该宽容并注重培育成熟的公民社会,从而使公民社会建设成为推进民主政治的积极力量。

三 协同市场与政府的公民社会

唯有市场经济的充分发展,才会有公民社会生长的土壤。从历史上看,西方公民社会与政治国家的现实分离就是在市场经济的驱动下,逐渐摆脱国家权力的全面宰制,首先求得经济发展的自由,进而沿着实现城市自治的道路而逐步催生的。市场经济的本质特征决定了市场经济的主体,在从事具体的生产、交换、消费活动时都会竭力摆脱传统社会政府的家长式直接干预和控制，尽力争取更多的不受政治权力支配的自由活动空间。市场经济的这一内在要求为国家与社会的相对分离提供了动力，为公民社会的生成和发展创设了前提。当今世界各国大多确立了市场经济体制，这一方面是人类个体经济意识增强的必然要求，另一方面也是基于人类对市场经济相对优越性的认识所致。由于市场经济尊重经济主体的自主选择，所以，它能有效地激发市场主体创造财富的潜质，并且，由于它在承认人的理性有限性的同时，通过价格体系又可以有效地利用知识，让每个参与者只需要了解整个体系的一小部分，就能成功地实现协调，所以，市场经济相对于计划经济而言，具有不言而喻的比较优势，它能够带来社会财富的快速增加和经济的持续发展。从市场的运作过程看，市场的运作必须是自由的（即劳动产品的自由交换、经济资源的自由流动）、充满竞争的，而且这种自由竞争是在有规则的条件下进行的。事实上，人类社会之所以选择市场制度，就在于市场能为参与市场活动的各方提供自由的竞争环境，并在共同认可的规则基础上进行合作，并使参与各方都能获得相应的利益。从理论上看，现代经济学都是围绕着建构市场经济理论体系而发展的，无论是哪种经济学派别，其思想的宗旨都是为市场经济的良性运行寻找最佳的途径。虽说各派经济学对市场机制的理论表述各有不同，但是，它们都主张最大限度地发挥市场在经济运行中配置经济资源的作用。从实践上看，人类经济发展史已经表明，在迄今的各种经济形态中，市场机制作为配置资源的一种方式，是当今时代不可逾越的选择。人类近现代经济发展和社会进步的发展历程从事实上验证了市场机制的巨大能量，是否采用市场机制的经济运作模式，成为能否走向现代化的关键。我们在谈论现代性时，实际上无法否认市场机制是现代社会的最重要标志之一。

然而，市场机制作为一种经济形态和配置资源的方式并不能孤立地存在，市场机制要发挥作用，需要一系列社会条件的支持，政府力量便是其中之一。现代经济学在探讨经济发展和社会进步的方略时，实际上都绕不开政府规制对市场干预这样一个关键性问题。概观市场经济的基本理论与实践，我们不难发现，市场经济在很大程度上就是一种自主经济，即在经济活动中完全尊重市场主体的自主选择。但与此同时是国家必须通过制定市场准入的法规，市场运行的法规，宏观调控的法规，社会保障的法律等对经济生活进行适度的干预。在现代社会的经济生活中，政府对市场的干预是实实在在的，而且它对市场的运行产生着不可估量的影响。因此，对这一问题，经济学家可以表明自己的立场和观点是反对干预还是赞成干预，但却不可能回避这个问题。从经济思想史的角度看，亚当·斯密提出"看不见的手"的古典自由主义市场经济理论，政府只扮演"守夜人"角色，到凯恩斯的政府干预理论，再到哈耶克的极端自由主义，其间经历了不同经济学观点的激烈交锋，但基本上都是围绕着政府与市场的关系这一轴心而展开的。市场自由主义理论强调市场本位，反对政府干预，主张以宪政制度保障个人权利并制约政府的权力。持这种观点的代表人物在斯密之后有自由主义学派的哈耶克、米塞斯、弗里德曼、诺齐克以及公共选择学派的布坎南等学者。他们比较一致的思想倾向是，主张有限政府、最小政府，要最大化地发挥市场作用。这种思想倾向在20世纪80年代成为保守主义政府如美国的里根政府和英国的撒切尔政府的经济政策指南。在他们的实践中，政府管制逐渐放松，政府干预逐渐减少，市场自由空间进一步扩大，并取得了一定的效果。但各国各地区政府和面对现实的经济学家们也认识到，自由主义的市场经济理论不应全面排斥和否定政府干预市场的理论与实践，现在需要讨论的不是政府是否要干预市场的问题，而是怎样合理地发挥政府对市场的干预作用的问题。当今世界，虽然在不同的社会政治制度（如资本主义、社会主义）下，各国各地区在处理政府与市场关系的方式上可能有所不同，但都是围绕着政府是否要干预市场以及怎样干预、何时干预和干预的程度等几个重要方面展开的。

即使如古典经济学家所认为的，"市场是一部运作精巧、成本低廉、效益最佳的机器，有效地调节着经济运行和各个经济主体的活动"[①]。但市场却无法自动达到帕累托最优状态。市场机制在其现实运行中也因缺乏理想的完全竞争等条件，而导致盲目、滞后、无序等问题的出现。同时，由于公共物品使用的非排他性和非竞争性特点及消费搭便车现象的存在，市场机制的资源配置功能可能同样失效。这样，发挥其他机制的协同治理作用弥补市场机制失灵，成为必然选择。在国民经济的综合平衡、外部效应、公共物品、社会分配、限制垄断、抑制经济波动、社会道德以及信息的不充分和不对称等方面都存在着政府干预的理由。这些方面的市场失灵不得不需要借助政府力量予以矫正和弥补。然而，市场失灵并不是政府干预的充分条件，市场机制解决不了的问题，政府也不一定能解决，即使能

[①] 曹沛霖：《政府与市场》，浙江人民出版社1998年版，第233页。

解决，也不一定比市场解决得更好。因为，政府方面同样存在着情况更为严重的政府失灵，这是由于政府行为并非永远代表公共利益、信息不完全和政府能力有限、政府干预市场的成本扩张以及政府机构及其官员的寻租与腐败等原因造成的。所以，沃尔夫说："市场与政府间的选择是复杂的，而且，通常并不仅仅是这两个方面，因为这不是纯粹在市场与政府间的选择，而经常是在这两者的不同组合间的选择以及资源配置的各种方式的不同程度上的选择。"[①]

历史发展到21世纪，治理理论为两者之争走出困境提供了有益的方向选择。治理理论，它讨论的是公共管理的方式方法问题，主要关注的是政府如何适应市场经济有效运行的需要界定自己的角色，进行市场化改革，并把市场的基本观念引进公共管理领域。在政府公共服务中引入市场机制，把竞争注入政府服务工作中，不仅有助于实现政府服务"低成本、高收益"的预期，而且也是满足公众需求，提高服务质量、打破政府垄断的有效途径。而且治理理论鉴于政府与市场都存在着固有的缺陷，属意于在市场和政府这两只"看不见的手"和"看得见的手"之外寻找"第三只手"，即公民社会，以公民社会理论为其基础，在政府与市场之间建立一种缓冲力量，这引起了当今世界更多学者的注意。

公民社会在自治层面上能够有效履行对社会公共事务的治理职能，如影响公共政策的制定与实施等，以求克服搭便车，维护公共利益的实现。公民社会是一个以民主、商谈、参与为特征的社会，它呈现了国家、市场、社会公众等各种不同的力量所处的一种结构和平衡状态。公民社会已成为公共治理实践中一股独立而强大的力量，在公共事务治理的诸多方面发挥着不可替代的作用。对公民社会的关注已经成为治理方面文献的一个共同主题。"善治实际上是国家权力向社会的回归，善治的过程就是一个还政于民的过程，表示政府与社会之间的友好合作，它有赖于公民自愿的合作和对权威的自觉认同，要求公民的积极参与，其基础就是公民社会。"[②]且随着市场和公民社会的日益发展壮大，使得其对政府的全面控制能力提出挑战和替代成为可能。一方面，市场成为公民意识的训练场。

---

① ［美］查尔斯·沃尔夫：《市场或政府：权衡两种不完善的选择》，谢旭等译，中国发展出版社1994年版，第48页。

② 俞可平：《治理与善治》，社会科学文献出版社2000年版，第9页。

一般意义上的人格的独立，个人的自由，人与人之间的权利平等，在市场上都能够得到集中的体现。公民之间形成平等协作、尊重信任、互利互惠的关系，必然有助于以诚实守信为核心的市场道德的形成，培育出现代公民社会所需要的合作精神与公民精神。另一方面，公民社会还通过其行业协会等组织既维护了竞争性的市场经济体制，在一定程度上克服了其盲目性和无效竞争，并在一定程度上抑制了市场的外部负效应，又补充了政府的不足，满足了某些社会公共性需求，从而避免了政府为满足这些需求可能产生的供给失效。成熟的公民社会以及随之而来的大量公民自治组织，能够很好地了解微观公民群体的需求，提供个性化的公共服务，它往往能弥补由政府所提供的针对全社会的由政治决策过程决定的单一的公共服务的不足。而且，公民社会具有的独立性使人们对公共权力采取一种审慎、怀疑的态度，这对行使公共权力的官员构成了看不见的制约，有利于构筑公共权力运行的边界，防止国家政治权力的无限扩大，从而杜绝"绝对权力绝对腐败"现象的出现。

与个人单独向政治系统提出要求相比，公民社会能更有成效地进行利益汇集与表达，可以使分散的个体声音集合成强大的集体声音。而对于政府而言，与合法的组织进行磋商，更有利于掌握和了解民众的意愿，也有助于通过与社团组织的协商对话，合理调控社会公众之间的利益冲突，自觉矫正自身的不良行为，增强与公民在社会公共事务上的合作，改善政府的形象及政府和公民的关系，增强公民对自己的政治认同，提高公民的政治参与积极性，促进政治参与向良性、有序的方向发展，从而在缓解政府面临的参与危机，保障政府合法性的基础上，保持政治稳定，促进政治发展。公民社会在组织公民参与政治的过程中，还通过文化公共领域向公民宣传法律知识、民主程序等，引导公民善于通过合法途径，在尊重他人和社会利益的同时有效维护自己的权益。总之，公民社会中，身份和利益各不相同的社会单元，由于对国家保持独立性，不仅能够限制统治者的武断专横行为，而且也可以有助于造就更好的公民：他们对别人的偏好有更深的了解，对他们自己的行为更具自信，在为了公共福祉而情愿奉献方面更加具有文明的心灵[1]。所以，人们普遍认为，公民社会是现代民主政治产生、发展的重要基础，也是民主政治正常运行的必要条件，它为民主政治

---

[1] 刘军宁主编：《民主与民主化》，商务印书馆1999年版，第27页。

的发展提供了强大的动力。事实上，正如许多后发展国家历史所表明的，凡是缺乏公民社会组织的国家，一旦搞普选制的民主政治实践，就会出现民粹主义现象。因为缺乏自治与政治判断力的大众，很容易受追求选票的具有煽情能力的政客所左右。而这些政客上台后，要么因无法实现对选民的承诺建立不起威信而不得不变为软弱无力的政府，任何重大的事情与改革都无法进行；或者为了保持权力，而不得不迎合狂热的群众非理性情绪，把国家和人民引向灾难；这样的民主无疑就会变成民粹主义的陷阱。特别值得指出的是，中国这种全能主义型的威权体制，由于国家垄断各种资源，社会自主性程度很低，也因为缺乏谈判与妥协的文化传统，迫切需要非政治的社团与公民组织来培养这些能力和培育这种政治文化。老百姓可以在小区环境中，在与自己日常生活密切相关的问题上，通过充分发表自己的意见，了解对方的诉求与困难，找到妥协的办法，学会养成协商的习惯。我们也相信，在中国的国家与社会关系变革过程中，公民社会的发展应该是改革传统官僚体制、转变政府治理方式的推动力。

由此可见，对公共事物的治理，政府、市场与公民社会都各具特有的行动资源，三方的互助合作才可以解决很多公共治理难题。政府被视为公共利益的主要代表者，能够有效解决公共产品与服务中存在的"搭便车"与"不合作"问题。但在公民社会理论的三分模型中，国家因治理成本的限制，无法包揽一切社会问题。市场经济部门因为追逐利润的本性，也不可能直接去做那些没有经济回报的事情。公民社会中那些既非政府也非商业性的机构与组织的非营利组织体系，由于具有规模小、灵活机动和扎根基层等特点，因而较为理想地适合于填补由国家行政的不足所带来的空白区，并发挥积极的作用。[1] 首先是政府与市场在公共治理领域可实现优势互补，协作共赢。政府以社会主导者的身份组织公共领域的供给，通过行政手段调节收入分配，消除外部效应；而市场充分发挥其灵活性，参与公共治理领域的供给，与政府协同实现公共利益的最大化。现代多中心治理理论强调，市场和政府一样，都应成为公共治理的有效主体，充分利用其回应性强、效率高等特点，可以提高公共物品供给的质量和效率。其次是市场机制与公民社会之间，除了监督、约束之外，还存在着密切的合作与互动。一方面公民社会能弥补市场机制的固有局限，监督其运行过程，

---

[1] 何增科：《公民社会与第三部门》，社会科学文献出版社 2000 年版，第 100 页。

有效解决市场失灵造成的公共问题。在实践中，公民组织可以做许多保障市场良性运行的工作，如成立专业的打假机构、致力于推动私企的社会责任感，甚至成立以市场机制运作，却以追求公益为目标的社会企业等。再次是公民社会与政府之间，强调多中心主体的治理理论，由于不再坚持政府在公共治理中的专属性和排他性，从而很好地凸显了国家与社会组织的相互依赖关系。不过公民社会虽然在一定程度上缓解了公共治理危机，但在运行机理等内在方面却存在很多缺陷与不足。如组织的志愿性特征使其资源需要依靠外界的资助，常常难以为继；也因其自愿性致使组织性和持续性较弱，由于缺乏必要的外部强制力，其行动持续性和效果的客观性值得质疑，等等。

综上所述，政府、市场与公民社会是公共治理理论视域下难分主次的参与主体。为促进经济和社会的健康发展、实现公共治理的价值追求，有必要由三方主体协同合作，并不断探求更为合理的互助合作模式，三者就如同一个全集内的三个相互交叉的子集，各有其独立作用的空间，同时又有其协同作用的交集①。

第三节　公民社会与公共道德的培育

市场经济、民主政治和公民社会这三个相对独立而又互动的领域都需要公共道德作为基础。但需要与创造满足需要条件的机会往往同时出现。市场经济的发展拓展了社会的自主活动空间，宪政民主和由它提供了切实保护的公民权利给人以力量感，这种力量感以及在公民社会中获得的公民训练，使得自豪、从容、理性、成熟的精神状态和自律、负责及参与、合作、尊重规则的公共精神等品质得以普遍产生从而成为公民的整体精神特征。它不仅成为市场经济和民主政治的道德基础，而且也是公民社会人们进一步追求生命的价值与意义、实现人的自由全面发展的基础和前提。

一　公民社会是公共道德培育的真正场域

在亚当·斯密的市场经济理论中，人们最为关注和感兴趣的是"看

---

① 参见闫鹏《21世纪政府、市场与公民社会的三足鼎立》，《成都行政学院学报》2002年第1期。

不见的手"保证了市场秩序的自发性生成，其实斯密还同时告诉我们，市场交换的成功及其交换链条的无限延长也有赖于其相应的道德基础的存在。他认识到：人人都有自利的追求，而唯有互利的合作才能使每个人的自利追求得以实现。互利既是对自身的理性限制，又是实现自利的桥梁和纽带。互利结果的实现，有赖于互利原则的遵守，而互利原则的遵守，必须要求交易的双方具备相应的品性。对此，他在《道德情操论》中做了详细的分析。"品性之中，算得于我们最有用的，第一，我们要推那种高度理性及理解能力，凭着它，我们可以细辨行为的后果，而预测它可能的祸福；其次，便推自制的能力了，有了自制，便能放弃当前的逸乐，茹辛耐劳，以求将来的更大欢乐，或避去将来更大的痛苦。而这两种品性联合起来，便是谨慎。"[1] 接下来，斯密又认为，与谨慎是对个人最有用的品性相对应，仁慈、正义、慷慨和公众精神是对他人最有用的品性。这类品性往往是"他们在考虑和他们利益相反的事时，能够不从自我利益的观点，而从他人的观点去着想"[2] 时才得以出现。显然，斯密敏锐地认识到了市场经济生活不仅需要个人理性能力，而且也需要"从他人观点着想"的合作精神和公共责任感，但这却是市场本身无法提供的。市场的内在运作机制所具有的恰恰是对它们的损害作用和对社会成员原子化与机会主义倾向的诱发。奥尔森在他的《集体行动的逻辑》一书中清晰地表达出这样一种思想：人们的共同利益并不意味着集体行动的自然达成，造成这一局面的原因是，由于公共物品的不可排他性，一个人不管是否提供目标的达成成本，他都不能被排除在最终收益的享用者之外，因此，自我利益最大化的个人的最佳选择是不提供达成成本，而坐享他人的成果。自奥尔森之后，集体行动难题成了社会科学界最为广泛的关注主题之一，哈丁1968年所提出的"公地灾难"命题以及各种不合作博弈研究在很大程度上都是对奥尔森逻辑的发展，并将自利基础上的合作难题更鲜明地呈现出来。很明显，市场经济本身不会自动产生自觉维护社会整体利益的道德意识。除了自利动机占主导地位这个基本原因外，还由于个体囿于微观地位在许多场合往往不易看清维护公共利益与自身长远利益的关系；此外，即使有人看清了，并且有了维护公共利益的愿望，但却会遇到其他人因不合

---

[1] [英] 亚当·斯密：《道德情操论》，蒋自强等译，商务印书馆1999年版，第235页。
[2] 同上书，第238页。

作反而得利的道德困境。所以，市场经济作为一种现实的经济形态存在于世，斯密早就指出了的那种个人理性当然不可或缺，它意味着不以情感、冲动和权威等特殊性原则而是建立在计算和权衡之上去从事社会行为。它强调通过公开的、正当的、合理的途径去从事社会行为，而不是通过血亲关系、权威、地下交易等进行交往，这在以特殊主义的人情伦理为社会纽带的中国有着特别重要的意义。虽然市场经济的发育为普遍的个人理性提供了现实基础，它能有效地促进社会理性化程度的提高，但个人理性在市场经济行为中更多的是一种合理自利，只有公共理性才关注市场经济交往行为的秩序及其法则，且这种秩序及其法则为个人理性确定了一个存在的合理边际。也就是说，相对于个人理性的不可或缺来说，公共理性同等或更为重要。它一方面对于市场经济中的个人行为具有框正的基础性作用，另一方面对于市场秩序演进具有基本的规导作用。这种公共理性具体体现为公共权力及它所制定和维护的公共规则，同时还包括尊重、信任等公共道德品性。所以，市场经济的不自足性，市场经济的健康发展，既需要政府为主导的公共权力的规制与协调，更需要公民社会的社团组织等机构提供的智力资源、伦理资源等精神食粮和理性动力。其伦理资源的实质一方面是通过公共权力的制度建设去抑制道德风险，另一方面是构造、提升企业的文化精神与公民等行为主体的美德。在经济伦理的框架内，在承认利益争夺是推动市场经济不断发展的前提的同时，还需要超越功利的精神力量去摆脱物欲对灵魂的束缚，在物欲包围中凸显人的价值与尊严。

　　同样，现代民主制的健康和稳定不仅依赖基本制度的正义，而且依赖民主制下公民的素质和态度——如，他们的身份感以及他们如何看待潜在竞争的其他民族、地区、种族或宗教的身份；他们对不同于自己的他人予以宽容和共事的能力；他们为了促进公共利益以及为了使政治权威承担责任而参加政治活动的愿望；他们在自己的经济需求上以及影响他们健康和环境的其他个人选择上表现自我约束和实施个人责任的愿望等。如果没有具有这些素质的公民的支撑，民主制将步履艰难甚至遭到动摇。许多古典自由主义者相信，即使缺少特别有道德品质的公民群体，自由主义的民主制也可以通过权力制衡来有效地运转。即使每个个人只追求他自己的利益而不考虑共同利益，私人利益之间也会形成相互遏制。但当代西方逐渐增加的投票冷漠、对福利的依赖以及伴随全球化而来的文化多元化、种族多元化的现实使20世纪90年代以来的许多学者认识到，需要通过对公民责任和公民品德的积极实施——包括经济自立、政治参与甚至公民礼仪——来补充对公民权利的消极接受,并需要具体地弄清要有哪些公民品德来维系民主制的持续繁荣。正如我们在上面的章节中已提到的,按照美国学者威廉姆·甘斯通的研究,这些公民品德是综合性的,特别是在其政治品德中,质疑政治权威的能力和愿望、从事与公共政策所涉及事务相关的公共讨论的能力和愿望,也许是自由主义民主制下最具特色的公民资格的要素,因为正是这些要素把民主制下的"公民"与权威主义制度下的"臣民"区别开来。而且随着区别于代议制民主的参与式民主模式的出现,对民主制下的公民提出了更高的道德要求。按照代议制民主模式,公民参与的投票行为依据被认为是或多或少的私人自利,与他人的任何互动都被认为是在反映如何使自己最有利的策略。然而,按照参与式民主模式,公民们在公共场所的公共辩论行为被认为旨在建立相互理解和获得共识,而不仅仅在为个人利益而运用策略。

至于如何才能鼓励公民们表现出公民资格所需要的那些公民品德呢?有两条思路:一条是共和主义"亚里士多德式"的,认为政治参与具有内在价值,积极的公民生活事实上是人类共同生活的最高方式。另一条思路是自由主义工具理性阐释。即要捍卫和促进这些品德只是因为它们具有维系正义制度的工具意义上的重要性,而不是因为它们对于参与者具有内在的价值。自由主义与共和主义不同,并不把政治参与当作唯一的优良生活观,承认许多人在不同程度上对政治天生就没有兴趣,于是就有了公共领域和私人领域的划分。公共领域这里指的是政治生活领域。私人领域就是私人在公民社会的生活领域,其中的私人自由允许人们脱离官方的监督和干涉,大大增加了私人联合和合作的可能性。这样,自由主义者对与政治公共领域相对的私人领域的公民社会抱有信任,认为公民社会是追求优良生活的场所,但这也产生了公民社会本身需要的公民品德的问题。对公民政治品德来说,消极或最低的公民义务常常以纯粹否定性的术语来加以描述,例如,不违背法律的义务、不伤害他人的义务,或不限制他人权利和自由的义务。在自由主义的公民资格中,伴随这种最低限度的政治品德的是"公民礼仪"或"得体"的社会品德。公民礼仪指我们面对面地对待亲友之外人们的行为方式。在民主社会里,公民礼仪意味着把他人当作平等者加以对待——只要他人也承认你是平等者。这不仅适用于政治活动,也适用于——事实上是主要适用于——日常行为,也就是说,与大街上、近邻的商店里等各种公民社会的制度和场所相关的日常行为。公民礼仪被认为是维护西方自由民主制度，促使其机构有效运作的最低限度的要求，它意味着随时节制个人或地区与集团的特殊利益，将公共利益置于首位。也就是说，即使我们拒绝亚里士多德式的共和主义，对公民品德要求较低的自由主义民主政治和社会正义理论同样对政治公共生活与社会公共生活的公民提出了相应的道德要求，至于这些品德如何创造，答案是只有公民社会才是培育这些品德的真正苗床。特别是哈贝马斯论及的公共领域，可称为社会公共领域，与政治公共领域相区别，它是当今最受人们期待的孕育公共精神、批判公共权力和培育公共道德的土壤。

公民社会是一个完全不同于"需要的体系"的社会公共领域[①]，是一个不同于国家权力的社会权力场所。公民社会的建立不仅仅是一个人们能够拥有更多支配空间和时间、更多参与路径的过程，更重要的是，它是一个超越了生产劳动和市场交换的直接目的的文化批判领域和公共价值建构的领域。社会生活契约化是现代市场经济的必然要求，契约理念作为市场经济与公民社会交往主体间自由公正和意志自律的产物，体现了市场经济的基本精神，型构为公民社会的运作逻辑。随着市场经济的成熟，与之伴生的自由、平等、互利、共赢的契约精神得以升华，并超越市场经济领域，成为政治文化制度和社会秩序建构的理念和普遍行为准则，并反过来成为推动市场经济发展和完善的自觉力量。而现代社会的公民作为其民主宪政制度的产物，它是公民社会与政治国家二元化及互动进程中政治解放和人的解放的当然结果。公民社会中的"公民"是现代社会成员的主要身份，其主体的独立性得到政治国家的确认与尊重，体现着公共理性的宪政及规则得到社会成员的普遍遵从，个体的主体性和人与人交往中体现的主体间性，共同规定了公民社会伦理形态的基本内涵。公民社会最根本的特征，就在于它是突出每一位作为个体的"公民身份"的民主社会，每位公民的权益、需求、意愿与价值都得到了前所未有的尊重。在公民社会中，通过社区等公共事务的自治培养和提高公民政治参与的兴趣和能力，为民主政治提供道德支持。而大量的公益性社团、非营利性组织作为人类

---

① 两位美国学者柯亨和阿拉托在1992年发表的《市民社会与政治治理》一书中，将公民社会界定为介于经济和国家之间的一个社会领域，从而将经济领域排除在公民社会之外。参见童世俊《"后马克思主义"视野中的市民社会》，《中国社会科学季刊》1993年第5期。本书在认同这一观点的基础上使用"社会公共领域"的提法。

社会发展史上重大的组织制度创新，它们是社会价值的创造和捍卫者、公共服务的提供者和社会资本的建设者，以此弥补着政府与市场的双重失灵。"公共秩序和公共信任不可能单纯从个人自发地产生，而是需要唯积极的公民生活方可提供的那种培养。"① 正是在社会公共领域中通过交流、沟通、协商所形成的意见、舆论与社会风气、精神面貌等结合在一起，构成社会的公共精神。

传统中国不存在公共领域和私人领域的分立，所以一般地村社生活既是私人交往生活又是公共交往生活的范围。村社生活的范围多大，公共生活的范围便多大。这种生活是"伦理本位"（梁漱溟语）的，因为几乎所有的社会联系都是以血缘与地缘的纽带联系起来的，因而不需要发展伦理之上的种种公共生活设置。于是，就导致了我们没有发育健全的公共生活传统，我们所能求助的只是由家庭的亲情伦理关系向外推展的"修齐治平"传统。这样产生了两种相反的倾向。一种是试图把家庭亲情推展至整个社会，从而把公共生活关系演化为某种准家庭关系的"大家庭伦理"倾向，这种倾向除了有浓重的乌托邦色彩外，一个根本弱点是不能演化关于社会成员间平等地位的观念，因而现代社会民主政治的发展无由从这里生根。另一种是在公共生活中排除对他人（陌生人）——复数的"一般他者"——的考虑与关切的"非伦理"或"野蛮伦理"倾向。

改革开放以前，我们实行的是高度集中的计划经济体制，与此相适应，绝大多数中国人还是生活在封闭的小天地里，人们之间的交际范围不广，交往内容简单，城乡之间的隔阂较大，人员流动幅度极小。因之，公共交往生活的缺乏未能产生迫切的对现代性公共道德的需求，即使有对现代公共道德的提倡，也是自上而下的，因缺乏实践的场域而不能植根于人心，重私德轻公德的传统伦理在很大程度上仍然影响着人们的现实生活。

在经历了30多年的改革开放与社会变迁之后，中国公民社会已初具规模。其重要的特征是民营企业与民营经济快速发展；中产阶级正在形成；中介组织逐步发育；社区自治不断扩大；公民的政治参与逐渐增加。也就是说，公民的公共生活空间正在不断扩大，公共交往将越来越频繁，国家与社会的关系将不再是过去那种强国家弱社会的格局。这种由经济发展带来的社会转型，必然要求道德建设与之相互适应。以独立主体精神、

---

① ［美］贝拉等：《心灵的习性》，三联书店1991年版，第245页。

权利与义务统一精神为内涵的现代伦理精神作为公民社会的精神蕴涵与表征，它虽然以公民社会的社会存在为前提，但它应该成为中国现代化的价值理念和精神导引，是社会主体行为的思想根源以及现代化进程的精神动力。转型期我国道德建设的当务之急是公共道德的培育。而现代社会公共道德与传统道德的根本区别就在它所包含的现代伦理精神。因此，现代社会公共道德的培育不能只囿于社会的道德教育及个人的道德修养这道德自身的领域，其社会基础的夯实是不可或缺的。

首先是合理价值观念的引导。梁启超等近代知识精英已认识到了要使中国人有良好的公德意识就要输入西方的自由与平等、权利与义务、合群、公益等思想观念来教育中国人，把传统的奴隶式的驯服教育变为自立、自主的国民教育。也就是说，在现代社会，作为道德行为主体的公民，必须具有自由、平等、信任、合作、参与、公益等现代意识与现代精神，他才能去处理好与他人、共同体以及与自己和环境的关系。这就要求对"崇公抑私"群体本位的价值观进行现代性反思与批判，给个体（私）价值发展留足必要的空间，同时加强公民的权利与义务教育、规则与责任教育，只有公民的人格健全发展，才能有健康的公共生活与道德。

其次是法律的完善与政治机制的良性运行。梁启超曾在他的《新民说》中对西方道德存在的基础进行过分析，"窃尝举泰西道德之原质而析分之，则见其得自宗教之制裁者若干焉，得自法律之制裁者若干焉，得自社会名誉之制裁者若干焉，而此三者，在今日之中国能有乎。"[①] 在现代社会，宪政制度对于公权私权的清晰界分、公民资格的确证、公共利益以及公共责任的确定是必不可少的。宪政制度是公共生活的基石，围绕它政治生活才得以展开，并且它同民法制度一道在个人私域生活和公共生活之间划出界线，构建出公私法相互区别的叙述范式和理论原则。私法的原则是"协议就是法律"，其法律规范模式是"凡是法律未禁止的，都是允许的"；公法的原则是"公法的规范不得由私人间的协议而变更"，其法律规范模式是"凡是法律未允许的，都是禁止的"，从而使限制公共权力，保障公民个人权利的宪政精神得以实证化[②]。宪政与民主是法治的制度框架，是现代社会公共生活同时也是公共道德生活健康发展的基础与前提。

---

① 梁启超：《饮冰室合集·专集四》，中华书局1989年版，第132页。
② 邱本：《市场法治论》，中国检察出版社2002年版，第91页。

再次是公民的积极参与和实践。作为个体的现代人，一方面在现代伦理的支持下有足够的理由去追逐他们所理解的来自日常生活中的幸福生活；另一方面，在现代社会的公共领域中非常需要公民对社会公共生活、政治生活的积极参与，承担起公民的责任。正如法国思想家托克维尔在考察美国的民主制度时指出的，美国的乡镇自治、陪审制度、结社自由在培育一种健康的政治生活方面发挥着积极的作用，通过在这些领域中同他人合作，公民获得公共责任的基本知识，有助于将自私自利的个人转变为同时以公益为重的公民，从而在公私领域中把人们对物质生活享乐的爱好与对自由的热爱和对公共事务的关心结合起来①。

二 社会各领域的相对分离与人性设定

当代社会哲学一般将人类活动基本上划分为经济、政治和精神文化三大领域，这三大领域间的结构关系就是一个社会的基本结构态势。从非市场经济向市场经济的社会转型，就是一个从领域合一到领域分离的社会基本结构的转变过程。市场经济条件下的各领域相对分离显现的是一种相互制约的"网状结构"，我们发现当不同的人文社会学科聚焦于相对分离中的功能和目的各不相同的领域时，其理论及其作为其理论前提预设的人性假设也表现出莫大的差异，特别是其人性假设，如经济人、政治人、道德人等，它并不是对纯粹人性的形而上理解，而是对不同领域中行为主体单一维度的人性设定。

经济人假设是西方经济学大厦的理论基石，它也是迄今人类社会最有影响的人性假设。当人类尚处于生存是大多数人第一要务的经济社会阶段时，从自我出发最大限度地追求经济利益就不能不成为人的必然选择，因而基于经济人假设的经济学理论才有了极强的现实性和极大的解释力。在西方经济学家看来，经济人就是理性的、自利的、追求自身利益最大化的人。法国经济心理学家保罗·阿尔布对经济人的基本特征作了如下的概括②：

第一，经济人的行动只受个人利益的驱使。

---

① [法]托克维尔：《论美国的民主》（下），董果良译，商务印书馆1996年版，第671页。

② [法]保罗·阿尔布：《经济心理学》，符锦勇译，上海译文出版社1992年版，第103—105页。

第二，经济人只服从理性，他不会想入非非和心血来潮，他只想以最小的牺牲来满足自己的最大需要。

第三，经济人是一般意义上所说的笼统的人，是具有完全的信息人。

第四，经济人没有历史，只有现在，没有过去和未来。

第五，经济人完全是孤立的和自由的，他独立于任何其他人，可以说是生活在孤岛上的鲁滨逊。

第六，经济人有三大主要的哲学来源：享乐主义、功利主义和感觉主义。

由于经济人是以理性的面目出现的，而且市场主体的自利追求实际上也包括在理性的含义之中，所以经济人有时也被称作"理性经济人"。经济人的理性是什么呢？在标准的西方经济学中，理性具有以下的两个方面的特性：一是选择的内在一致性；二是追求自利的最大化。如果某个经济主体符合这两个方面的特性，在经济学上就是理性的。

经济人是经济学家在经济分析中使用科学的抽象分析方法，对现实复杂的经济现象进行简化而提出的一个理论假设和分析前提，其目的是为了在影响人类经济行为的众多复杂因素中，抽出主要的基本因素，在此基础上推导出一些重要的理论结论，并据此对人们的经济行为作出解释和预测，提供行为方针和政策建议。这是一个比较可靠的基础，也是一个强有力的概念和范畴。尤其是在设计规制经济活动的制度时，只有假定每个人都可能成为只进行纯粹个人主义的成本与收益计算的经济人，且只具备有限的理性，我们才可能设计出一种对所有人都一视同仁的制度规范。但是，一个明显的事实是，不能用"经济人"来预设所有人类活动的行为，因为在不同活动领域中，人类行为的具体特点可能各有不同。

在市场中，自利的经济人的偏好和欲望是个人主义的，只为满足自己的偏好和欲望作出行为上的取舍，一般不会去主动考虑诸如社会和他人利益这样的伦理关系应该如何等这样的问题。因此，经济人对利益无休止的追逐必然会遭遇到道德上的冲突。例如，当个人利益与社会和他人利益发生冲突时，经济人按其所谓的理性判断如果不全面衡量特殊情境下的道德利害关系，往往只为自身的利益着想的话，其行为当然会遭遇到伦理上的负面评价。正是在这一点上，德国历史学派强烈批评古典经济学对"自利"的张扬，认为在经济人观念中，人几乎成了若干种具有强烈自利倾向的原始生命本能的集合体，只受纯粹自私动机的驱策。这种以孤立个体的经济动机为基础的经济分析，无异于把"政治经济学变成一部单纯的利己主义的自然史"。历史学派希望通过对伦理价值的强调，限制乃至消解人的自利倾向。他们认为只有以"真实的人"取代"抽象"的经济人，才能使经济学成为真正的致用之学。他们从伦理取向的视角出发审视经济人观念，形成这样一种基本看法：经济人仅仅关注自己的物质生活，却无视自己的精神生活；只关心自己经济活动的结果，而不在乎取得这种结果的方式；只知道追求收入、利益、效用的最大化，只知道追逐物的目标，根本不懂得追求自我完善，实现自我的社会价值。

制度学派对"经济人"也进行了有力的批判。他们认为，作为一种社会存在，除了物质经济利益以外，人还追求安全、自尊、情感、社会地位等社会性的需要；人所做出的选择，并不仅仅以他内在的效用函数为基础，而且还建立在他个人的社会经验、不断的学习过程以及构成其日常生活组成部分的人与人相互作用的基础之上。因此，人的行为是直接依赖于他生活在其中的社会文化环境的。要从每个人的现实存在和他与环境的关系、制度结构、组织模式、文化和社会规模等去理解人的经济行为。的确，人的自利性并不是先验的，万世不易的，它是在自然资源稀缺和社会利益分化这种环境中形成的。经济利益固然是经济社会阶段人的主要追求，但并非唯一追求。人固然有自利性的一面，但同时也有利他性的一面。多数人对利益的追求是最大化的，但并非所有人都如此，因为现实中的确有许多知足常乐和适可而止的人，他们往往追求的是利益的满意化而非最大化。而且理性固然是人的重要特征，但非理性对于人也起着重要的作用。所以自利的人性也有变化的一面，它是不变性与可变性的统一。

为了使"经济人"这个对经济学来说至关重要的假设能够让更多的人接受，西方一些经济学家一直试图对它进行改进，所以从亚当·斯密开始，经历了"古典经济人"、"新古典经济人"和"泛经济人"三个发展阶段。特别是贝克尔、布坎南、诺斯等新制度经济学家对"新古典经济人"进行了反思和修正，把各种非经济因素的解释融合进"经济人"的分析模式中，使"经济人"的内涵发生了比较大的变化。"泛经济人"主要是指追求包含个人可能追求的任何目标集合的效用函数最大化的人。实际上，"泛经济人"已使传统的"经济人"转变为"效用人"。认为人既有官能与物质之欲，又有权力与名位之欲，甚至还可能有利他主义的牺牲之欲，这些（欲望或偏好）的满足，都能给他带来效用，而在他追求效用最大化的过程中,行为要受多方面的约束,因而只具有有限理性。

特别是从20世纪60年代开始,布坎南、塔洛克等人将这种"经济人"假定引入对政治行为的分析之中,提倡一种方法论上的个人主义,用经济学的模式和经济人的行为逻辑来分析政府过程及政府人员的行为,反思政府人员的利益满足问题。认为政府并非神造物,而是由政党、政治家和政府官员组成的一种社会组织,支配人们在经济领域中的活动规则同样也适用于政治领域。个人在政治领域中的行为与在市场领域中的行为相比,除了具体环境有所不同之外,自利的人性并无本质的区别,个人同样是追求某种最大化个人利益,即某种个人认为值得追求的目标或有价值的东西。简而言之,人们追求的是最大化效用。影响效用的因素是多种多样的,可以是商品、收入、财富、社会地位、权力等利己主义因素或个人物质利益,也可以是慈善、友谊、和平、社会进步等精神因素和利他主义因素。必须强调的是,个人即便在公共选择活动中也首先是在追求个人利益,只是可能比私人市场活动中要隐蔽和复杂一些,但绝不是像传统政治学理论中认为的那样,只追求公共利益而不考虑个人利益。而一种良好的政治制度必须达到这样的状态:不否认政府官员及其他个人存在追求自身利益的动机,但是它能够保证他们追求自身利益的结果是同时实现国家和公共利益,而且这种非自主性的追求效果要大于自主性的追求效果。

应该说,把"经济人"假定引入政治领域,有利于确立人类行为动机的统一模式并确保制度分析的一致性,有利于运用严密的逻辑推演及数学模型推进政治研究的科学化进程。同时,"经济人"假定也打破了长期笼罩在政府官员头上的神圣光环。如公共选择学派所认为的,凡人都是以自我利益为首要法则,没有理由认为人从私人领域进入公共领域就会变得人人道德高尚起来。对于公务员来说,其经济人本性并非指公务员只追求自身利益的最大化,而是指公务员也具有一种天然的从自身利益最大化出发来致思的动机与行为取向。即使在非市场领域,只要是出于这种动机和行为取向,不管其客观效果多么不同,都不外是经济人的行为特征。因此,把"经济人"假定引入政治领域,也具有重大的理论与现实意义。我们在制定法律法规时应当把所有的人都设想成"经济人",因为就制度选择与创新的目的而言,行为假定的合理性不完全取决于是否完全符合现实,而主要取决于由该假定推出的结论是否有助于效率、公平、正义等目标的实现。

但相对于经济活动中的人来说，"经济人"假定对政治活动中人的描述也许太过于简单。一定程度上它抹杀了政治活动与经济活动的差异。在市场制度条件下，以经济学的观点肯定"经济人"自利行为的普遍性，既不意味着自利行为必然导致恶，也不意味着必然导致善；既不排除"经济人"在自利中伤害他人或社会的可能，也不排除"经济人"在某种特定情境中选择高尚的利他行为的可能。它只是认可了这样一个事实：经济活动不能没有自利动机的刺激，而"经济人"假设恰好抓住了这样一个关键之点。经济学基于人性局限的假设是立足于公认常识的一种底线设置或低调预期，以此为基础的制度安排能够杜绝人性越过底线而落入恶的深渊，但这种底线是向上开放的：人们不知道它是否能猛烈推动人性向善的提升，但至少它绝不会妨碍这种提升。更简单点说，以"经济人"假设为基础的安排可以禁止抢劫，但绝不会妨碍慈善。

而在政治公共领域中，公务员追求自身利益的经济人行为，并不会产生经济市场中那样反映所有参与者利益的自发秩序，而只能导致官僚主义、政府效率下降和腐败现象的泛滥。政治人的社会职责、地位和岗位决定了他必须具备卓越地履行社会职责、有效地承担其社会责任的品性和素质。可以这样说，政治人的角色标准的规范要求，社会的道德期望是高于经济活动中的经济人的。公务员对公共善的追寻、对职责、义务的履行，当然是社会对公务员的一种角色期待，而且它应该成为作为德性主体的公务员的一种自觉追求，它应该内在于公务员的本性之中。如果说经济领域中的经济人的行为价值更多的是以结果功效论是非的功利主义标准来评价的话，政治人行为的德性则是以确保动机纯正、凭其实践理性而致使行为合理、讲求手段与目的内在地一致的价值理性行动。

其实经济人的行为从社会角度看，也是有其道德要求的，这就是前面论及的市场经济的道德基础问题。一个经济人在经济领域能比较好地遵守经济伦理规范，他可以是一个道德的经济人，或者说儒商，但如果他要有纯粹的利他行为，要做一个"道德人"，追求一种理想的人格，那么，他必须来到社会公共领域，成为慈善家或志愿者，因为纯粹的利他行为在市场中并不是必需的。至于政治公共领域的政治人，因为其薪俸等物质待遇是确定的，有保障的，这为他偏好精神价值，追求高层次需要的满足奠定了基础，他完全可以贡献其政治智慧，提供优质的公共产品或服务，成为一个不计个人得失的、尽职尽责、刚正不阿的道德的政治人。但与此同时，也并不妨碍他在社会公共领域提供志愿服务而成为道德人。所以，建立在政治人是"经济人"这一人性假定基础上的制度设计，可能是一种必要且合理的设计，但绝不会是完美的设计。因为制度设计的目标并不仅仅是防止利己行为的发生，更重要的是通过制度创新来更好地实现公共利益。因此，从实然的角度说，政治人摆脱不了人的自利天性，这需要通过制度来规范和引导；但从应然的角度说，政治人更应该是具有道德能动性的义务承担者和以公共利益为价值准绳的价值负荷者，这对于不是以政治为职业仅仅是公民的政治参与来说也是适用的。

应该说政治人的理论假设揭示了人性中与经济理性不同的另一面，它能解释为什么有的人为了自己的政治信念而甘愿牺牲一切，甚至自己的生命，为什么集体行动中并不会因为有的人搭便车而一定发生崩溃，为什么政治家之间的分歧更多见于政见不合而不仅仅是利益冲突等问题，但如果将其置于总体人性的首位，这无疑是错误的。因为相对于人的政治活动而言，人的经济活动无疑是第一位的，所以相对于人的政治性而言，人的经济性无疑也是第一位的。但不论是政治性还是经济性，都只是总体人性的一个维度或一种形式而已。

而公民社会或社会公共领域则是容纳各种非营利组织或志愿者组织自主的各种道德实践的场域。我们从前面已经知道，市场经济为人的活动提供了更大的可能性空间，提高了人的社会属性；宪政体制和由它提供了切实保护的公民权利为个体提供了足够的自由空间去追求来自日常生活的幸福，但他们同时必须自觉地承担起公民的责任。在这一场域的道德实践中，我们能更多地看到"道德人"——爱、责任与道德理想使人们超越自我，寻求合作，追求生活与生命的意义、灵魂的升华。但道德人的人性设定，虽然有利于增强人类的自信心，有利于人性的升华和人的境界的提升，但似乎却与现实中我们对人性的经验相距甚远。虽然现实中并不排除道德人的存在，但这种道德人不论是在人类整体的比例上，还是在个人行为的概率上都属于非常态的少数，因此，将人看作道德人只能是一种善意的假设。但如果将这种道德人假设，作为现实社会运转的前提预设，那必将导致大多数社会成员乃至整个社会的非道德化。所以道德人假设，包括孟子的人性本善论，它不是关于人性的科学理论，却是一种十分有意义的伦理学假设。它实际上就是对于人类自身在道德方面的先天肯定。它肯定人自身具有向善的能力，肯定人能够自己管理好自己，肯定人类通过自己的努力必定有一个道德维度上的精神升华。但这无疑是一种先验人性论的观点，其实，正如人的自利性是在特定的环境中形成的一样，人的道德性也是在特定的环境中形成的。而且这只是一种可能性，而非现实性。我们将公民社会这一社会公共领域看作培育公共道德的实践场域，当然也只是从道德生成的可能性来说的。我们也注意到，在人类思想史上较有影响的人性假设，虽然内容不尽相同，形式也有差异，但有两点是大致相同的：一是它们都是从人的某一方面（层次或角度）去认识人的本性，而没有以总体性的方法去发掘人的本性，如经济人假设突出了人的理性与自利性；政治人假设突出了人的政治权利意识和责任能力；道德人假设则突出了人性的向善性与利他性。其实人总是追求各种价值包括经验价值和超验价值的价值人，人的本性不可能只追求某一种价值，而往往是追求价值的全面性和总体性，区别仅仅在于：在不同的时代背景下和在不同的个体人那里，人追求的各种价值之间的比重是不尽相同的，只不过在同一领域中活动的人，其共性或相似性要凸显一些罢了。总而言之，不同领域的角色要求是不一样的，而现实生活中个体人格的不同主要在于每个人自己的人格追求和对所扮演的角色之间调适结果的差异。

三 公民社会与人的自由全面发展

自西方进入市场经济社会以来，技术的飞速发展带来了丰厚的经济成果，创造了富裕的生活，但正如马尔库塞在他的《单向度的人》中所揭示的，在发达的工业社会中由于物质需求的满足，使人们最可贵的第二个向度——否定的和批判的思想趋于消失。人们虽然也感到被统治的压抑感，但是由于"单向度的思想"窒息着人们的灵感，使人们丧失了对现代社会进行合理批判的能力。所以，"单向度"的社会是异化的社会，"单向度"的人是异化的人。中国正处于由传统农业文明迈向现代化进程的社会转型时期，马尔库塞的"单向度人"理论所揭示的"物质丰裕，精神痛苦"的问题，对处在市场经济进程中的社会主义中国来说已初见端倪。在经济快速发展的同时，如何重视人的价值，防止物欲的膨胀挤压人的精神空间？如何推进民主政治的健康发展和社会生活的全面进步，把人的自由全面发展作为衡量社会进步的一个重要标尺，从而使人从物质到精神获得全面发展？公民社会理论应该是我们透视人的自由全面发展的崭新视域，人的自由全面发展乃是公民社会的题中应有之义。

人的自由全面发展是人的本质内容的发展，是对人的本质的全面占有，它已经超越了经济人、政治人或道德人这种单一维度的人性形式。在马克思看来，完整的具有自己个性的个人，应是自由而全面发展的人。人的自由发展和人的全面发展，是相辅相成的，是一种状态的两种表现。前者强调的是以个人兴趣爱好为基础的个人发展的独创性，更多地表明人的发展过程中的内在差异性。后者强调的人的社会关系、个人能力和需要等方面的普遍性，是侧重于人的外在方面的表述。从人类的实践来看，一方面，一个人的能力如果没有一定的全面性，智力体力没有充分统一的发展，那他就失去了自由选择活动的条件，因而也就失去了自由发展的基础。这样的个人既不能适应职业发展和职能变更的社会需求，也不能满足个人的兴趣爱好发展的要求。另一方面，个人的全面发展也必须以自由发展为条件，自由发展同样是全面发展的基础。人的自由发展，就是说人有自己选择的权利，能够根据自己个性的发展需要进行自我选择。当然也只有全面发展才能获得真正的自由，也就是说自由是全面发展的结果和标志之一。

马克思在谈到"人的全面发展"时，他说的"人"主要是指个人，指现实的、具体的每一个人，其着眼点和落脚点是"个人全面发展"。但在现实生活中，人并不是抽象的孤立存在物，脱离了一切人的发展，个人的发展几乎是不可能的。"社会关系实际上决定着一个人能发展到什么程度。"这似乎又表明，个人全面发展必须以人类的全面提升为平台。因此，从人的全面发展的终极目标来看，要实现个体和人类的和谐发展，必须逐步克服个人全面发展和人类全面发展之间的对抗性矛盾。马克思认为，造成人的片面发展的根源是旧的社会分工和私有制。这种分工不是出于个人自愿，而是自发的，它把人的活动强制地凝固在某一活动范围内，从而造成了人的片面化和畸形化。在这种情况下，人本身的活动对人说来，就成了一种异己的、与他对立的力量，是这种力量驱使着人，而不是人驾驭着这种力量。因此，在旧的分工制度下，人在自身的发展中完全失去了自由。在以往的历史阶段，人之所以不能获得全面发展，就是因为各种强制性的外在目的和条件使个人丧失了自由发展的可能性。所以，人的发展的第一个要求就是他的全面性，即使人的各个方面、各个层次兼容并包地、相互协调地得以发展。具体内容主要包括以下三个方面：

第一，人的体力和智力等多方面才能的充分自由的发挥与发展。体力是指人的各种"自然力",也就是人体的机能。人的生理机能,不管其形式和内容如何,但其实质都是人的脑、神经、肌肉、感官等的耗费。智力则是指精神方面诸能力的统一体。它具有无限的创造性和极大的能动性。人的体力和智力是人的全面发展的主要内容,是人的生命体存在和人从事一切活动的身心基础。人的一切活动,无论是低级形式的活动,还是高级形式的活动,都是对人的身心潜能的运用和发挥。人的体力和智力是人的身心潜能,这种潜能只有在社会实践中外化出来,转化成具体的活动能力才能创造财富。在马克思看来,劳动是人获得发展的根本途径。劳动给每个人提供了全面发展和展示自己的机会和场所。人只有通过生产劳动才能使自己的本质力量外化为对象性产品,人的能力也从而得到确证与发展。马克思强调,如果人类要沿着使人的本质——劳动得以实现的方向发展自己,就应该让自己从旧的分工体系中解脱出来,每个人的发展不屈从于外在目的,不屈从于强加给他的任何活动和条件,人的发展能为个人所驾驭,个人可以根据自己的兴趣爱好自由地从事多方面的活动和发展多方面的能力,自由地选择自己的职业,全面地发展自己的爱好和天赋。因为个人要成为各方面都有能力的人,必须能够按照他的本性把不同社会职能当作互相交替的活动方式,因为只有这种"真正的劳动交换",才能给个人的活动带来全面性。所以,具有自主性质与交替交换方式的活动是个人能力得以全面发展的深刻根据。总之,人作为实践的存在,人的自由全面发展,就表现为脑力劳动与体力劳动、生产活动与管理活动、物质生产活动与科学艺术创造活动、娱乐活动与享受活动等的统一。

第二,个人社会关系的高度丰富和发展。人不仅是自然界长期发展的产物,而且是社会劳动的产物。人是社会的人,人生活在社会关系中,社会关系对人的发展起着重要的作用,即人的主体能动作用的发挥受制于他所生活的社会关系,所以马克思说:"社会关系实际上决定着一个人能够发展到什么程度。"[1] 这是因为人们正是在社会关系中进行心理、情感和信息等诸多方面的交流,从而丰富自己、充实自己、发展自己。所以,人们应该努力地消除血缘的、地方的和民族的狭隘界限,形成普遍丰富的社会关系。把社会关系的发展作为人的自由全面发展内涵的又一重要内容。而作为人的本质存在的根基的"社会关系"是一个全面的、综合的、外

---

[1] 《马克思恩格斯全集》第3卷,人民出版社1972年版,第295页。

延广泛的概念，它包括了与人生存和发展相联系的一切历史的、现存的、自然的、社会的条件和关系。既然如此，人的社会特性的充分实现，完全有赖于人的社会关系的全面生成，即人的社会特性的充分发展与人的社会关系的全面生成相一致。个人的全面性不是想象的或设想的全面性，而是他们的现实关系和观念关系的全面性。个人作为社会存在物，必须合理建构自身所拥有的一切社会关系，并在这些社会关系中均匀地发展自身全部的特性。一般来说，人从事的丰富的、相对完整的活动内在地要求建立全面和丰富的社会关系。在抽象形态上，这些社会关系可以概括为个人内在多方面的和个人外在多方面（个人与社会、个人与集体、个人与他人）的关系。在这些关系中，一方面，个人借助活动和与他人的交往，把自身及自身内在多方面的关系，作为认识客体和反思的对象。人的特殊性在于，他能把自己的生命活动本身变成自己的意志和意识的对象。通过这种反思，达到身心平衡，形成健全的心理和自我意识，实现对自我的超越和对他人、对社会、对人这种类和物种的认同，全身心地投入社会生活。而另一方面，个人通过与他人、群体的广泛交往和联系，互相把对方作为自身发展所要求的对象，彼此交流经验和知识，个人之间的关系成为他们共同的关系并服从他们自己共同的控制。这样，就使个人消除了个体的、职业的、地域的、民族的局限，实现了对全社会的、世界的全面生产和关系的成果的尽可能多的享用。这时，个人的全面性已不是想象或设想的全面性，而是他的现实关系和观念关系的全面性。在丰富的、全面的社会关系中，个人既通过相互交换和互补，逐渐褪去了外在的差异而日益融合。同时，又由于自身充分的发育和完满即日益个性化，而在相互之间彰显出深刻的内在差异性。

第三，人的需要的全面满足与发展。马克思认为，人们的需要即他们的本性。按照马克思的这一论述，需要是人内在的、本质的规定性，是人的全部生命活动的动力和根据。因此需要的满足程度直接涉及人的本质的实现程度。无疑，人的需要是全面的、综合的和多层次的，所以，为了实现人的本质，不仅要在广度上而且应该在深度上满足人的需要，即应全面地、综合性地、多层次地满足人的需要。马克思把人的需要概括为生存需要、发展需要和享乐需要，认为它们共同构成一个开放的动态系统。人的全面发展当然包括人的所有这些需要的全面满足与发展，其具体趋向是不断丰富和理性化。人的需要是人自身的规定性，是促使人们积极从事各项活动的内在动力,是人的本质力量的新的证明和人的本质的新的充实。前市场经济社会,由于生产力极其低下,社会产品极其缺乏,人的需要只能在极其低下的层次上得到满足。在资本主义市场经济阶段,大工业的建立和生产力的发展,使人们的物质需要得到了相应的满足,然而人的精神需要及各种社会需要并不能得到同步满足和发展,人的需要被严重扭曲。马克思关于"人的需求的丰富性"正是针对此而提出的。马克思认为,只有到了共产主义社会,由于生产力高度发展,社会产品极大丰富,人的物质需要、精神需要及其他各种需要才能得到极大的满足和发展,从而实现人的需求的多方面发展。

但马克思主义对人的发展过程及其规律的揭示表明,自由全面发展的个人是历史的产物,是历史的生成。人的自由全面发展是一个逐步渐进,不断提高,不断完善的历史过程。马克思认为,人类的发展须依次经历"人的依赖关系"形态、"物的依赖性"形态和"建立在个人全面发展和他们共同的社会生产能力成为他们的社会财富这一基础上的自由个性"形态等发展阶段[①]。

在以"人的依赖关系"为基础的简单商品经济阶段,人在以群体为本位的族群方式中生存,它体现的主要还是自然的群落本质与群体的生命力量。这时人与人的联系和发展只能在孤立和狭窄的范围内进行,人与社会的充分而自由的发展是无法想象的;在"以物的依赖性为基础的人的独立性"的工业化阶段,人的存在方式的重心开始从群体本位转向了个体本位,使个人交往受到限制的血缘关系、等级差别被打破了,人成为了具有独立实质的人。这时的人与人之间虽然形成了全面而普遍的物质交换与社会关系以及多样的需求和整体能力体系,但人被资本机器分工所奴役支配,资本主义社会形成的普遍的商品货币交换原则渗透到社会各个领域中,从而破坏了社会个体全面发展的宏观环境和其自身发展的完整性。个人处于这种异己的、片面的社会关系之中,受制于市场经济中各种盲目的偶然因素的支配和制约,它使劳动者丧失了全面发展的个性与自由。由于资本主义私有制造成的人的社会关系的片面化,人的劳动对象关系的贫乏性,以及与自然界联系的狭隘性,从而又使个人失去了自主性和独立性。所以,资本主义市场经济的发展,在人的发展上主要表现出现了两种隐

[①] 《马克思恩格斯全集》第46卷(上),人民出版社1979年版,第104页。

忧：一是由于社会分工的不断发展，造成了人的身体某一部分或某一方面的能力"畸形发展"；二是由于社会生产以追求物质财富为目的而造成了"一部分人"的发展以牺牲另一部分人的发展为代价的"不平等发展"。

所以从价值角度讲，人的全面发展是针对资本主义社会中物对人的统治和以物的依赖性为基础的人的独立性而提出来的。而从人的全面发展的过程性意义来看，人的全面发展既是一个永恒的历史追求，也是一个永恒的历史过程。人的全面发展是一个由不自觉到自觉的发展过程，这一过程表现出一定的阶段性和相对性。人的全面发展不是一蹴而就的，更不是一次完成的，而是在漫长的历史过程中分阶段逐渐实现的。人的全面发展也没有一个绝对的、恒定的标准，其内涵的丰富程度与历史的发展阶段是相关联的，人在不同的历史阶段有不同的发展程度和评价标准。从这个角度讲，人的每一发展阶段都承载着人的全面发展这个终极价值目标的阶段性任务。人的全面发展这个终极价值目标，正是通过不同阶段的努力而实现的。正如马克思所说，人的全面发展"是完全的、自觉的而且保存了以往发展的全部丰富财富的"[1]。

就此来看，对于人的全面发展的终极价值目标和人的历史存在的特定评价标准来说，一方面不能抹杀二者的区别，即作为未来理想社会的终极价值目标的人的全面发展，是目前的生产力水平和人的存在状况所不能达到的。但不能因此而放弃对它的追求，也不能用空想的态度去追求它，更不能幻想通过其他捷径来实现它，而应从活生生的社会实践出发，踏踏实实地把眼前的事情办好。另一方面也不能忽视二者之间的联系。在一定历史阶段，要把实现人的发展的阶段性目标与人的全面发展的终极价值目标统一起来，而不至于使人在具体阶段的发展偏离终极价值目标所规定的历史方向。

就现阶段来说，公民社会是一个具有强烈的现实性和鲜明的时代性的概念，是我们思考人的自由全面发展这一价值目标最好的理论视域。以市场经济为基础、以民主和宪政为支撑的公民社会是基于人的发展而发展起来的社会公共领域和人的生活世界，它内在地包含并指向人的全面发展，而且，以自主、自治、自愿为基本原则的社会合作也必将推动和促进人的自由全面发展。

---

[1] 《马克思恩格斯全集》第46卷（上），人民出版社1979年版，第104页。

首先，公民社会呵护与培育了人的主体性意识。虽然市场经济下以物的依赖性为基础的人的独立避免不了被置于金钱、财富等物的支配下的异化，但市场经济又为克服人的片面发展的状况创造有利的条件，它是推进人的全面发展的一种有效方式。第一，它是一所注重平等竞争和人的独立性的大学校。市场竞争实质上是能力竞争。竞争有利于培育人的自立与自主意识、创造个性、主体性和业绩意识；第二，市场经济必然产生新的丰富的需要，进而促进社会生产的不断扩大，这种生产使人在改造自然的同时，也发展了人的多方面能力，大大推进了人的主体性意识的增强。在整个前市场经济社会中，人的主体意识都没有得到充分的发挥和张扬。如中世纪人的主体性几乎都淹没在神的主体性之中，人不是目的而只是实现神的旨意的工具。但是随着资产阶级的形成、市民社会的出现，人们不再寄希望于来世而是积极地创造今生的幸福，不再俯首于上帝，而是执着于自己的世俗价值观。文艺复兴是资本主义的开始，它的实质就是反对封建神学意识形态和不可逾越的等级制度的、带有深深的个人主义特征的人文主义运动。可以说，资本主义形成发展的过程也是现代公民社会形成发展的过程，同时也是人的自我主体意识觉醒的过程。其实，自由就是主体性的同义词，在资本主义发展过程中，自由主义不过是以理性方式表达的个人主体性。自由主义作为占资本主义社会主流的意识形态，体现在经济领域中就是以价值规律为导向的市场经济，体现在政治领域中就是"守夜人"的"弱国家"的观念，当然也渗透在公民社会之中。以民主和宪政作为支柱的公民社会，一方面公民依法享有充分的自由权利，另一方面，又通过宪政限制政府的权力，以保护公民的权利不受侵犯。公民依据自己的理智自由生活，市场催生的强烈的主体意识在公民社会与民主政治中有着宽广的生存空间。反过来说，公民社会的完善和发展也会促进人的主体意识的形成和发展。公民通过结社，组织起来，而这些组织的最大特征就是自治。事实上，以自治为基本建制原则的公民社会本身就是对人的自主性、主体性的充分张扬，自主地寻找生活的目标，从而在其过程中超越了自己生活的片面性。

其次，公民社会培养了人的自由、平等、民主等品质。公民社会能为人的自由、平等、民主观念创造良好的氛围。私人领域，这是个人的自由天地，人自由的特性得到了充分的张扬；在志愿性社团中，人们的自由民主观念也得到了充分的发挥。所谓志愿性社团，就是建立在自愿基础上的组织，成员可以自愿加入，也可以自愿退出。黑格尔说过，"自由就是自己依赖自己而存在"，也就是只有凭借自己的理性做出自己的判断，这个人才是自由的。在自愿性社团中，集体决策的做出又是民主的，因为社团要存在，总要有足够的社团成员才能去实现组织的目标。社团的建立是以自愿为前提的，如果不采取民主方式的管理，社团成员的利益得不到充分的表达，那么其成员很可能退出。所以社会公共领域也是培养人的民主平等品质的良好平台。一方面，在社会公共领域，个人组织起来，可以克服个人主义的局限性，以集体的力量来对抗国家权力，从而保护个人的自由和基本权利。因为个人总是弱小的，他无法依靠自己的力量独自对抗强大的国家权力。另一方面，它也保护个人对抗他人的不当侵害，制约放肆的个人主义，在把自己作为主体的同时学会平等尊重他人的主体地位。托克维尔也认为市民社会的功能就是对抗国家的影响、限制放肆的个人主义，并通过某种方式对个人实施社会化，以使其学会相互合作。自愿结合的组织之所以重要不是因为他们促进个人主义，而是它有助于克服个人主义引起的问题，因为个人主义有弱化民众和使解决共同问题的任务复杂化的倾向。人们的素质越高，人们就越需要自愿结合的组织，也就越能够克服个人主义的局限性。所以，托克维尔说："在民主国家里，全体公民都是独立的，但又是软弱无力的。他们几乎单凭自己的力量去做一番事业，其中的任何人都不能强迫他人来帮助自己。因此，他们如不学会自动地相互帮助，就将全都陷入无能为力的状态。"① 哈贝马斯也指出公民社会的重大意义就在于形成了一种解决问题的"话语体制"。他指出："公民社会由那些在不同程度上自发出现的社团、组织和运动所形成。这些社团、组织和运动关注社会问题在私域生活中的反响，将这些反响放大并集中和传达到公共领域之中。公民社会的关键在于形成一种社团的网络，对公共领域中人们普遍感兴趣的问题形成一种解决问题的话语体制。"②

再次，人们在公民社会中自主寻求生命的价值和生活的意义。哈贝马斯认为当今世界的生活世界受到了经济领域的金钱逻辑和政治领域的权利逻辑的侵蚀，出现了合法性危机和动机危机。生活世界本身是解释性的范

---

① [法]托克维尔：《论美国的民主》（下），董果良译，商务印书馆1988年版，第636页。
② [德]哈贝马斯：《在事实与规范之间——关于法律和民主法制国的商谈理论》，童世骏译，三联书店2003年版，第367页。

式，是为人们提供意义的世界，经济世界的逻辑就是追求金钱，政治世界的逻辑就是追求权利，生活世界受到这两个领域的侵蚀，再加上大众文化的商业化，人们的生活世界枯萎了，人们的意义世界萎缩了，在这种世界中成长起来的人不是全面健康发展的人，这样的社会也不是全面发展的社会。哈贝马斯认为要解决合法性危机和动机危机唯一的办法，就是恢复生活世界，重建公民社会。①

人的全面发展，一方面需要改善生活的条件，另一方面也需要改善人类自身。而人类自身的改善，既有精神的方面，也有肉体的方面。在这两方面存在着人类自我完善的巨大的可能性空间。人类在精神领域里的进步，已经展现了人在内心精神世界方面自我改善的近乎无穷的潜力。20世纪后期非营利组织的兴起正是对现代社会工具理性过分张扬所带来的全球性问题的一种纠正，也可以说是对价值理性追求的一种彰显。公民社会的形成凸显了现代人对民主、自由、平等等现代价值理念的追求，而且这一社会公共领域的非营利组织的公益与志愿精神，使我们看到了价值理性回归的趋势。这既是人的全面发展的一个必然的价值取向，也是走向人的全面发展的标志。

总之，随着市场经济的推进、民主政治的完善和公民社会的形成，人的活动领域将越来越广阔，人的社会关系也将越来越丰富。人们可以不再只是特定角色的扮演者、特定职能的承担者，也不再只是特定社会关系的人格化身。因此，在我国现代化进程中，公民社会的培育意义重大且任重道远，必须协调好市场、政府和公民社会三者的关系。除了要注重经济的发展，注重人文关怀，关注人以及人类本身的生存与发展状态，同时更要关注社会对人权利的尊重，关注个人价值的追求、理想的实现和人格的完善等发展问题，使人自由全面发展的价值目标在不同的阶段得以具体落实，人们在追求物质利益的过程中不至于沦为物的奴隶，甚至失去做人的真正意义。

---

① 何增科：《市民社会概念的历史演变》，《中国社会科学》1994年第5期。

第六章

志愿者行为：社会维度的公共道德行为模式

　　公民在公共生活中的道德人格是现代社会的价值范式与伦理精神在公民个体身上的内化与展示。它既包括权利与义务相统一的契约精神这样的底线人格基础层面，也包括无私利他精神这样的高尚人格层面。志愿者的关怀或支援行为是他们追求高层次需求满足的公共性实现的表现形式，它是一种社会维度的公共道德行为模式。以往我们一向重视的是那种纵向的自上而下的行政管理型的公共性，而社会维度（即日常生活的维度，也就是指公民之间横向交往关系的维度）的公共性往往被忽视。在后物质时代的日常生活世界，志愿者活动和 NPO 中的支援活动可以成为开拓这种新的社会维度的公共性的契机。志愿者的行为源于这样一个基本理念：一个人不仅对自己负有责任，而且对他人、对在其中生活的整个社会负有责任，其核心是服务、团结的理想和共同使这个世界变得更加美好的信念。它实际上是一种理想人格的召唤，是人类公共精神的凝聚。与中国传统的道德观念异常重视国家、社会的整体大利不同，现代生活的公共道德则似乎特别关注个人在日常生活中所遭遇的公共利益，各层次的公共事务（具体如社区事务）和公益事业都应该成为我们关注的目标和道德实践的场域。事实上当今世界在全球范围内，公民正有组织地通过社区公共事务的参与、志愿活动的开展、非营利组织的建立，以促进基层经济发展，遏止环境退化，维护公民权利和追求其他过去未曾给予关注或国家和政府视域之外的公共目标。这种相互依存的意识和经常性的互动交往将激发和培育普遍的公共意识和集体责任感，将对他们的生活、道德意愿和人格造成深刻的影响——即那种可期待的关心共同利益、崇尚公共精神、追求正义理想、承担公共责任的道德品质和道德氛围的形成。

第一节　中国传统道德人格的理论缺陷与实践困境

中国传统的道德人格，强调人的道德自主和自由，强调人的精神境界的自我提升，但由于它在理论上割裂了认知理性和道德理性、个人道德理想和社会道德理想以及义与利的内在关联，在道德的社会实践上无法达致其目标而陷入困境。当代中国社会随着市场经济的成熟和完善，社会生活中公共性的凸显，人的主体性不断彰显和弘扬，人的自由而理性的精神世界不断完善，这一切将意味着中国人的道德人格将可能发生一次"脱胎换骨"的转变。

一　人格与道德人格

人格是个人在内心和外在行为上表现出来的性格、气质、习惯、处世态度以及对自我社会角色的认知等构成的一个复合体。以独立的个体人的哲学观念为基础，人格也包含了个人作为权利和义务的载体资格的含义。在西方，个人是一个在法律、宗教、哲学、伦理学和人生体验诸方面加以界定的范畴，而在传统中国社会，个人主要是一个道德实践的载体，至于从政治、法律和经济权利诸方面对个人的哲学探讨一直没能充分发展起来。

道德人格是人格的一部分，是具体个体人格在道德上的规定性。也就是说，它是一个人之所以为人在道德上的标准或资格。道德人格既有心理学所说的人格方面的特征，又有道德品质方面的特征。它比人格的内涵要深，但外延要窄。所以，要对道德人格有个清晰的认识，首先必须对"人格"进行一个多维度的解读，从而把握在中国特定的文化背景下道德人格的意义。人格范畴，为诸多学科所共同关注，学术界对人格的定义也因此显得众说纷纭、莫衷一是。比如，法学认为人格是主体的权利和义务的资格；心理学认为人格是个人的气质、性情、能力的总和，是个人的心理特征的具体表现；伦理学则从道德的角度将人格视为主体道德品质的体现。[1] 另外，哲学、社会学、教育学也从不同的视角对人格进行把握。在

---

[1] 曲炜：《人格之谜》，中国人民大学出版社1991年版，第21页。

这样一种情况下，欲对人格作出一个能为所有学科共同接受的、明晰而又充分的定义是相当难的。综观所有学科，以心理学和伦理学对人格的研究最为成功。心理学追求的是一种健康人格，关注的是人格心理层面的健康与否，强调的是人的自然特征对人格心理方面的影响。尽管每一个学派，甚至每一位人格心理学家，各自的理想人格模式各不相同，但他们有一个共同的特点，即都是把所追求的理想人格的终极目标指向心理人格的健全。为了实现这一目标，人格心理学家们通过大量临床经验和心理测试实验，以研究心理人格的产生机制与规律。与人格心理学不同，伦理学所追求的理想人格是主体的高尚道德人格。伦理学上的人格，是指个人资格、价值、品质的内在统一。[①] 也就是说，道德人格是指一个具有为人资格和尊严的人的道德品质和社会地位。从这个定义可以看出，道德人格研究的侧重点是道德境界的高低，只有道德境界高的人才具有善的人格，而道德境界低的人，可以说是没有"人格"可言的。所以，道德人格这个概念本身就内涵着人对动物的一种超越，成为人完善自我、实现自我的一种本质性规定。因为人作为一个矛盾的复合体，生存与发展，兽性与人性的斗争可以说永恒存在，但人永无止境的追求之一就是不断摆脱动物性而彰显人性。

可以看出，心理学等学科的人格，所揭示的是"人是什么"的问题，说明的是事实，所要达到的是真理性认识。而伦理学研究人格就是要在揭示"人是什么"的基础上进一步着重揭示"人应当怎样为人"的问题，注重的是价值，因而存在着好与坏、善与恶、高尚与卑下的问题。这就是说，伦理学总是把个体同其社会道德关系与道德活动联系起来，从善与恶、高尚与卑下的分别上来研究个体的人格，其目的旨在探讨造成个体人格道德差别的根源，揭示改变恶的、卑下的人格以归于善的、高尚的人格的规律和条件。

中国文化中原本没有"人格"一词，它是近代首先从西方传入日本，之后从日本再传至中国的。尽管中国原本没有西方人格心理学等学科的现代人格含义，但中国关于人的本性与人伦的思想理论非常丰富，一直是以人的道德水准与道德理想境界作为人之为人的规定，因此，"人格"很快被赋予了中国人自己理解的含义，即成了"人品"的代名词，也就是说，

[①] 唐凯麟：《道德人格论》，《求索》1994年第5期。

中国文化将"人格"含义赋予了自己独特的理解。在这里，人格就是"道德人格"，它体现出了中国文化背景下人格的特殊意义。但显然隐藏着以道德人格理想代替与人的全面发展相对应的理想人格的危险，后来事实上也的确如此。应该说，道德人格并不是一种特殊的人格，它是人格在伦理学中的具体化。伦理学研究人格是从人与人的道德关系入手，从社会道德实践活动中的个人入手，并同人的本质价值和生活方式紧密联系在一起的。因此，作为具体个人的道德规定性的人格，是个体通过加入道德关系、参与道德生活意识到自己的道德责任和道德义务以及人生的价值和意义，从而自觉选择自己做人的范式，培育自己的道德品质，丰富和完善自己的精神世界，而体现出人与动物区别的内在规定性，这样现实生活中个体的道德人格状态往往因他们主观努力和生活环境的差异而参差不齐。

二 中国传统道德人格及其依附性质

中国传统的道德人格理想，主要是儒家所设计的"圣贤"、"君子"，它是一种由内而外而己而家而社会而国家而宇宙的道德人格理想范式。当然，严格说来，中国传统道德文化是由儒家思想占主导地位、融合多家文化的统一体，在儒家思想之外还包括中国佛教文化、道家文化等，它们所推崇的道德人格理想并不完全相同，在一定意义上可以说存在着很大的区别。不过，中国传统道德文化的基本特征主要还是由儒家思想决定的，这是一个公认的事实。儒家所说的圣贤，主要指圣人和君子，圣贤道德人格指圣人和君子所代表的完美道德人格。圣人人格是中国传统伦理道德所追求的最高理想，是道德完美的典范，其具体代表是尧、舜、禹、文、武、周公等。这些人都具有崇高的德行，同时又能在社会生活中践行，博施济众，安邦定国，所谓内圣与外王集于一身，是人所应追求的最高精神境界，是全德、全智、全功的体现。对于一般人来说，圣人的标准是很难达到的，而只是他们所向往和景仰的楷模。因此，儒家在圣人理想人格之外，又把君子作为一般人应当追求的道德人格理想。作为理想人格的君子有如下几方面的要求：第一，君子志于道。作为君子应终身求道、谋道，一生以闻道、弘道为己任，不可须臾离道，即使身处逆境，遭遇困境，也要坦然笑对，维护人的尊严，生命的意义。第二，君子尚德、以孝体仁。君子必须是崇尚道德，有很高德行的人，懂得推己及人、忠恕并用。第三，君子重行，为仁由己、自强不息。真正的君子应严格要求自己，身体力行。第四，君子重责任。真正的君子要有强烈的入世精神和历史责任感，拥有济国救民的情怀。圣人与君子这两者共同构成了中国传统道德文化所追求的理想人格。但是，对孔子来说，前者是人类存在及其活动在其最高程度上的体现，而后者则是人性超越的体现。在现实追求中，由于圣人理想人格一般很难达到，故君子遂成为一种众趋人格。

中国传统道德文化所追求的圣贤理想人格对中国传统社会生活产生了非常重大的影响，对于中华民族的发展特别是道德进步起到了重要的促进作用。但道德实践的历史也证明，它陈义过高，而且缺乏普适性，所以在实践中往往流于空洞的说教，在实际生活中容易走向那种"自我萎缩型人格"。究其原因，不外是理论设计中只片面强调靠内省自力达成完美人格，但忽视了对人格的塑造起影响作用的社会制度环境这一条件因素。如果我们从马克思关于人与社会发展的"三形态"理论[①]，即人的主体存在状态及其历史发展过程去考察，中国传统的人格状态仍属于即与"人的依赖关系"相应的"依赖人格"。"依赖人格"是与自然经济相适应的人格模式，其人格特点主要体现为对人群和自然的依赖关系的简单性、封闭性、狭隘性。处于这种双重依赖关系下的个人，既无独立的人格，又缺少自主活动的能力。在他们身上，人性的现实主要是先天继承的自然禀赋和自然联系。所以，马克思说他们是"狭隘地域性的个人"，"一定的狭隘人群的附属物"。在传统社会，以家庭为基本生产单位的自然经济把人们依照家庭和生产的需要安置在不同的地理空间内，人们在生活中安土重迁，很少流动，久而久之就演化成了一个熟人社会。由于是自足的生产、分配和消费系统，因而也就用不着或很少与熟人圈以外的陌生人进行生产合作和产品交换，长期以来也就形成和保持着以家为中心的"同心圆"生活格局。在这种社会里，每个人都以自己为中心形成一个"波纹宗亲网"（费孝通语），人们通常就是根据这种与自己亲疏不同的关系和情义来待人接物的。儒家伦理正是建立在这种宗法制度的基础上，其特色是家庭（族）伦理至上，并以此为中心，推及社会与国家。因此，重人伦成为其突出特征。在中国，由于人伦关系比自然关系具有优先性，便养成了实践理性发达而理论理性和制度理性较弱的文化传统。可以说，这一文化传统的养成与家庭在社会结构中的核心地位是分不开的。如果说中国古代

[①] 《马克思恩格斯全集》第 46 卷（上），人民出版社 1979 版，第 104 页。

的家庭式小农经济从根本上决定了父子、夫妇、兄弟必然会由于对家族群体的贡献不同而具有差别很大的地位、价值和权利，并因此为传统儒家的等级伦理奠定现实基础的话，那么，现代社会的经济和生产方式当然也会依据类似的机制，为一种现代性的道德理性精神奠定深刻的存在理由，要求在社会的道德生活中首先把人当作普遍性地具有独立平等的现代人格权利的主体来对待，从而从根本上重新调整人与人之间的道德关系，打破古代各种等级差序关系的束缚，确立能够积极促进以人在现代历史阶段上的本质实现和自由发展为目的道德规范体系和道德理想人格。

现代社会与传统社会的最大区别在于，社会化大生产代替了村社生产和家庭生产，由生产、分配、交换和消费四个环节构成的复杂的社会设置：普遍的交换、全面的关系、多方面的需求、全面的能力体系。这套复杂的社会设置把先前的纵向的以血缘为轴心的关系变成了横向的以利益为轴心的关系，这种转变造成了两个直接的后果：其一，公共领域的扩张。一种或以职业、或以利益相关性、或以思想与情感交流为主要事项的社会交往被广泛地建立起来，公共生活成为社会生活的中心，也将占用个体绝大部分的时间和精力。其二，在一个普遍交换和广泛联系的社会里，任何一个人意欲使自己的生活变得丰富多彩，就必须参与到广泛的公共交往中。这样一来，家庭等私人领域或私人生活的爱情、亲情、友情和乡情的浓度将会大大降低，也意味着主要适用于家庭、朋友、村社的以情为基础的伦理规范将缩小其范围、降低其效力。而公共生活的重要性也就越来越突出。公共生活就是"大家的"，是众人共在、共有、共识、共享的生活领域，公开、透明、开放是公共生活的外在表现方式，公共性是公共生活的本质特征。公共生活虽然不同于私人生活，但是公共生活并不绝对排斥私人而且是由众多私人（个体）的参与并交互作用所构成。公共生活（公共性）体现私人之间既对立又统一的关系，是私人之间交往关系的对立统一体。正是这种既对立（分离）又统一（联系）的关系在生活实践中的展开便凸显出公共生活的主要特征：①差异性共在。参与公共生活的是具有个体独立性的一群人，他们在利益、认知、信念、价值观乃至于身份认同等方面都必然有差异的甚或是"多元的"，差异之间不存在"依附"关系更不是只具同质性的同一状态。这种差异的恒在性和不可替代性构成公共生活的前提和基础，没有共在的差异就没有公共生活。②对话共识机制。公共生活的构成及合理有效的展开，有赖于建构一种能够明确公共生活领域各成员的权利、义务关系并对其确有约束力的制度规范体系。它作为公共生活中通行的"游戏规则",必须是参与公共生活的利益主体在交往实践中达成的"共识",体现各利益主体的"公意"。这类得到公认的共识性规范体系为公共生活提供秩序,没有公认并具实际效力的秩序,公共生活就不能得到有效维系。③平等性交往。这是指公共生活所需的"共识"之达成及其主体的亲躬践履,都必须是在参与公共生活的成员主体在平等的基础上交往实践产生。也就是说,这种共识是参与公共生活的各成员在自由平等基础上通过"非权威"的方式所达成。在公共生活中,没有任何一种利益、认知、信念或价值观具有预设的优先性,参与公共生活的每个成员均享有平等对话的"权利",如果存在先验的目的或者可以制定公共生活秩序的某种超验的"权威",这种生活就绝不是现代社会中的公共生活。当代公共哲学所面临的课题正是全球社会普遍关注的公共性问题及话语,它需要创造开放、平等的交流、对话平台,来建构并确立某种新的普遍性的理性规范和人格理想。

的确,中国传统的道德人格理想无疑为历代知识分子确立了终极追求的目标,也给予了他们批判现实世界的精神力量。即使在今天,儒家理想人格中所蕴含的对人生境界的完美追求、对社会责任的坚定信仰,仍然是我们所应该吸收和借鉴的。但儒家的理想人格是以道德为本体的,它忽略了对科学知识的追求,造成了道德之善与科学之真的分离,从而人的其他各方面的素养都从属于道德而没有得到应有的重视和发展。随着社会结构的转型和生活方式的变化,传统人格理想的缺陷日趋凸显,作为现代社会生活应然状态的观念建构的真、善、美相统一的人格才是我们应该追求的现代理想人格。

三 中国传统道德人格的理论缺陷及对实践的影响

中国传统的道德人格理想,特别是先秦的孔孟把人的精神自觉提升到了较高的文化层面。他们强调人的自为性,强调人的意志性,强调人的道德自主和自由,作为一种超越自然人性的人格理想,它是世俗的,它不祈求外在于人的力量,而是直接依赖于世俗生活,在世俗生活中追求成仁成圣。对于个体来说,人的行为自主与道德自由能够成为人的行为的基础,因为人的道德自主产生一种能力,它使人在自己的道德实践中完善自己。但如果立足于历史发展和主体存在状态的关系及中西对比的视角,中国传统道德人格的理论缺陷及对实践的影响则是非常明显的。它具体表现在如下三方面：

首先，中国传统道德人格重道德理性轻认知理性，这是导致中国近代科学技术落后的重要原因之一。在儒家理想人格模式中，过分强调道德价值，对德行的推崇逐渐发展到了否定知识的地步。在孔子那里，智、仁、勇三者并列，但侧重于仁。孟子则专讲仁义道德，以仁义道德为人之根本。到宋明理学与陆王心学那里，更只有天理，不见人欲；只有心性修养，而无才智培养，有没有知识成为无关紧要的事情。儒家心学代表人物王阳明甚至把道德和知识完全对立起来。众所周知，在中国漫长的封建社会特别是后半期，科学技术特别是自然科学的发展缓慢，并最终落后于西方世界，中国从而成为列强侵略、掠夺和奴役的对象。不言而喻，导致这一悲惨状况的原因主要在政治经济方面，但究其深层原因，则与中国道德人格完全割裂道德与知识不无关系。儒家"重道轻器"的价值取向显露于理想人格之中就是"重德行，薄技艺"，诱导社会成员只重道德修养，以涵养德行为人生唯一大事，把探究宇宙自然的奥秘，追求客观的知识，把技术发明当作与道德修养无补反而有害的奇技淫巧加以冷落甚至反对。这种道德理想主义和伦理中心主义的传统文化造成了一定程度上的蒙昧主义，不仅与科学无缘，而且是严重阻碍了科学技术发展的精神文化因素。

其次，重义抑利是中国传统道德人格的另一个主要缺陷，它在一定程度上是妨碍生产力水平提高和社会经济发展的深层原因。儒家义利观的着眼点在于通过对道义的张扬，来抑制人们对物欲的贪求。如果单从用道义原则调整人与人之间的利益关系，即以道制欲的角度来看，"重义轻利"的义利观面对物欲横流的社会现实显然有其存在的价值。它一再提醒人们"见利思义"，"不义而富且贵，于我如浮云"，这对于矫正人们重利的价值取向、安定社会秩序确能起到积极作用。但中国传统道德文化"重义轻利"的价值取向自先秦后却一步步走向了极端。先秦的孔子和孟子重义轻利，但他们尚未把义与利对立起来，尚有其合理之处，但经过西汉大儒董仲舒到宋明理学，孔孟所主张的重义轻利就演变为宋儒的天理与人欲的完全对立，利的合理性就被完全否定了。这样，中国传统道德的君子人格对利的贬抑和否定也就在一定程度上压抑了人们对物质利益的追求，导致了人们特别是知识分子对利的疏远，从而削弱了社会经济发展的动力，影响了社会经济的发展和物质文明的进步。在义利关系上，也许还是法国思想家托克维尔理解得最深刻，他说："在心灵境界的提高和肉体享受的改善之间，存在着人们想象不到的密切联系。人们可以随意处理这两种完全不同的事情和轮流地加以重视，但不能把两者完全分开，否则两者都做不好"[①]。因此，在中国近代以来，这一儒家的道德人格理想同商品经济所要求的具有功利色彩的新人格形象发生冲突，也就成为历史发展的必然。

再次，中国传统"内圣外王"道德人格在个人道德理想与社会道德理想上的含混，必然导致道德社会实践的困境。儒家倡导的是"内圣外王"的道德人格理想。"内圣"就是通过严格的道德自律和修养操练，使自身的道德情操达致完善，它规范并决定了人们日常生活、精神生活的内容和生命的价值方向；"外王"是人的心性修养的外在表现，即把人的心性修养所得推展到个体以外的社会领域，由内而外，由近及远，落实于人际之间，推及于整个社会，体现人们应对国家、社会和民众所担负的责任与抱负。它看到了道德由内到外的运作路径，并且强调了"内圣"对于"外王"的先决性和预示性，实现了道德理想同社会治理之统一。但是，"内圣"是以道德理性为前提的，强调的是道德主体对自身的改造，即参与道德实践活动的人对自身内在的心性生命的改造；而"外王"则以政治理性为前提，强调政治的外在力量，即主体对外在于其心性生命的社会政治实体的改造，这样"内圣"与"外王"之间实际上就存在着难以逾越的阻隔[②]。

儒家认为人人皆可通过内圣外王实现自己的人格理想，如孟子所说：人本有"善端"，"人皆可以为尧舜"，只要在实际生活中坚持不懈，任何人都能够达致理想人格的境界。但实际情况又如何呢？就普通人来说，每个人最多能做的也就是内敛式的修身养性，面对人伦社会，一个内圣的个人凭自己的道德意志其作用和效果实际上是相当有限的。特别是一涉及公共生活领域，如就中国传统社会的政治生活来说，得天下靠武力而不是仅靠修身，治天下也主要靠强力和制度法纪，个人道德的功能不能被无限夸大。这种不从外在的制度加以规范，而只要求政治人物从内在的心灵上自

---

① ［法］托克维尔：《论美国的民主》（下），董果良译，商务印书馆1996年版，第681页。

② 参见李建华《儒家道德理想设计与社会道德实践的悖离》，《湘潭大学学报》（社会科学版）1998年第2期。

我改造将政治手段以道德方法去代替是一种极为不易——几乎不可能——实现的、一厢情愿的空想。而且这里实际上有双重混淆,一是个人道德理想与社会道德理想,二是君王个人道德理想与社会道德理想。正如美国基督教哲学家尼布尔所指出的,"道德生活有两个集中点。一个集中点存在于个人的内在生活中,另一个集中点存在于维持人类社会生活的必要性中。从社会角度看,最高的道德理想是公正;从个人角度看,最高的道德理想则是无私。社会必须努力实现公正,……个人必须忘我于比自己更伟大的事物中,并从中发现自己,才能努力实现其生命价值"。[1] 个人道德理想与社会道德理想是不一样的。个人的道德理想是无私,而社会的道德理想是公正。社会主要是通过制度安排去追求公正理想,但儒家却从未有过对制度的反思而把社会道德理想仅仅依托于君王的个人道德理想之上。而且儒家的理想人格并不是基于普遍人格的理想设计,它急于"了却君王天下事",只是为君王量身设计的理想。换句话说,当君王实现理想,成就圣人的时候,也就意味着社会理想的实现,至于君王以外的其他人的理想就不再是成为君王、成为圣人,而只能配合着君王的圣人理想,做好一个臣民了。正如冯友兰所指出的,儒家"哲学所讲的是使人成为圣人之道"[2],此理想根本上立足于这样一个基本命题,即自我的道德修养本质上并不是目的,只是达成大同世界的一种手段,意即"外王"才是社会道德实践的根本目的。可以看出,实际上儒家这种"圣人之道"将理想的终极追求牢牢地固定在现实的大地上。个体人格的理想、信念永远指向一个具体可见的现实目标,即特定政治目标下的有限之善。黑格尔指出:"主体在这一方面或那一方面来看虽然可以出于其自身来行动,但是每个人不管他自己如何动作,终归隶属于社会的一种固定的秩序,显得不是这一社会的一个受局限的环节。"[3] 而儒家理想人格的设计本身正是基于某一社会固定秩序,但又以社会秩序的更加巩固、完善为追求目标。这样,从终极追求的角度看,人格的精神视野被封闭,至于现实生活中的某种特定制度形式,就很难说是一种真正意义上的理想追求了。我们看到,儒家人格理想构建的失误就在于似乎把道德哲学问题与政治问题混为一

---

[1] [美]尼布尔:《道德的人与不道德的社会》,蒋庆等译,贵州人民出版社1987年版,第257页。

[2] 冯友兰:《新原道》,北京大学出版社1996年版,第67页。

[3] [德]黑格尔:《美学》,朱光潜译,商务印书馆1984年版,第58页。

谈，个人理想信仰与社会政治理想合二为一，而且其社会政治理想始终没有超越以皇权为核心的社会政治理想。这样，当传统社会中的个体为专制政治的社会理想而奋斗的时候，他们必然会发现其所面临的只能是西西弗斯推石上山的困境。更可悲的是，这种假充终极追求的社会政治理想，使个体永远意识不到问题是出在理想目标上，而非自己身上。

纵观中国道德人格的历史发展，不过分地讲，中国传统道德人格是一种理想主义的而且是伦理中心主义的。它将道德当作最根本的或唯一的内容及衡量社会、历史、政治和人的全部生活的根本尺度和目标。也就是说，它将人的道德存在等同于人的全部存在，把道德的人格理想等同于人格理想，从而使传统道德人格带上了浓烈的准宗教性质。这种道德以自身所谓的纯正的理想来规范和要求人们的行为，因而最终是以贬抑或否定人的真实存在为基点和归宿的。它以成就一人（君主）的主体性而抹杀了其他所有人的主体性，扼杀了人的个性，结果使众人成了没有主体性、创造性的人。而现代社会的进步是人的主体性、个性不断发展和弘扬的过程，是人的精神不断获得自由，不断完善的过程，也是人的道德自律不断发展的过程。其独立的人格是与市场经济相适应的人格模式，市场经济发展阶段也正是个人人格走向独立的阶段。独立人格与市场经济中的自由、自立、平等的特性有着天然的联系。独立自主与平等原则体现了商品经济关系的本质特征和市场经济的基本法则，也构成独立人格的基本特征和价值框架，成为近代人格独立的重要特征。如何培养出与现代市场经济紧密相连的自由、独立，充满主体性和创造性的崭新的现代生存模式，这将是中国人人格上的一次"脱胎换骨"，意味着中国人从传统向现代的转变，它要使几千年来一直停留于前现代状态中的中国人第一次实现人格的现代化，从自发、封闭、依赖性的主体变成自由、自觉和独立的现代主体。这样人的精神才能不断完善和发展，才能不断认识自身，才能与社会相适应并促进社会的和谐发展，也才会有真正的人的生活。当代中国道德人格理想的再建构应当首先关注的是个人与他人在公共生活中自由、平等关系的模式。人们在谋取个人利益与兼顾他人、社会利益间达到平衡是建构新的公共道德品格的重点。而且在公私领域分离的生活方式下，如何避免人格支离破碎的分裂而保持人格完整及人性尊严的主体性意义，将是我们与西方那些已完成现代化国家都面临的共同课题。

第二节　现代社会公共道德人格的基本特征

现代社会不仅是一个由"公民"身份者构成的社会，而且是一个让普通人起到"公民"作用的社会。现代社会的公共生活，它为每一个人的参与而敞开，尽管每一个人在其中实际上并不同等地参与。正如哈贝马斯所指出的那样："公民社会由那些在不同程度上自发出现的社团、组织和运动所形成。这些社团、组织和运动关注社会问题在私域生活中的反响，将这些反响放大并集中和传达到公共领域之中。公民社会的关键在于形成一种社团的网络，对公共领域中人们普遍感兴趣的问题形成一种解决问题的话语机制。"① 如果说"公民"一词标示了个体与政治社会——国家的权利义务关系的恰当身份定位，那么，由公共道德的价值范式与精神从根本上型塑的公民的道德人格特征，我们不妨称之为公共道德人格。

20世纪后期，市场经济在中国的推行将导致自近代以来在中国所发生的最具深远意义的社会结构和文化范式的重大转变，它也是中国人道德人格从传统向现代转换的现实路径。当代中国社会的实践表明，在社会转型的时代背景下，民众"公共生活"的概念已经超出了"国家政治生活"这样一种唯一的、毋庸置疑的界定。国家不再是民众唯一可能的身份来源，民众可以在更为广阔的"社会"空间中确定自己的人生位置，即在自上而下的政治公共权力领域之外，也开始形成自下而上的社会公共生活领域，这不仅是市场经济发展的必然结果，而且是市场经济得以良性运行的客观需要。所以，市场经济不仅为中国带来了全新的经济制度，加快了中国的现代化进程，而且市场经济所孕育的新的人与人的关系为现代新型人格的形成开拓出了新的可能发展空间。所以，道德人格的当代构建，在其实质上意味着中国人生存模式的深刻转换与中国人现实生活精神状态的提升与跃迁。一方面表现为社会文化层面的道德价值规范与伦理精神的改造，另一方面也吁求作为伦理道德生活主体的人的人格状态与精神气质的根本转变。

---

① ［德］哈贝马斯：《在规范和事实之间》，童世骏译，读书·生活·新知三联书店2003年版，第367页。

人格从道德价值的维度揭示了人的独立存在的主体地位、稳定的完整特征和存在状态,表现为个体或群体在社会生活中形成的调节、适应、改造周围环境的精神素质,是人的社会自我。一方面,道德人格、自我是社会化的客体,是人在一定的社会文化背景和道德生活中被塑造而成的;另一方面,道德人、自我又是社会化的主体,是人发展和实现自己、适应和改变社会环境的积极主动的创造者。道德人格与自我的形成、发展能动地推动着个体的全面发展。自我乃是人格的核心部分,只有融洽、统一的自我,才会有和谐健康的人格。公共道德人格作为现代道德人格的具体范型是解读和探究现代公共生活的重要精神价值维度。现代社会把伦理道德规范建立在多元主体的博弈之上,对每一公民的意愿给予较为充分的考虑,从而把以往的依附性伦理转变成了主体性和主体间性的伦理。哈贝马斯认为,在现代民主社会,政治公共领域是现代资产阶级公共领域的基本问题域。相应地,个人自由理性所形成的公众舆论的批判性则是社会公共领域的精髓。社会公共领域实质上就是公民聚集起来,从自己的利益和各自既在的价值、信仰及良知出发,用公认的可以作为讨论依据的理性尺度,以批判和监督国家权力、维护公民的基本权利为目的,发表对公共问题的看法,进行理性的商讨、辩论,达成共识,形成公众舆论,由此对公共事务做出独立于公共权力领域之外的理性判断。所以,这样的理性判断"其来源不是单纯的个人偏好,而是私人对公共事务的关注和公开讨论"[①]。实际上,公共道德人格就是现代社会的价值范式与伦理精神在公民个体身上的内化与展示。它具体表现为如下三个方面的基本特征。

一 以公共理性为基础的特征

公共理性是建立文明社会和谐秩序的必不可少的条件,是现代政治文明的基础。根据当代著名政治哲学家罗尔斯的理解:"公共理性是一个民主国家的基本特征。它是公民的理性,是那些共享平等公民身份的人的理性,他们的理性目标是公共善,此乃政治正义观念对社会之基本制度结构的要求所在,也是这些制度所服务的目标和目的所在。"[②] 罗尔斯的公共

[①] [德] 哈贝马斯:《公共领域的结构转型》,曹卫东等译,学林出版社1999年版,第112页。

[②] [美] 罗尔斯:《政治自由主义》,万俊人译,译林出版社2000年版,第225页。

理性思想被认为源自康德。但在近代以来的自由主义思想传统中，在主导方面是个体理性而不是整体的理性或者公共理性。一切有关个人权利、自由以及合理的社会安排的论证，离不开每个人都是理性的个体这样一个逻辑前提。作为理性的存在者，每一个人都能够确切地知道自己的利益所在，而且也知道他人的利益及其需要，因而他们能够审慎地权衡个人行动可能产生的得失，正当地行使自己的权利，从而在社会生活中理智地行动。直到康德的实践哲学，才强调把人看作是道德自律的理性个体。其理性能力既包括制定普遍行为规范的理智能力，也包括自觉遵守这些规范的意志能力，因此，它既能促成个体生活的自理，也能导向社会生活的有序。我们每个人应该知道，自己利益获得满足的前提，是使他人的利益也获得某种满足；自己受到公平对待的前提，是我们也必须公平地对待他人。罗尔斯与这些近代自由主义思想家的不同之处，就是在他的政治自由主义理论中凸显了公共理性的必要性。其实康德并未使用过罗尔斯所谓的公共理性概念，他在《何为启蒙？》（1784）一文中使用的是"理性的公开运用"这个表达："启蒙运动除了自由而外并不需要任何别的东西，而且还确乎是一切可以称之为自由的东西之中最无害的东西，那就是在一切事情上都有公开运用自己理性的自由。"① 在同一篇文章里，康德还有一个理性的"私下运用"的表述，"一个人在其所受任的一定公职岗位或者职务上所能运用的自己的理性，我就称之为私下的运用"。② 罗尔斯正是在这里承接着康德的思想，他指出："并非所有的理性都是公共理性，正如存在于各种属于教会、大学和诸多其他市民社会联合体的非公共理性一样。在贵族政体和独裁政体中，当人们考虑到社会善时，不是通过公共理性的方式（如果确实存在这种公共方式的话），而是通过统治者（不管他们是谁）来考虑社会善的。"③ 在这里，如果我们的理解不错的话，罗尔斯的本意是想说，传统社会贵族政体和独裁政体中的统治者并不能因为其社会地位的特殊而成为公共理性的代表，这与康德把一个人在公职岗位或者职务上运用自己的理性称为理性的私下运用是一致的。

康德的道德政治学说是超验理想主义的，他立足于个体的理性与自由

---

① ［德］康德：《什么是启蒙运动·历史理性批判文集》，何兆武译，商务印书馆1997年版，第24页。

② 同上书，第25页。

③ ［美］罗尔斯：《政治自由主义》，万俊人译，译林出版社2000年版，第225页。

以及人类启蒙对个体而言的权利和义务意蕴而强调自律。每个公民本身都是立法者，他们作为自由主体为自己立法然后自己遵守。但这过程中人何以能够超越自己的私人因果性立场而走向公共立场呢？所以康德才有了理性的私下运用和理性的公开运用的思考，从而公民在参与立法和守法的过程中应该超越自己的私人立场在公共的意义上运用理性也就成为一种必要的道德预设。如果说康德的学说中道德味道较浓，那么罗尔斯的解决方案则政治气息更重。罗尔斯把公共理性放在政治哲学而非道德哲学视野当中表述，认为公共理性在作为一种理想的民主政治的公民义务中处于中心地位，赋予公共理性对现代民主政治而言的基础性地位，他所关注的其实是多元社会中个体实现合作的现实性问题。罗尔斯的公共理性既是一种公民理念，又是作为立宪民主政体理想的规导性理念。这种理性的形式与内容是民主观念自身的组成部分。从近代以来的社会（公共）领域的兴起中，我们看到理性具有双重功能：一是作为一般实践理性对于全体成员的日常生活以及相互关系所发挥的规范调节作用，二是作为政治公共领域里的实践理性的作用。在这里，是公共意志而不再是德性处于中心地位。通过一定程序的政治选举，以及在涉及公共政策方面进行公开论辩甚至全民公决，即通过一定程序的讨论或决策机制形成的共识，表达着这个一般的或公共的意志。它是所有参与者的理性共识，这个意义上的实践理性概念也就是当代政治哲学中的公共理性概念。

在民主社会里，公民们认识到，以那些难以调和的综合性学说为基础，他们是不可能达成一致共识的，甚至连相互理解都无法实现。所以公共理性关注的只是怎样理解政治关系的问题。所以罗尔斯的公共理性作为理性的特定形态：一是把公共理性限定在公共政治事务的基本权利和宪法根本问题领域。罗尔斯一再声明：公共理性所施加的限制并不适用于所有政治问题，而只适用于那些包含着我们可以称为宪法根本和基本正义问题的政治问题。[①] 同时也为非公共理性的其他宗教、社会、伦理及文化学说留下空间。在公共生活中，非公共理性主要指社会理性、家庭理性和个体私人理性等，它是公共理性存在和发展的背景文化和外部条件。它们都是社会生活正常运行和有序发展不可或缺的重要因素。二是对公共理性主体的限定，公共理性主要应用于掌握政府公共权力的官员；立法层面上的争

---

① ［美］罗尔斯：《政治自由主义》，万俊人译，译林出版社2000年版。第227页。

论和投票表决行为；还特别应用于司法机关及其各种决议，使司法机关真正体现出其作为公共理性之制度范例的作用。但公共理性不仅仅是政府部门、政府官员才需要的，事实上普通公民以及公民社会领域中的各类社会团体和组织也都需要，如在关系宪法根本问题和基本权利方面，以及在选举投票方面表现出公共精神，履行公共义务，承担公共责任等。但也不是所有的公民、官员在所有时候、在一切问题上都必须使用公共理性。如公民在涉及个人信仰、文化、婚姻以及有关经济的大量市场行为等方面，官员作为"私人"个体而不是公职身份的一般言行，均可以是非公共理性的。三是主张使用公共理性来调节国家与社会、政府与公民之关系，平衡权力与权利、公共利益与私人利益，达成他们之间的良性互动。因此，既要限制公共利益的过分扩张对个人利益的抹杀，又要限制个人利益的过分膨胀对公共生活造成的危害。一方面，凡关涉非公共领域的事务，均可由非公共理性予以引导、调节；另一方面，公共理性以压抑、批判、汇聚和升华私人理性的方式以整合非公共理性资源和体现公共意志、保障公共利益。但公共理性作用发挥的前提和基础则是对私人理性等非公共理性的充分尊重和理解，而不是漠视、替代和完全排斥。总之，公共理性就是宪政结构中平等自由的公民理性，是公民处理自己与国家这一基本政治关系的政治理性，它只在其所关涉的有限范围内起指导规范、平衡约束的作用，为现代政治主体和现代政治社会提供一套基本合理的行为规范和价值尺度。

就罗尔斯对公共理性的理解而言，我们必须首先注意其思维的逻辑特征。他提出探讨公共理性，其基本的考虑就是试图克服传统思维的局限，以公共理性的思维进行公共活动，使公共理性在政治推理方面对形而上的理想和形而下的利益进行限制。他在《正义论》中著名的原初状态的设计就在于提供一种公共观点，代表公民们的各方在合乎情理的约束条件下（"无知之幕"）就被代表者的利益进行理性推理，这个约束条件与理性推理结合在一起，就塑造了公共理性的推理方式。公共推理的实践理性能力加上其公共理由，二者一起就构成了一个完整的公共理性理念。同时他的公共理性还有建构性的一面。在罗尔斯看来，公共理性之所以是公共的，在于它是多种整全性的宗教、道德和哲学学说的重叠共识的部分，只是这种共识（如对两个正义原则达成一种政治的共识）所体现的才是公共理性。但是，公共理性也不是一个既有的确定的东西：公共理性其实只是一种预设，一种需要追求的东西。公民们怎样做到这一点？实际上罗尔斯的理论背后隐含着一种很强的道德预设：公民必须履行一种道德义务（公民义务），那就是公民都有正义感和道德感。因此，罗尔斯又面临一个论证公民的正义感和道德感从哪里来的问题，这样，从抽象的公共理性概念到实际的可操作性，仍有一系列复杂问题的存在。罗尔斯的公共理性思想需要有一个哈贝马斯那样的商谈论辩的程序主义来补充。哈贝马斯虽然从未直接使用公共理性的概念，但他对康德式理性观念的批评，尤其把理性从主体性转向主体间性，其实就是在主张一种公共理性的理念。虽然他的交往行动理论具有一般性的道德哲学抱负，但他却在其慎议民主（deliberative）理论当中要建立一种具体化的公共推理的交往与商谈程序。因为在这个民主政治领域，公民们所享有的权利为这个程序提供了制度化的条件。公民们在尊重这个权利体系的前提下所进行的政治讨论，才构成真正的交往。在哈贝马斯看来，就现实而言，社会生活无疑充满着分歧或冲突。因此，要使冲突的双方或多方达成一致、产生共识或相互妥协，其商谈论辩要求理想的交往条件，即所有具有道德资质的行为主体都无条件地参与到话语商谈之中来。参与者是充分知情的，话语商谈本身是无压制的，每个参与者都可以充分表达自己的愿望、态度与需要。其实哈贝马斯他重视的是程序理性问题，似乎并不像罗尔斯那样追求或强调实质性的正义。显然哈贝马斯并没有终结对公共理性这一问题的讨论，他的交往行动理论，从理想性到现实性，如在不同现实的国家、社会中实现公共理性，不仅是一个理论问题，更是一个民主的实践问题。在民主制度的背景下，公民们就有关公共议题的充分参与、公开讨论和论辩，以及对主权的充分分享，既是达成公共理性的途径，也是公共理性本身的体现。

在现代性语境下，根据罗尔斯、哈贝马斯等思想家所提供的思想资源，公共理性只能运用于公共生活领域，它是达成关于社会基本结构的正当性共识和生成公共生活基本规则的基础，旨在促进公共利益、维护公民之权益。作为一种关乎公共生活秩序的实践理性，公共理性主要运作于两个领域：一是公民社会中由公民参与而形成的公共领域，一是政治国家的公共权力机构。[1] 就前者而言，在公共领域中，公民个体与群体首先在权利与机会平等的基础上参与到对公共事务的讨论中去。这种平等的开放式

---

[1] 李海青：《理想的公共生活如何可能》，《伦理学研究》2008 年第 3 期。

的公共参与是公共理性运作的第一步,也是讨论、协商能够有效进行的基本要求。而且这种公共的理性讨论不预设唯一正确的观点,相反,参与者立场、观念的分歧、差异甚至矛盾是应予承认的既定前提。而且公共理性的理想给民主社会中的公民强加了一种必须承认、容忍和尊重其他公民个体或组织团体拥有理智能力的绝对公民义务,这一义务也包含了一种倾听他人意见的态度,和一种在他们应该对别人的观点作出理性回应时于决策过程中保持的公平心。①

在这种多元协商的过程中,各方在既定对话规则的基础上分别从自己所持的价值理念出发,根据各种可公开接受检验的理由真诚坦率地展开理性的讨论与交往,做出独立于公共权力领域之外的理性判断,提出自己认为最符合公共利益与公民权益的看法,并针对他人的疑问,做出自己的解释。这既是共识的一种达成过程,而且也是公共理性的发展过程。因为这样一种公共的对话与交流同时可以起到拓展公民视野、深化和完善公民认识、观点、改进认知框架、弥合分歧程度、提升争论水平的作用。公共理性的发展和共识达成无疑是公共生活中公民或社团的积极行为并进而成为保证制度正义和公共政策有效合理的基础。

公共理性不仅运作于社会公共领域,在罗尔斯那里,它首先是公共权力运作的规范基础与行为指南。在民主社会中,政治权力乃是一种公共权力。就逻辑而言,公共权力机构以个体公民为自己的构成基础与价值原点,其追寻公共利益、维护公民的基本权益,乃是公共理性最为基本的目标与体现,是公共理性运作的当然范例。不仅制度的合理设计与安排依赖于公共理性,而且公共理性的精神要求公共权力机关及其人员在有关公共事务的重大决策中,应遵循普遍性原则,以公共利益与公民权益的维护为基本出发点,避免不正当的部门利益以及个人私利的介入;要求政府与行政人员按公共理性的方式展开推理、做出决定,并为自己的政治行动提供充分的公共性理由,使公民能够对之形成合理的认同,避免个人特殊的理论立场、观点的干扰;要求政府积极响应公众要求、倾听民众呼声、扩大公民参与机会、完善公民利益的表达机制;要求公共权力机关认真履行社会责任,将公共理性精神所要求的规范化内容以制度、法规与政策的形式加以肯定,并以国家政权的力量保障其实现,努力提供优质的公共物品和

---

① [美] 罗尔斯:《政治自由主义》,万俊人译,译林出版社 2000 年版,第 230 页。

公共服务。罗尔斯就此指出:"每当法官、立法者、行政长官、以及政府其他官员,还有那些作为公共职位的候选人出于理性的动机并按照公共理性去行动的时候,当他们向其他公民解释他们用以支持根本性政治立场的理由的时候,而且这种解释又是在他们以为最合理的有关政治正义概念意义上作出的情况下,公共理性的理想就成为可以实现并能够达成的理想。"①

单就社会公共领域的公民个体来说,在民主活动中努力践行公共理性,一方面有利于提高公民对国家政治的理性认知能力、加深其对美好生活与公共善的理解,而如果缺乏这样一种认知和理解,公民对公共生活的把握必然主要依凭自己的感觉,而这就容易产生偏见与成见,导致各种非理性的盲目行为。另一方面,公民的民主实践活动是社会成员获致合理角色,提高参与技能,积累公共生活经验,培育自主意识与独立人格、团体意识与契约观念、合作精神与宽容美德的有效方式。而这些都是成为合格公民不可缺的能力与品质。

也就是说,对于公共理性的践行而言,公民不仅要具有一种认知与思维的理性能力,还要具有一种交往与合作的道德理性能力。公共理性自身意味着特定认知能力与道德能力的统一。正如罗尔斯指出的:"公共理性的价值不仅包含基本的判断、推论和证据之概念的恰当运用,而且也包含着合乎理性、心态公平的美德。"② 公民正是凭借这两种能力参与到公共生活的构建之中。认知理性的贫乏,也许在以情为基础的私人交往中,其局限性并不很明显,但在公共生活中则非常明显影响到制度规则的合理构建和限制了道德实践能力的发展。这也就是为什么中国人对待亲人、熟人、一切有关系的人和将要有关系的人非常有人情味,而对超出这个范围的外人(陌生人)往往不讲人情,甚至冷漠无情以及缺省对制度的反思能力的深刻原因。公共理性在本质上又是理性自律的公民个人道德能力的体现。它是对个人理性及其行为方式的反思性把握:其在承认个人具有合理选择私人生活目标能力的基础上强调个体公民在公共生活中所应遵循的普遍性原则;在承认个人合理自利基础上强

---

① [美]罗尔斯:《公共理性与现代学术》,生活·读书·新知三联书店2000年版,第4页。

② [美]罗尔斯:《政治自由主义》,万俊人译,译林出版社2000年版,第147页。

调平等公民间的互惠性与合作能力；在承认个人反思价值的基础上强调公共生活中的交流与批判机制。在这个意义上，个人理性中公共因素的凸显，公共理性在某种程度上的生成与存在是社会正常发展之必然要求。但作为处理社会公共生活的一种理念和能力，公共理性通过公众参与所形成的并不是基于某种最高理想原则之上的绝对真理，而是公共的程序性规则、合作的理念与协商的共识。"公共理性并不是一种超越个人的道德'大我'，它仅仅是在个人的道德能力和理性能力基础上形成的能够保证公共生活的合作正常展开的一种方式。这种方式是由个人的理性和道德在自由发展中而构成的，它不排斥公民个人在追求个人的美好生活的观念和道德价值的取向中的自由。"[①] 在此共识、规则与框架之中，每一个参与者可以更好地实现自己的善观念，更好地共同生存。换句话说，优良的公共生活来自每个人的道德努力。[②] 优良的社会生活只能来自公民个人理性的道德运用，也只有现代性公共人格意识和公共责任意识的凸显，人类的持续进步也才得以可能。

二 基于契约精神的权利与义务相统一的特征

现代社会说到底就是契约社会，而契约的本质就在于权利与义务的统一。在契约交往关系中，一方的权利来自另一方的义务，一方的义务形成为另一方的权利，契约关系实际上就是契约者之间相互交换权利和义务的关系。契约关系作为一种合作机制，它的这种权利和义务的交换，使得契约关系中的双方对个人利益的适度追求并不危害权利和义务的平衡，反而成为保持权利和义务平衡的内在驱动力。其实从契约者自身来看，权利与义务的交换既是与他人的交换，也是与自己的交换。享有一定权利就要承担一定义务，权利是从义务中产生的，契约关系就是用自己的义务交换自己权利的关系，这是权利与义务达到平衡的内在根据。契约交往关系是在身份平等的基础上自愿结成的交往关系。在契约交往方式中追求个人利益的机会是平等的，谁都不应强迫对方接受自己的契约条件。相比于传统社会的等级关系和依附关系而言，契约关系无疑是一种体现公平的交往关系。

---

① 金生鈜：《德性与教化》，湖南大学出版社2003年版，第306页。
② 孙晓春：《个体理性与公共生活的关系》，《学术研究》2008年第4期。

权利与义务的这种统一既体现在罗尔斯所谓的正义的制度安排中，但也只有当权利与义务统一的契约精神渗入主体的价值信仰与道德人格追求时，现代社会主体内蕴的公共人格和外显的公民身份才可能真正确立起来。作为独立自由的人格，就是权利与义务的统一。没有权利当然谈不上人格，但如果只讲权利不讲义务，这样的人格也是片面的或病态的，只有权利与义务相统一，才是健全人格的基础。契约精神作为公共道德人格的基本价值规定，它是每个公民作为平等主体在同一生存平台上尊重相互间的主体地位与权利的精神凝结，其间隐含着这样一个基本前提，即平等主体对契约与规则的体认和推崇。一方面意味着合意的契约基础上规则的优先性和神圣性，而且这种意识已扎根于公民的价值观念中，成为公民的精神品格和性格特征；另一方面，内化为道德意识的契约精神也折射出公民间的人格平等性，即公民的公共道德人格必然要摒弃身份社会中人们由于出身和社会关系的差异而产生的先在的人格不平等。作为公民公共道德人格价值规定的契约精神，根本上说就是一种公民道德品格中的规范意识，是体现公共理性的规则在个体道德世界的进入，是维系公共生活正常交往所必不可少且最基本的主体人格要求。公民资格与共同体形式，在精神的理念中形成自由与责任的契合，也就是权利与义务的统一。对于公民身份而言，公共道德人格是一种现实人格、底线人格，但它又是最根本、最重要的道德人格，因为，只有具备了这一基本的道德人格，每一个人才有可能得到社会的正义保障。

权利意识随着近代以来经济、政治关系的出现而产生，作为一种近代意识，它的出现是对传统社会中的身份意识的否定。从 17 世纪开始，霍布斯、洛克等思想家将自由、平等的含义注入"公民身份"中，现代意义的"公民身份"就意味着一个"公民"与另一个"公民"之间的关系是平等的，大家享有相同的权利，承担相同的义务。公民对国家和社会的要求可以得到平等的对待，同时也要对国家和社会做出相应的贡献。在个人与国家的关系上运用"权利"与"义务"这一对范畴，主要是在实体法的意义上使用的。也就是说，是在国家法律所规定的权利与义务的意义上运用这对范畴。但这并不意味着它没有伦理意义。实际上，法律权利和道德权利是两种基本的和重要的权利形式。"权利就是基于特定的法律体系或道德原则而确认应予保护和认可的利益，是必须且应该得到的利益。对任何利益主体而言，只有在他能够援引法律或道德为自己的利益辩护时才能成为一个权利主体。"① 也就是说，当一项主张为法律所支持，不论它是否得到任何其他东西的支持，都可被称为一项法律权利；而当一项主张可能只是被共同体的一般道德感所承认并为道德舆论所支持，这时我们就称它为一项道德权利。一般说来，法定权利通常可以看作道德权利在法律上的体现。

道德权利是与道德义务具有相关性的一对道德范畴。道德权利表明的是在与一定的道德义务的联系中个人具有的某种包含行为正当性质的道德状态。它依赖于诸如特定的道德关系、道德共识、道德环境和道德愿望等道德条件。在契约关系中，契约是一种合意，又是一种合理的期待，这种期待必须依靠契约当事人共同践履诺言来实现。当契约双方达成一种承诺关系，或者说一方给予另一方某种承诺时，双方即构成某种道德上的权利义务关系，亦即承诺方负有履行诺言的义务，受诺方享有要求对方践诺的权利。在这种必然性关系中，一个人的权利就是他人的义务。但从道德上看，如权利和义务的"逻辑相关性"所表达的那样，一切义务均赋予他人以权利，那么，人在道德上有慷慨的义务、仁慈的义务、行善的义务等，可一个受到慷慨和仁慈对待的人，或更广泛地说，任何一个人，他是否能理直气壮地声称自己拥有受到慷慨和仁慈对待的道德权利呢？在这里，"义务"概念的含义变得十分重要。就"义务"一词的本义而言，是与一个人应对别人做某种事情联系在一起的，按照"义务"的原义，一切义务均与应获得这一义务的某人的权利相关②。但是，"义务"一词后来具有了比这更宽泛的含义，它不只是指与他人的权利要求相应的行为，而且还意指源于比法律更高权威要求的行为，或是源于人们自己良心要求的行为。这样一来，该词与他人的权利要求相对应的意义就被淡化了许多，而变成了一个意指所有无论出于何种理由我们都应当为之的行为的术语，并且具有更浓厚的道德色彩。历史地看，"义务"一词的含义变化经历了由"完全责任义务"向"不完全责任义务"的拓展。基于一定道德原则之上的公正义务（即完全责任义务）和行善义务（即不完全责任义务）之间，其规范的强制程度显然是有差别的，它体现了博登海默所说

---

① ［美］彼切姆：《哲学的伦理学》，雷克勤等译，中国社会科学出版社1990年版，第292页。

② 同上书，第204页。

的道德价值体系中两类不同的价值要求。公正义务是以道德上的"完全强制性义务"的形式显现出来的,它意味着某种相应的明确的道德权利的存在,遵守协议、履行承诺都属这样的义务,这是一些对于确保社会的道德秩序乃至社会秩序的基本道德义务,具有显著的道德上的"强制性"意义,因为缺乏这样的道德义务,基本的道德秩序都难以维持,它们是任何道德体系都必须通过一定的道德机制向一个人强索的。因此,公正所涉及的权利和义务,是严格意义上的相互对应、必然相关的关系。就义务而言,作为一种完全责任义务,承担义务就意味着某种相应的明确的权利存在。若某主体只享有权利而不尽相应的义务,或只履行义务而不享有相应的权利,都是不公正的。

而行善义务则是以道德上的"不完全强制性义务"的形式显现出来的,它不与某种明确的道德权利相对应,慷慨、仁慈和博爱就是这样的义务,它们是一些能极大地提高社会道德生活质量和促进社会和谐的道德要求,是允许个人自愿选择的,其强制性显然要弱化不少。道德义务的这两类形式,亦可称两个层次的要求,后者虽更能体现道德的自愿特征,但这并不能表明它比前者更重要。与一定的道德权利相对应的道德义务构成了道德义务的基础层次,从另一个侧面看,它们的相关性便是道德权利和道德义务的相关性的基本内容。至于不完全强制性义务与道德权利的关系,有一点是应当明确的,我们可以自主选择履行这种义务的时间和对象,而不存在一个要求我们必须如此的权利者,但我们不能因为诸如慈善的对象没有要求我们行善的道德权利而否认行善的道德义务。强调道德义务的无偿性及其非权利动机性仅仅是从道德规范的理性自觉的特殊意义上,针对道德主体的自觉义务动机而言的,从社会公正的角度考虑,道德义务的非权利动机性并不意味着道德权利的不存在,它不能作为否认道德权利的理由。道德主体对道德义务的自觉履行既是个体向善的表现,也是对社会的积极贡献,社会理应予以相应的回报,使他们获得应有的报偿。康德的为"义务而义务"的极端义务论观点因揭示了道德的自律性的特征而包含着正确的一面,但也因对道德主体苛刻的要求而屡遭非议。作为道德舆论,不能只是鼓励人们履行道德义务的无私性,还应当呼吁维护由于这种义务行为而产生的道德权利要求。因此,强调道德义务和道德权利的关联对于维护一种公正合理和可持续的和谐道德关系是非常必要的。

对传统中国来说,道德权利观念、权利与义务统一的观念是陌生的,甚至是不可思议的。因为缺乏相应的经济、政治和法律基础，中国古代文化传统中权利意识极不发达，人权观念、权利平等观念、权利保护观念等都难以形成。现代汉语中"权利"一词古语中虽早已有之，但"权""利"二字合用多含"权力"与"利益"之义，且贬义居多。中国的封建传统道德因其维护一种严格的身份等级制度而与现代权利观念格格不入，人际交往方式以人情关系为纽带，是血缘关系和亲缘关系的产物，其最大弊端在于权利和义务关系不清晰。人情为纽带的交往方式中主要是相互赠予的关系，而不是权利和义务相互交换的关系，交往双方付出多少和回报多少没有具体的约定，缺乏权利和义务的平衡机制。人情交往方式在私人生活领域是合理的，而契约交往方式更适合于公共生活领域。

因此，在19世纪末20世纪初，一些先进的中国知识分子便在接受和宣传西方权利观念的同时，以此为武器对中国的封建传统道德进行了尖锐的批判。梁启超就曾疾呼"凡人之所以为人者有二大要件：一曰生命，二曰权利。二者缺一，时乃非人"，他把人的权利与人的生命相提并论，因此，对漠视人的权利和公然以权利与义务的不对等为内容的封建伦常礼教做了抨击，主张人的权利和义务应是对立统一的，"义务和权利，对待者也，人人生而有应得之权利，即人人生而有应尽之义务，二者其量适相均。……苟世界渐趋于文明，则断无无权利之义务，亦断无无义务之权利"。[1]

在新中国成立之后，我国的政治、经济、文化都发生了巨大的变化，但就权利文化建设而言，在相当长的一个时期内仍举步维艰，其根源最终恐怕只能在社会的经济结构中去追寻。因为西方文艺复兴后的思想家们所宣扬的人的自由、平等和权利观念，实质上只是将商品经济的要求以权利语言的形式表述出来。这一点在我国的改革开放中也得到了印证。随着我国市场经济体制的不断完善，公民的独立人格正在逐步形成，利益主体的多元化和人们利益的分化日趋明显，我国的法律体系已经在维护个人权利、保护个人正当的利益方面做了不少工作，但思想观念，尤其是道德观念的转变却尚未真正完成。因此，如何建设一种维护公民权利和义务相统一的道德文化势在必行。处于社会主义初级阶段的中国，摆脱"人的依赖关系"的使命还没有结束，以"物的依赖性"为基础的人的独立性这

---

[1] 梁启超：《饮冰室合集·专集四》，中华书局1989年版，第129页。

一特征却又非常明显地显现出来,使社会的价值观已陷入庸俗的物化倾向,即追求物质享受而轻视人文精神,注重外在价值而忽视内在价值;反映在人格结构中,就是割裂权利与义务的统一关系,甚至只讲权利而不讲义务。这正是"物的依赖性"与人的独立性的矛盾所造成的道德困境。要摆脱这种不利于人的全面发展的困境,一个十分重要的基础性的工作,就是要在实现权利与义务相统一的制度公正基础上,培育独立的健全的人格,以此为基础提高社会的道德水准。西方近代以来曾经过多地宣传了权利意识,以致有些人误认为他们只有权利而没有义务。与西方的情形相比,在我国这样一个曾经在法律和道德生活中都缺乏重视权利传统的国度,注重培养人的权利意识但又注重义务和权利的平衡,也许是更为迫切的任务。

三 个人道德自我实现的公共性特征

正如美国基督教哲学家尼布尔所言,个人的道德理想是无私,社会的道德理想是公正。在公共生活中,由于正义制度是对人们普遍交往而必然产生的权利与义务关系进行合理而公正的分配和划分,所以,公民因享有权利而必须履行相应的完全责任义务,这是制度良性运行的前提,是公共秩序得以形成的基础。反过来,公正的制度环境又成为人们追求自由和幸福生活的前提条件。所以现代社会的公共道德它是旨在保护个人自由权利的一种道德设计,它是以保护人权为底线的一种道德范式,是在对于每一个社会成员的起码尊严的保障上来提出道德要求的,它的着眼点在于可行性与现实性,即基于社会共同生活的必要性向人们提出道德的规范性要求。但道德不仅是一种规范的存在,同时也是一种价值的存在,一种体现生命意义的存在。因此它不仅具有规范之功能,同时又是生命价值的生成和实现。道德作为一种价值存在,它是人类本质特征的最初表现形式,是人区别于其他存在物的主要标志;道德作为生命意义的存在,体现在个人对真善美的追求中,凝聚为道德人格和理想。无私作为个人的道德理想,作为一种崇高的德性,是指个人必须忘我于比自己更伟大的事物中,才能实现其生命价值。虽然契约精神在公民的公共道德人格中具有基础性地位,但崇高的德性(美德)在公民人格中却代表着主体精神达到的高度,同样具有不可或缺的重要地位。

在现代社会,由于理性主义的强势和工具理性的张扬,凸显出法律的价值及特殊的意义，但对价值理性的淡漠以及道德所关怀的人的生命本体意义的忽略，却是十分令人担忧的。对此，美国伦理学家麦金太尔有其深刻性的批判。他认为，现代个人生活已不成整体，个人生活已被分割成不同的碎片，自我被消解成一系列角色扮演的分离的领域，不同的生活片段有不同的品性要求，作为生活整体的德性已经没有了存在的余地。这就是为什么麦金太尔呼吁现代社会道德要向德性复归的原因。英国伦理学家亨利·西季威克也认为，德性既包括义务（完全责任义务）的行为，也包括可能被普遍认为超出了义务范围的任何好的行为。西方伦理学家实际上从不否定道德的多维价值指向——现实的义务、人生的目的和自我实现等。所以，与以道德规范意义存在的契约精神不同，德性精神是一种道德价值信仰，是公共道德人格的另一层面，是原发于主体内在情感世界的对美德与崇高人格范型的笃志与追求。中国传统圣贤人格就是德性人格的具体范型。但由于传统儒家没有像西方道德文化那样的作为实体或作为权利（目的）主体的"个人"或"个体"概念，只有处于关系中的或作为义务承担者的"个人"概念，而且儒家的个人美德的落实不在其行为的外在结果，而在其内在品性和精神人生境界的自我提升；不在行为者的自我目的实现或完成，而在于他对道义原则或社会伦理要求的自觉承诺深度。正是这一点使得儒家道德人格理论漂浮于道德理想主义的真空而缺乏现实的道德实践价值。公共道德人格的崇高德性诉求与传统德性人格有着根本区别，前者是契约价值优先于德性价值，具有基础性地位，德性崇高以被倡导的形式而存在，而在后者那里权利价值式微，德性价值具有绝对统摄地位，但往往因为权利这种基础价值的缺失而难以实现。

对于公共道德人格来说，现代社会正义制度确立和保障了公民在人伦关系上的独立性、自主性地位，宪政体制对公民权利的切实保护，不仅使得公民遵守"生活的道德"，自觉履行与享有的权利相对应的完全责任义务，既是必要的、同时也是完全现实的，而且公民个体在基本的生存问题解决之后，在较自由的制度环境中，他能自主地筹划个人生活，关注个人以外的世界，从而有可能追求"道德的生活"，自觉选择履行不完全责任义务（行善的义务），追求一种理想的精神境界，进入一种可能的道德生活世界。在这里，高尚的心灵永远指引人对自身本质进行理性的超越。但它必须有其相应的物质和社会基础。在儒家的道德哲学中，虽然有一个不曾言明的假设，即认为关心他人的义务只能通过在政府机构的政治活动才能完成，也注意到了个人道德自我实现的公共性问题，但正如我们在上文中曾谈到的，儒家的理想人格其实只是为君王量身设计的理想，并不是基于普遍人格的理想设计，它缺乏公共性的社会维度。

现代社会的公共领域给公民个体德性的培育与展示提供了有利的物质条件和实践场域。对现代人来说，他在现代伦理的支持下有足够的理由去追逐他们所理解的来自日常生活中的幸福生活，但他的独立性必须依靠法律和道德来保护，才能避免自身不受他人和公共权力的侵扰，同时他也必须自觉接受法律和公共道德的约束，不应该妨碍和损害他人的利益，积极参与社会公共生活、政治公共生活，承担起公民的责任。在这种个人的意志自由获得了一种现实存在的基础上，个人的道德追求完全有可能不仅仅停留在遵守生活规则的道德层次，他完全有能力自主地选择过一种道德的生活，像当今世界正日益增多的志愿者一样，在诸如扶贫、环保、教育、维权、慈善、文化、中介等许多领域追求生活与生命的意义、灵魂的升华。

所以，现代社会的公共生活成为个人道德自我实现的一个不可或缺的条件。从历史来看，传统中国文化强调的是内向的自我修养，注重的是自我精神境界的提升，而古希腊人则强调公共生活，他们把参与城邦公共活动看作是实现自身价值，获得人格完善的唯一手段。在他们看来，人的价值不可能独自实现，必须在与他人追求共同的价值中才能实现，共同的价值是构成人格理想的基本要素。所以每一个公民生活的主要内容就是参与政治生活，即公民必须参与城邦的各种公共事务——辩论、投票、选举、担任公职等。但他们不允许任何一种仅仅以维持生计和生命过程为目的的行为进入公共活动领域，实际上这是一种取消、遮蔽了"自我"的公共性，因而仍然只能是一种片面的公共性。正如阿伦特指出的，近代以来较之古希腊社会的重大转换是社会领域的发现。社会是人们为了生存、生活而不得不相互依赖的形式，因此，与纯粹的生存相联系的活动如劳动，被获准出现在公共领域。同时，私人领域的重要性也凸显出来。实际上，古希腊对公共领域的理解只是一种对社会的片面理解，即对社会完全从政治意义上来理解。从社会维度看，人生不仅是一个不断自我创造、自我实现的过程，而且是一个和他人不断相互交往的过程。个人的独立、权利和自由固然重要，但人本质上是一种类存在物。人作为行为个体是独立的、充分自由的，但同时又是群体的、复数的，体现出社会的公共性。个人的活动只有自觉地从类意识出发，尊重"他者"的存在，才能控制自己的本能欲望，通过对"他者"的关怀来实现自我的道德提升，同时人与人之间也才能相互促进，实现共同发展。在这里，改变自己和容纳他者必须同时进行。如果认为自己绝对正确，让别人去改变，这种自己是中心，他者是手段，把他者全部同化在自我的空间的做法，就不是个人道德自我的公共性实现。也就是说，必须要丢掉以自己为中心的自我，只有生成变化为代替对方的自己才能有对他者真正的关怀行为。因此，人的社会维度公共性的实现，不仅需要加强有效的社会制度和责任伦理建设，而且需要公共文化的启蒙、公共理性的构建和公共精神的塑造，以便能形成一个能使人的公共性真正得以实现的公共活动领域。这样的一种公共活动领域，既不是协商私人利益的竞技场，也不是仅以血缘、职缘为纽带的社群，而是一个每位公民都可以通过积极的言论、行为来展示自我、成就他人、增进人类自由和幸福的社会公共场域。

第三节　志愿者行为模式的公共性道德特质

在生活多元化的现代社会，个人和国家之间存在着各式各样独立自主的社会组织或机构。在这众多的社会组织中非营利组织是一种特殊的类型。非营利组织是一个来自西方社会的概念，它作为组织形式种类多样、功能复杂，人们从不同的角度对之进行分析形成了不同的分类。目前国际上并没有一个统一使用的概念，有许多不同的称谓，如"第三部门"（the third sector）、"独立部门"（independent sector）、"慈善组织"（charitable sector）、"志愿者组织"（voluntary sector）、"非政府组织"（non-government organization）、"公民社会"（civil society），等等。这些不同的概念外延涵盖的基本上都是介于政府组织和营利性组织之间的一切社会组织，但各自强调的重点与角度不一样。非营利组织可以说是一个理念型的概念建构，它集合若干相似特征，尽量忽略其差异，如组织不以营利为目的、以促进公共利益为使命、吸引成员自愿参与、盈余不分配予私人、自治程度高、组织解散后财产归公等。非政府组织的概念，则强调纯粹民间、不受政府支配的特质，而第三部门之概念又可涵盖前两者。至于"公民社会"则是从社会关系上来解释非营利组织。在当代公民社会理论中，"公民社会"有时被理解为"经济与国家之间的社会互动领域"①,可见这一概念所涵盖的外延比非营利组织要宽泛,但由于公民社会领域中的主要组织形式就是非营利组织,所以,从不太严格的意义上来说,两者也经常被看作是可以互换使用的概念。

必须指出,任何简单的定义,都无法涵摄非营利组织内在的异质性和复杂性。因此,美国学者萨拉蒙和安海尔在《定义非营利部门》一书中表示,即使经过十三个国家学者共同参与"约翰·霍普金斯非营利组织比较研究计划"后,在对非营利组织定义上,仍只达成一小部分的共识。其中具有代表性的共识就是从结构、运作角度分析认为非营利组织需具备如下五方面的特征:第一,组织化。即具有制度化的运作过程、定期的会议和某些程度的组织化特征。第二,自主性。组织是独立于政府之外的,完全由民间来完成运作,既不属于政府也不受政府管辖,但是可以接受政府的支援。第三,非营利性。非营利组织也会赚取利润,但不以获取利益为优先考虑,其利润只是用于实现机构的整体良性运作。志愿者从事志愿服务也不以获取报酬为目的。第四,自愿性。志愿者基于自己的自由意志,自主服务于他人和社会的利益。第五,公益性。公益性是志愿服务的价值特征,同时决定了志愿服务行为的目的属性。这五个方面基本上概括出了非营利组织的最基本特征。当今国际上非营利组织基本上可分为互益型和公益型两类。互益型的如行业协会、商会等经济团体和学会、同学会、兴趣团体等社会团体,它以促进团体成员特定利益为目标;公益型的如环境保护、社会救济和教科文卫等非政府的社会组织②,它以促进社会公益为目标。本书的研究侧重于公益型非营利组织中那种直接依赖于人们的志愿参与行为的纯粹公益性志愿者组织。这类组织可以说是后物质社会最值得关注的一种组织类型和行为类型。作为亲社会行为的一种表现,志

---

① 参见童世骏《"后马克思主义"视野中的市民社会》,《中国社会科学季刊》1993年第11期。

② 我们有人很可能把中国的事业单位简单等同于非营利组织,这是不妥的。中国的事业单位能否成为非营利组织,取决于事业单位的资金来源和它提供的社会服务的性质及它的宗旨是不是公益性。随着事业单位改革的推进,那些逐步脱离政府而从事公益性活动,并且能够获得公益性社会资源的事业单位将转变为非营利组织。另外占比重很大的一部分事业单位可以按照市场化的改革方向,采取企业的运作模式,通过市场机制动员资源、提供服务。还有一部分事业单位可能要维持现有的这样一种身份或性质,仍然以国有资产为基础,大部分资源仍需要由国家提供。

愿行为是一种长期的、有计划、有组织的帮助他人的行为。志愿者们怀着一份关怀之心参与到他者的生活中去，激励他者增加力量。和危难关头的英勇行为相比，它对今天的日常社会生活更具有显著意义。这种由志愿活动开拓出来的公共性是实践系谱的公共性，它应当作为一种日常的活动普遍渗透到全社会中去。

根据管理大师彼得·德鲁克的观点，非营利组织在西方国家的崛起是西方国家步入知识社会或者说"后资本主义社会"的标志。到20世纪末，美国社会已完成了传统社会向工业社会的转变，正在向知识社会迈进。知识工作者已经占到美国劳动力总数的三分之一，他们正逐步取代蓝领工人，而且成为知识社会的领导阶层。这个以知识工作者为主体的社会就是知识社会。知识社会需要培育非营利组织这样一种新型组织器官，以与政府、企业这两种器官（德鲁克把各类组织看作社会有机体的不同器官）相配合协调，并且必须以不同于政府和企业的角色发挥社会功能：政府制定并执行规则，要求社会各部门服从；企业提供产品和服务，并期望获得回报；非营利组织作为社会部门，它的宗旨在于改造人，为社会培养合格的公民。[1]

的确，自20世纪70年代以来，美、英等发达国家和第三世界的非营利组织以及跨国性的非营利组织蓬勃发展，在公共服务和公共管理中扮演着十分重要的角色，但在这里我们仅从伦理学角度审视作为一种公民自愿性社会参与的非营利组织活动的道德性质与价值。

一 追求社会正义——非营利组织使命的道德理想性

非营利组织设立的宗旨，虽然不是以追求经济利益为目的，但这些组织的正当性仍旧是立基于社会的需要，以它们的作为对特定或不特定对象有所帮助。它所致力于要解决的主要是被主流社会组织体制，即企业——市场体制和政府——国家体制所罔顾或所顾不及的一些重大社会问题。这些问题主要是人口、贫困、教育（特别是农村基础教育）、妇女儿童保护、环境保护、少数民族、卫生保健、残疾人以及人道主义救援和人权等问题。它服务的对象大多是被主流社会组织体制所忽视或排斥的边缘性社会群体。

---

[1] Per. F. Drucker. *Post Capitalist Society*, New York: Harper Business, 1993. p. 65.

从原因上看，非营利组织在20世纪70年代以后的迅速发展，学术界一般认为是由于市场失灵和政府失灵导致的。市场失灵是指由于公共物品的不可分割性和非排他性，使得它无法通过市场体系，即个别消费者和生产者之间的交易来提供。政府失灵指的是政府在提供私人物品时很容易失败，如政府办企业生产竞争性私人物品时往往得不偿失。随着认识的深化，学者们又提出了第二种市场失灵和第二种政府失灵观点。第二种市场失灵指的是市场不仅在提供公共物品上存在着失灵，在提供私人物品的情况下，市场也存在一些局限，这种局限主要是由于市场经济条件下信息不对称造成的，如患者很难判断医院的服务水准，因为他们不具备专业医学知识，其利益很可能被侵犯。反过来，政府不仅在从事竞争性的私人物品的生产中存在着失灵，在公共物品的提供上也存在局限性。由于人们对公共物品在品种、数量方面的偏好并不一致，政府提供的公共物品只能倾向于大多数的选民，这样的结果必然导致一部分人对公共物品的过度需求得不到满足，另一部分人对公共物品的特殊需求也得不到满足，从而出现政府失灵。非营利组织之所以又被称作第三部门，就正是在现代社会第一部门（政府）和第二部门（企业）高度发展成熟以后，其失灵现象也充分表现出来以后才会产生的现象。所以，在美英等国与非营利组织迅速发展相伴随的政府改革运动，其核心问题是重新界定政府的职能，将政府不该做或做不了、做不好的事务交还给社会，其中，私人物品生产大都交给市场，公共物品大部分特别是垄断性公共物品继续由政府提供，但大部分非垄断性的准公共物品和准私人物品，则由非政府、非企业的"非营利组织"承担下来。在这种情况下，有越来越多的西方学者重新检视公、私这组概念的含义，原先那种政府垄断公共管理的僵化的划分方式逐渐受到挑战。透过学者们的重新诠释，使"公共"概念向社会一边靠近，而不再完全由政府所垄断，此时意涵更为丰富的社会维度的公共领域，似乎应由民间非营利组织所组成的"第三部门"来加以彰显。或许我们可以说，方兴未艾的非营利组织研究，正回应了公共性由政府向社会移动的此一趋势，原先只重视政府、市场二元关系的公私之辨，也在扩充为政府、市场与非营利组织的三元模型后，出现了许多新组合的可能。现代社会的非营利组织兼具有公与私的双重性格，就公共服务而言，它们取代或补充了政府部门的部分功能，而它们的组织使命往往带有更崇高的理想，如人权、和平、环保、慈善等，体现了博爱、公益的价值观，是公共精神的高度发挥。但在组织的定位上，非营利组织无论采取财团法人、社团法人、非法人团体或未合法登记之形式，皆属于民间的结社，若不考虑官方外围组织，绝大多数非营利组织亦是非政府组织，所以它们的私，表现在不受政府支配，自行负起决策到执行的责任，而这绝不妨碍它们的公共使命，相反地，组织的自主性更能够保证不被工具化，如此才能够真正代表公众，对于政府和市场进行有效的监督。

所以，为了弥补政府和市场的失灵，作为一种组织创新，非营利组织任重道远。面对政府失灵，自下而上的非营利组织不仅将接手那些政府做不好、做不了的公共事务，而且还将通过社会权力对政府权力的制约而推进民主政治建设。通过各种各样的社团将个人组织起来，公民才可能有效地参政议政、抑制政府无所不在的权力，将公共权力置于社会监督控制之下。面对市场失灵，非营利组织通过慈善事业、志愿服务、社区机构的扶贫、助学等活动来调节人民的收入水平，减少贫富不均，缓和社会矛盾，使社会经济发展具有良好的社会环境。同时还通过干预市场经济活动（如民间对资源、环境等的保护）以纠正外部不经济的问题。非营利组织作为一种超越个人功利的组织形式介入政府企业之间，就有可能提供一种组织性质上的过渡。它不仅可以部分地替代政府，还是中间状态的公共物品和私人物品供给的恰当的组织形式，而且还可使社会不同组织之间的关系更为有机协调。

这样，公民社会的非营利组织的使命，一方面是促进社会基本制度结构的完善，从而促进政治正义的实践；另一方面，则是基于道德正义的理想，凝聚着社会成员的道义力量，直接去改造不平等的社会现实。

从非营利组织所倡导和追求的价值理想来看，它应该说是对近代以来西方公民社会所倡导的自由、平等、博爱等核心价值的具体化和深化，具体来说包括如下价值原则：

（1）博爱原则：认为人与人之间有着互相支持、理解和帮助的义务。从较低层次来看，个人与个人、个人与社会彼此都有维护对方之生存与发展的责任。从较高层次来看，人们出于博爱的原则给予别人无私的帮助，是人类完美人性和高尚人格的体现。

（2）助人自助的原则：强调尊重人的个性和发挥人的潜能，社会有责任通过帮助使每一个人能够自主、自助、自我实现。志愿者在支援行为中应注意到改善对方的目标才是支援的中心，有必要控制突出自己的目的或意图；从被支援的一方看，若指望着别人支援而放弃了自助努力就已经不是真正的支援。

（3）社会正义原则：承认每一个人生而平等与自由，倡导正义的社会应当承担起对个人的责任。个人是社会的主体，是构成社会的基本单元，社会有责任为个体的生存与发展提供更好的环境条件，避免社会问题的发生。特别是美国政治哲学家罗尔斯在《正义论》中表述的平等的社会理想，以及关注最少受惠者利益的公平观念，更是成为其组织价值观的理论基础。

正是这些超越功利的精神价值，支撑着非营利组织的价值世界，整合着社会的文化与精神。非营利组织介于政府和营利组织之间，致力于弥补政府与市场的失灵，它扮演着服务的角色、倡导的角色、呈现的角色、社区建造的角色及价值守护人的角色，能以比政府更低的成本提供更好的公共物品而使社会繁荣与和谐及以对市场功利追求的超越而代表着人类理想的道德境界和文明发展方向。

二 自愿奉献——志愿者利他行为彰显人格的高尚性

自愿性是非营利组织活动的首要特征。非营利组织的自愿性意味着参加组织的成员不是被迫的，而是自愿的。依照自愿性的要求，志愿服务提供者可以自主决定是否从事志愿服务，自愿受到志愿服务法律关系的调整，任何组织和个人不得强行指派志愿服务组织提供服务，不得强迫他人从事志愿服务。

正像企业是组织化的资本、政府是组织化的权力一样，非营利组织可以说是组织化的志愿精神。志愿精神可以被表述为一种公民自愿地、不以报酬为目的而参与推动人类发展、促进社会进步和完善社区工作的精神。秉持志愿精神的志愿者成为非营利组织的不可缺少的组成部分。[①] 根据美国约翰·霍普金斯大学非营利组织比较研究中心对22个国家的比较研究结果，这些国家中平均占总人口28%的人向非营利组织

---

① 非营利组织或志愿组织中的成员一般由不拿报酬的志愿者和拿薪水的雇员（又被称为社会工作者）组成。

贡献了他们的时间。① 特别是美国，平均每两个成年人中就有一个志愿者，总数近9000万人，他们每周为一家或数家非营利组织工作近5小时，相当于1000万个全职工作岗位。如果计酬的话，即使按最低工资标准计算，总额也达1500亿美元，占美国GDP的5%左右。②

利他主义是志愿者志愿服务的主要动机之一，但是利他主义的存在一直备受怀疑。利他主义到底是不是一个具有现实基础的概念？Jane Piliaviny 研究认为，利他主义的存在可以从发展心理学中找到非常充分的证据。人类的利他主义并不是来自先天的遗传，而是来自后天的学习。刚出生时并没有表现出利他主义，小于一周岁的儿童一般无法分清什么是"自己的"，什么是"别人的"，两岁到三岁之间的儿童开始对别人的需要和情感产生反应。当儿童能够对不在现场的人的遭遇产生怜悯之情的时候，心理学家认为儿童的利他主义就已经建立起来。③

我们知道企业的目标是追求利润最大化，所以经济人是利己的；政府的目标是维护和实现公益，但公共选择理论认为，人们的政治行为一如他们的经济行为一样是追求私利最大化的；那么非营利组织的志愿者的利他行为何以可能呢？其实是完全可能的。首先，经济人概念只是经济学研究的一种理论假设，并没有概括人性的全部。事实上，市场经济理论的开山鼻祖亚当·斯密对人性就持一种利己与利他并存的双重性观点。不过我们可以看到，人的利他心在市场交换中只能从效果去看，而无法从行为动机中表现出来。按照以塔尔科特·帕森斯（Talcott Parsons）为代表的功能主义行为理论的理解，双方交易的行为，乍一看，也许是相互的，然而由于各当事人都把实现自己利益的目标放在第一位，所以这种相互的交换只不过是利己的单方面行为偶然重合在一起，互相提供了帮助而已；对在政府中掌握公共权力的公职人员来说就要好一些，可以在职责和组织目标的实现中利他而可以在主观动机上不为己，因为其薪水等物质待遇是确定的，有保障的，这为他偏好精神价值，追求高层次需要的满足奠定了基础。只有在志愿者的志愿服务中，

---

① ［美］萨拉蒙：《全球公民社会——非营利部门视界》，贾西津等译，社会科学文献出版社2002年版，第12页。

② ［美］F. 德鲁克：《非营利组织的超越革命》，上海译文出版社1999年版，第99页。

③ Jane Piliavin, Hong - Wen Charny, *Altruism: A Review of Recent Theory and Research*, Annual review of Sociology, Volume, 16, 1990, p. 27.

人的利他心才可以得到相对前两者来说更纯粹的表现，志愿组织的成员都普遍认同某种超越个人利害计算的信念，他们把为慈善事业和公益事业做贡献当作自己的义务和不可推卸的责任。因此他们相信自己在实现组织的目标时，对于社会能够有所贡献。非营利组织也以组织的理想、信念、使命创造出让参与者个人能够觉得自己行动有意义的情境。即使有的志愿者是抱着想多学些东西、增加工作经验和社会经验以及想多结识些朋友或令人生有意义等个人动机参与到志愿服务中来的[1]，虽然这些动机是利己的，但与利他动机是相容的。在志愿者的支援行为中，被支援者这一对象是最为重要的，维持、改善对方的目标乃至行为的性质是支援的中心，只有在行为过程中回应他者的呼唤，担负起为他人的责任，才能建立与他人的关怀关系。自己随便树立一个目标即便达成了，如果不能满足对方的话，就是做得还不够。而且如果不能随着对方情况的变化，灵活地改变自己，支援就不能进行。至于行为者如果是把对方作为实现自己目的的手段，那就根本不是志愿行为。

　　非营利组织提供的平台和机会，使参与者在过程和结果中可以得到一定的成长经验或成就感。作为非营利组织的志愿者，我们不否认其行为动机中这种自利的成分，事实上，志愿行为是私的自我实现与对他者的关心、照顾以及相互性直接相连的行为。非营利组织也并不要求志愿者做出重大的自我牺牲，担任志愿者的风气之所以能够普遍扩展，乃是因其将个人的为己之私，巧妙地和化私为公结合了起来。自我实现的动机始终带有私的性质，但支援的前提是，被支援者的行为的质量得到维持、改善，且当事人的能力得到提高。因此，支援并不是精心算计的以取得利己成果为目的的行为。在支援行为上，使他者增加力量和本人的自我实现是联系在一起的。支援即使是为了自我实现，也是超越了利己这一层面具有连接他者性契机的行为。而且，志愿者多少必须贴钱、贴精力和时间，参与者无论是想满足消费善心的欲望，或真正为了崇高信念而奉献，但通过非营利组织扮演的中介角色，将这些力量组合起来以改善社会整体的生活质量，

---

[1] 根据涂敏霞的调查，广州市民对于参加志愿活动的动机，回答热心公益、做对社会有意义的事和可以帮助有需要的人的人数最多，其次是想多学些东西、令人生有意义、增加工作经验、社会经验以及想多结识些朋友这些以个人动机为主的占了被调查者相当一部分。参见涂敏霞《广州市民如何看待志愿工作》，《青年探索》1998年第4期。

这正是非营利组织的价值所在①。总之，非营利组织的内在驱动力不是利润动机，也不是权力意志，而是以志愿精神所体现的利他主义。

托克维尔观察到美国的道德家绝不唱舍己为人的高调，却大胆断言"牺牲小我以利大我"②的牺牲是为了自己，所以是必要的。这些道德家不否认每个人应该顾及自己，但他们尽力去证明个人为了公共事务尽一份力，结果实为对自己有利。而美国人一般也如此行事，因此美国的公益社团特别发达。所以志愿精神作为一种不为报酬而自愿参与推动社会进步和社区发展的精神，它的指向很宏观很集体化——参与为社会服务为公益贡献的行列；但它的方式很微观很个人化——凭借个人偏好，出于个人意愿，全由个人选择。所以，它是以很私人化的方式参与社会化工作的一种信条，一种价值观的实践。志愿精神不是让人们为了公益牺牲个性和偏好，而是让人们通过为公益而更好地发挥自己的个性和偏好。这样去做的人尽管在行动上与传统道德要求的那种绝对的自我牺牲没有多大分别，但是其心理感受是大不相同的。具有志愿精神的人在志愿服务中有着与痛苦牺牲者们所无法理喻的心理愉悦。这也是志愿活动能长期持续的原因和条件。可以肯定的是，志愿者参加志愿组织提供志愿服务就是为了满足他们的社会需要、受尊重的需要和自我实现的需要。志愿者的利他行为是他们满足高层次需求的表现形式。

志愿者的利他行为源于传统的慈善观念。"慈善"（charity）一词，现在的辞书中都释为"仁爱"、"基督之爱"、"为上帝而普爱众生"等，带有浓厚的宗教（基督教）色彩。在早期拉丁语（caritas）及希腊语（charis）中，它首先都意味着一种珍贵的情怀与高尚的行为，表达一个人对他自己家庭（家族）以外的他人之善意行为，反映了一种突破共同体中自然形成的人际关系的局限之意图。志愿服务来源于慈善活动，而慈善也是目前社会中对于善行的一种指称。但现代社会的志愿服务遵循"助人自助"的原则，体现出志愿服务不同于一般的慈善活动的特质。首

---

① 志愿服务的无偿性是非营利组织的基本特征，其主要体现为志愿服务组织和志愿者从事志愿服务不以获取报酬为目的，但并不意味着志愿服务提供者得不到任何形式的回报，只是不能表现为金钱、物品等方面的对价偿付。无偿性不排除志愿者可以得到相应的从事志愿服务活动限度内的基本补贴，以及相应的保险，也不排除来自政府和社会的精神性或象征性的表彰和奖励。

② ［法］托克维尔：《论美国的民主》（下），董果良译，商务印书馆1996年版，第653页。

先,"助人自助"的原则,它是一种基于人格尊严平等的现代理念之下的尊重与关怀。尊重,就是把人当人看,强调人格尊严的不可侵犯性。而且尊重的伦理与社会正义是内在相关的。如果没有社会普遍意义上的最起码的对人的尊重,给每个人所应得的和合理的利益分配的正义就无从谈起。关怀就不仅意味着尊重,而且意味着我们对于他人的处境和命运给予一种道德情感上和实际行动上的关心或同情,它不仅仅是停留在抽象的原则上,而是涉及对他人的真正需要的理解。因此,志愿者和受援者之间建立的是一种平等互助的伙伴关系,尊重对方的尊严和人格,通过互动与合作,以恢复和增强他们的社会生活功能;其次,相信每个人都有自我解决问题的潜能,志愿者的服务就是使受援对象的这些潜能得到充分的发掘和发挥;再次,它以人类的发展和自我完善为己任,力图以自己的参与和行动去解决社会问题,达到自我的实现与社会的和谐。其实对志愿者本人来说,他的志愿精神也就是来源于这样一个理念:一个人不仅对自己负有责任,而且对他人和整个社会负有责任。但这种对他人和社会的责任,已是一种不完全责任义务[①]。可以预见,人类社会越是进步,志愿服务的供给以及对志愿服务的需求和认可程度也就会越高。

三 组织化——志愿者道德实践有效性的保障

个人道德理想——无私,如何才可以达至社会的道德理想——公正呢?当今世界成千上万非营利组织的志愿者的道德实践正在给我们提供答案。正如牟宗三先生所认识到的,在中国传统的道德世界里,内圣开不出外王[②],儒家所设计的道德理想人格,在实践中更多地只能表现为一种自我萎缩型人格。而志愿行动,实在是一种道德实践的新模式。它有赖于个人道德理想和组织推动力量两种动力的结合,从而保证了行为的效用。它不仅有着眼于个人品质内在优化的功效,而且有着重于改善人际关系,提升人类整体道德水准的效用。

从行为的动力机制看,志愿者是依自由意志参与志愿组织,不以获取

---

① 即依据道德理想原则选择的责任行为,基于法定义务与约定义务之外,它并不赋予其他人享有相关的权利。参见[美]彼切姆《哲学的伦理学》,雷克勤等译,中国社会科学出版社1987年版,第302页。

② 参见牟宗三《从儒家的当前使命说中国文化的现代意义》,《当代新儒家》,生活·读书·新知三联书店1989年版,第161页。

任何报酬为目的，奉献自己的时间和精力，提供各种志愿服务。一个处于商业社会的人，在对于自己的行动不可能有实际收益的情况下，仍自愿自觉地去行动，除了道德理想的吸引之外，你实在难以解释其行为的动力因素。在传统社会，道德理想主义同样存在，而且作为官方的道德原则大力提倡，"当社会由少数几个有钱有势的人统治时，他们喜欢培养人们对义务的崇高思想，乐于主张忘我是光荣的，认为人应当像上帝本身那样为善而不图报"①，但其道德理想的社会实践却缺乏坚实的社会基础。首先在政治方面，传统社会专制政治的合法性不容许怀疑，人们只能在一种无比较的状态中，盲目地相信政治化的道德强制是可接受的，所有的伦理抉择，萎缩成对一种高不可攀的道德理想的绝对服从。在行为的伦理蕴含的认知与决策上，人们也处于一种被固定地设计好了的道德模式之中的状态，在一种被刻意组织化了的、形式主义的模仿道德楷模的定期行为中，来显示每一个人在自己生活中具有的"道德感"。其次在经济方面，当人们的生存问题基本解决之前，道德的要求和生存的压力实在是一种两难的选择。"在心灵境界的提高和肉体享受的改善之间，存在着人们想象不到的密切联系。人们可以随意处理这两种完全不同的事情和轮流地加以重视，但不能把两者完全分开，否则两者都做不好。"② 这也就是为什么先秦儒家的"重义轻利"仍具有合理性，而宋明理学的"存天理，灭人欲"却走向荒谬的根本原因。在现代社会，志愿者是一个"道德人"，但这并不妨碍他在市场领域成为一个"经济人"，在政治领域成为一个"政治人"。一个人只有在基本的生存问题解决之后，在宽松、自由的制度环境中，他才可能较为自主地筹划个人生活，关注个人以外的世界，从遵守"生活的道德"向追求"道德的生活"过渡。他才会发现一个人为他人服务的价值和意义，体悟到人生的价值在于为善的真谛。在志愿者的内心世界中，他并不是不追求个人的功利，只是他们对利益有了正确的理解，对人生的意义与价值有了正确的理解，从而对自己的时间、精力和财富等资源有了合理的分配。必要时牺牲自己的部分时间和财富对他人和社会来说是有益的，是他们自己心甘情愿的选择。志愿者主要是一些普通人，他们

---

① [法]托克维尔：《论美国的民主》（下），董果良译，商务印书馆1996年版，第651页。

② 同上书，第681页。

做善事，捐赠的不一定是金钱、资产，也可以是时间、劳动、服务或活动。与富人的慈善捐赠相比，普通人做善事更诚恳、朴实、无私。行善者无名无利、默默奉献，做善事成为他们日常生活的一部分，他们为做好事而做好事，而不是拿做好事来沽名钓誉、制造"媒体事件"。富人的"慈善"也许有轰动效应，但普通人的善事更具有"爱人类"的价值。实际上，志愿者的这种动机来自一种更为高尚的献身社会公益的价值观。

从组织的形式和效果来看，在传统社会，慈善的行为也是存在的，关爱他人、友善助人、危难相扶等，只是这种慈善行为基本上处于分散的、临时的、个体化的状态。现代社会是高度组织化的社会，理性化成为其核心理念和组织方式。个人无法实现或效果不佳的公益行为，只有通过加入组织才能得以实现或取得好的效果。志愿服务组织应当是指专门从事志愿服务的非营利性社会团体。在志愿服务实践领域，组织性最为广义的含义应是个人参与到组织中从事集体活动，使其服务行为具有了计划性、长期性的特点，并接受相关志愿服务组织的培训和指导等。志愿者的志愿精神不是天生就有，它既是志愿者个人的精神追求，也同时需要社会的动员和培育，但更重要的是如何让志愿精神以及志愿行动具有持续性和普遍性，成为社会日常生活的一个组成部分。其实，志愿精神与志愿组织之间有着密切的联系和互动的作用。社会上潜在的志愿精神并不必然意味着志愿者和志愿行动的出现，中间还有一个重要环节，即志愿精神的培育、发展，以及将具有志愿精神的人群组织起来以形成志愿行动的实践，这个志愿精神的实现过程，关键即志愿者行为的组织化。志愿组织同时又是志愿精神生长的土壤，它通过志愿者开展活动，在组织内部是一种善心的凝聚、交流与激发，对社会来说则是一种社会自组织的道德倡导、感召与示范。可以说，志愿组织是传统社会很少见到的，其行动效果更是传统社会的慈善行为无可比拟的。

为了追求志愿组织的更大效益，当今西方社会非营利组织的发展趋势是走向职业化管理，与商业组织一样聘用职业管理者。只有管理层的职业化，才能吸引高素质的人才，才能保证一些庞大的非营利组织的高效运转。因为他们相信，善心也需要管理，做好事也要精益求精。20世纪90年代的中国，组织化的志愿者行动才开始出现。"希望工程"活动、青年志愿者活动规模大，效果好，令人振奋。特别是2008年的汶川大地震和北京奥运会，是中国志愿精神的大展示，志愿者参与之众，效果之理想，获得了国际、国内的广泛好评①，但中国的非营利组织发展总体上还处于起步阶段，外部环境较为严峻，其生存和发展受到来自体制内外的多重制约。内部的管理、自律机制也还比较弱，专业能力、组织化程度也较低。同时，非营利组织的合作能力尚不足，与政府缺乏制度化的联系沟通，与企业、其他非营利组织也缺乏有效合作，与公众的互动也较少，这样导致志愿者组织缺乏一个综合的社会支持体系和网络。另外，很多志愿者组织中没有设立相应的监督部门，问责机制缺失，特别是财务运用方面缺乏透明度，暴露出不少问题，影响了其在社会公众中的信誉度。我们应该借鉴国外志愿者组织发展的经验，为志愿者组织的发展提供良好的制度和环境，广泛地普及志愿理念，大力弘扬志愿精神，不断提高志愿服务的社会认知度，不断增强公民的社会责任意识和奉献精神，推动形成关心、支持和参与志愿服务的良好环境仍然是我们今后面临的重要任务。

志愿者服务体现着一个社会的凝聚力和道德水准，志愿者行动是推动社会发展和进步的重要力量。在当今的全球社会，非营利组织正以不同的方式或角色，影响着国际、国内社会的生活。它在社区的发展中，扮演推动社区参与的伙伴角色；它在民主政治中，代表各种民意，影响公共政策的制定；它在各级政府的运作中，代理政府输送社会服务；它在国际社会中，营造各种议题要求各国共同协商解决；它在第三世界国家的发展中，担负起建立民主体制、扶助贫困及拯救经济的角色；它在各种灾难发生时，总能快速而有效地进入灾区，进行救援工作。正是公民的广泛参与及组织化，显示出了现代社会志愿行动与组织活动方式的普遍价值与意义。正是通过组织的力量，既使志愿者的力量形成集合性的状态，显示出较高的效益，又可以通过组织的作用，广泛传播志愿者行动的理念和行为方式，使得志愿者行动得到更多人的认同和参与，从而使整个社会的道德生活表现出普遍性与有效性的特征。

---

① 2008年5月12日发生的汶川大地震，志愿者属于自发参与，登记的超过20万人，还有许多未登记的。参见《数十万志愿者四川集结：中国公民社会曙光初现》，《中国新闻周刊》2008年6月9日。2008年8月的北京奥运会，奥组委征召志愿者，参与人数达170万人。

主要参考文献

[1] 《马克思恩格斯全集》第1卷，人民出版社1965年版。
[2] 《马克思恩格斯选集》第2卷，人民出版社1995年版。
[3] 《马克思恩格斯选集》第4卷，人民出版社1995年版。
[4] 《马克思恩格斯全集》第21卷，人民出版社1965年版。
[5] 《马克思恩格斯全集》第23卷，人民出版社1972年版。
[6] 《马克思恩格斯全集》第42卷，人民出版社1982年版。
[7] 《马克思恩格斯全集》第44卷，人民出版社1982年版。
[8] 《马克思恩格斯全集》第46卷，人民出版社1979年版。
[9] 《列宁选集》第2卷，人民出版社1960年。
[10] 《邓小平文选》第2卷，人民出版社1983年版。
[11] 梁启超：《饮冰室合集·合集四》，中华书局1989年版。
[12] 刘泽华：《公私观念与中国社会》，中国人民大学出版社2003年版。
[13] 焦国成：《公民道德论》，人民出版社2004年版。
[14] 万俊人：《现代西方伦理学史》（上、下卷），北京大学出版社1992年版。
[15] 万俊人：《现代公共管理伦理导论》，人民出版社2005年版。
[16] 万俊人：《现代性的伦理话语》，黑龙江人民出版社2002年版。
[17] 万俊人：《道德之维——现代经济伦理导论》，广东人民出版社2000年版。
[18] 詹世友：《公义与公器》，人民出版社2006年版。
[19] 李萍：《公民日常行为的道德分析》，人民出版社2004年版。
[20] 刘军宁等：《市场逻辑与国家观念》，生活·读书·新知三联书店1995年版。
[21] 刘军宁等：《市场社会与公共秩序》，生活·读书·新知三联书店1996年版。
[22] 王南湜：《从领域合一到领域分离》，山西教育出版社1998年版。
[23] 王南湜：《社会哲学》，云南人民出版社2001年版。
[24] 陈晏清：《当代中国社会转型论》，山西教育出版社1998年版。
[25] 王新生：《市民社会论》，广西人民出版社2003年版。
[26] 陈弱水：《公共意识与中国文化》，新星出版社2006年版。
[27] 汪晖等：《文化与公共性》，生活·读书·新知三联书店1998年版。

[28] 张康之：《寻找公共行政的伦理视角》，中国人民大学出版社 2002 年版。
[29] 高兆明、李萍：《现代化进程中伦理秩序研究》，人民出版社 2007 年版。
[30] 邓正来：《国家与市民社会》，中央编译出版社 2002 年版。
[31] 邓正来：《国家与社会——中国市民社会研究》，四川人民出版社 1997 年版。
[32] 邹吉忠：《自由与秩序》，北京师范大学出版社 2003 年版。
[33] 费孝通：《乡土中国·生育制度》，北京大学出版社 1998 年版。
[34] 陈永森：《告别臣民的尝试》，中国人民大学出版社 2004 年版。
[35] 俞可平：《政治与政治学》，社会科学文献出版社 2003 年版。
[36] 俞可平：《治理与善治》，社会科学文献出版社 2000 年版。
[37] 彭定光：《政治伦理的现代建构》，山东人民出版社 2007 年版。
[38] 应奇、刘训练：《公民共和主义》，东方出版社 2006 年版。
[39] 戴木才：《政治文明的正当性》，江西高校出版社 2005 年版。
[40] 李建华：《行政伦理导论》，中南大学出版社 2005 年版。
[41] 廖申白：《亚里士多德友爱论研究》，河南人民出版社 2000 年版。
[42] 廖小平：《面向道德之思——论制度与德性》，湖南师范大学出版社 2007 年版。
[43] 李泽厚：《中国现代思想史论》，天津社会科学院出版社 2003 年版。
[44] 李春成：《行政人的德性与实践》，复旦大学出版社 2003 年版。
[45] 李图强：《现代公共行政中的公民参与》，经济管理出版社 2004 年版。
[46] 马长山：《国家、市民社会与法治》，商务印书馆 2003 年版。
[47] 周向军、傅永军：《面对国家的个人》，泰山出版社 1998 年版。
[48] 徐大同：《当代西方政治思潮》，天津人民出版社 2004 年版。
[49] 杨方：《第四条思路》，湖南大学出版社 2003 年版。
[50] 唐凯麟：《伦理学》，高等教育出版社 2001 年版。
[51] 唐凯麟、王泽应：《20 世纪中国伦理思潮》，高等教育出版社 2003 年版。
[52] 张怀承：《天人之变——中国传统伦理道德的近代转型》，湖南教育出版社 1998 年版。
[53] 王泽应：《义利观与经济伦理》，湖南人民出版社 2005 年版。
[54] 李培超：《伦理拓展主义的颠覆》，湖南师范大学出版社 2004 年版。
[55] 李佑新：《走出现代性道德困境》，人民出版社 2006 年版。
[56] 苏国勋：《理性化及其限制——韦伯思想引论》，上海人民出版社 1988 年版。
[57] 石元康：《罗尔斯》，广西师范大学出版社 2004 年版。
[58] 范进学：《权利政治论》，山东人民出版社 2003 年版。
[59] 李景鹏：《权力政治学》，黑龙江教育出版社 1995 年版。
[60] 何增科：《公民社会与第三部门》，社会科学文献出版社 2000 年版。
[61] 顾肃：《自由主义基本理念》，中央编译出版社 2003 年版。

[62] 王名：《非营利组织管理概论》，中国人民大学出版社 2002 年版。
[63] 王名：《中国社团改革——从政府选择到社会选择》，中国社会科学出版社 2003 年版。
[64] 丛日云：《当代世界的民主化浪潮》，天津人民出版社 1999 年版。
[65] 罗能生：《产权的伦理维度》，人民出版社 2004 年版。
[66] 冯友兰：《新原道》，北京大学出版社 1996 年版。
[67] 孔志国：《信任的危机》，团结出版社 2003 年版。
[68] 金生鈜：《德性与教化》，湖南大学出版社 2003 年版。
[69] 顾准：《顾准文集》，贵州人民出版社 1994 年版。
[70] 牟宗三：《当代新儒家》，生活·读书·新知三联书店 1989 年版。
[71] 韦政通：《伦理思想的突破》，四川人民出版社 1988 年版。
[72] 龚群：《道德哲学的思考》，河南人民出版社 2003 年版。
[73] 郭道晖：《社会权力与公民社会》，译林出版社 2009 年版。
[74] 郭湛：《主体性哲学——人的存在及其意义》，云南人民出版社 2002 年版。
[75] 张凤阳：《政治哲学关键词》，江苏人民出版社 2006 年版。
[76] 陈嘉明：《现代性与后现代性十五讲》，北京大学出版社 2006 年版。
[77] 李楠明：《价值主体性——主体性研究的新视域》，社会科学文献出版社 2005 年版。
[78] 刘凡、刘文斌：《产权经济学》，湖北人民出版社 2002 年版。
[79] 包亚明：《现代性的地平线——哈贝马斯访谈录》，上海人民出版社 1997 年版。
[80] 冯兴元：《规则与繁荣》，中信出版社 2013 年版。
[81] ［古希腊］柏拉图：《理想国》，商务印书馆 1986 年版。
[82] ［古希腊］亚里士多德：《尼各马可伦理学》，商务印书馆 2003 年版。
[83] ［古希腊］亚里士多德：《政治学》，商务印书馆 1965 年版。
[84] ［德］康德：《历史理性批判文集》，商务印书馆 1996 年版。
[85] ［德］康德：《实践理性批判》，商务印书馆 1998 年版。
[86] ［德］康德：《道德形而上学原理》，上海人民出版社 2002 年版。
[87] ［德］黑格尔：《法哲学原理》，商务印书馆 1961 年版。
[88] ［英］霍布斯：《利维坦》，黎思复等译，商务印书馆 1985 年版。
[89] ［英］亚当·斯密：《国民财富的性质和原因的研究（上、下）》，商务印书馆 1981 年版。
[90] ［英］亚当·斯密：《道德情操论》，商务印书馆 1999 年版。
[91] ［美］罗尔斯：《正义论》，中国社会科学出版社 1988 年版。
[92] ［美］罗尔斯：《政治自由主义》，译林出版社 2000 年版。
[93] ［美］罗尔斯：《道德哲学史讲义》，三联书店 2003 年版。

[94]［德］哈贝马斯：《交往与社会进化》，重庆出版社 1989 年版。
[95]［德］哈贝马斯：《公共领域的结构转型》，学林出版社 1999 年版。
[96]［德］哈贝马斯：《后形而上学思想》，译林出版社 2001 年版。
[97]［德］哈贝马斯：《包容他者》，曹卫东译，上海人民出版社 2002 年版。
[98]［美］麦金太尔：《伦理学简史》，商务印书馆 2003 年版。
[99]［美］麦金太尔：《追寻美德》，译林出版社 2003 年版。
[100]［德］汉娜·阿伦特：《人的条件》，上海人民出版社 1999 年版。
[101]［英］哈耶克：《自由秩序原理》，三联书店 1997 年版。
[102]［英］哈耶克：《个人主义与经济秩序》，三联书店 2003 年版。
[103]［英］哈耶克：《自由宪章》，中国社会科学出版社 1999 年版。
[104]［英］约翰·穆勒：《论自由》，商务印书馆 1996 年版。
[105]［英］罗素：《权力论》，东方出版社 1988 年版。
[106]［英］约翰·基恩：《公共生活与晚期资本主义》，社会科学出版社 1999 年版。
[107]［英］马尔科姆·卢瑟福：《经济学中的制度》，中国社会科学出版社 1999 年版。
[108]［英］霍布豪斯：《自由主义》，商务印书馆 1996 年版。
[109]［美］伯尔曼：《法律与革命》，中国大百科全书出版社 1993 年版。
[110]［美］道格拉斯·C. 诺思：《经济史中的结构与变迁》，上海人民出版社 1999 年版。
[111]［美］理查德·T. 德·乔治：《经济伦理学》，北京大学出版社 2002 年版。
[112]［美］斯格特：《组织理论——理性、自然和开放系统》，华夏出版社 2002 年版。
[113]［美］R. T. 诺兰：《伦理学与现实生活》，华夏出版社 1988 年版。
[114]［美］范伯格：《自由、权利和社会正义》，贵州人民出版社 1998 年版。
[115]［美］庞德：《通过法律的社会控制——法律的任务》，商务印书馆，1984 年版。
[116]［美］尼布尔：《道德的人与不道德的社会》，贵州人民出版社 1987 年版。
[117]［美］汤姆·L. 彼切姆：《哲学的伦理学》，中国社会科学出版社 1992 年版。
[118]［美］库珀：《行政伦理学：实现行政责任的途径》，中国人民大学出版社 2001 年版。
[119]［美］乔治·弗雷德里克森：《公共行政的精神》，中国人民大学出版社 2003 年版。
[120]［美］托马斯·雅诺斯基：《公民与文明社会》，辽宁教育出版社 2002 年版。
[121]［美］丹尼尔·贝尔：《资本主义文化矛盾》，三联书店 1992 年版。
[122]［美］M. 桑德尔：《自由主义与正义的限度》，译林出版社 1982 年版。
[123]［美］熊彼特：《资本主义、社会主义与民主》，商务印书馆 1978 年版。

[124] [美] 彼德·布劳：《社会生活中的交换与权力》，华夏出版社 1988 年版。
[125] [美] 罗森鲍姆：《宪政的哲学之维》，生活·读书·新知三联书店 2001 年版。
[126] [美] 罗伯特·达尔：《论民主》，商务印书馆 1999 年版。
[127] [美] 罗伯特·达尔：《现代政治分析》，上海译文出版社 1987 年版。
[128] [英] 约翰·邓恩：《民主的历程》，吉林人民出版社 1999 年版。
[129] [美] 福山：《信任——社会美德与繁荣的创造》，远方出版社 1998 年版。
[130] [美] 乔·萨托利：《民主新论》，东方出版社 1998 年版。
[131] [英] 麦考密克：《制度法论》，中国政法大学出版社 1994 年版。
[132] [美] 麦克尼尔：《新社会契约论》，中国政法大学出版社 1994 年版。
[133] [英] 梅因：《古代法》，沈景一译，商务印书馆 1957 年版。
[134] [美] 诺齐克：《无政府、国家与乌托邦》，中国社会科学出版社 1991 年版。
[135] [美] 詹姆斯·M. 布坎南：《自由、市场与国家》，三联书店 1989 年版。
[136] [英] 安东尼·吉登斯：《第三条道路》，北京大学出版社 2000 年版。
[137] [美] 博登海默：《法理学：法律哲学与法律方法》，中国政法大学出版社 2001 年版。
[138] [美] 林德布洛姆：《政治与市场：世界的政治—经济制度》，三联书店 1994 年版。
[139] [美] 沃特金斯：《西方政治传统》，吉林人民出版社 2001 年版。
[140] [美] 瓦尔特·李普曼：《公共哲学》，黄胃译，中华文化出版事业委员会 1958 年版。
[141] [美] 迈克尔·桑德尔：《公共哲学》，朱东华等译，中国人民大学出版社 2013 年版。
[142] [美] 迈克尔·桑德尔：《民主的不满》，曾纪茂译，江苏人民出版社 2012 年版。
[143] [美] 迈克尔·桑德尔：《金钱不能买什么》，邓正来译，中信出版社 2012 年版。
[144] [英] 霍布豪斯：《自由主义》，朱曾汶译，商务印书馆 1996 年版。
[145] [美] R. M. 昂格尔：《现代社会中的法律》，译林出版社 2001 年版。
[146] [美] 彼得·德鲁克：《非营利组织的超越革命》，上海译文出版社 1999 年版。
[147] [美] 萨拉蒙：《全球公民社会——非营利部门视界》，社会科学文献出版社 2002 年版。
[148] [英] 昆廷·斯金纳、博·斯特拉思：《国家与公民》，华东师范大学出版社 2005 年版。
[149] [美] 阿尔蒙德：《比较政治学》，上海译文出版社 1987 年版。
[150] [英] 杰弗里·托马斯：《政治哲学导论》，中国人民大学出版社 2006 年版。

[151] [美] 沃尔夫：《市场或政府：权衡两种不完善的选择》，中国发展出版社1994年版。

[152] [美] 伊斯顿：《政治生活的系统分析》，华夏出版社1989年版。

[153] [英] 阿克顿：《自由史论》，胡传胜等译，译林出版社2001年版。

[154] [英] 以赛亚·伯林：《自由论》，胡传胜译，译林出版社2003年版。

[155] [英] 昆廷·斯金纳：《自由主义之前的自由》，三联书店2004年版。

[156] [德] 马克斯·韦伯：《儒教与道教》，王容芬译，江苏人民出版社1995年版。

[157] [德] 马克斯·韦伯：《经济与社会（上下）》，商务印书馆1997年版。

[158] [德] 海德格尔：《存在与时间》，生活·读书·新知三联书店1987年版。

[159] [德] 胡塞尔：《纯粹现象学通论》，李幼蒸译，商务印书馆1992年．

[160] [意] 尼科诺·马基雅维里：《君主论》，潘汉典译，商务印书馆1985年版。

[161] [美] 麦克斯特：《公共行政的合法性》，中国人民大学出版社2002年版。

[162] [德] 科斯洛夫斯基：《资本主义的伦理学》，中国社会科学出版社1996年版。

[163] [法] 托克维尔：《论美国的民主》（上下），董果良译，商务印书馆1996年版。

[164] [美] 杰拉尔德·凯登著，马国泉编：《行政道德文选》，复旦大学出版社2003年版。

[165] [美] V.登哈特、R.登哈特：《新公共服务》，中国人民大学出版社2004年版。

[166] [美] 丹尼斯·朗：《权力论》，中国社会科学出版社2001年版。

[167] [美] 卡罗尔·佩特曼：《参与和民主理论》，上海人民出版社2006年版。

[168] [法] 路易斯·博洛尔：《政治的罪恶》，蒋庆等译，改革出版社1999年版。

[169] [日] 加藤节：《政治与人》，唐士其译，北京大学出版社2003年版。

[170] [日] 福泽谕吉：《文明论概略》，商务印书馆1982年版。

[171] [日] 佐佐木毅、[韩] 金泰昌主编：《21世纪公共哲学的展望》，人民出版社2009年版。

[172] [日] 佐佐木毅、[韩] 金泰昌主编：《欧美的公与私》，人民出版社2009年版。

[173] [日] 佐佐木毅、[韩] 金泰昌主编：《公与私的思想史》，人民出版社2009年版。

[174] [日] 佐佐木毅、[韩] 金泰昌主编：《日本的公与私》，人民出版社2009年版。

[175] [日] 佐佐木毅、[韩] 金泰昌主编：《社会科学中的公与私》，人民出版社2009年版。

[176] [日] 佐佐木毅、[韩] 金泰昌主编：《中间团体开创的公共性》，人民出版社

2009年版。

[177]［日］佐佐木毅、［韩］金泰昌主编:《从经济看公私问题》,人民出版社2009年版。

[178]［日］佐佐木毅、［韩］金泰昌主编:《国家·人·公共性》,人民出版社2009年版。

[189]［日］川岛武宜:《现代化与法》,王志安译,中国政法大学出版社1994年版。

[180]［加］威尔·金里卡:《当代政治哲学》(上、下),刘莘译,三联书店2004年版。

[181]［波兰］什托姆普卡:《信任———一种社会学理论》,程胜利译,中华书局2005年版。

[182]［英］赫尔德:《民主的模式》,燕继荣等译,中央编译出版社1998年版。

[183]［德］阿图尔·考夫曼:《后现代法哲学》,米健译,法律出版社2000年版。

[184] Bryan S. Turner, "Outline of a Theory of Human Rights", Bryan S. Turner and Peter Hanmilton, *Citizenship: Critical Concepts*, Volume Ⅱ. [C] Routledge. 1994. 469.

[185] J. Rothschild, *Political Legitimacy in Contemporary Europe*, B. Benitch: Sage Publications Inc., 1979, 38.

[186] Wolf, T., *Managing A Nonprofit Organization*, N. Y.: Simon & Shuster. 1990.

[187] Hall P. D., "A Historical Overview of the Private Nonprofit Sector", In Powel, W. W. (ed.), *The Nonprofit Sector: A Research Handbook*, New Haven: Yale University Press, 1987.

[188] lizabeth T. Boris, *The Nonprofit Sector in the 1999s, Philanthropy and the Nonprofit Sector in a Changing America*, Indiana University Press, 1999.

[189] Jane Piliavin, Hong – Wen Charny, *Altruism: A Review of Recent Theory and Research. Annual Review of Sociology*, Volume 16, 1990.

[190] J. Feinberg, "The Nature and Value of Right", *The Journal of Value Inquiry*, 1970, (4).

[191] Michael Edwards, *Civil Society*, published by Polity Press in association with Blackwell Publishing Ltd., 2004.

[192] S. M. Lipset, "Some Social Requisites of Democracy: Economic Development and Political Legitimacy", *American Political Science Review*, 1959, 53 (3).

[193] Robert Grafstein, "The Failure of Weber's Concept of Legitimacy", *Journal of Politics*, Vol. 43, 1981.

[194] David Beetham, *The Legitimation of Power*, Lonton: MacMillan, 1991.

[195] R. Barber, *Strong Democracy: Participatory Politics for a New Age*, Berkerley, Cali.: University of California Press, 1984.

[196] G. Sartori, *Democratic Theory*, Wayne State University Press, 1962.

[197] Peter Bachrach, *The Theory of Democratic Elitism*, Boston: Little, Brown, 1967.

[198] J. S. Mill, *Essays on Politics and Culture*, G. Himmelfarb. ed. New York, 1963.

[199] Adams, Guy & Danny Balfour. *Unmasking Administrative Evil*. Thousand Oak: Sage Publication, Inc, 1998.

[200] H. George Frederickson, Ed, *Ethics and Public Administration*, M. E. Sharpe, Inc. 1993.

[201] Wright, *On Certain Aspects of the Religious Sentiment*, The Journal of Religion, Vol. 4, No. 5. (Sep., 1924).

[202] Rorert B. Denhardt, *In the Shadow of Organization*, the University Press of Kansas, 1981.

[203] Peter Madsen, Jay M. Shafritz, Ed, *Essentials of Government Ethics*, The Penguin Group, 1992.

[204] Donald F. Kettl, *The Global Public Management Revolution*, Washington DC: Brookings Institution, 1998.

[205] Onora O'neill, *Towards Justice and Virtue*, Cambridge University Press, 1995.

[206] Richard Dien Winfield, *Reason and Justice*, State University of New York Press, 1988.

[207] Ronald P. Hesselgrave, *Public Ethics for a Pluralistic Society*, International Scholars Publications, Bethesda, 1998.

[208] Raymond Geuss: *Public Goods, Private Goods*, Princeton University Press, 2001.

后　记

几度寒暑,几丝银发,当此书稿即将付梓之际,我心中才涌现多年不曾有过的一丝轻松与喜悦。此书是我的博士论文经多年的沉淀与修缮而成,如果从论文的开题算起,已经足足十年。记得当年论文选题的确定受唐凯麟老师的影响很大。在一次谈话中唐老师断然否定我想选一个容易一点的选题的想法,鼓励我选一个难度大一点的题目并立志于伦理学学术事业。后来我将研究题目选定在伴随着社会转型的道德如何转型的问题,具体来说是研究现代性问题域中的公共道德意识及行为的问题。这是一个太大的研究领域,就我当时的能力而言,实在不应该把它作为博士论文选题,后来的写作过程中,的确也几度曾想放弃,单是从选题目到初步拟定提纲就花去了我两年多的时间。正是恩师唐凯麟教授、王泽应教授不同方式的引导和激励,我才得以坚持下来。王导的方式是不断地给我打气,增强我的自信心,唐老师则是殷殷期望之中略带失望的责备,让我丝毫不敢懈怠。

历时四年半,2008年冬天博士论文虽然通过了答辩,但我深知这是一份令人不太满意的答卷,当然它也的确是我二十余年伦理学教学与研究的一次总结。其重要观点如下:

①我们对现代社会公共道德的理解不仅要从现代社会结构和生活方式中去把握,而且要从中外公私观念的历史流变中,从与公共领域、私人领域等概念的相互关联中去理解。市场经济使道德的生活基础和人伦关系结构发生了公共性转型,从而尊重、宽容、信任和参与等道德价值,成为我们这个时代凸显的基本道德诉求。

②制度伦理研究制度的正义问题,是我们研究公共道德的第一个基本理论维度;现代社会生活中的公民道德则包括日常生活中公民对制度规则应承担的道德责任以及对他者(陌生人)应有的态度、行为两个基本的

层面，它是我们研究公共道德的第二个基本理论维度。公共生活道德理论研究的这两个维度，也是我们推进伴随社会转型的新时期道德文化建设的两条基本路径。我们有必要把道德建设的重心转移到公共道德的培育上来。

③我们当今的公共道德观念，消极性与积极性的公民行为必须同时提倡。一方面在制度设计与运行中，处理好如何以公民个人权利的保护立基，但又能容纳公民公共参与的积极性问题；另一方面，对公民的要求要有两个面相，一是积极的，即有所为，一是消极的，即有所守。有所为，指对公共事务的参与及公共交往中体现的同情与关爱及信任、合作等公共精神；有所守，指尊重他人的人格尊严与权益，遵守公共生活中的法律与规则。

④从道德的生成与实现条件看，市场经济为人的活动提供了更大的可能性空间，提高了人的社会属性。宪政体制和由它提供了切实保护的公民权利为个体提供了足够的自由空间去追求来自日常生活的幸福，但他同时必须自觉地承担起公民的责任。一方面拥有对法律、制度和组织机构的道德反思与选择能力，承担起对制度的道德责任；另一方面通过在公共领域中同他人的合作，获得公共责任的基本知识，从而在公私领域中把人们对物质生活享乐的爱好与对自由的热爱和对公共事务的关心结合起来，实现着肉体享受的改善与心灵境界的提升双重目标的统一。

⑤公民在公共生活中的道德人格是现代社会的价值范式与伦理精神在公民个体身上的内化与展示。它既包括权利与义务相统一的契约精神这样的底线人格基础层面，也包括无私利他精神这样的高尚人格层面。志愿者的关怀或支援行为是他们追求高层次需求满足的公共性实现的表现形式，它是一种社会维度的公共道德行为模式。以往我们一向重视的是那种纵向的自上而下的行政管理型的公共性，而社会维度（即日常生活的维度，也就是指公民之间横向交往关系的维度）的公共性往往被忽视。在后物质时代的日常生活世界，志愿者活动和 NPO 中的支援活动可以成为开拓这种新的社会维度的公共性的契机。

2009 年我以原博士论文选题申报国家社科基金项目意外获得成功，因此能以较轻松的心情继续深入研究和慢慢修改、完善它。原来在写博士论文时我已意识到了从日本引入的"公德"观念和建国后我们同时使用的"公德"和"社会公德"概念应该有政治内涵和社会内涵的区分，进一步的研究才认识到，从霍布斯和洛克对自上而下的纵向的政治公共性的阐述，到亚当·斯密对横向的社会公共性的思考，到黑格尔"市民社会"概念的成熟，近代西方文化中从纵向的政治维度和横向的社会维度思考公共性问题的路径就比较清晰了，这也是日本明治维新以后道德建设过程中区分国家伦理和社会伦理的依据，是日本在现代化过程中创设代表新的道德诉求的"公德"概念中政治内涵和社会内涵区分的理论基础。因此本书第二章中对政治维度与社会维度的清晰区分，与第一章的内容相联系，又与接下来第三章中市场经济催生的社会自主空间，第四章中政治生活中公民的积极参与，即托克维尔的"社会制约权力"思想以及第五章哈贝马斯的"公共领域"思想、政治哲学中的公民社会理论相勾连，特别是最后一章，对"志愿者行为：社会维度的公共道德模式"的思考，其社会维度的思考一以贯之，而且既从公共性的理论谱系去研究了现代社会公共道德的价值诉求及社会结构基础，又从公共性的实践谱系去探究了当今社会值得推广的道德实践新模式。这与我原来的博士论文相比，研究的主题更为集中，逻辑更为清晰，论证性更强，也更为有力。很明显，我本书的研究限定于从公民这一道德主体的维度来研究公共道德，公共生活中的制度伦理维度，不是研究的重点，但从公民公共责任的背景角度即公民对正义理想的追求、对正义制度规则的遵循和对非正义的抗争这一角度给予了关注；本书也不是对公共生活中其它道德主体行为（如政府、企业等公共组织）的道德分析，只是在它们作为公民德性养成的环境背景时才予以涉及。

本书从选题到最后完稿历时十年，凝聚着唐凯麟、王泽应老师的智慧，也得益于万俊人老师、李建华老师、江畅老师、张怀承老师、彭定光老师、李培超老师、李伦老师的点拨及师兄王玉生博士、同行刘曙辉博士的切磋与指正，当然也离不开对参考文献中列出或尚未列出的众多学者观点的参考及其受到的启发，在此一并致谢！

我还要提及同窗四载的志伟、乐红、双云、良奇、立威、祥松、万球、和君等十五位同学，四年多的时间虽然时聚时散，但留下许多温馨的回忆和情谊。另外我要感谢的是湖南科技大学的领导、法学院的同事以及给予了我诸多关照的许多朋友，内心的感激将支持着我继续前行，今后的工作中将以更高的工作热情和职业道德精神去回报。这里特别还要提到中国社会科学出版社的任明老师——此书的责任编辑，我俩虽至今未曾谋面,仅凭近一年的邮件、电话往来及书稿的六轮校对,我不得不敬佩他及他的同事们认真、严谨的工作态度和作风,是永远值得我学习的榜样。

  最后我想要感谢的是我妻子,她在繁重的中学教学和班主任工作之余,用瘦弱的肩膀扛起全部的家务和调皮儿子的管理与学习辅导,并承担了本书的部分文字录入工作,她的期盼与默默奉献,一直是我学习和工作的动力。

廖加林

2015 年秋天